近代景德镇瓷业社会的
多维冲突和秩序重构
(1903—1949)

Multidimensional Conflict and Reconstruction of Order on
Porcelain Social of the Modern Jingdezhen
(1903—1949)

李松杰　著

导师　田彤

中国社会科学出版社

图书在版编目(CIP)数据

近代景德镇瓷业社会的多维冲突和秩序重构：1903 – 1949 / 李松杰著.
—北京：中国社会科学出版社，2017.12
（中国社会科学博士论文文库）
ISBN 978 – 7 – 5203 – 1778 – 8

Ⅰ.①近… Ⅱ.①李… Ⅲ.①陶瓷工业—工业史—景德镇—
1903 – 1949 Ⅳ.①F426.7

中国版本图书馆 CIP 数据核字（2017）第 320646 号

出 版 人	赵剑英
责任编辑	孙　萍
责任校对	闫　萃
责任印制	王　超

出　　版	中国社会科学出版社
社　　址	北京鼓楼西大街甲 158 号
邮　　编	100720
网　　址	http://www.csspw.cn
发 行 部	010 – 84083685
门 市 部	010 – 84029450
经　　销	新华书店及其他书店

印　　刷	北京明恒达印务有限公司
装　　订	廊坊市广阳区广增装订厂
版　　次	2017 年 12 月第 1 版
印　　次	2017 年 12 月第 1 次印刷

开　　本	710 × 1000　1/16
印　　张	21.25
字　　数	348 千字
定　　价	88.00 元

总　序

　　在胡绳同志倡导和主持下，中国社会科学院组成编委会，从全国每年毕业并通过答辩的社会科学博士论文中遴选优秀者纳入《中国社会科学博士论文文库》，由中国社会科学出版社正式出版，这项工作已持续了 12 年。这 12 年所出版的论文，代表了这一时期中国社会科学各学科博士学位论文水平，较好地实现了本文库编辑出版的初衷。

　　编辑出版博士文库，既是培养社会科学各学科学术带头人的有效举措，又是一种重要的文化积累，很有意义。在到中国社会科学院之前，我就曾饶有兴趣地看过文库中的部分论文，到社科院以后，也一直关注和支持文库的出版。新旧世纪之交，原编委会主任胡绳同志仙逝，社科院希望我主持文库编委会的工作，我同意了。社会科学博士都是青年社会科学研究人员，青年是国家的未来，青年社科学者是我们社会科学的未来，我们有责任支持他们更快地成长。

　　每一个时代总有属于它们自己的问题，"问题就是时代的声音"（马克思语）。坚持理论联系实际，注意研究带全局性的战略问题，是我们党的优良传统。我希望包括博士在内的青年社会科学工作者继承和发扬这一优良传统，密切关注、深入研究 21 世纪初中国面临的重大时代问题。离开了时代性，脱离了社会潮流，社会科学研究的价值就要受到影响。我是鼓励青年人成名成家的，这是党的需要，国家的需要，人民的需要。但问题在于，什么是名呢？名，就是他的价值得到了社会的承认。如果没有得到社会、人民的承认，他的价值又表现在哪里呢？所以说，价值就在于对社会重大问题的回答和解决。一旦回答了时代性的重大问题，就必然会对社会产生巨大而深刻的影响，你也因此而实现了你的价值。在这方面年轻的博士有很大的优势：精力旺盛，思想敏捷，勤于学习，勇于创新。但青年学者要多向老一辈学者学习，博士尤其要很好地向导师学习，在导师的指导下，发挥自己的优势，研究重大问题，就有可能出好的成果，实现自己的价值。过去12年入选文库的论文，也说明了这一点。

什么是当前时代的重大问题呢？纵观当今世界，无外乎两种社会制度，一种是资本主义制度，一种是社会主义制度。所有的世界观问题、政治问题、理论问题都离不开对这两大制度的基本看法。对于社会主义，马克思主义者和资本主义世界的学者都有很多的研究和论述；对于资本主义，马克思主义者和资本主义世界的学者也有过很多研究和论述。面对这些众说纷纭的思潮和学说，我们应该如何认识？从基本倾向看，资本主义国家的学者、政治家论证的是资本主义的合理性和长期存在的"必然性"；中国的马克思主义者，中国的社会科学工作者，当然要向世界、向社会讲清楚，中国坚持走自己的路一定能实现现代化，中华民族一定能通过社会主义来实现全面的振兴。中国的问题只能由中国人用自己的理论来解决，让外国人来解决中国的问题，是行不通的。也许有的同志会说，马克思主义也是外来的。但是，要知道，马克思主义只是在中国化了以后才解决中国的问题的。如果没有马克思主义的普遍原理与中国革命和建设的实际相结合而形成的毛泽东思想、邓小平理论，马克思主义同样不能解决中国的问题。教条主义是不行的，东教条不行，西教条也不行，什么教条都不行。把学问、理论当教条，本身就是反科学的。

在21世纪，人类所面对的最重大的问题仍然是两大制度问题：这两大制度的前途、命运如何？资本主义会如何变化？社会主义怎么发展？中国特色的社会主义怎么发展？中国学者无论是研究资本主义，还是研究社会主义，最终总是要落脚到解决中国的现实与未来问题。我看中国的未来就是如何保持长期的稳定和发展。只要能长期稳定，就能长期发展；只要能长期发展，中国的社会主义现代化就能实现。

什么是21世纪的重大理论问题？我看还是马克思主义的发展问

题。我们的理论是为中国的发展服务的，决不是相反。解决中国问题的关键，取决于我们能否更好地坚持和发展马克思主义，特别是发展马克思主义。不能发展马克思主义也就不能坚持马克思主义。一切不发展的、僵化的东西都是坚持不住的，也不可能坚持住。坚持马克思主义，就是要随着实践，随着社会、经济各方面的发展，不断地发展马克思主义。马克思主义没有穷尽真理，也没有包揽一切答案。它所提供给我们的，更多的是认识世界、改造世界的世界观、方法论、价值观，是立场，是方法。我们必须学会运用科学的世界观来认识社会的发展，在实践中不断地丰富和发展马克思主义，只有发展马克思主义才能真正坚持马克思主义。我们年轻的社会科学博士们要以坚持和发展马克思主义为己任，在这方面多出精品力作。我们将优先出版这种成果。

2001 年 8 月 8 日于北戴河

前　　言

　　瓷器在推动世界文明进程中扮演了非常重要的角色，也是中国最具代表性的器物文化符号，而景德镇无疑是世界陶瓷的圣地。千百年来，正是这座小城的先贤们通过不断努力和创新，在成就自身辉煌的同时，也形成了手工精细化产业体系和社会结构。尽管关注景德镇瓷业生产和瓷器的学者非常多，但对这座城市而言，各方面的研究还未能阐释和解答这座单一型瓷业手工业城市发展过程中所形成的产业体系和社会结构的全貌，尤其是景德镇在面临近代以来多种复杂因素过程中所进行的自我调适和多方博弈。为此，我选择近代景德镇瓷业社会变迁作为研究个案，试图梳理近代瓷业转型时期的问题，并探究这座城市生存"符码"。

　　新旧冲突和发展演变是人类亘古不变的话题，也是推动人类不断进步和更深入认知自我的过程。对于近代中国来说，在这一冲突中付出了惨重的代价。这也就决定了我们比历史上任何一个时期都渴望破除传统、建立新型生产体系，而作为中国荣誉象征的瓷器和瓷都景德镇改良也不例外。不同于其他产业的是，景德镇瓷业独占世界高峰时间太长，也因此形成了一套完善的生产系统和社会规则。这也就意味着，在看似新旧常态性转变背后蕴含了诸多问题和发展逻辑。因此，要说明近代景德镇瓷业社会面临的各种现象，必须把握和了解其传统生产过程中所形成的产业发展模式。作为单一外向型瓷业手工业移民城镇，景德镇形成了以商品化为主导生产方式与弹性社会结构。尽管宝贵的瓷业自然资源是成就景德镇辉煌的关键性要素，但其背后的人地互动、官民互动、土客互动等复杂的地缘、血缘和业缘问题促其形成了以瓷业为主导的自治性社会结构。即便是在明清瓷业巅峰时期，官方对景德镇管理的原则依旧是不要影响瓷业生产和贸易。

　　19 世纪以来，工业革命使西方后来居上，景德镇瓷器的贸易量大大降低，工业制瓷取代景德镇原有瓷器市场，造成了近代景德镇的衰败，进而引发社会各方对景德镇的担忧和重视。在此背景下，官员、学者、实业家在复兴瓷业梦想的理念下，试图将西式工业化的知识系统移植到景德镇，取代在他们心目中传统落后的瓷业生产模式。并在行政权力支持下，不断推行其现代化主张，在景德镇空间中展示其文化权力。基于社会变迁的视角，我们能够清晰地透视出近代景德镇瓷业社会的变迁。第一，新型工具系统的引入，促使瓷业从业者心智系统的变迁，背后是知识系统的变迁。传统景德镇瓷业生产是手工精细化分工体系，但近代以来，以机械化生产为主导的工具系统在世界生产中居于引领地位。在以竞争为核心的现代社会中，其高效和优越性全方位碾压了手工生产模式。具体就瓷业生产方面，从原料开采和加工、瓷坯制作和烧造，乃至运输，均是如此。新型工具系统的优势是工业革命国家在瓷业生产超越景德镇的关键因素。第二，景德镇行政管理体制的变迁也是影响景德镇瓷业生产的重要元素。传统景德镇瓷业社会是以地缘和业缘为基础的自治性社会系统，并在长期的生产实践中，形成了固定的产业结构和社会调节模式。但近代以来，国家权力的下沉和对地方事务管理模式的转变，也在重构景德镇瓷业社会体系。第三，新型消费模式和文化观念的出现也促使瓷器生产的转变。传统景德镇瓷业是以日用瓷生产为主导的产业模式。但近代以来，在国外日用瓷冲击和消费观念转变的情况下，景德镇日用瓷生产陷入低谷。为此，新的产品类别和新型陶瓷艺术品开始出现，并引领景德镇瓷业生产，形成了瓷画艺术创作群体出现，且影响到景德镇瓷器画面装饰。

不同于棉纺织、缫丝等机械化程度高的产业领域，瓷器生产的复杂性和现代化的有限性也意味着传统生产模式有强大生命力，尤其是在手工艺术瓷和仿古瓷制作方面。此外，景德镇区域社会的产业模式所具有的弹性社会结构也能保证瓷业从业人员基本生存需要。在近代复杂历史局面下，对于提倡瓷业改良者而言，他们对新型机械化生产体系认知的不足，也削减了现代化模式的影响力和有效性，而这为传统产业体系提供了自我生存空间。在新的历史语境下，对近代景德镇瓷业社会的分析和研究，有助于促使学术研究的"向内"转向，从宏观视角思考中国手工业发展的独特路径，这也有助于推动相关研究的深入。此外，最为关键的是，通过对景德镇个案的分析证明传统与新型生产体系并非尖锐对立和冲突的关系，而是能够寻求嵌入融合的发展路径。从长时段来看，景德镇一直是这样一种发展模式和变迁规律。从宋朝青白瓷、到元朝青花，再到明清彩瓷，仅从瓷器装饰就能清晰地透视出这一点。变化才是常态，这句话无论是用在景德镇陶瓷器物还是社会结构都再贴切不过。

即便部分历史学者不主张史学研究的现实意义，但其依旧承载着反思社会现象、了解传统立场和各种社会建构之间的复杂关系。在对景德镇社会结构和产业发展模式关注的过程中，一个不可回避的问题一直萦绕在笔者的心头：作为曾经区域性产业的成功个案，景德镇社会模式能否为中国新型城镇建设提供可资借鉴的参考？毕竟，以资源为基础形成区域产业发展中心，构筑良性的城乡发展模式既是保持社会稳定、促进社会和谐的关键要素，又是在新的历史时期实现乡村振兴战略的关键所在。虽然景德镇有着独特的资源优势，但其发展模式依旧有参考意义。

选择景德镇近代瓷业社会作为博士论文选题，并进行大胆研究尝试，对笔者而言，主要是在向瓷业先贤们致敬。虽然在产业模式、知识背景、改革方式等诸多方面存在认知上的差异，但新型改良群体和传统瓷业生产者对发展景德镇瓷业有同样的渴望，在近代多舛的历史背景下，传统与现代模式主张者以各自独特的方式诠释着中国传统瓷业复兴的梦想。此外，通过对工具系统、心智系统、社会系统、文化系统的关注，促使笔者"站在"城市外面观察其发展，实现中观把握，也能让笔者融入城市内部进行微观分析，进一步加深对这座千年城市的认知和理解。尽管笔者怀着炽热的情感和虔诚的心，但自身能力的限制会外化为研究中的诸多缺失，敬请诸位方家不吝赐教！

摘　要

　　景德镇是植根于农业文明和传统乡土社会的瓷业手工业城镇，有一千余年的制瓷业发展历史。在长期的瓷业生产和利益博弈中，景德镇形成了稳定的生产体系与社会结构。在总的平衡中，这一体系也会因政治变革、消费理念的变化而受到冲击，但其依旧能够通过吸收合理性因素保持社会的稳定。明清时期，海内外瓷器贸易的兴盛不仅让景德镇瓷器成为最受欢迎的文化产品之一，也促使景德镇形成了手工模板化的瓷业生产体系。近代以来，在瓷器贸易衰退和剧烈社会变迁的历史背景下，景德镇传统瓷业生产模式遭遇巨大的挑战。

　　景德镇传统瓷业生产体系与社会结构，有如下显著特征。首先，以瓷器贸易为核心，以市场为主导，景德镇形成了商品化的产业发展模式。这种模式意味着其瓷器产品会因社会需求和文化审美的转变而变化。从宋朝的青白瓷、到元朝青花瓷，再到明清时期的彩瓷，景德镇瓷器产品风格在继承基础上不断创新。其次，瓷器贸易的兴盛，促成景德镇形成了手工模板化的产业模式。从原料开采与加工、瓷坯制作与绘制、瓷器烧造与贸易，景德镇制瓷业有近百道工序，生产过程中不同工序分工明确且紧密合作，实现了生产技术极致化与产品精致化。再次，作为手工业移民城镇，景德镇形成了复杂的利益群体与社会关系。在以"逐利"的原则下，周边民众来到景德镇从事制瓷业、金融业和商业等行业，形成了以制瓷业为中心的社会运作体系。在长期利益博弈过程中，行业组织、地缘关系与经济利益交织在一起，形成了复杂的利益群体与关系网络。但无论瓷器制作过程中的劳资双方，抑或其他经济、社会组织，均没有绝对性的强势与弱势。各方通力合作才能保证景德镇的良性运作，并最终实现各自利益最大化。最后，景德镇瓷器种类多样，既有满足生活需要的日用品，也有供应上层社会消费的艺术品，产品消费模式外化为个性化、唯一性与批量生产的多元组合，这就决定了瓷器生产技术多样、工艺复杂。

生产特征、社会组织与消费模式决定了景德镇制瓷业不同于近代其他地区的手工业模式，具有较强自我修复能力。在瓷器贸易繁荣的时候，大量移民来到景德镇，从事瓷业及其他相关产业；而在瓷器贸易萧条情况下，生活难以为继的瓷业匠人回到乡村，从事农业或渔业。这种进而为工、退而为农的模式维系了景德镇相对稳定的社会结构。此外，由于大部分瓷业工厂主也是技术出身的瓷业从业者，在工厂破产的情况下，依然能够依靠技术存活，并寻求再次崛起的机会。这种独特的弹性社会结构能够巧妙地化解外力的巨大冲击，保证景德镇社会结构沿着自身所构筑的模式发展。

近代以来，在外力冲击下，景德镇传统制瓷业模式与社会结构遭遇巨大的危机和挑战。首先，新型机械化瓷器日用品，不仅取代了景德镇原有的国际市场，也冲击其国内市场，景德镇制瓷业处于衰退境地。其次，新式政治管理模式改变了传统社会以行业自治为主导的社会运作模式，同时也削弱了传统社会组织的话语权。此外，近代中国多舛的命运与不间断的革命风潮，也对景德镇制瓷业带来影响。最后，在西式文化的冲击下，国民的消费理念和审美风格也在悄然发生变化，传统器型与装饰风格不再受欢迎，景德镇瓷器产品和制瓷体系均需要一定程度的改变。

在历史与现实巨大落差的背景下，官员、实业家、学者等社会各界人士以振兴景德镇瓷业为圭臬，试图将新型工业化生产系统移植到景德镇，取代在他们心目中传统落后的瓷业生产模式，并在此基础上实施社会改良。与此同时，景德镇由传统的瓷业生产中心变成区域政治中心。民国初期，浮梁县署由旧城迁移到景德镇。国民政府时期，景德镇又成为江西第五行政专署所在地。区域行政中心的迁移与权力下移，改变了传统瓷业社会的自我调节机制，为景德镇社会结构引入了更强势的权力话语体系。在新旧二元对立的理念下，景德镇传统生产模式成为落后的代称。官方主导的社会改良也对传统瓷业社会调节机制提出了挑战，危及原有瓷业生产体系与稳定性的社会结构。

但这些社会改良与实业实践忽视了景德镇瓷业生产模式的合理性与惯习，无视近代景德镇瓷业生产所取得的成就，切断了历史发展的延续性。改革群体将自身并未认识清晰的现代化理论随意诠释与运用，不仅其社会实践无法成功，还加深了传统与现代二者之间的对立与误解。但不可回避的是，近代景德镇瓷器贸易量的衰退与传统瓷业生产模式的局限性有密切关系，新型瓷业生产优势也在中西竞争中表现出来。在此背景下，作为以市场为导向的依附性、外向型的社会结构与生产模式，景德镇瓷业从业者基于自身利益，依然吸收了现代性生产的合理性。

但这种融合并非社会精英所主导的机械化改良，而是在市场主导下，瓷业生产者以"利我"为核心而进行自我改变，但多重复杂因素背景下表现出来的传统与现代之间并非改革者所假想的对立冲突，也能在一定语境中实现融合，并优化了传统的瓷业社会结构。如果依照现代化对景德镇瓷业传统冲击的模式去思考，我们可以探究景德镇社会结构在发展过程中形成社会惯习的核心作用。尽管传统生产形态因为瓷器贸易量下降、瓷业衰退而失去了话语权，并被社会各界认为是阻碍景德镇复兴的障碍，但依靠自身独特优势，在近代中国多舛的历史背景下，长期形成的手工生产模式依然在景德镇瓷业生产中居于主导地位。对近代景德镇瓷业和社会结构的分析，有助于从个案的角度入手，探究中国社会复杂背景下现代化模式的有限性。总体而言，景德镇固有的社会体系，既符合制瓷业产业特征，也与其发展模式相吻合。由于近代瓷业改良群体忽视了景德镇生产结构的合理性，造成其改革成效不佳，既折射出现代化移植的有限性，又证明了景德镇瓷业社会结构的稳定性与特殊性。

关键词：弹性社会结构；嵌入融合型模式；心智系统；工具系统；移植

Abstract

Jingdezhen is a porcelain handicraft town which is rooted in the traditional agricultural civilization. A stable production system and social structure is formed in the process of the procelain production and the long-term game of interests. In the overall balance, this system is also influenced due to political reasons and changes in consumption concept, but it is still able to absorb reasonable factors to maintain their social structure with a strong ability to repair itself. During Ming dynasty and Qing Dynasty, The prosperity of Jingdezhen porcelain at home and abroad not only contributed to its being one of the most popular cultural products but also prompted the formation of Jingdezhen porcelain hand-templated production system. In modern times, owing to the porcelain trade recession and intense social changes, traditional Jingdezhen porcelain production patterns encountered enormous challenges.

The commercialization of porcelain production patterns and social structures mainly show for the following salient features. First, Jingdezhen formed the market-oriented development pattern of commercial industry with the porcelain trade as the core. This pattern means that the porcelain production mode will change due to the change of social demand and cultural aesthetic. From bluish white porcelain of Song Dynasty to the blue and white porcelain of Yuan dynasty and to color porcelain of Ming and Qing Dynasty, jingdezhen porcelain product style based on inheritance innovation. Second, the rise of China trade give birth to manual templated industry model. From raw material extraction and processing, from production of porcelain bodies to draw, and from firing porcelain to trade, there are hundreds of working procedure, the different production processes have a clear division of responsibilities and closely cooperation, achieving the extreme production technology and product of refinement. Third, as a typical immigrant town, Jingdezhen has formed complex interests and social relationships. Under the principle of "profit" for the pilot, the surrounding people came to Jingdezhen engaged in Porcelain manufacture, the financial industry and commercial industries to form a complete social business model with porcelain production as the core. In the process of social system operation, industry groups, geographical relationship and economic interests intertwined, forming a complex interests and relationship network. But whether labor parties in the process of production, or other economic, social organizations, the strength and weakness are not absolute. In all, all parties work together to guarantee the benign operation and finally realize their interests to the best. Finally, Jingdezhen porcelain species diversity, production technology is complex, including both production of functional and artistic porcelain. Product consumption patterns externalized into diversified combination of a personalized, uniqueness and batch production, which determines the diversity of technology and complicated process.

Production characteristics, social organization and the consumption mode determines the jingdezhen porcelain different from other parts of modern manufacturing pattern and make it have a stronger ability to repair itself. During the china trade prosperity, a large number of immigrants came to jingdezhen are engaged in the porcelain industry and other related industries; But during the china trade depression, builders go back to rural life unsustainable industry, engaged in agriculture or fishing, which, in turn, maintains the jingdezhen relatively stable social structure. In addition, since most of the ceramics factory owners were technology industry practitioners. In the case of bankruptcy of the plant, they still rely on technology to survive to seek the opportunity to rise again. This unique flexible social structure can skillfully resolve the huge impact of external forces and develop following the pattern constructed by itself.

In modern times, under external shocks, the traditional porcelain patterns and social structure suffered a huge crisis and challenges. First, the mechanized daily porcelain replaces the international market, but also influences its domestic market, which result in the recession of Jingdezhen Porcelain. Secondly, the new political management model has changed the traditional social autonomy in the industry as the leading social mode of operation and further weakened the right to speak of the traditional social organizations. In addition, the ill-fated destiny and uninterrupted revolution in modern China also influence the Jingdezhen porcelain. Finally, under the impact of the western culture, the national consumption ideas and aesthetic style is also quietly changing, the traditional shape and decoration style was no longer popular, Jingdezhen porcelain and system require a certain degree of change.

Under the background of the huge gap between history and reality, officials, scholars and industrialists consider the revival of jingdezhen porcelain industry as the goal, and try to transplante western industrialized production system to Jingdezhen, replacing the traditional backward to achieve social reform on this basis. In addition, Jingdezhen is transformed from a traditional porcelain center into a regional political center. In the early years of the Republic of China, Fuliang County Department moved from the old city to Jingdezhen. During the period of national government, Jingdezhen became the fifth administrative department of Jiangxi province. The relocation of the regional administrative center and the shift of powers have changed the self-regulation mechanism of the traditional porcelain society and introduced a more powerful discourse system for the social structure of Jingdezhen. In the concept of old and new dualism, Jingdezhen traditional mode of production has become backward and ignorant. Social reform and social regulating mechanism proposed the challenge to the traditional industry, and endanger the ceramics production system and the stability of social structure.

But these social reform ideas and industrial practice ignored the rationality and ignoring the rationality of Jingdezhen porcelain industry production mode and social habitus, in defiance of the achievements of the modern jingdezhen ceramics production, in the meanwhile cut off the continuity of historical development, but interpret and apply the modernization theory at random, thus not only make the social practice unsuccessful but also deepened the opposite and misunderstandings of the tradition and modern. But inevitably, the modern Jingdezhen porcelain trade recession and the the limitations of traditional porcelain production model is closely related, the new porcelain production advantages are manifested in competition. In this context, as a market-oriented dependent and export-oriented social structure and mode of production, Jingdezhen porcelain practitioners still absorbed the rationality of modern production based on their own interests.

However, this convergence is not improved mechanization dominated by the elites, but under the market leading, industry producers changed with "benefit me" as the core. However, in the context of multiple and complex factors, The conflict between tradition and modernity is not an assumption between the reformer and the reformee, this conflict can also realized fusion in a certain context, and optimized the social structure of traditional industry. If we think about the impact of modernization, we can explore the habitus in Jingdezhen social structure and its central role. While traditional porcelain production patterns lost his voice due to trade fall and porcelain recession, which was seen as obstacles to the Jingdezhen revival, but relying on its own unique advantages, it still plays a dominating role in Jingdezhen Porcelain production in the ill-fated context. Analysis of Jingdezhen porcelain and modern social structure helps to start from the perspective of specific cases to explore the limitation of the modernizational pattern under the complex background. Overall, the long-established industry pattern and social forms fit the development of jingdezhen porcelain industry. Modern Porcelain improvement groups ignore the rationality of Jingdezhen production structure, resulting in poor performance of its reform, which reflects the limited nature of modern transplantation and prove the stability and specificity of the social structure of Jingdezhen Porcelain.

Keywords: Elastic social structure; Embedded fusion model; Mental system; Tool system; Transplantation

目　　录

Contents

导 论

历史变迁中的天下瓷都

一 一个景德镇,半部陶瓷史

三百余年前,法国传教士殷弘绪来到了偏居赣东北的景德镇,从事传教事业。在景德镇居住二十多年的时间里,这个对中国文化充满好奇的法国人,通过自己的耐心观察和详细记录,将景德镇制瓷秘密寄回法国,打破了欧洲对中国独有的文化产品——瓷器的想象,也开启了欧洲人多年来无法领悟制瓷秘密的困惑。或许对当时大多数的中国人而言,真的难以理解为什么这个欧洲人要通过贿赂地方官员,千辛万苦也要到景德镇这样一个中国偏僻的地域去传教。因为,在中国人心目中,这样一个地大物博的东方帝国,可以选择的地方很多。根本没有必要选择这个人口不多、经济不发达且社会文化落后的地方进行"开启民智"的传教活动。但如果了解当时中欧贸易和文化交流史,或许对殷弘绪这个决定不会感到奇怪。因为,正是中国的瓷器引发了欧洲社会对中国文化的疯狂,也让欧洲白银大量流入中国。法国人传教的目的,是在以传教为依托背景下,全力寻求中国瓷器制作的奥秘。从传教的意图来看,殷弘绪或许也拯救了几个他认为需要拯救的灵魂,其效果和目的无疑是难以尽如人意。但从寻求景德镇瓷器秘密的视角来看,勤劳朴实的景德镇手工匠人给他提供了详细的资料,让整个欧洲人熟知了中国制瓷技术的秘密。因此,在坊间,将殷弘绪看作世界上最早的"工业间谍"之一。这位长眠地下的 18 世纪伟大的法国人,不知道在一百年以后,欧洲人以"种族优越论"研究人类发展演进历史的时候,会有何感想?如果上述表达属于中国人"自我想象"的话,我们真的无法从这位传教士的口中洞悉其真实的想法,至少当时景德镇的匠人们没有这样想,他们只是把他看作能够带给他们智慧或者生存希望的人，抑或把他看成和自己不一样的怪人。但如果当时在每一个瓷业生产工序上的瓷工能够像今天一样，通过新媒体技术了解世界变迁，相信他们的想法和上述表达会有类似的地方。

（一）瓷源中国

如果要将上述问题回答得非常清楚，还是有必要对世界陶瓷发展史做一简单回顾。从世界制陶史来看，至少有两万余年的历史。当时陶器制作呈现出类似苏秉琦先生提出的"满天星斗"的说法。古老的非洲和美洲大陆，也都发现了一万年前的陶片，在亚洲的中国更是如此。如果说火的使用是人区别于动物的重要标志，那么器物制造就可以认为是人走向文明的象征。无疑，陶器是最早、最为关键性的器物。陶器的发明促使人们农耕定居生产的常态化。在人类近两百万年漫长的进化历程中，最近一万余年的发展速度特别快。器物的发明与使用是最为关键的因素。随后，由于陶器制作技术日渐成熟与完备，开始出现各种作为精神象征的装饰性纹饰，开始了文明时代。

如果陶器是人类共有的发明创造，瓷器则是中国人独特的文化产品。同陶器相比，瓷器烧造工艺和制作技术要求更高。如果从瓷器的产生问题入手，许多学者曾经提出了这样的疑问，为什么只有中国发明瓷器呢？在从陶器出现到瓷器发明近九千余年的历程中，是什么因素决定了瓷器的出现？尽管有许多答案，但各方依旧没有对这个问题达成共识。但如果从世界古老文明发展变迁历程来看，在世界所有古老文明中，中国是唯一一个没有中断文明的国家。如果器物制作工艺的突变是在不断渐进基础上的话，或许中国是最具可能生产瓷器的国家，无疑最后的结果也恰好证明了上述论断。

无论过程多么曲折复杂，如上所述，在各种合力之下，中国成为世界上成功制造瓷器的国家。最晚在宋代，中国的制瓷技艺已经非常成熟，瓷器也成为普通民众均可以购买的价格低廉产品。从瓷器的优点来看，无论是对身体健康的提升或者新型的饮食习惯，都有促进性的影响。从物美价廉、实用性和补益性的视角去观察，或许我们可以说明中国人口迅速增加的一个关键性因素：生活器物的根本性变化与大众化使用，提升了生活的质量，进而在早熟的中国文化成长过程中扮演重要的角色。

（二）瓷都景德镇

由于手工业城镇资料相对缺乏的原因，要回答景德镇陶瓷文化的起源？景德镇为什么会名震天下？在中国众多窑口中，为什么偏居江南一隅的景德镇会脱颖而出，成为受到世界关注的对象？等等，诸多问题与回应为什么中国是发明瓷器的国家一样难以处理。可能与上述的回答模式一样，景德镇具备了所有成为瓷都的优势，诸如自然环境、生产方式、风俗习惯等多方面复杂因素的综合，因此也顺理成章地成为世界上最著名的瓷业生产地。但这种回答并不能让大多数有这种疑问的学者和民众信服。回溯景德镇陶瓷发展的历史，或许能够探析景德镇成为中国乃至世界上著名的陶瓷产区的一些因素。2013年，美国《考古》杂志评选出世界十大考古发现，其中包括江西万年仙人洞距今两万余年前的陶片，被称为"世界最古老的陶片"。这也就意味着中国可能是世界上最早发明陶器的国家。而万年距离景德镇非常近。但文献资料，关于景德镇陶瓷发展的历史记述比较简略。"新平（浮梁县旧称新平县）冶陶，始于汉季。大抵坚重朴茂，范土合渥，有古先遗址。"① 具体而言，根据《浮梁县志》的记载，在汉朝时期，景德镇已经从事陶瓷生产，也有大量的考古遗址。但如同笔者描述的那样，在当时中国许多窑口就从事陶器制作，景德镇无法在中国众多窑口中脱颖而出。但这种局面到了后期，根据相关史料记载有所改变。"陈至德元年（583年），大建宫殿于建康，诏新平以陶础贡，雕镂巧而弗坚，再制不堪用，乃止。"② 上述的记录表明，至少在南北朝时期，景德镇的陶瓷已经在中国南方产生了影响力，且注重雕刻，但陶瓷质量有待提升。"唐武德二年，里人陶玉者载瓷入关中，称为假玉器，且贡于朝。于是昌南镇瓷名天下。"③ 唐朝时期，水路交通发达，因此景德镇的瓷器有通过水路运输的可能性，随后也逐渐得到了进一步的认知。能够将瓷器运输到西安，且上贡朝廷，需要一定的经济基础，表明景德镇已经形成了瓷器生产规模。这种情况到了北宋时期得到进一步发展。"宋真宗遣官制瓷贡于京，即应公府之需，命陶工书建年'景德'于器底，天下于

① （清）刘坤一修：《江西通志》，一百八十卷。
② （清）《浮梁县志》，卷首。载熊寥、熊微编著《中国陶瓷古籍集成》，上海文化出版社2006年版，第79页。
③ 同上。

是咸知有'景德瓷器'矣。"[1] 从宋朝开始，景德镇瓷器已经具有自身的影响力，即便在当时北方五大名窑的压力下，景德镇依旧可以依靠自身瓷器生产的优势获得社会认知，本身对各方面自然条件不占优势的景德镇而言，是一个巨大的鼓励。如前所述，至今学术界还无法对景德镇瓷器被认知给出可信的答案。但结果是，通过自身不断努力，景德镇瓷器成为了精品的代称。

无疑，北宋时期市民社会的兴起，南北方水路交通的便利，为景德镇瓷器的崛起提供了机会。尽管无法从现存文献中探究景德镇瓷器生产的数量和生产规模。但从目前景德镇大量宋代时期的窑址也能反映出宋朝时期景德镇瓷器生产规模非常庞大。这种巨大的生产规模也恰好与宋朝时期中国人口数量高速增长、瓷器制造技术相当成熟相吻合。景德镇正是利用这样的机会，不断实现自身的革新，造就了其瓷业生产在全球瓷器生产中的独特地位。

（三）瓷文化圈与景德镇瓷器贸易

从宋朝景德镇陶瓷生产名扬天下开始，景德镇瓷业生产规模进一步扩大。得天独厚的瓷业生产技术也成就了景德镇。宋朝时期，景德镇瓷器生产处于"四方八邻"的分散生产模式。这可能与当时瓷窑烧造模式与瓷业生产有关特征有关。唐宋时期，景德镇瓷窑烧造主要采取依山而建的龙窑，这种烧造特色对山体坡度有一定要求。这也就意味着瓷业生产会受到自然环境的限制。因此，宋朝以前，以瓷窑为核心，会形成一个规模不等的生产中心。但无论如何，这个生产中心必须包括比较便利的水路交通、便利可取的原料和燃料。但到了后期，这种生产格局，由于窑炉技术的改进而发生了根本性的变化。宋元之交，景德镇已经可以使用葫芦窑进行瓷业烧造。这也就意味着，离开地理位置的约束，也可以进行瓷器烧造。这样，地势相对平坦且水运方便的景德镇就有了各方面便利的条件，原本在周边的瓷窑开始向景德镇集中，形成了新的生产中心。如果在宋朝以前，景德镇被称为瓷业中心的话，更多的是瓷器贸易的中心。而到了元朝时期，景德镇真正成为瓷业生产和贸易中心。根据蒋祈的《陶记》记述，

---

[1] （清）《浮梁县志》，卷首。载熊寥、熊微编著《中国陶瓷古籍集成》，上海文化出版社2006年版，第79页。

景德镇的陶瓷已经销售到中国大部分地区，开始形成了产业优势与影响力。"若夫浙之东西，器尚黄黑，出于湖田窑者也。江、湖、川、广，器尚青白，出于镇之窑者也。碗之类：鱼水、高足、碟之发晕、海眼、雪花，此川、荆、湘之所利。盘之马蹄、槟榔；盂之莲花、耍角；碗、碟之绣花、银绣、浦唇、弄弦，此江浙、福建之所利，必地有择焉者。炉之别：曰狻、曰鼎、曰彝、曰鬲、曰朝天、曰象腿、曰象交、曰桶子；瓶之别：曰觚、曰胆、曰壶、曰净、曰栀子、曰荷叶、曰葫芦、曰律管、曰兽环、曰琉璃，与夫空头细名，考之不一而足，惟贩之所需而。两淮所宜，大率江、广、闽、浙澄泽之余，士人货之，谓之'黄掉'。"① 对景德镇而言，瓷器贸易的扩展，保证了经济规模的扩大，也促使大量原本从事农业和手工业并行劳作的人员，脱离原有的农业生产，形成了新的产业工人的模式。

对景德镇而言，元朝是巨变时期，来自波斯的青花钴料输入景德镇后，改变了景德镇瓷器贸易的方式，也为景德镇瓷业发展提供了极佳的发展机会。青花瓷制作技艺的成熟，让景德镇在瓷器制作成功率上高于其他竞争对手的窑口，最后脱颖而出。这一时期，景德镇瓷器出口已经通过泉州等港口的海路，大量将产品输出到中东地区的波斯等国。而与波斯文化信仰、生活习惯相近的青花瓷器更是成为波斯最受欢迎的产品。无论是偶然，还是有意识的发明创造。青花瓷的出现既改变了世界的贸易，也最终促成了景德镇成为世界上最有影响力的瓷都。并以青花瓷贸易为主导，开启了早期全球化的新阶段。

明朝建立以后，对外贸易进一步发展。在原有对东亚以及周边地区持续影响的基础上，航海技术的进步更是促进了中国瓷器对外的传播。1405年开始的郑和下西洋成为景德镇瓷器发展历史上最为标志性的事件。根据巩珍的《西洋番国志》、马欢的《瀛涯胜览》、费信的《星槎胜览》等游记的记述，东南亚和非洲的许多国家与部落非常喜欢青花瓷器。瓷器和丝绸成为中国最受欢迎的商品，尽管在历次航海中，瓷器贸易量难以统计。但仅有一次，政府就吩咐景德镇烧造四十四万三千五百件瓷器。② 证明了瓷器贸易量的惊人程度。在被海外市场接受的同时，中国国内的精英也逐

---

① 转引自熊廖《中国古陶瓷研究中若干悬案的新证》，上海三联书店 2008 年版，第 229 页。
② ［美］罗伯特·芬雷：《青花瓷的故事》，郑明萱译，海南出版社 2015 年版，第 252 页。

步接受了青花瓷作为装饰品的价值观，开始了景德镇的青花瓷时代。在元朝基础上，明朝时期景德镇瓷器国内贸易也进一步扩展，开始形成了全国范围内的影响力。"自燕云而北，南交趾，东际海，西被蜀，无所不至，皆取于景德镇，而商贾往往谋大利。"① 此外，郑和下西洋开启了一个人类新的时代。尽管从南宋开始，中国的海上贸易已经发达，逐步取代了原有以西安为中心的陆上丝绸之路的贸易。但明朝时期，达到了海上贸易的鼎盛时期。遗憾的是，由于国家垄断性的贸易运营体系，明朝政府中断了曾经的航海目标，依然将发展的重心置于内陆的发展方面。而与此同时，欧洲正在进行着巨大的改革与创新，且不断地向全世界范围内扩张。东西方文明的不同转向，昭示了人类近代五百余年发展历史的转向。

1492 年，一心向往东方世界的哥伦布实现了第一次环球航行，尽管他的船队最终并没有达到亚洲，但开启了欧洲发展的时代。随后，1498年，葡萄牙人达·伽马的船队达到亚洲，开始了欧亚直接贸易的时代。1557 年，葡萄牙占领澳门的时候，中西之间的直接贸易已经非常普遍。也正是从这一时期开始，中国生产的各种货物源源不断地运往欧洲，并影响欧洲人的生活方式与文化。无疑，景德镇也真正开启了"世界瓷都"的历程。对景德镇而言，在全球化的贸易中，真正进入了其千年瓷都最为辉煌的时期，但也预示着其发展的灾难。由于在欧洲受到追捧与欢迎，瓷器成为中欧贸易的最为重要的商品。从大量海底沉船考古发掘中，我们能够发现这一点。16 世纪末期，南方相对安定的生产环境为景德镇瓷业的发展提供了机会。此外，瓷器生产技术的成熟以及价格方面的优势，成就了景德镇在各方面的辉煌。

对欧洲人而言，尽管在 16 世纪之前已经出现了中国瓷器，但这一时期，除了极少数的君王和主教，普通民众很难拥有这种装饰品和日常生活用品。1497 年，达·伽马从葡萄牙出发的时候，葡萄牙国王曼努埃尔一世告诫他，务必带回来西方最为渴望的两种商品：香料和瓷器。② 如果从这一角度出发，无疑，达·伽马是成功的。在经过千辛万苦以后，达·伽马为葡萄牙国王带回了他所期盼的物品。随后在直接的三百余年的中西之间贸易中，中国瓷销往欧洲的达到三亿件之多。在长时段中西巨额贸易

---

① （明嘉靖）《江西大志·陶书》，卷二。
② ［美］罗伯特·芬雷：《青花瓷的故事》，郑明萱译，海南出版社 2015 年版，第 5 页。

中，景德镇成为最大的赢家。其制作的瓷器不仅仅是日常生活中需要的商品，更是欧洲社会身份的象征。如果再次将视野拉开，在以中国为核心的瓷器贸易和文化传播中，景德镇由最初的边缘走向了世界瓷文化的中心，形成了以景德镇为核心的世界贸易圈。

综而论之，以景德镇为核心的瓷文化圈包括初创、发展与辉煌期三个层面。南宋时期，由于政权南移，景德镇瓷器凭借价格与劳动力方面的优势，开始在东北亚产生影响。这一时期，景德镇的青白瓷开始输入到朝鲜半岛和越南地区。朝鲜半岛和越南地区在中国影响下，掌握了瓷器的烧造技术。元朝时期，国土面积的扩大和海外贸易的发展，以及阿拉伯商人的加入，景德镇的青白瓷和青花瓷最远达到非洲东海岸和红海沿岸，尤其是在中东地区产生了重要的影响。对这一地区的文化和生产方式的变化起到了非常重要的作用。明朝中后期以来，在西方航海贸易主导下，大量景德镇瓷器出口到欧洲，形成了以景德镇为核心的世界性的"瓷文化圈"。在此发展变迁过程中，不仅景德镇瓷器商品对世界产生重要的作用，其制瓷技术也直接影响到世界的瓷器制作。

（四）官民互动的辉煌历史

在不具有任何自身发展优势的情况下，景德镇作为后发的瓷业产区，成为享誉世界的瓷业生产地区，有其独特的原因。换句话说，景德镇在具有各种优势的情况下，才能成就其瓷业发展地位。回顾景德镇瓷业发展辉煌历史，在瓷业生产过程中，均能探析到官方主导和民间互动的身影。宋朝时期，景德镇瓷器受到宋真宗赏识，进而名扬天下。无论在世界上任何一个地方，皇家永远是最好的宣传主体之一。因此，在官方的支持下，景德镇瓷器生产进一步增长。元朝时期，政府进一步加强对景德镇瓷器生产的管理。至元十五年，元朝政府就在景德镇设立浮梁瓷局。"浮梁磁局，秩正九品，至元十五年立。掌烧造磁器，并漆造、马尾棕藤笠帽等事，大使、副大使各一名。"① 至元十五年即1278年，也就是在元灭南宋前一年，元朝统治者已经占领江西景德镇，并迅速在浮梁设置管理瓷业生产的官员，可见其瓷业生产在元朝政府心目中的地位。从上述记述来看，浮梁

---

① 《元史·百官志》，载熊寥、熊微编著《中国陶瓷古籍集成》，上海文化出版社2006年版，第6页。

磁局设立的目的主要是管理瓷器的烧造。相关学者认为是两个因素促使了浮梁磁局的设立：一种观点认为瓷器是元朝政府税收的重要来源，在不断战争过程中，元朝政府希望通过加大税收来支持政权的运作；另外一种观点是元朝政府非常重视景德镇瓷业生产，已经将其作为官方用瓷的生产所在地。依笔者的观点看，两种因素更兼有之。"元更景德镇税课局监镇为提领。泰定本路总管监陶，皆有命则供，否则止。"①

如果将景德镇瓷业发展置于整个中国窑口发展历程中，就景德镇瓷业勃兴初级阶段来分析，就能更为全面地认知景德镇的发展变迁历程。北宋时期，五大窑口中有四个在北方，尤其以都城东京为中心的附近地区。但南宋时期，政权南移，北方的窑口先后衰落，这一时期以都城附近地区的杭州和哥窑名声较大。但对景德镇而言，即便没有进入官方的核心视野，但地域上相对偏僻的位置恰好是其免于战争破坏的重要因素，依旧能够依照自身的发展模式去发展，并在逐步发展过程中，形成了独具特色的产业模式。元朝建立以后，从官方设立的管理瓷业税收和作为官方生产的地域而论，景德镇已经超过了其他窑口，逐步形成了自身独尊的地位。元朝景德镇生产的枢密瓷的实物以及根据相关的文献记载，景德镇已经成为皇家瓷业生产的供应地。"饶州御土，其色白如粉垩，每岁差官监造器皿以供，谓之'御土窑'。烧罢即封，土不敢私也。"② 上述这则史料是元朝时期不多的关于元政府在景德镇设立专门烧造的文字资料。而大量实物资料也能佐证元朝政府在景德镇专门烧造皇家和政府用瓷。同样，值得注意的是，在现存的史料中，还很难发现其他窑口有专门进行瓷器烧造的窑厂。从某种程度上来说，元朝时期，景德镇瓷业生产已经奠定了在全国的地位。而真正将这种地位进一步巩固的是，在官方以税收和贸易为主导的情况下，景德镇形成的完善民窑生产体系。

明朝建立以后，在景德镇设立专门生产皇家用瓷的御器厂，至清朝灭亡。在持续五百余年的时间内，景德镇成为皇家瓷器唯一官方指定的生产地，真正确立了其在中国乃至世界瓷业发展史上的地位。从世界陶瓷发展史来看，无论是中国北宋时期的五大名窑，还是德国的迈森和英国的威治

---

① 蓝浦：《景德镇陶录·景德镇历代窑考》，卷五。
② （元）孔齐：《至正直记》卷二，载熊寥、熊微编著《中国陶瓷古籍集成》，上海文化出版社 2006 年版，第 186 页。

伍德，均生产皇家使用的瓷器。但唯有景德镇设立了专门生产皇家瓷器的窑厂，且保持长时期生产。这一在全球发展历史中唯一的个案成就了景德镇瓷业辉煌的历史地位。如果将明清时期景德镇御窑生产同元朝时期相比，其中最为明显的变化是御窑生产的产品专供皇家使用，属垄断性产品。此外，为了加强对窑厂的管理，皇帝专门设立管理御窑厂的官员。明朝时期，最初由江西地方官兼管，到了后期又有皇帝派出的中官管理。清朝时期，政府也派出专门管理御窑厂生产的官员。对于景德镇而言，不同于其他的府县，具有双重管理属性。御窑厂的生产相关方面的问题，在皇帝的统筹下，由相关的官员管理。御窑厂也成了皇帝的代表和象征，尤其是在社会繁盛时期清朝中期更是如此。而景德镇的地方事务则由江西饶州府来管理。这两种平行的机制在某种程度上也会给景德镇社会治理带来麻烦。对于督陶官而言，只要生产出皇帝满意的瓷器就是最好的职责。但如果地方出现民变或者动乱，势必会影响瓷业生产，进而影响御窑厂瓷器的生产与制作。如何在两种并轨的路线上正常运营，保证景德镇瓷业社会的常态化运作，是地方官员的重要任务，也是关键性职责。这也就意味着在景德镇，地方官员的核心任务是保证瓷业生产的运作。如果能够完成这一目标和任务，官员就能保证其自身影响力和地位。而如果不能实现这一目标，且不说其梦想难以实现，就是自身生存也是巨大的问题。

官方的重视与御窑厂的设立，推动了景德镇瓷业生产达到了顶峰。为了保证产品的质量，在明朝御器厂烧造模式上，采取的是根据产品种类进行分别烧造的模式。根据相关史料记载，明隆庆以后，景德镇御器厂就分为二十三个作坊和六种不同类型的窑炉，在生产中采取分工合作的生产模式。这种分工合作的模式意味着瓷业生产的工匠要在产业链上进行协作。尽管没有史料证实在景德镇是民窑还是官窑开始进行分工协作生产模式的。但官方这种精细的产业分工模式无疑为景德镇瓷业生产提供了非常好的模板。其次，在生产中追求精益求精的产品质量保证的景德镇瓷器质量的提升。在生产过程中，优质产品甚或是百里挑一，"龙缸花瓶之类，百不得五，谓之难成"。[1] 一方面皇家用瓷是身份和地位的象征，另一方面，精品瓷也成就了景德镇的地位，二者的良性地位造就了其他产瓷区难以企及的高度。最后，官搭民烧制度促使景德镇民窑业的发展和复兴。明朝嘉

---

[1]　（明）陈子龙：《皇明经世文编》（第五册），卷三七九，中华书局 1962 年影印本。

靖时期，由于官方烧造压力增大，而民间瓷器生产由于贸易兴盛，窑炉烧造技术进一步提升，其烧造能力不在官窑之下。在这种情况下，出现了官搭民烧制度。"今遇烧造，官窑户辄布置民窑，而民窑且不克事也。斯官匠独习惯其制，悬高价以市之，而民窑益困匮也。"① 用民窑负责部分瓷器烧造至少证明景德镇民窑生产水平的提升。在某种程度上也意味着官方对精品瓷垄断地位的丧失。在追求利润最大化的历史背景下，民窑烧造技术进一步提升和发展，民窑烧造能力至少是官窑的三倍以上。从明朝万历年间开始，景德镇形成的规模化生产以及精良的产品质量成为景德镇制造畅销海内外的重要决定因素。这也就意味着在后来官方生产力量削减的情况下，民窑生产力量进一步扩展。由于民窑生产力的极大提升，清朝建立以后，也就顺理成章地继续在景德镇设立御窑厂。经过康熙以后持续百余年盛世瓷业生产的发展，景德镇瓷业达到了最为辉煌的时期，也形成了世界上规模最大的瓷业生产体系。

（五）瓷都的没落

巨额的瓷器利润以及工业革命的开展，诱发了欧洲君主对中国瓷器制作秘密的疯狂思考。仅瓷器生产方法就引起了欧洲社会各种不同的文化想象。这一巨大的想象群体既包括当时著名的文人，也包括欧洲上层社会贵族。在工业革命机器制造与自然科学迅速发展的背景下，欧洲人在模仿景德镇瓷器制作技术和样式的基础上，开始寻求生产瓷器的方法。1712年，德国最终发明了类似中国瓷质的瓷器，开启了欧洲独立生产瓷器的历程。而在此之前的一千余年时间内，中国已经熟练地掌握了瓷器生产技术。

如果回溯人类发展历史，我们也可以探究更有意思的人类发展现象。从二百余万年前出现非洲猿人算起，人类发展经历了漫长的阶段。但直到掌握人工取火，并将其转化为生产工具的技能以后，人类心智才迅速发展，逐渐成为我们生存的星球的主导。如果再将最近一万年细分的话，最近五百年的人类变迁所取得的成就超过了此前所有时间取得成就的总和。在工业革命的推动和影响下，欧洲和美国社会发生了巨大的变迁，并引领世界科技革命的发展，瓷业发展也不例外。在欧洲科技革命的影响下，德

---

① （明）王宗沐：《江西大志·陶书·设官》，卷二。

国、英国、法国和意大利等国意识到瓷器的巨大利润以后，开始了机械制瓷的革命。并进而通过自身的改革，在制瓷技术方面逐步超越中国，开始引领世界陶瓷业的发展。尤其是以英国瓷器大王威治伍德为著名代表。在逐步占领原有的中国瓷器市场的同时，也开始向中国出口他们生产的瓷器。1792 年，马戛尔尼访华，在精心挑选的礼物中，来自威治伍德的瓷器引起了中国官员的好奇。如果根据已有的历史研究得出结论，英国使臣带来的礼物在更大层面上有炫耀的成分。这也就意味着，英国人认为自己瓷器生产技术已经超过了瓷国中国的瓷器生产技术。而在此之前，也就是1791 年，英国已经决定停止从中国进口瓷器。

如果从 16 世纪和欧洲直接接触算起，中国通过瓷器、丝绸和茶叶等的物质体系在欧洲构筑了东方大国的形象，也在欧洲形成了独特的"中国器物体系"。在这一体系构筑过程中，景德镇的瓷器无疑扮演了最为耀眼的角色。瓷器的出现改变了欧洲人的生活方式，进而促使欧洲形成了新的思维方式，并最终对欧洲的文化产生了重要的影响，但这一辉煌到了18 世纪末期戛然而止。欧洲社会开始通过其自身生产的瓷器，进而通过其自身的文化构筑了其瓷器优越地位的标识。这一情况和欧洲社会逐步兴起的"欧洲中国观"和"白种人优越论"的理念是同步进行的。欧洲人通过对中国传统文化的攻击入手，来说明中国的落后。而真正对中国器物出口带来致命一击的是，欧洲各国利用新型的科技理念向全世界宣告，中国瓷器包装方法、生产技术、画面装饰是滞后的，也是对身体有害的。甚或通过各种带有政治意味的宣传试图说明，没有来自中国瓷器的技术，欧洲人也能独立生产出瓷器，也能构建自身的器物文明体系。在欧洲文化全世界风行的历史背景下，景德镇瓷器开始收缩，并进而成为落后的代言词。

对于景德镇而言，将瓷文化圈从亚洲和非洲扩展到欧洲和全世界，意味着其瓷业生产达到了鼎盛时期，也产生了在全世界的影响力。但如上所述，这对景德镇而言，也是巨大的灾难。在欧洲掌握瓷器生产技术以后，开始通过其自身的文化影响力在全世界推销工业产品，包括瓷器。以英国和德国为中心，形成了新的瓷文化圈，把他们制作的瓷器推销到全世界，甚至中国。如果转换为相对平和的心态，将景德镇发展和崛起置于中国瓷器产区的兴衰背景去看，也可以接受和理解。在中国千年瓷业发展过程中，景德镇的不断复兴乃至辉煌，也正是其他瓷器产地的灾难。也或许可以这样表达，当世界其他地区逐步掌握瓷器生产技术的时候，景德镇日用瓷都之地位必然受到挑战。因为对于许多人而言，当地物美价廉的瓷器能够满足自身的生活需要，景德镇不可能持续维系其长久的辉煌地位。

（六）转变的艰难

16世纪大航海的出现，彻底改变了世界史进程，传统东方大国中国也卷入这一全球化的过程中。如前所述，尽管在大航海的初期，中国曾经通过丝绸、瓷器、茶叶构筑的"三位一体"的器物体系，影响到全世界。但在西方社会迅速模仿和学习的历史背景下，在大机器生产的推动下，欧洲社会迅速实现了反超，也一直希望通过和中国的贸易实现以他们器物制造体系的反超。但中国的社会发展模式和社会运营制度，一直难以兼容西方社会以竞争为主导的发展模式。不可否认的是，以欧洲为主导的经济和军事现代化已经对世界产生了巨大影响。也不能认为中国对此一无所知。但中国固有的发展理念很难接受来自异样文化的影响。可能许多人会为这时古老东方大国错失机会而惋惜，但中国也一直向欧洲学习。因此，马戛尔尼访华也被许多学者认为是中英两个大国最后一次和平交流的机会，因为中国错失了这样的机会，再也没有能力能够继续维系中国的辉煌。在马戛尔尼的回忆录中提到为了展示大英帝国的形象，专门带了代表英国工业象征的产品，其中就有威治伍德生产的瓷器。作为欧洲新古典主义的象征，英国认为其生产的瓷器是文明生活的象征，也是理性主义的代表，因此在带来自己产品的同时，威治伍德认为这将带给英国人征服北京的快乐。事实上，在英国人看来，他们已经取得了成功。对于精于品鉴瓷器的中国官员而言，欧洲的瓷器还是吸引了他们关注的目光。"所有的眼睛都盯住……这些瓶子。他们是威治伍德艺术的上乘之作。对于瓷器，每个中国人都是行家。欧洲制品之美的实例展现，获得举世公认的赞美。"①

无论上述的史料是否反映了当时的实际已经不再重要，核心的是，在接下来的一个世纪中，英国瓷器席卷全球，并带来了新式的制瓷技术和理念，进而彻底击垮了中国的器物体系。在鸦片战争之前的1814年，中国第一次出现了白银流量的负增长。尽管当时中国完全有能力去应对这种局

---

① ［美］罗伯特·芬雷：《青花瓷的故事》，郑明萱译，海南出版社2015年版，第335页。

面。但随后的历史让整个中国陷入恐惧之中。如果从中西之间贸易算起，在持续三百余年的贸易中，中国一直处于有利地位。而如果以中国与亚非其他国家的贸易算起，在持续近两千年贸易中，中国一直处于器物制造的领先地位。但近代以来，欧洲的科学理念彻底击败中国，并在全世界范围内形成了对科学制造的狂热崇拜。1840 年，英国人通过战争实现了其一百年前的目的：征服中国，向全世界宣告英国器物时代的到来。

如果欧洲发动的对中国的战争还难以撼动中国的根基，推动中国人进行更为深刻的反思的话。1894 年的日本甲午侵华战争彻底激起了中国人革新的理念。随后，中国就进入了一个全新的时代。《马关条约》规定，日本商人可以在中国通商口岸进行"任便从事各项工艺制造"，而根据各国同中国签订的最惠国待遇的条款，其他各国自动取得日本所拥有的权利。在这种情况下，整个中国陷入了恐慌。一方面，在经过了长时间的失败以后，中国社会也就发展问题进行了深刻的反思；另一方面，整个工业生产体系在遭遇破坏以后，再也没有复兴的可能。在相对恐惧的心态下，中国开始了寻求自强之路。而瓷器和景德镇作为中国器物制造的代表和象征自然引发了各方的关注。1896 年，张之洞上奏设立新型瓷业公司，并呈请给予一定的优惠政策，开启了近代景德镇瓷业改变的历程。但在转型与发展过程中，可能是因为曾经的庞大帝国一直在文化和发展中拥有优越感，突然的衰退让中国无所适从。而在中国人看来，遥远欧洲的迅速崛起正是学习的模板。至少许多中国人看到日本学习西方以后迅速成功，更是激发了中国人改变的决心和勇气。在近代这种非常态的历史背景下进行自我改变，本身是一种无奈的选择。这在很大程度上意味着近代景德镇瓷业发展的转型更多是被迫的转变。

但在模仿与学习过程中，景德镇瓷业现代化遭遇了一些难以面对的问题。一方面，就现代性起源来看，最初从英国开始，影响到整个欧洲的科技化席卷整个世界。但在其扩散过程中，尤其与中国文化相遇中，会产生什么样的后果，是当时的改革者始料未及的。这在景德镇瓷业改革过程中非常明显地表现出来。从康达创办瓷业公司到民国末期孜孜不倦地提出新型改革理念，机械化生产模式在近代中国社会控制力下降的情况下，难以形成真正的影响力。如杨美惠论述的那样，中国的现代性是由西方帝国主义和日本帝国主义触发的，帝国主义侵入了早已危机四伏的中国，给中国带来了巨大的伤害。[①] 在这种情况下，传统政治控制力下降，伴随的是中国经济的衰退。在这种双重困境下其效果必然会大为削减。而此时，其竞争对手是处于鼎盛时期的西方帝国主义。一正一反的对比，也就昭示着在同其竞争中，中国难以再占到任何便宜。即便我们承认，中国追求现代化的历程对促进近代中国的转型与发展有一定的帮助和意义。但如果从竞争的视角来看，中国追赶式的现代化没有多大的作用。

具体就景德镇瓷业而言，在固有模式中，得到生产效率最大化和合作模式最优化的情况下，改变也非常地艰难。如同亨廷顿论述的那样，在生产达到鼎盛时期，进行改变是非常艰难的。毕竟，在其几百年的发展时期内，已经形成了自身固有的发展模式。采取何种形式的融合，如何去进行融合，如何看待传统与现代性之间的联系，都是需要面临和解决的问题。而在近代中国多变的历史环境下，这极有可能会削减改革的有效性。仔细探究，在发展过程中景德镇面临如下的艰难问题：

首先，现代性生产体系建构背后的话语体系的变迁。作为瓷业手工业产业城市，景德镇在长期发展中，已经形成了自身固有的产业模式与话语体系。而新式生产体系的引入必然会引起传统模式的抗拒。而在中国转变的艰难过程中，很难运用产业中的优势建构自身的话语体系。在官方控制力下移，但总体控制力下降的情况下，很难形成固有的生产体系与发展模式。这也就意味着在生产优势难以体现的情况下，依靠官方推动力建构的体系难以在社会发展面临困境的情况下形成发展合力。

其次，如果从长时段去探究景德镇瓷业发展，会更为理性地分析看待近代景德镇瓷业发展。在漫长的瓷业发展过程中，景德镇维系其辉煌地位有两个核心要素：一是瓷业手工精细化生产体系在同其他产区竞争中拥有决定的优势。在明末景德镇陷入战争的情况下，日本伊万里瓷器取代了中国瓷器市场出口到欧洲。而当景德镇恢复生产，日本马上衰退下来，市场被景德镇重新占领。二是瓷器产品的垄断性。当景德镇瓷器出口到亚洲和非洲，随后出口到欧洲的过程中，其他国家和地区并没有生产能力。而当其他国家掌握了瓷器生产能力以后，景德镇出口量的下降，换言之，景德镇的衰落就是可以接受的事实。这种情况到了 20 世纪更为明显，几乎所

---

① ［美］杨美惠：《礼物、关系学与国家——中国人际关系与主体性建构》，赵旭东、孙珉译，江苏人民出版社 2009 年版，第 33 页。

有国家和地区都掌握了日用瓷的生产能力，而作为日用瓷之都的景德镇很难将瓷器出口，尤其是以器物为依托的文化已经成为"落后"的代称。但即便如此，在失去了欧洲和亚洲的大部分市场后，景德镇依旧可以凭借其产品优势在中国的大部分区域，尤其是广大农村地区销售制作的低端产品。

最后，现代化生产模式的有限性。传统景德镇产业模式是小型生产分工与协作，其特点是资本投入少、人员紧密分工协作。机械化生产模式引入以后，所面临的最大问题是，巨大的资本投入意味着传统生产者难以融入。而投资以后，也面临着一系列的问题，诸如新式机器是否与景德镇瓷土成分、加工模式相吻合。现实生产过程中，确实存在这种问题。这是现代性生产者始料未及的。而多种"难以融合"遭遇近代多变的历史背景，就难以实现其生产的发展与促进。

二　研究史略

（一）景德镇及制瓷业相关研究

景德镇瓷器是考古学界和艺术鉴赏界研究的重要领域，也是艺术史关注的重点之一。清朝就出现了关于景德镇瓷器生产的专著《景德镇陶录》，[①]书中详细记述了景德镇瓷器生产工序和官窑生产体系。对于已经成型的景德镇制瓷业而言，该著记述的景德镇生产工序在近代依然与之相近。民国时期，关于景德镇研究成果逐渐增多，研究视角进一步扩展。1949年以来，在原有基础上，景德镇相关研究进一步深入，也取得了可喜的研究成果。回顾近代以来景德镇制瓷业相关研究成果是开展系统学术研究的前提，本书拟以学术界关注较多的几个问题为核心，对景德镇相关研究进行梳理。

1. 现代化视角下景德镇瓷业研究。作为瓷器贸易市场上的竞争对手，日本政府和瓷业研究人员长期关注景德镇瓷业，并多次派人到景德镇进行调研，以期实时了解景德镇制瓷业的情况。1914年日本农商务省商工局编写的《支那景德镇瓷器并二英国陶器制造二関スル报告》（东京制本合资会社，大正三年），是关于景德镇和英国制瓷技术对比的资料集。该著记述了从1897年到1912年，日本陶瓷界著名专家对景德镇和英国制瓷业

---

① （清）蓝浦、郑廷桂：《景德镇陶录》，清光绪十七年（1891）京都书业堂重刻本。

进行的调研。其中，藤江勇孝、加藤助三郎、黑田正宪、日比野新七、北村弥一郎等人每隔三四年到景德镇进行考察，在经过系统分析以后，日本制瓷界人士认为日本瓷业技术已经超过景德镇。在现代瓷业生产背景下，日本没有必要再向景德镇学习。[①] 该书翔实地记录了江西瓷业公司开办情况，分析了景德镇瓷行和瓷商，瓷业交易模式与运输方式，以及景德镇的生产习俗。虽然是一部社会调查集，但书中保留了大量社会学和经济学数据，是研究近代早期景德镇制瓷业重要的参考资料。同样在 1914 年，黄炎培以《申报》记者身份，对安徽、江西等省进行教育考察，并完成系列教育考察日记。[②] 在对景德镇考察过程中，他认为景德镇保守顽固，交通落后，缺乏现代社会法则与新型瓷业技术。因此，要振兴中国瓷业，依靠景德镇是无法实现的。只有将制瓷业转移到别处，才有复兴的希望与可能。1920 年，美国记者威廉·卓别林是较早进入景德镇的美国人，在对景德镇论述中，尽管他惊叹景德镇高超的手工制瓷技艺，但也指出了景德镇是一个非常保守落后的地方。整个城市没有报纸，没有电灯和电话，仍然从事着传统的瓷业生产。[③] 上述对景德镇的研究，尽管研究者来自不同国家，但结论惊人地相似，即在现代化的语境下，景德镇制瓷业已经沦为落后的代名词。

国民政府时期，由于社会发展环境相对稳定，发展实业、实现手工业现代化转型越来越吸引各界的目光。景德镇瓷业衰退自然也成为各方关注的焦点，许多学者和实业家以现代性视角去审视景德镇瓷业，以期寻求复兴的路径。在相关研究中，江西学者和政府着力最多，成果尤为显著。其中，向焯的《景德镇陶业纪事》（汉熙印刷所景德镇开智印刷局，1920年）、黎浩亭的《景德镇陶瓷概况》（正中书局 1937 年版）、江西省建设厅主编的《江西陶瓷沿革》（载张研、孙燕京主编《民国史料丛刊》，616册，大象出版社 2009 年版）是这一时期研究景德镇瓷业的代表作。上述几本关于景德镇瓷业与社会的研究专著均是在大量社会调查基础上，在近代发展过程中，总结出景德镇制瓷业和社会结构存在的问题。向焯的著作

---

① 農商務省商工局編：《支那景德鎮磁器並ニ英国陶器製造ニ関スル報告》，農商務省商工局，1914 年，第 1 页。

② 黄炎培：《教育考察日记》第 1 辑，上海商务印书馆 1914 年版。

③ ［美］威廉·卓别林：《景德镇——最古老的世界瓷器中心》，《美国国家地理》1920年，《彼岸观点》，中国对外翻译出版公司 2000 年版，第 211—228 页。

记述了清末民初景德镇瓷业发展的情况，指出了景德镇瓷业发展过程中遭遇的困境，重点论述了江西瓷业公司生产情况，并就不同历史时期景德镇瓷器风格与烧造方法进行对比。黎浩亭的著作以 1928 年江西瓷业改良为基础，分析了景德镇的交通、金融、制瓷业原料与燃料供给、窑炉烧造模式、瓷器交易情况等方面问题。在相关调研的基础上，他认为落后的生产方式与行业陋规是阻碍景德镇瓷业复兴的重要因素，只有开展职业培训和发展教育才能实现景德镇瓷业再次辉煌。但他同时也指出了改革绝非一蹴而就的事情，只有循序渐进才能实现改良目标。因此，如何利用景德镇现有优势，发展瓷业，保证社会稳定和数十万从业者的安居，才是改革努力的方向。江西省建设厅主编的《江西陶瓷沿革》和黎著是一脉相承，也是以景德镇为核心，分析近代江西瓷业发展情况。此外，江西省建设厅主编的《江西改进瓷业之设施》（国民经济建设丛刊第二种，1937 年），是"赣政十年"的主要成果之一。该著主要论述了景德镇瓷业改革的成果，具体论述了江西省陶业管理局成立两年来所取得的重要改革成绩。在书的最后，附录了 1936 年和 1937 年关于景德镇瓷业的社会调查报告，详细地记录了这一时期景德镇瓷业种类、景德镇瓷业工人人数及工资等，是研究民国时期景德镇社会的重要参考资料。1949 年以后，由于大型瓷业国有公司的成立，景德镇瓷业生产被纳入现代化生产体系之中，对景德镇研究多侧重工艺与艺术瓷，关注景德镇社会发展的论著不多。

20 世纪 20 年代以来，许多学者关注景德镇瓷业，并对景德镇瓷业和社会发展进行调研，仅笔者所搜集的论文不下 30 篇，多数论文观点仍是采取何种模式以实现景德镇瓷业生产的现代化。其中，影响力较大的有杜重远的《景德镇瓷业调查记》（《农村复兴委员会会报》，1934 年第 2 卷第 5 期）、希白的《江西瓷业之根本问题》（《经济旬刊》，1934 年第 3 卷第 15 期）；张承椿的《景德镇瓷业之概况及今后发展计划》（《商业杂志》，1930 年第 5 卷第 3 期）、李德宣的《景德镇陶瓷工业今昔》（《中国建设》，1937 年第 16 卷第 2 期）、李培寿的《景德镇瓷业近况》（《浙赣铁路月刊》，1936 年第 2 卷第 9 期）、周榕仙的《景德镇制瓷记略》（《自然界》，1926 年第 1 卷第 3 期）、高崧的《景德镇瓷业概况》（《经建季刊》，1947 年第 4 期）、项凡的《景德镇的瓷业》（《纵横天下》，1947 年创刊号）等。

2. 景德镇陶瓷史的相关研究成果。景德镇制瓷业历史悠久，从通史角度对景德镇瓷业发展论述的专著还比较多，著名的代表有江思清的《景德镇瓷业史》（中华书局 1936 年版），该著论述了景德镇瓷业从五代到民国景德镇瓷业发展历史，并就不同时期景德镇瓷器类型进行了分析。尽管记述内容相对简单，但作为景德镇陶瓷史研究的开山之作，仍不失其重要的学术价值。1959 年，在江思清等学者的参与下，江西省轻工业厅编辑出版了《景德镇陶瓷史稿》（江西省轻工业厅研究所编，生活·读书·新知三联书店 1959 年版）。该书是景德镇瓷业史的权威性著作，比较翔实地记录了景德镇陶瓷发展的历史。全书共分为四编，论述了从新石器时代直至 20 世纪 50 年代以后景德镇瓷业发展史，其中第三编记述了鸦片战争到 1919 年景德镇陶瓷发展历程。尽管成书较早，有些观点略显陈旧，但书中大量史料以及严密的论证，仍不失其宝贵的史料价值和参考意义，也是关于景德镇研究较具影响力的代表作。此后，尽管没有通论性景德镇瓷业发展史的著作，但仍有学者从断代史的角度对景德镇瓷业与社会关系进行研究，其代表性学者是梁淼泰。在前期一系列学术论文研究基础上，他完成了学术专著《明清景德镇城市经济研究》（江西人民出版社 1991 年版），该书以明清时期景德镇的瓷业为中心，探讨了景德镇城市经济的形成、发展过程，以期证明在没有外力冲击下，景德镇制瓷工业也能走上资本主义道路。全书分为上、中、下三篇，上篇介绍了景德镇的发展以及景德镇官窑、民窑的生产和景德镇陶瓷贸易状况；中篇描述了景德镇周边的环境，尤其"易陶"的自然地理环境；下篇论述了浮梁周围州县与景德镇制瓷业之间的关系。作为明清景德镇社会史研究的代表人物，梁淼泰敏锐地把握了景德镇瓷业精细化分工体系与资本主义大工业发展的区别与联系。陈海澄也是景德镇瓷业发展史的代表人物。在经过长时间的社会调查和口述史访谈，他完成了对近代以来景德镇瓷业发展的专著《景德镇瓷录》。[①] 该书详细记述了近代以来景德镇陶瓷业生产的情况，包括陶瓷业的行业分工、陶瓷贸易、近代陶瓷教育和景德镇制瓷业名人等，丰富了近代景德镇研究。另外，周銮书的《景德镇史话》（江西人民出版社 2004 年版），以通俗的语言记述了这座一千余年的手工业城市的瓷业变迁史。日本学者佐九间也长期从事景德镇陶瓷史的研究，其代表作《景德镇窑业史研究》（第一书房，1999 年）以专题形式论述了明朝以来景德镇官窑

---

① 陈海澄：《景德镇瓷录》，中国陶瓷杂志社印行，2004 年。

生产模式以及民窑发展历程、瓷器价格等一系列问题，就景德镇瓷业辉煌时期生产状况进行深刻论证。此外，高中利慧、佐佐木达夫、日野康一郎等日本学者对明清时期景德镇窑工、瓷器生产技术、原料种类的研究，有助于进一步推动对景德镇瓷业发展历史的了解。值得一提的是，苏州大学博士吴秀梅以民国制瓷业为主题，对民国时期景德镇瓷器制造行业进行了细致的分析，探究了民国时期景德镇制瓷业新的变化。在研究中，作者并未沿袭一贯否定近代景德镇瓷器成就的研究模式，而是对近代以来景德镇瓷业发展中新的艺术现象与创作群体进行肯定，并在论文研究基础上出版专著《传承与变迁——民国景德镇瓷器发展研究》。[①] 但该著从艺术史的角度出发，探究近代景德镇艺术发展变迁，没有关注到民国陶瓷艺术变迁背后的各种复杂社会关系。

如果将陶瓷史研究视角进一步扩展，中国陶瓷史的研究也多关注景德镇瓷业史。著名的代表有中国硅酸盐学会主编的《中国陶瓷史》（文物出版社1982年版）、叶喆民的《中国陶瓷史》（生活·读书·新知三联书店2011年版）、方李莉的《中国陶瓷史》（齐鲁书社2013年版）等，这些陶瓷类通史的专著均有大量篇幅论述了景德镇陶瓷史。在通史研究的基础上，大量相关学术论文就历史上景德镇的瓷业发展特征进行论述。著名的代表有黄云鹏的《景德镇五代瓷业概况及产品特征》（《景德镇陶瓷》，1987年第4期），论述了早期景德镇瓷业发展概况与产品特征。刘新园、白锟的《景德镇湖田窑考察纪要》（《文物》，1980年11月），介绍了湖田窑在宋朝时期的发展状况与器物类型。由于笔者关注的是近代以来景德镇瓷业与社会结构变迁，尽管历史发展有其延续性，但并不作为研究重点，与本书研究无关的其他相关研究不再赘述。

3. 对外贸易和文化交流视角下的景德镇瓷业史研究。作为中国器物的代表和象征，中国瓷器贸易和器物文化交流一直是学术界研究的热点，这方面的研究多从瓷器贸易出口地、瓷器产品交流中的文化融合等视角展开。就中西之间的瓷器贸易而言，部分学者以东印度公司为切入点，研究外销瓷的窑口、器物装饰风格等方面内容。曹建文、莫拉·瑞纳尔迪等人以克拉克瓷器为个案，分析景德镇瓷器装饰对欧洲文化和社会发展产生的影响力。曹建文基于早期中葡贸易的视角，揭示了克拉克瓷器装饰风格的

---

① 吴秀梅：《传承与变迁——民国景德镇瓷器发展研究》，光明日报出版社2012年版。

起源，分析了明朝时期景德镇瓷器生产已经出现了"来样加工"的模式。同其他的研究不同，该文运用考古学的方法，对景德镇生产瓷器窑口进行论证，解决了外销瓷研究中缺乏生产地的证明，为相关研究提供了新的路径。① 莫拉·瑞纳尔迪则运用欧洲各大艺术馆藏品，对不同时期克拉克瓷器进行分析，将中国销往欧洲的瓷器分为两个阶段：初期阶段，瓷器风格还没有成熟，带有明显的中国吉祥纹饰装饰风格；第二个阶段，由于瓷工对瓷器装饰风格的了解，技术工艺也达到了成熟地步，大多数瓷器装饰已经具备欧洲文化的印迹。② 除此之外，国内外销瓷的专家也从不同角度研究外销瓷的问题，尤其是明、清时期，景德镇外销瓷在欧洲产生的重要影响力。故宫博物院对这方面研究着力最多，也多次组织学者召开学术会议探讨外销瓷问题，并在相关研究基础上，汇集出版论文集。其中，叶文程主编的《中国古代外销瓷研究文集》（紫禁城出版社 1988 年版），侧重于中国瓷器对中东地区的影响力。而冯小琦主编的《古代外销瓷器研究》（故宫出版社 2013 年版），主要论述海上丝绸之路上的中国外销瓷，研究视角为瓷器对欧洲社会文化产生的重要影响，论文中作者对不同时期外销瓷的纹饰、器型进行分析。

　　瓷器贸易量问题也是学术界关注的热点。万钧的《东印度公司与明清瓷器外销》，以东印度公司为切入点，结合相关档案资料，探讨了荷兰、英国等不同国家的陶瓷贸易线路以及中国瓷器在欧洲产生的重大影响，并运用不同时段瓷器贸易数量来证明作者的论断。③ 同其他研究相比较，国外学者也多有关注外销瓷以及景德镇瓷器影响力，并从多个角度展开论述，著名的代表有：Rose Kerr, Luisa E. Mengoni, *Chinese export ceramics*;④ Hwrbert, Peter and Nancy Schiffer, *Chinese Export Porcelain*;⑤ John goldsmith Phillips, *China Trade Porcelain*;⑥ *Porcelain and the Dutch China*

　　① 曹建文：《中葡早期贸易与克拉克瓷器装饰风格的起源》，《陶瓷学报》2014 年第 2 期，第 117—122 页。

　　② 莫拉·瑞纳尔迪：《克拉克瓷器的历史与分期》，曹建文、罗易菲译，《南方文物》2005 年第 3 期，第 83—85 页。

　　③ 万钧：《东印度公司与明清瓷器外销》，《故宫博物院院刊》2009 年第 4 期，第 113—123 页。

　　④ Rose Kerr, Luisa E. Mengoni, *Chinese Export Ceramics*, V&Aa Publishing, 2011.

　　⑤ Hwrbert, Peter, Nancy Schiffer, *Chinese Export Porcelain*, Schiffer Publishing Limited, Exton, Pennsylvnia, 1975.

　　⑥ John Goldsmith Phillips, *China Trade Porcelain*, London, Phaidon Press, Ltd, 1954.

trade 等。其中，在 C. J. A. Jorg 的相关研究中，他指出，仅 17 世纪不到一百年时间，荷兰东印度公司至少从中国进口瓷器 1200 万件，而后来居上的英国东印度公司瓷器则至少运输 300 万件瓷器。① 大概估计，在中西贸易三百余年的时间里，通过各国东印度公司出口到欧洲瓷器数量约有上亿件，其中还不包括出口到亚洲和非洲的瓷器数量。在众多研究中，日本学者三上次男的《陶瓷之路》（文物出版社 1984 年版），是关于中国瓷器出口贸易量的综述性研究著作。作者运用社会学的研究方法，通过对中国瓷器出口路线的实地考察，揭示出中国陶瓷文化对世界各国，尤其是对中东地区产生的重大影响，反映了在早期中外文明交往中瓷器所起到的不可替代的作用。

在中外瓷器贸易往来与文化交流中，青花瓷器相关问题的研究也是学术界热点。在青花瓷起源问题上，有两种截然不同的观点。部分学者认为青花瓷的勃兴受到中东文化的影响，并运用图像证史的方法，将青花瓷的纹饰与中东银器图案进行对比，力图证明青花瓷并非中国本土文化的产物。这方面研究著名代表学者有袁南征[2]、毛晓沪[3]、徐禹[4]等。另外一种观点认为青花瓷是本土器物文化发展的产物。冯先铭指出，唐朝时期，中国已经出现了青花料，并运用于唐三彩和其他瓷器装饰之中。宋朝，由于文人文化的引领，青瓷、青白瓷等单色釉瓷器装饰兴起，青花纹饰装饰风格衰落。元朝时期，由于海外贸易的需求与社会审美转向，青花瓷再次复兴。因此，元朝青花瓷的兴盛只是在中国原有陶瓷文化基础上发展起来的，并非受到外来文化的影响。[5]

景德镇瓷器与欧洲文化互动影响一直是学术界研究的重点，这方面的学术成果也比较多。罗学正以瓷器装饰风格为视角，论述了在中西瓷器贸易的过程中，欧美文化对景德镇瓷器装饰风格的影响，主要表现为西洋画技法在瓷器装饰中的运用。[6] 孙锦泉从中国瓷器风格对欧洲影响的视角去探究瓷器在文化交流中的重要作用，指出欧洲在学习中国瓷器生产技术基

①　C. J. A. Jorg, *Porcelain and the Dutch China Trade*, Martinus Nijhoff the Hague, 1982, p. 213.

②　袁南征：《蒙元文化·青花瓷》，《中国文物报》2005 年 8 月 10 日第 6 版。

③　毛晓沪：《没有忽必烈，何来青花瓷》，《收藏家》2002 年第 1 期，第 58—61 页。

④　徐禹：《异域艺术对元代青花瓷装饰的影响》，《中国陶瓷》2006 年第 5 期，第 62—64 页。

⑤　冯先铭：《青花瓷器的起源与发展》，《故宫博物院院刊》1994 年第 2 期，第 29—39 页。

⑥　罗学正：《试论欧美文化对景德镇陶瓷艺术的影响》，《景德镇陶瓷》1990 年第 2 期，第 43—47 页。

础上，仿制出具有自身文化特色的瓷器，诠释了造物文化中从"模仿"到"创新"的理念。① 中国社科院万明关于瓷器的相关研究成果，则从全球化视角揭示了瓷器对欧洲产生的影响。在研究方法上，作者将瓷器贸易和白银货币化结合起来，将青花瓷贸易置于中西文化交流的历史背景中，探究瓷器的巨大影响力。作为中国瓷器代表的青花瓷传播到世界各地，引领世界时尚潮流，构筑了新的技术与知识融通过程。在此过程中，瓷器不仅仅是贸易过程中的产品，也是不同文明相互沟通与交流的媒介。②

4. 社会学视角下的景德镇陶瓷文化研究。近年来，随着相关学术研究领域的逐步扩展，学术界也从社会文化角度对景德镇陶瓷文化进行研究，发表了一系列专论性著作和论文。这方面的研究成果主要有以下几个方面：一是通论性的陶瓷文化研究。陈雨前主编的"中国景德镇陶瓷文化研究丛书"共一套六本，是这方面的研究代表。该丛书从景德镇陶瓷文化、陶瓷习俗、陶瓷雕塑、陶瓷工艺与陶瓷艺术等角度入手，对景德镇陶瓷文化进行专门性论述，是近年来研究景德镇陶瓷文化较为全面的著述。方李莉运用艺术人类学、社会学研究方法，对景德镇传统瓷业生产体系与社会变迁问题取得了卓有成效的研究，发表了一系列相关学术研究论文。并在此基础上完成学术专著《景德镇民窑》（人民美术出版社2002年版）、《传统与变迁——景德镇新旧民窑业田野考察》（江西人民出版社2000年版）等，为景德镇相关研究提供了新的路径。二是以信仰与移民文化角度入手，研究景德镇社会发展变迁。李兴华从移民信仰和行业神的视角，分析了景德镇瓷业社会各方利益博弈与融合。在研究中，他运用社会学的研究方法，探究了神灵信仰变迁背后的官方力量与行业势力。③ 江西师范大学王小军2001年硕士论文《景德镇制瓷业风火仙师崇拜》，以景德镇制瓷业神灵崇拜风火神童宾地位变迁为切入点，论证了信仰在景德镇瓷业生产中发挥的重要作用。复旦大学陈婧2010年硕士论文《明清景德镇瓷业神灵信仰与地域社会》，将研究范围进一步扩充，把明清以来的

---

① 孙锦泉：《从清代的外销瓷看欧人的社会样态与观念形态》，《四川大学学报》（哲学社会科学版）2012年第4期，第26—32页。

② 万明：《明代青花瓷的展开：以时空为视点》，《历史研究》2012年第5期，第52—70页。

③ 李兴华：《移民与景德镇瓷业神灵信仰研究》，《陶瓷学报》2014年第4期，第213—218页。

移民文化与神灵信仰结合起来，论述了信仰在景德镇社会中的重要作用。行帮与景德镇社会文化也是学术界关注的问题。南昌大学苏永明 2005 年的硕士论文《行帮与景德镇社会变迁》，论述了来自全国各地的移民在景德镇陶瓷发展中的重要作用。该文通过对景德镇行帮的研究，分析了明清景德镇社会中行业组织、地缘组织之间的关系，并揭示出景德镇瓷业生产中的复杂利益关系。三是近代景德镇瓷业改革的研究。南昌大学胡小红 2005 年的硕士论文《杜重远与景德镇瓷业改革》，以杜重远在景德镇瓷业改革为主题，阐释了杜重远的改革措施及具体实施过程，分析了杜重远改革失败的原因。在此基础上得出了传统手工业市镇的发展逻辑与现代化工业的悖论是景德镇瓷业经济衰落的根本原因。项坤鹏对江西瓷业公司沿革的研究，勾勒了江西瓷业公司发展历程。由于研究资料的缺失，学术界对江西瓷业公司的研究还不深入，在公司成立的时间、企业资金、运营过程等相关方面还存在分歧。该文较为详细地记述了清末民初江西瓷业公司的成立、资本来源以及与御窑之间的相互关系。① 但限于史料缺乏，论文中还存在不足之处，部分问题还存在争议。尤为值得一提的是，部分学者从瓷业与社会关系入手，对景德镇社会进行了深入的研究。范瑛的《近代中国传统手工业城市衰落略论——以景德镇为例》[《四川师范大学学报》(社会科学版) 2007 年第 4 期] 指出作为单一产业的手工业城市，在面临现代化冲击下，景德镇衰落的必然命运。该文从近代大工业社会背景、不平等的税收、洋瓷冲击等角度入手，分析了景德镇衰落的各种因素，并指出景德镇这种单一手工业城市比综合性城市更容易受到冲击。复旦大学刘朝晖 2005 年的博士论文《明清以来景德镇瓷业与社会》，从社会控制的视角，借鉴国家—社会理论，论述了景德镇的会馆、行帮、地域冲突和信仰冲突，新颖的研究视角极具参考价值。与该研究有异曲同工之处的是华中师范大学肖丰 2007 年的博士论文《器型、纹饰和晚明社会变迁——以景德镇瓷器为中心的考察》，该文以景德镇瓷器器型、纹饰变化为视角，论述了晚明时期社会的变迁，通过对器物变化的描述折射社会变迁中的问题。在研究中，作者运用图像证史的方法，提出了瓷质化的理论观点。总体而言，上述两篇博士论文在资料相对缺乏的情况下，有明确的问题意

---

① 项坤鹏：《由柯逢时〈开办江西瓷器公司折〉引发的思考》，《中国国家博物馆馆刊》2012 年第 4 期，第 123—130 页。

识，是近年来关于景德镇研究较为少见的成功之作。

综上所述，学术界关于景德镇相关研究不可谓不丰，然而仔细思考，仍有拓展的空间。从研究时段上而言，学术界多关注宋朝至明清时期景德镇瓷业辉煌时期，对近代以来的研究还相对薄弱。从研究视角来看，学术界对陶瓷考古、工艺品鉴赏与收藏，中西文化交流、御窑等研究较多，而从社会文化角度研究明显不足。此外，研究中定性研究多于实证分析，尤其是关于近代以来的研究更是如此。学术界仍拘泥于现代化理论，以"落后"价值判断标准来评价近代景德镇，这种"预设"式的研究路径并没有考虑瓷器产品特色与景德镇自身的独特性，无法合理解释近代景德镇社会的许多问题，也无法认清景德镇模式的有效性。同瓷器作为艺术品丰硕的研究成果对比，景德镇社会文化相关研究成果还相对薄弱，需进一步拓展的研究空间。此外，在景德镇相关研究中，学术界多使用地方志和文史资料，较少关注民国时期的报纸与期刊，也较少利用江西省档案馆、景德镇市档案馆等处馆藏档案资料。就资料运用而言，笔者认为有必要利用部分档案资料，结合民国其他资料来解读近代景德镇的瓷业发展与社会变迁。

（二）近代手工业史研究综述

中国近代手工业史的研究一直是历史学研究的重要学术领域，也取得了丰硕的成果。许多著名学者从不同角度对中国手工业发展进行论述。由于景德镇陶瓷业是传统手工业组成部分，对近代手工业相关研究的梳理，既能全面了解近代中国手工业发展中的问题，又能将近代景德镇瓷业置于近代手工业发展变迁历史视野下进行研究，以有利于更深入理解景德镇瓷业与社会变迁。但由于许多学者已经就相关研究做了翔实的研究综述，因此，笔者仅就近代手工业发展中几个重要问题及近年来手工业研究主要学者观点进行简要总结，以期更为全面地认识景德镇瓷业手工业发展变迁历程。第一，手工业近代转型与资本主义萌芽问题研究。由于近代中国独特的历史背景，关于中国手工业能否自主过渡到资本主义生产阶段有两种截然不同的观点。部分学者坚持近代机器工业生产发端于中国传统手工业，外力的冲击只是加速了中国手工业资本主义进程，中国手工业生产能够自发性地进入资本主义。戴逸认为中国近代机器工业的出现与传统手工业有密切联系，明、清时期中国传统手工业发展程度与产业规模，是近代机器工业产生的主导因素。没有中国手工业的发展，根本不可能出现大机器生产。① 丁长清认为外国的入侵，只是加速了中国资本主义发展进程。但资本主义生产方式的出现并非一蹴而就，无法也不可能脱离原有手工业生产模式来讨论近代中国手工业发展。② 吴承明也坚持在很早以前中国已经出现了资本主义的生产方式。③ 但也有学者对这样的论断提出异议，认为近代中国资本主义生产方式的出现与传统手工业模式没有联系，中国传统生产方式不可能独立走向资本主义生产道路。李运元认为，传统手工业发展并不充分，没有向资本主义进行转变的任何条件，只是在洋务运动等的促进下，中国才开始出现新式生产方式。中国传统生产模式不仅不可能向资本主义生产模式转变，反而是近代手工业发展的阻力。④ 汪敬虞也指出，近代中国新式工业并不是从传统手工业转变而来，而是由部分与旧式手工业生产没有联系的官员、商人等创办的，中国原有旧工业并没有向新式工业转变的条件。⑤ 但随着研究的深入开展，许多学者不再采取这种界限分明的两分法研究模式，而是注重近代手工业发展中的传承与融合。毕竟在中国如此复杂的背景下，很难用一种理论来解释。第二，机器大工业与传统手工业之间的关系，对此问题也有两种不同的看法。部分学者认为传统手工业是机器大工业生产的补充，不是对立冲突的关系，传统手工业在近代发展中有不可替代的作用。持这种学术观点的学者有樊百川、吴承明与史建云等。但也有学者对此种观点持不同意见，认为手工业与近代工业之间并非融合发展关系，而是相互排斥。但这种现象也非常复杂，并不能认为手工业的存在就能证明其与机器大工业是相融的。

20 世纪 80 年代以来，随着中国史学研究的逐渐复兴与繁荣，手工业史研究也越来越受到国内外学者的关注，研究视角扩展，研究方法进一步创新，既有整体史研究，也有个案研究。就研究对象而言，许多学者尽管仍然以传统与现代的视角进行讨论，但相关研究更加精细化与理性化，也不再采取单纯对立的二分法，而是寻求二者合理性的融合与互补。彭南生

---

① 戴逸：《中国近代工业和旧式手工业的关系》，《人民日报》1965 年 8 月 20 日第 5 版。

② 丁长清：《中国资本主义工业发生问题初探》，《南开学报》1980 年第 3 期。

③ 吴承明：《关于中国资本主义萌芽的几个问题》，《文史哲》1981 年第 5 期，第 3—12 页。

④ 李运元：《中国民族资本主义近代工业的产生》，《财经科学》1957 年第 3 期，第 93—113 页。

⑤ 汪敬虞：《中国近代手工业及其在中国资本主义产生中的地位》，《中国经济史研究》1988 年第 1 期，第 88—100 页。

的《中间经济：传统与现代之间的中国近代手工业（1840—1936）》（高等教育出版社 2002 年版）、《半工业化：近代乡村手工业的发展与社会变迁》（中华书局 2007 年版）、《论近代手工业与民族机器工业的互补关系》（《中国经济史研究》1999 年第 2 期）通过前期的理论研究与个案结合，就近代手工业经济发展，提出了"中间经济"和"半工业化"理论，并从结构互补、技术互补、市场关联性互补与市场水平互补等角度进行诠释。以彭南生为核心，形成了一批研究近代手工业的团队，并对成都、天津等地区手工业发展从不同的视角进行研究。王翔也长期关注近代中国手工业，尤其是棉纺织业的近代发展问题，认为传统手工业与机器工业并存是近代中国手工业发展的常态。在《近代中国棉纺织手工业的再考察》[《琼州大学学报》（社会科学版）1998 年第 4 期] 中，他认为传统手工业与机器工业是共存发展、互有消长，这种现象也是近代中国手工业转型中的必然现象。在具体研究中，王翔从棉纺织业入手，论述了在洋布、洋纱冲击下，中国传统手工棉纺织业迅速衰亡的过程。

区域手工业研究也是学术界研究热点。迄今为止，相关的学术研究专著有十多部，多侧重于江南地区手工业发展研究，主要代表有徐新吾的《近代江南丝织工业史》（上海人民出版社 1991 年版），《江南土布史》（上海社会科学院出版社 1992 年版），徐新吾、黄汉民主编的《上海近代工业史》（上海社会科学院出版社 1998 年版），段本洛、张圻福的《苏州手工业史》（江苏古籍出版社 1986 年版），王翔的《中国资本主义的命运—苏州丝织业账房发展史论》（江苏教育出版社 1992 年版）。此外，张学军、张莉红的《四川近代工业史》（四川人民出版社 1990 年版）对四川地区近代工业发展进行论述。近年来，也有博士论文关注近代手工业的发展和变迁，武汉大学张绪 2010 年的博士论文《民国时期湖南手工业研究》，从经济社会史的角度入手，对湖南地区不同手工业发展进行论述。在研究视角方面，傅衣凌提出"专业市镇"的研究路径，成为学术界研究江南市镇发展的范式。他指出江南许多城镇均是以一种手工业生产与贸易为核心的专业性市镇，这种模式保证了这些地区在市场竞争中能够占据优势。[①] 此后，专业市镇也被许多学者用于学术研究中。台湾学者刘石吉以专业市镇为核心概念，描述了明清江南市镇专业化发展水平，并具体以丝织业、棉纺织业、米业等进行专门研究。① 但也有学者认为范式的强化会出现矫枉过正的弊端，并对此概念提出了异议。包伟民、黄海燕在《"专业市镇"与江南市镇研究范式的再认识××以浙江乌青镇个案研究为基础》（《中国经济史研究》2004 年第 3 期）认为，江南许多市镇发展依旧是以农业为基础，并非单一型产业市镇，有多样化发展倾向。该文以乌青镇为例，指出该地区除了有桑丝、米、布外，还有烟叶、羊毛、羊皮、窑货等。乌青镇既是商业贸易中心，也是区域金融中心，并没有明确单一型市镇。

中国近代手工业史丰硕的研究成果，有利于推动笔者对景德镇瓷业研究的深入，进而对景德镇近代瓷业发展进行深入思考。但遗憾的是，尽管相关资料还比较多，学术界还未系统开展对近代景德镇瓷业研究，更没有发现将瓷业转型与近代社会变迁结合起来，探究手工业转型过程中各种复杂社会因子在手工业发展中的作用。因此，笔者认为，本课题的研究就有进一步开展的必要性。

（三）社会文化史研究综述

从 20 世纪 80 年代以来，新文化史、微观史是西方学术界学术研究的重要视角，也出版了大批经典的研究著作，并被中国学术界吸收借鉴，运用到中国史研究之中。尽管这方面的研究成果可以用汗牛充栋来形容，但笔者仅就在写作中参考的相关理论进行概述。

狭义的文化研究发端于"二战"结束以后的英国，由于苏军入侵匈牙利与英国大众文化的兴起，传统马克思主义经济决定论的研究模式已经无法解释现实复杂的政治模式和新的文化现象。英国共产党左翼人士主张以新型理论来研究社会、文化与经济之间的关系，这方面开创性的研究成果是 E. P. 汤普森的《英国工人阶级的形成》（译林出版社 2013 年版）。随后，学术界研究出现了两种转向，一种是研究视角由关注上层精英到下层民众的转变，另一种是研究路径由社会史向文化史的转变。新的学术研究范式催生了一批经典性著作，著名的代表有费尔南·布罗代尔的《15至 18 世纪的物质文明、经济和资本主义》（生活·读书·新知三联书店

---

① 刘石吉：《明清时代江南地区的专业市镇》，中国社会科学出版社 1987 年版。

1993 年版），克利福德·吉尔兹的《文化的阐释》（中央编译出版社 2004 年版），林·亨特的《法国革命中的家庭罗曼史》（商务印书馆 2008 年版），埃马纽埃尔·勒华拉杜里的《蒙塔尤》（商务印书馆 1997 年版），娜塔莉·泽蒙·戴维斯的《马丁·盖尔归来》（北京大学出版社 2009 年版），彼得·伯克的《什么是文化史》（北京大学出版社 2009 年版），《图像证史》（北京大学出版社 2008 年版），詹姆斯·C. 斯科特的《弱者的武器》（凤凰出版传媒集团 2011 年版）等。这些新文化史和微观史学研究的经典著作，研究视角多为通过长时段或者微观事件揭示宏大的历史场景，对新时期中国史学研究也产生了重大的影响。

近年来，国内外中国史研究学者也从中国内部问题开展了卓有成效的研究，取得了丰硕的成果。著名代表有罗威廉的《红雨：一个中国县七百年的暴力史》（中国人民大学出版社 2014 年版），该著以湖北麻城为个案，通过长时段的研究揭示了为什么暴力因素会成为麻城区域文化的重要组成部分。此外，罗威廉对汉口的精细研究，既是城市文化史研究的典范，也是社会文化史研究的代表性力作。[①] 王笛关于成都地方社会和茶馆的研究也是近年来关于文化史和微观史研究的个案，他运用成都地方文献资料，通过对成都社会分析，揭示了大众文化和精英文化的冲突与融合。杨念群、黄兴涛等学者也从医疗史、阅读史、身体史等角度对中国史学常见问题进行详细解读和分析，取得了可喜的研究成果。

研究视角的转换为史学研究注入了新的活力，推动了中国史研究的深入开展。20 世纪 90 年来以来，以中国社会科学院刘志琴、李长莉等为代表的研究学者提出了中国史研究的"社会文化史"理论，主张从文化心态、区域文化、国家与地方互动等视角进行微观研究。该研究范式一经提出，就得到学术界积极回应，成为推动中国史学研究新的驱动力。其中，李长莉的代表作有《近代中国社会文化变迁录》（浙江人民出版社 1998 年版）、《中国人的生活方式：从传统到近代》（四川人民出版社 2008 年版）、《交叉视角与史学范式——中国社会文化史的反思与展望》（《学术月刊》2010 年第 4 期）等。在经过一段时间研究后，李长莉对近年来社

---

① ［美］罗威廉：《汉口：一个中国城市的商业和社会（1796—1889）》，江溶、鲁西奇译，中国人民大学出版社 2005 年版；罗威廉：《汉口：一个中国城市的冲突和社区（1796—1895）》，鲁西奇、罗杜芳译，中国人民大学出版社 2008 年版。

会文化研究进行总结，并提出了未来研究的方向和趋势。她认为过去 25 年中国社会文化史研究划为三个阶段，并对不同阶段的研究成果进行总结概述。其中最为关键的是 2000 年以后，大量史学研究的论著和硕博士论文以社会文化史为研究模式，也出现了新的研究领域与研究方法，更多地关注概念史、物质文化史、身体史、区域文化史等方面的内容。在这些研究基础上，中国近代史学界的许多学者将相关研究更进一步深化，学科交叉研究方法运用更加自如等，学术研究越来越国际化。社会文化史研究最大的贡献恰如李长莉老师论述那样"推动中国近代史研究超越'革命史范式'及'现代化范式'，走向'本土现代性'。关注民间社会，挖掘内在社会文化资源"①。刘志琴也在相关研究中取得了丰硕的成果，在其主编的近代中国文化丛书中，她明确提出了贴近社会下层认知历史的观点，并指出近代中国变迁中的许多重大事件，均能从社会下层发展中感知。②

社会文化史的兴起，吸引了一批优秀的学者加入，尤其在区域文化史和城市文化史的研究成果最为丰硕。其中，较为著名的有"上海城市社会生活史丛书"系列，该丛书围绕上海都市生活、文人、报人、游民、公共空间等社会生活的各个方面，推动了上海近代社会文化研究的深入进行。但这方面研究多侧重研究学者集中、经济发达地区和城市，其他区域研究学者和成果还处于起步阶段，没有形成系统的研究体系，也较少见到有影响力的著作。

在研究中，学术界也对这种关注细节碎片化的研究模式产生担忧。法国史学者弗朗索瓦·多斯的《碎片化的历史学》，是各种质疑声音的代表。③ 该著对学术界长期推崇的年鉴学派和新文化史研究模式提出批判，认为这些"只见树木不见森林"的研究方法遮蔽了宏大历史事件在人类发展中的重要影响，历史学科在这种局面下面临瓦解的风险。该问题一经提出也引起了中国学术界的共鸣和反思。2012 年，《近代史研究》邀请史学界著名学者，从不同方面就此问题展开论述。国内史学界对此问题也有不同的看法，章开沅先生以《重视细节，拒绝碎片化》（《近代史研究》2012 年第 7 期）为主题，通过对前辈史学大家运用琐碎史料为个案，分

---

① 李长莉：《中国社会文化史研究：25 年反省与进路》，《安徽史学》2015 年第 1 期，第 150 页。

② 刘志琴主编：《近代中国社会文化变迁录》，浙江人民出版社 1998 年版。

③ ［法］弗朗索瓦·多斯：《碎片化的历史学》，马胜利译，北京大学出版社 2008 年版。

析了细节研究和碎片化研究，指出了学术界某些认识的误区，并期望年轻学者能够从细节化研究、微观精细考证中得出宏观的学术认知。郑师渠先生在就两种碎片化表现分析以后，也指出了学术研究的宗旨和未来取向，与章开沅先生看法有相近之处。王学典、郭震旦两位先生以《重建史学的宏大叙事》（《近代史研究》2012年第9期）为主题，旗帜鲜明地指出了当前史学界研究困境所在，认为研究中存在的选题一味求小，研究领域愈发狭窄，对研究中存在的重叙事、重考证、轻诠释的现象进行批驳，指出碎片化的根源在于历史学研究的民主化以及意识形态放松后史学的蓬勃发展。① 碎片化研究兴起背后是宏观历史关怀的缺失，要研究和解决中国复杂问题，必须从宏大的历史视野出发，建构新的历史研究范式。在此问题看法上，行龙老师与王学典等的认知有相近的地方。罗志田、王笛等老师基于同样的历史研究现状，但观点不相同。他们认为碎片化、细节化研究是史学研究的未来的趋势，只有坚持从碎片化中寻找历史，从不同层面认知中国史，才能构建完整且接近真实的中国。此外，章清、李长莉、王晴佳等老师也从碎片化起源以及对其认识方面表达了自己的看法和观点。

---

① 王学典、郭震旦：《重建史学的宏大叙事》，《近代史研究》2012年第9期，第6—7页。

第一章

传统瓷业社会结构与近代发展困境

　　景德镇位于江西省东北部，是赣、皖、浙三省交界地带的手工业重镇。景德镇地处黄山、怀玉山余脉与鄱阳湖的过渡地带，境内以低山和丘陵为主，东北高，西南低，地形特征为群山包围的盆地结构，地势平缓，发源于安徽北部山区的昌江流经景德镇全境。从空间格局来看，景德镇地理特征并无明显的特殊性，江西许多城镇均具有这种特征。成就景德镇瓷业的核心要素是周边山区蕴含的大量瓷土资源，这种优质原料资源结合地理空间优势使其不仅成为瓷业生产中心，也是区域贸易中心。自唐朝开始，景德镇就进行瓷业烧造。在一千余年的瓷业发展历程中，景德镇也曾经面临原料枯竭等问题，但其总是能够从周边其他地方找到相似的瓷土，化解其他产瓷区无法解决的难题。"先是浮梁之东乡，地名高岭，所出瓷土，最为适宜，且发现最早，数百年甄陶之用，均取于兹。厥后渐次告竭，而本邑之三宝蓬明砂、银坑坞等处及邻封星子、余干与安徽之祁门，相继产出。土质之佳，有过之无不及。"① 此外，周边地区不仅为景德镇瓷业生产源源不断地提供燃料，也提供了可资利用的劳动力。到了明清时期，集瓷器生产优越条件于一身的景德镇，制瓷业达到了鼎盛时期，形成了以市场为主导的精细化瓷业生产模式。"共计一坯之力，过手七十二，方可成器，其细微之处尚不能尽也。"② 不同瓷器制作工序均由专门的瓷业生产者承担，甚或他们终身只从事瓷器生产一道工序。这种分工模式意味着整个景德镇就是一个巨大的瓷器制造工厂，既能保证瓷器质量，又能

---

① 向焯：《景德镇陶业纪事》，汉熙印刷所景德镇开智印刷局，1920 年，第 12 页。
② （明）宋应星著，潘吉星译注：《天工开物译注》，上海古籍出版社 1999 年版，第 124 页。

满足外界瓷器需求。在传统手工生产背景下，景德镇制瓷业分工模式的优势，保证其一直引领世界瓷业发展。

近代以来，机械化大型瓷业公司先后出现。不同于景德镇瓷业生产模式，这种新型公司多从事日用瓷生产，采取机械化模板生产，其产业特征为产品成本低廉、式样新颖。这种工业化主导的生产模式对景德镇瓷业生产模式带来了巨大的挑战。在其冲击下，曾经引领世界瓷业发展的景德镇生产模式，完全处于劣势，瓷器贸易量下降明显。在此历史背景下，景德镇瓷业生产关系与社会结构会发生什么样的变化？又如何进行调整，化解生存危机？

一　空间格局与产业模式

（一）城区结构与瓷业生态

景德镇是四面环山的盆地结构，昌江穿城区而过，属于典型的"封闭—开放"式地理特征。周围的群山既为景德镇提供相对安定的社会环境，又为瓷业生产提供丰富的燃料和原料。同传统中国其他著名瓷业产区对比，景德镇窑后来居上，集中国瓷业制作之大成，与地理环境也有紧密的关系。北宋末年，北方长期战乱，景德镇相对封闭的空间吸引大量窑工到此进行瓷业生产，在融合各方瓷业生产技术的基础上，景德镇制瓷业迅速崛起。南宋末年，大批吉州窑工逃亡景德镇，又再次促进其瓷业发展。元朝，景德镇已经成为中国瓷业生产中心，并依托庞大的国际贸易网络将其生产的瓷器销售到东亚、中东等地区，并间接和欧洲联系起来。为了加强对景德镇瓷业生产管理，元至元三十年，元朝政府设立浮梁瓷局，专门负责皇家用器的生产。"浮梁磁局，秩正九品。至元十五年立，掌烧造磁器"[①] 这也就意味着，由于产品质量的提高，景德镇瓷器不仅是对外贸易的重要商品，也成为皇家用瓷。明清时期，在元朝瓷业发展基础上，景德镇瓷业进一步繁荣，并依靠产品质量，构建其全球地位与影响力。

同中国其他产瓷区相比，独特的地理环境是维系景德镇千年瓷业发展且长期不衰的核心要素。"一里窑，十里焦"证明了瓷器烧造需要大量的

---

① （明）宋濂等撰：《元史》第 7 册，中华书局 1976 年版，第 2227 页。

原材料，包括原料和燃料。景德镇森林覆盖率达 60%[①]，周边地区祁门、婺源等地均盛产木材，这保证了景德镇瓷业烧造所需的燃料。而周边山区独特的瓷土资源更是宝贵财富。尽管学术界还无法证明北方的定窑、汝窑和钧窑等的衰落与原料缺乏有什么样的紧密关系。但从人地关系来看，原料的缺失对这些传统瓷区生产就是灭顶之灾。同这些地方相比，景德镇并不缺乏上述因素，相对稀少的人口以及丰富的资源保证了景德镇制瓷业能够持续发展。此外，如上所述，封闭的空间格局也是在社会动乱情况下吸收瓷业技术人员的重要因素。而大量优秀窑工来到景德镇，既保证了瓷业生产的需要，又能不断推陈出新。

　　化解封闭空间的不利因素，保证景德镇瓷器贸易与运输的重要因素还有其发达的水系。昌江，又名鄱江，发源于安徽省祁门县境，全长 182 千米。一支自北境的大洪岭，一支为东境的西坑，二水南行注入皖赣边界的倒湖，此段称之间江、祁门江或大北河，流入江西境内的始称昌江。[②] 尽管昌江发源于安徽祁门，但上游山高水急、河道狭窄，最宽处也仅适合小船通过，但到了下游水道就变宽，最宽处达 350 米，适合大帆船和中小客轮常年通行，这段主要集中在景德镇境内。昌江从祁门经兴田而下进入江西，流经景德镇市的峙滩、福港、新平、旧城、竟城、吕蒙、鲇鱼山诸乡镇，进入景德镇城区，把景德镇分为东城和西城两个部分。市境内干流长约 110 千米，50 多条支流呈网状分布，主要有东河、西河、南河、北河。除北河（又名小北港河）外，其余诸支流都接近城区，形成了四水环城之势。景德镇发达的水运模式，不仅能够满足瓷器贸易的需要，也为瓷业原料加工与运输提供了便利条件。在景德镇瓷业生产中，瓷土与釉料加工均要依靠水碓来舂碎，而昌江支流相对平缓的水流满足了原料加工的需求。因此，原料开采以后会依照地形，就地加工，然后运输到景德镇。在传统的运输体系中，水运是最适合瓷器运输的交通模式，既相对便宜，又安全。作为沟通外界的唯一通道，昌江承载了景德镇瓷器运输的重任。"每年在这条河上运输量是巨大的：瓷器、食物、原材料等的运输都要从

---

　　① 浮梁县森林覆盖率高达 80%，松柴和槎柴等资源非常丰富，保证了瓷业生产所需要的燃料。

　　② 昌江名字的来历有这种说法，昌江发源于安徽祁门县大洪岭深处，因昌江源自昌门（亦为阊门，今属祁门县）汇入鄱江，取其首尾，故名昌江。

这条河上过。这是条为数不多日夜有船只穿行的河流。"① 以昌江为核心，沟通鄱阳湖，并通过赣江、长江等水系，实现瓷器运输的南下北上，进而构筑世界性的瓷器运输线路。

明朝之前，景德镇并非瓷器烧造的核心区域。由于生产规模小，瓷器烧造分散在周边山区，比如湘湖、瑶里和南市街等地，景德镇更多充当瓷器贸易中转站的角色。明朝，因为窑炉烧造技术的改进，瓷器烧造能够脱离地形限制发展起来，由于景德镇地理位置相对便利，瓷器生产便向此处迁移。此外，16世纪兴起的巨额瓷器需求，促使景德镇瓷业生产向规模化发展，形成了较为精细的分工模式。周边地区不再进行瓷器制作，仅提供原料、燃料和劳动力，以景德镇为核心，形成了早期瓷业集群化生产体系。

"封闭—开放"的空间格局以及拥有丰富的原料资源，让景德镇瓷业迅速发展起来，形成了单一的瓷业生产模式。这种模式既是景德镇自然环境的体现，也是人地关系充分协作的反映。拥有独特的地理空间，并将其合理运用，是景德镇瓷业长期繁荣的重要因素，也是形成瓷业生产体系与社会形态的地理要素。

（二）地域特色与行政关系

景德镇是瓷业生产重镇，明清时期更被称为商业四大名镇之一，制瓷业非常繁盛，对外贸易发达。"离县二十里许，为景德镇，官窑设焉。天下窑器所聚，其民繁盛，甲于一省。余尝以分守督运至其地，万杵之声殷地，火光烛天，夜令人不能寝。戏目之曰：四时雷电镇。"② 明清时期，景德镇财政收入惊人，根据梁森泰的推算，清朝雍正乾隆年间，"（景德镇制瓷业）生产年值三百万到四百万两白银，主要商品额折银五百二十万到六百万余两，……相当于十八世纪法国出口商品值的三分之一强。"③ 但依照中国传统的行政编制，景德镇是一个不入流也无法进行行政定位的商业城镇。"景德镇属浮梁之兴西乡，去城二十五里，在昌江之南，故称昌南镇。其自观音阁江南雄镇坊至小港嘴，前后街计十三里，故又有陶阳

---

① "Chintehchen and its River", *The North-China Herald*, August 2, 1919, p. 275.

② （明）王世懋：《二委西谈》，《纪录汇编》，载熊廖、熊微编著《中国陶瓷古籍集成》，上海文化出版社2006年版，第218页。

③ 梁森泰：《明清景德镇城市经济研究》，江西人民出版社2004年版，第228页。

十三里之称。"① 瓷业生产的繁荣与行政地位的巨大反差也恰恰是景德镇城市格局的映射。由于四面环山，城区发展受限，景德镇城区规模非常小。因此，造成了景德镇人口拥堵与街道狭窄。"景德镇狭窄的街道，像一根根细绳延伸出去，纵横交错。整个城市的地面显得非常拥挤。一座座房屋紧挨着，街道也太狭窄了。"② 此外，由于昌江是瓷器外运和原料运输的重要通道，景德镇也以昌江为轴，形成了城市发展格局。与昌江平行的两条主要街道，即如今的中山路和中华路，是景德镇瓷器销售中心区域，道路两边是瓷器和日用品贸易的店铺。以昌江和两条道路为核心，形成了密密麻麻里弄且通向昌江，保证瓷器生产和运输。因此，景德镇有"四山、八坞、九条半街、十八巷、一百零八里弄"的说法。在瓷器生产贸易最繁荣时期，这个南北长 13 华里、东西最宽处约 3 华里、最窄处为 0.5 华里的城区，人口数量超过十万人。

经济贸易的繁盛与政治地位所形成的二元反差，也造成景德镇不同于行政中心的城区结构。同传统政治中心相比，景德镇没有城墙，没有常设性的行政管理机构和书院，是一个单纯从事瓷业生产的经济和商业区域。这种开放性的地域结构为各方移民生产提供便利，意味着生产技术在景德镇社会关系中占据重要的角色。只要拥有生产技术就能在景德镇生存下来，并实现其自身利益。但这种地域模式也有其弊端，在社会混乱时候，不设防的城区模式与高度发达的商业，让景德镇成为各方攻击的首选目的地。

（三）城市空间与行业布局

空间在权力运作和社会治理中扮演着非常重要的角色，吉登斯认为"一切社会互动都是由各种社会实践组成的，存在于时间—空间，并由人的力量以一种熟练和有见识的方式来组织"③。这也就意味着空间在一定程度上成为展示权力与各方角逐的舞台。这种局面在景德镇瓷业生产中也有着明确的体现。

御窑是明、清两代专门为皇帝生产瓷器的场所，其地理位置是景德镇最佳的开阔地。从地理空间来看，御窑距离昌江位置适中。这种地理空间

---

① （清）蓝浦：《景德镇陶录译注》，傅振伦译注，书目文献出版社 1993 年版，第 5 页。

② ［法］殷弘绪：《给耶稣会中国和印度传教会会长奥里神父的信》，1712 年 9 月 1 日，朱静编译：《洋教士看中国朝廷》，上海人民出版社 1995 年版，第 70 页。

③ ［英］鲍曼：《全球化——人类的后果》，郭国良译，商务印书馆 2013 年版，第 29 页。

一方面有利于原料和燃料的运输；另一方面又能躲避昌江每年的水患。对于景德镇狭长地形而言，很难找到这种绝佳的地理空间来满足各方面的要求。为皇帝服务的御窑在占据最佳地理空间的同时，也昭示其不同的身份和地位。在御窑厂内部建造中，处理满足瓷业生产的各种工序，还包括官方管理机构和神灵信仰之地。尽管景德镇并非行政中心，但御窑厂无论在地位还是影响力方面，均和官方结构非常相似。根据清嘉庆时期的景德镇地图可以得出，御窑厂前面分别建有饶州分府和巡司署，也专门建造了景德镇行业神信仰的佑陶祠。这也就意味着，御窑厂既是生产的核心，也是信仰和权力的核心。从地理格局来观察，无论从哪个视角，御窑都是景德镇的核心。以御窑厂为中心，形成了景德镇瓷业生产空间格局，构筑了良性的中心与边缘互动模式。尤为重要的是，在权力空间展示方面，以御窑厂为核心，景德镇瓷业匠人编织了最具影响的产业销售关系网。在这个关系网的最顶端是以皇帝为主的核心权力层。凭借皇权的巨大影响力，景德镇将瓷业推销到全世界，并保持千年兴盛。

由于御窑厂特殊的象征意义，围绕御窑厂就形成了景德镇民窑精品瓷生产的核心区域，在御窑厂东边的东门头一带，瓷窑集中的区域。明朝末年，御窑厂生产压力大，被迫采取"官搭民烧"制度，其生产就在东门头这片区域。而御窑厂西边的瓷器街，是精品瓷器贸易区域。并以此为原点，成为各方移民在景德镇主要集中的地方，建造了大量的会馆，包括苏湖会馆、南昌会馆、天后宫等。在御窑厂核心区域的外围，以瓷器贸易为核心建造了瓷行，主要集中在大、小黄家弄等地方。而靠近昌江边上，也就是整个空间的边缘地带，是从事破旧瓷器买卖的黄家洲的洲民。这些人多是都昌等周边区域的民众，本身没有多少资金从事瓷业生产，是属于游街买卖的群体。此外，以御窑厂为核心，向整个城市东面扩展，包括进行瓷业加工的红店街和其他生产的辅助部分，比如瓷用毛笔、颜料和匣钵制作等，形成整个城市空间格局。

尽管景德镇不同于中国传统以行政权力为主导的城市空间格局，但在其生产空间中，依旧能够明晰地展示出空间与瓷业权力之间的关系。其瓷业生产空间既是经济发展的结果，更多地体现出权力运作的意味，而这种空间上的格局也昭示了政治权力、文化发展与产业格局之间的关系。

（四）城乡互动与产业协作

景德镇是瓷业专业城镇，在世界瓷器制造史上占据重要的地位，也形成了巨大的影响力。明清时期，景德镇瓷业生产达到鼎盛时期，形成了以市场为主导的外向型产业模式，并以瓷器生产为核心，形成了世界瓷文化圈，此文化圈包括瓷器制作圈、原材料供应圈和商品销售圈。以瓷器贸易为基础，景德镇将制瓷技术与瓷文化传播到世界各地，构筑其世界瓷都的地位。

　　制瓷业生产是瓷文化圈的第一表征，但直到明朝才真正形成以景德镇为核心的瓷器制作文化圈。景德镇瓷器烧造最早可以追溯到唐朝时期，但这一时期的景德镇是文化意义上的概念。如前所述，唐至五代时期，并非所有瓷器生产都集中在景德镇，还包括湘湖、杨梅亭、寿安、瑶里等周边方圆 100 千米的区域。宋朝，景德镇瓷业生产规模进一步扩大，尤其是在盈田、杨梅亭、白虎湾等地，均发现了堆积层高达几十米的瓷窑遗址。但从生产区域来看，这一时期，制瓷业生产已经呈现出向景德镇集中的趋势。到了元朝末期，这一趋势越来越明显，景德镇地理优势愈发体现出来。出现这种现象主要有如下原因：一是瓷业生产技术的进步，景德镇传统瓷业烧造模式是采取槎柴烧造的阶梯窑（也称为龙窑），即依照地形特征逐阶修造的瓷窑。到了元末明初，景德镇已经能够修造出不再受地形限制的馒头窑。窑炉技术的进步意味着瓷器生产能够摆脱地理环境约束，转移到更为理想的生产贸易地区。二是景德镇相对优越的地理位置为瓷业生产提供了条件。同周边地区相比，景德镇地理位置更为优越，且依托昌江便利的水运条件。因此，景德镇也逐步演变为生产中心和贸易中心。明朝时期，景德镇完全取代周边瓷器生产，成为瓷器生产的核心区域。三是昌江水运发达。以昌江为中心，构筑了瓷业生产贸易的"一条龙"模式，即原料开采、加工与运输、瓷器烧造与运输。"制陶地的兴衰与运输的便利与否密切相关，景德镇由昌江—鄱阳湖—长江，水运便捷。……装好的瓷器运到景德镇西南，用河舟向东南一百八十里的饶州，换民船横穿鄱阳湖三百九十里，达到湖口，进入长江，再向东或向西，需外销的瓷器则先运输到上海，再换沙船。（沙船是海洋运输最大的帆船）运到天津、芝罘、营口、福州、厦门、广东等地的瓷器则由九江运输到天津。"①

---

　　①　農商務省商工局编：《支那景德鎮磁器並ニ英国陶器製造ニ関スル報告》，農商務省商工局，1914 年，第 28—29 页。

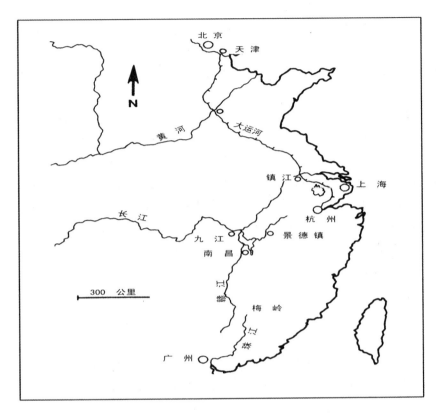

图1—1   景德镇瓷器水路运销路线和主要城市

资料来源：Robert Tichane *Ching-chen*：*Views of A Porcelain City*，The New York State Institute for Glaze Research，1983，p. 179。

以景德镇为核心形成的城乡良性互动，是瓷文化圈第二表征，也是保证景德镇瓷器生产的基本要素。明清时期，瓷器贸易繁荣，景德镇成为世界制瓷业中心。这对景德镇而言，既是巨大的机遇，也面临挑战。因为巨额瓷器生产，需要大量的原料和燃料，如果缺乏相应的基础保证，景德镇也无法维系其瓷业生产。在此背景下，以景德镇为核心，在周边200—300华里的范围内，形成了景德镇瓷业生产原料和人力的供应圈。这些区域主要有：余干、九江、祁门等地的瓷土，浮梁、乐平、万年等地的燃料，都昌、南昌、抚州等地的制瓷人员，徽州的商人等。

以瓷器贸易为基础，以技术和文化交流为主导，构筑景德镇瓷器的世界性影响，是瓷文化圈的第三个特征。其主要表现为，在景德镇影响下，许多地方学习景德镇制瓷技术，模仿瓷器式样，著名的代表有广彩、日本伊万里瓷器和欧洲瓷器等。宋朝时期，景德镇瓷器得到社会认可，瓷器贸易逐步兴起。元朝，随着海外贸易的进一步发展，景德镇瓷器影响力进一步扩大。"若夫淛之东西，器尚黄黑，出于湖田之窑者也。江、湖、川、广，器尚青白，出于镇之窑者也。"① 明末清初，大量欧洲商人也希望制作具有自身文化特色的瓷器。这对景德镇来说既不可能，也没有必要。一方面是因为景德镇瓷器处于"卖方市场"地位，瓷器产品供不应求，无须围绕欧洲小众需求来运行；另一方面，瓷业工人也不了解欧洲文化，无法生产出其满意的产品。在此背景下，为了生产出迎合欧洲市场的瓷器，拥有地理位置优势的广州商人开始从景德镇进口白胎，并进行彩绘加工，生产出具有欧洲色彩的广彩瓷器，主导了后期的欧洲瓷器贸易。日本伊万里瓷器风格也深受景德镇影响。从16世纪中期，伊万里开始仿制景德镇瓷器，并出口到欧洲。但无论是产品质量还是价格，日本瓷器均无法同景德镇产品进行竞争。但在16世纪末期，由于中国战乱和闭关政策，亟须瓷器的欧洲市场便开始从日本进口瓷器。从仿制中国瓷器到生产出具有自身特色的瓷器，日本伊万里瓷器在世界瓷器贸易市场上活跃了近百年时间。但由于景德镇瓷器生产再次恢复，伊万里瓷器生产就衰落下来。同广彩和伊万里瓷器相比，欧洲瓷器生产更是景德镇影响的体现。大量中国瓷器出口到欧洲，引起欧洲社会各界的狂热，出现了一个个对景德镇瓷器崇拜的个案。为了生产出类似中国的瓷器，法国传教士殷弘绪在景德镇长时间生活，最终发现了瓷器生产的秘密，将其详细记录下来并寄回欧洲。欧洲人也因此掌握了瓷器生产秘密。并成功烧造出自身文化特色瓷器。无论是广州、日本伊万里或者是欧洲瓷器生产均受到景德镇影响，从这个角度来看，景德镇瓷器不仅改变了许多国家民众的生活方式，还产生了巨大的文化影响力。在前现代的社会语境下，景德镇瓷器也是最早全球化的商品之一。

二　地缘组织与商业性社会

长期以来，由于景德镇归浮梁县管辖。因此，我们很难去证实，不同

---

① （元）蒋祈：《陶记》，转引自（清道光）乔溎修，贺熙龄纂《浮梁县志》卷8《食货·陶政》，道光十二年刻本。

时代景德镇具体人口数量。但即便如此，我们依旧从整个浮梁人口变迁中探究景德镇瓷业生产的大致人口数量。因为在传统农业社会中，一个地区人数是相对固定的，除非遇到大规模自然灾害或者战争。就浮梁地区而言，其人口数量的明显变化，多是因为景德镇瓷业生产的繁荣与衰退。宋朝初年，由于瓷业发展，景德镇人口数量迅速增加。在宋大观二年（1108 年），仅景德镇所辖三州一镇就有人口 6.1 万人。北宋末年，北方战乱，大量工匠南迁，景德镇成为瓷业工匠的理想栖息之地，到了嘉定乙亥年（1251 年），居民达 121507 人，咸淳乙巳年（1269 年）人口增加到 137053 人。[①] 元朝，景德镇制瓷工艺继续进一步发展，且由于景德镇瓷器是元朝贸易的重要产品之一，因此浮梁人口数量出现了急剧性增长，至元庚寅年（1290 年），人口增加到 192148 人。明末清初，景德镇所在的鄱阳湖地区是各方战争争夺之地，受战争影响，景德镇人口也迅速减少。根据 1457 年的《大明一统志》记载，洪武到天顺年间，浮梁境内共有 112 里，总人口数一直持续在 10 万左右。这一数字比元朝时期最高人口数量减少了近一半。由于人口统计方面政策的原因，清朝时期景德镇的确切人口数量没有明确的记载，仅就整个浮梁地区人口数量有一个记载。乾隆四十七年（1782 年）人口数量为 250290 人；嘉庆十七年（1812 年），人口数量为 281477 人；道光元年（1821 年），人口数量为 288220 人；咸丰元年（1851 年），人口数量为 286874 人；到了同治八年（1869 年）人口数量为 286894 人。[②]

　　清朝中期以前，浮梁地区人口数量并没有发生明显的变化，从另外一个角度证明了景德镇瓷业生产的持续繁荣。1712 年，法国传教士殷弘绪对景德镇人口有这样的描述。"景德镇拥有一万八千户人家，一部分是商人，他们有占地面积很大的住宅。雇佣的职工多得惊人。按一般说法，此镇有一百多万人口，每日消耗一万多担米和一千多头猪。"[③] 殷弘绪的许多观点来于自己的观察和当地教徒的说法，他认为景德镇商业繁荣是历史的事实。但认为景德镇人口达到一百多万，是不可能的事情。要么是他的错觉，要不就是记载讹误出现的问题，但一万八千多户人口的记述应该

---

① 景德镇市地方志编纂委员会：《景德镇市志》，中国文史出版社 1991 年版，第 73 页。

② 同上书，第 74 页。

③ Robert Tichane, *Ching-te-chen Views of a Porcelain City*, The New York State Institute for Glaze Research, 1983, p. 84.

可信。如果按照每家每户有 6—7 口人，18 世纪初期，景德镇总人数在 10 万以上是一个比较信服的数字。这种推测也能从督陶官唐英对景德镇的记述中得以印证。他认为景德镇人口稠密，商业发达，与大都市并无区别。"其人居之稠密，商贾之喧阗，市井之错综，物类之荟萃，几与通都大邑。"①

不同于中国传统农业社会的城镇特色，景德镇是瓷业手工业移民城镇，这也让景德镇形成了独特的社会文化。"镇距城二十里，而俗与乡邑异，列肆受廛，延袤十数里，烟火近十万家。窑户与铺户当十之七，土著十之二三，其民少本业，趋末作陶器，收四方之利，居奇与慵作，日有所得，视之轻食货之所需，满于市求之，便其不为奢靡者鲜矣。"② 因此，景德镇有"五府十八帮"之说。其中影响力最大的移民是都昌人和徽州人。各地移民按照地缘关系修建会馆，联络同乡，保证自身利益。此外，由于瓷器贸易繁荣，来自全国的商帮也根据地域和产品销售区域组建了不同的商帮组织。不同于中国传统农业社会的文化和习俗，以利益为主导的景德镇社会注重商业利益，民风彪悍，民众多尚奢华，缺乏淳朴的民风，诚信意识缺失。"那里的居民是我在中国见到的最残暴的，他们多不讲究社会规范。"③ 到了民国时期，国外游历者对景德镇的印象还是如此，可以设想景德镇传统社会的复杂性与多元性。

（一）都昌人与景德镇瓷业生产

都昌位于九江鄱阳湖地区，地少人多，水患连年，生存条件恶劣，距离景德镇有 100 华里左右，且水路交通非常方便。地理位置的优势让都昌人成为最早到景德镇从事瓷业生产的外来移民，也是最有影响力的移民。根据相关文献资料记载，早在南宋时期，便有都昌人到景德镇做工。但由于遭到浮梁本地人的排挤，也没有技术优势，无法在景德镇立足。明朝后期，由于御窑厂生产压力大，承担御窑生产的饶州土著人难以承受，纷纷逃离，不再从事瓷业生产，都昌人趁此机会，凭借其吃苦耐劳精神与人数优势，控制了景德镇瓷业生产。此外，于光也是带动都昌人在景德镇立足

---

① （清）乔溎修，贺熙龄纂：《浮梁县志》卷首《旧序十五》，道光十二年刻本。
② （清）乔溎修，贺熙龄纂：《浮梁县志》卷 2《景德镇风俗附》，道光十二年刻本。
③ Fred. H. Judd, "Kingtehchen: Its Rowdy Inhabitants", *The North-China Herald*, February 17, 1937, p. 201.

的关键人物。元末明初，镇守浮梁的于光归附了朱元璋，因为于光是都昌
人，因此取胜以后，都昌人便依托行政力量的支持在景德镇立足。"七
月，徐守辉旧将浮梁院判于光、左丞余椿击走伪汉将辛同知，取饶州，以
城来降。太祖命邓愈往镇之。饶濒鄱阳湖，友谅数遣舟师来攻，愈与光等
连营拒之，屡歼其众。已而汉将侯邦佐陷浮梁，于光单骑来归。"① 明朝
建立以后，设立军户制度，参加起义的都昌人全部归于军户，能够留在景
德镇经营窑业。

明朝初年，景德镇瓷器贸易还不是特别发达，瓷业生产还处于半工半
农阶段。因此，长时间在景德镇从事瓷业生产的都昌人并不多。这从明清
之际都昌人葬在景德镇人口数量也能反映出来。根据 1962 年江西文史资
料的相关调研，明朝时期，葬在景德镇的都昌人仅有 27 人，这一数量到
了康熙、雍正年间迅速增加到 483 人，而雍正一朝已经达到 1063 人，并
在嘉庆、道光年间达到峰值。② 这一方面反映出越来越多的都昌人来到景
德镇从事瓷业生产；另一方面也能够体现前期并没有太多的都昌人在景德
镇固定生活，会随着瓷业生产的季节性更替来往于都昌和景德镇之间。每
年在瓷业生产萧条的时候，都昌人就回到家乡，等待来年继续来景德镇。
以自然环境为基础的瓷业生产模式也意味着瓷业生产者也多依照季节性进
行移民。都昌人来景德镇拓荒者最先是冯姓和余姓，后来是江姓和曹姓，
这些姓氏在景德镇人数最多，势力在都昌人中间也最为强大。由于最早来
景德镇，且把都昌其他姓氏带到景德镇，因此他们有开拓之功。后来，又
有其他姓氏的都昌人先后来到景德镇，发展到二十四姓之说。近代以来，
约有 70 余姓都昌人在景德镇从事瓷业及相关行业。但在都昌会馆事务中，
四姓影响力最大也是自然的。"都帮最强，四大姓曰冯、余、江、曹。"③
由于都昌人长期在景德镇经营，具备很强的经济实力，再加之都昌人民风
彪悍，非常团结，因此成了景德镇势力最强的移民群体，主要垄断了圆器
制作、烧窑业、挛窑业、黄家洲等产业，有"十里长街半窑户，赢他随
路唤都昌"的说法。为了巩固都昌人在景德镇的优势地位，联络同乡利
益，都昌人组建了金兰社，设立都昌会馆。而在都昌人内部，又按照血缘

---

① （清）谷应泰撰：《明史纪事本末》第 1 册，中华书局 1977 年版，第 37 页。
② 江西历史学会编：《景德镇制瓷业历史调查资料选辑》，内部资料，1963 年，第 72 页。
③ 黄炎培：《黄炎培考察教育日记》第 1 辑，上海商务印书馆 1914 年版，第 123 页。

关系形成不同的行业生产者。比如都昌南丰乡冯氏垄断了柴窑挛窑业，若没有血缘关系，即便其他都昌人也不可能学习这门手艺。

（二）徽州人与景德镇金融业和商业

徽商是中国著名的商人群体，在各地均能发现徽商的影响力，瓷业生产中心景德镇也不例外。明、清时期，大量徽州人①来到景德镇从事金融业与商业贸易。就地缘关系看，徽州紧邻景德镇，地理位置也非常适合他们到景德镇从事商业贸易。据 1937 年《江西统计日报》数据：旧景德镇的十里长街，店铺总共有 1221 家，其中 70% 都是安徽人开的，在商店里面从事劳动的店员和员工都是安徽人。尽管是民国时期的统计数字，但也能证明明清时期徽商在景德镇金融与商业的绝对控制力。虽然无法确切地统计出在景德镇从事工商业和瓷业生产的安徽具体人数和产业规模，但从徽帮作为景德镇三大行帮之一，主导景德镇的经济发展，足可见其影响力。徽商在景德镇的作用主要体现在如下几个方面：

首先，徽商控制了景德镇的金融业和工商业。明末清初，景德镇的100 多家钱庄几乎为徽州人开设，其他人很难插入进来。民国初年，甚至中国银行在景德镇的业务也被徽商挤兑得无法经营。此外，在其他行业上，徽商也形成了垄断。比如绸布业是清一色的歙县人，典当业主要是休宁人，茶叶主要是歙县人，酱油业主要是婺源人等。徽商通过血缘和地缘构筑的关系联盟，在景德镇金融业和商业中，形成了重大的影响力。

其次，徽州人为瓷业生产提供优质的原料和燃料。清中期以后，浮梁高岭等地的瓷土资源枯竭，祁门成为景德镇瓷器生产原料的重要供应地，一直延续到民国时期。"历史上祁门瓷石生产最盛时期是在 1911—1927年。那时水碓生产共 55 家，拥有水碓数为 1000 只，年产瓷土 450 万斤。"② 此外，祁门还是景德镇窑柴的重要供应地。

最后，徽州人对景德镇陶瓷艺术发展做出了重大贡献。由于徽州人重视文化，富裕后的徽商鼓励并支持同乡从事文化事业。地处徽州附近的景德镇瓷业就受到徽州文化影响。近代以来，旅景徽商也把这种文化带到景

---

① 徽州共一府六县，包括歙县、祁门、休宁、婺源、绩溪、黟县。清朝时期，徽州人在景德镇设立了徽州会馆。

② 江西省轻工业厅景德镇陶瓷研究所编：《1959 年陶瓷科学研究工作报告选辑》，江西轻工业出版社 1962 年版，第 101 页。

德镇。值得一提的是，新安画派对景德镇陶瓷业发展也产生了重大的影响，开启了景德镇艺术瓷创作新的时代。民国陶瓷艺术界的著名人物，王大凡、毕渊明、朱受之等都是徽州人，他们把新安画派艺术创作风格带到景德镇，促进了景德镇瓷业的繁荣发展。近代以来，景德镇大量瓷业彩绘从业者也多为徽州人，在景德镇瓷业生产转型中发挥了重要作用。

（三）杂帮和景德镇瓷业社会

杂帮并不是一个地域名词，而是浮梁地方政府为了社会管理与税收的便利，把都帮、徽帮以外的瓷业从业者和工商业者统称为杂帮，主要包括饶州帮、抚州帮、南昌帮、丰城帮、吉安帮、安仁帮、奉新帮等，其中以抚州人和饶州七县移民在各帮中影响力最大。尽管在人数和影响力方面，其他地方的移民没有都帮和徽帮的影响力大。但作为瓷业生产不可缺少的组成部分，各地移民也为景德镇瓷业发展和经济繁荣做出了贡献。因为景德镇是瓷业手工业移民城市，各地移民生存的首要条件是拥有垄断性技术，否则难以立足。因此，多数移民是依靠技术稳固其地位。如抚州人从事琢器业生产、丰城人从事毛笔业、乐平人从事匣钵业等。

商帮也是景德镇重要的移民群体，由于这些移民不在景德镇从事瓷业生产，因此不被纳入到景德镇移民群体中。明清时期，景德镇瓷业贸易非常发达，大量瓷商来到景德镇从事瓷器贸易，其中最有影响的商帮为苏湖帮和福建帮。为了商业贸易的需要，富有的瓷商也在景德镇建造了会馆，著名的有苏湖会馆、湖北会馆、天后宫等。

移民社会特色以及复杂的行业矛盾，使得景德镇经常出现移民之间的冲突与械斗，给社会治理带来压力和困境。景德镇属于浮梁县，归饶州府管辖。最初从事瓷业生产者多为浮梁本地人，但到了明清时期，浮梁本地在景德镇从事瓷业生产和经商的人数越来越少，其瓷业生产主导地位逐渐被后来居上的都昌人取代。原本属于土著人的瓷业生产被都昌人霸占，引发了饶州各县民众对都昌人的不满，经常发生土客间的利益冲突。"靖三十二年（1553 年）饶七邑民共于都昌人为斗，忿彼地善讼也。鸣锣攘臂以逐都昌为辞，而无赖者乘以抢夺。……然镇官民窑户，每窑一座需工数十人，一有所拂，辄哄然停工，虽速须贷不计也。白土客把持尤甚，窑户不合，客遂其禁，而无一人敢以货售户。牙行不合，客遂齐禁，而无一人敢以货投牙，此又镇俗之最刁者。"① 移民矛盾、行业冲突已经非常明显。饶州一府七县共同将都昌人驱逐出去，表明了都昌人在景德镇已经影响到饶州府各县民众利益，因此联合起来，共同对付都昌人。但都昌人也非常强悍，性格也不会示弱，饶州府各县民众在同其竞争中并不占任何优势。此外，移民性手工业生产区域人口数量变化也有明显的季节性。在瓷业生产兴盛时期，是景德镇人口最多的时候。而到了年关，人民纷纷回乡过年，景德镇人口迅速减少，和一年中最多时候相比，甚至会减少一半。"景德镇，为工业区域，人口异动极不规则。冬春之交，工人回籍度岁，迁出或十之四五，三四月间逐渐来镇，至五六月增最高度，十一、二月间渐有迁移出境者。"②

三　神灵信仰与社会控制

神灵信仰是维系景德镇瓷业社会运转的重要手段，以窑神信仰为中心，构建了复杂的神灵信仰体系。在神灵塑造过程中，景德镇各方复杂的利益群体根据自身利益需求对信仰进行阐释和比附，神灵祭祀空间也演变为各方社会地位、经济实力博弈的舞台。但瓷业烧造过程中所面临的不可测因素也制约着景德镇神灵信仰体系，体现出神灵信仰神秘性和功能性兼容的复杂局面。神灵信仰体系的构建不仅是各方利益博弈和景德镇地方政治社会文化的体现，也是维持景德镇社会稳定的重要元素。

（一）窑神信仰的构建与演变

窑神崇拜是景德镇神灵崇拜的重要组成部分，景德镇最初崇拜的窑神是赵慨。据詹珊撰写的《重建敕封万硕师主佑陶庙碑记》记述，"我朝洪武末始设御器厂，督以中官。洪熙间，少监张善始祀佑陶之神，建庙厂内。曰师土者，姓赵名慨，字叔朋。尝仕晋朝，道通仙秘，法济生灵，故秩封万硕，爵视候王，以其神异足以显赫今古也。"③ 据传赵慨是景德镇瓷业生产的始祖，先后在浙江、福建等地做官，为人刚正不阿，后来隐居

---

① （清）乔溎修，贺熙龄纂：《浮梁县志》卷2《景德镇风俗附·陶政》，道光十二年刻本。
② 黎浩亭：《景德镇陶瓷概况》，正中书局1937年版，第82页。
③ （明）詹珊：《重建敕封万硕师主佑陶庙碑记》，转引自（清）乔溎修，贺熙龄纂《浮梁县志》卷9《祀祭·师主庙》，道光十二年刻本。

景德镇，因为把自己掌握的瓷器烧造技术传给景德镇人，受到尊重，而被奉为行业神。师主庙内主神为赵慨，两边分别为制坯、印坯、利坯、剐坯、刹合坯以及打杂等瓷坯制造环节的行业神。根据师主庙供奉的神位来看，可以认定师主赵慨是制坯环节的神灵信仰。

风火神童宾是景德镇瓷业从业者信仰的重要行业神，也是浮梁本地的真人神。童宾是浮梁里村人，世代在官窑生产中从事"报火"这一职业。简单来说，"报火"就是瓷窑烧造过程中的根据火势不同要求窑工增减窑柴的技术工种，是瓷器烧造中的核心环节，因为瓷窑温度的变化将直接决定瓷器是否烧制成功。"兴烧之际，按籍纳金，窑牌、火历跌相出入，谓之报火。"① 明万历年间，太监潘相在景德镇监造御窑厂瓷器生产，但长时间无法烧造出皇帝需要大龙缸，潘相加紧对工人进行迫害，窑工困苦不堪。据传，为了解救其他窑工，童宾纵身跳入火中，最终成功烧造出大龙缸。"万历间内监潘相奉御董造，派役于民。童氏应报火，族人惧，不敢往，神毅然执役。时造大器累不完工，或受鞭棰，或受饥羸。神恻然伤之，愿以骨作薪，丐器之成，遽跃入火。翌日启窑，果得完器。自是器无弗成者。相感其诚，立祠祀之。"② 为了纪念童宾，烧窑业窑工将童宾奉为行业神。上述史料的真伪不得而知，但至少可以证明明朝时期，景德镇瓷业生产发生的转变。因为没有现代性的温控技术，瓷器烧造过程中多靠人力。烧窑技术工人水平的高低将直接决定瓷器质量，在这种情况下，无论是御窑还是民窑，均重视风火神童宾，因此其地位不断上升。"雍正戊申，余衔埏命督理埴来厂，涓吉，谒神祠。顾瞻之下，求所为丽牲之碑，阙焉无辞。问神姓氏、封号、率无能知者；而《浮梁志》亦不复载。最后，神裔孙诸生兆龙等，抱家牒来谒。牒称神曰'风火仙'，详死事一节，并载康熙庚申年藏、徐两部郎董制陶器，每见神指画呵护于窑火中，故饶守许拓祠地加修葺焉。"牒首有沈太师三曾序曰"先朝嘉号而敕封之"，不知所封何号也，岂所谓风火仙耶？夫五行各有专司，陶司于火，而加以风，于义何取？且朝廷之封号，如金冶神、木、土、谷以及岳、渎、山、川，皆曰神，未闻仙谒！岂相私称云尔耶？敕封之语殆不确耶，

<hr />

① （元）蒋祈：《陶记》，转引自（清道光）乔溎修，贺熙龄纂《浮梁县志》卷8《食货·陶政》，道光十二年刻本。

② （清）乔溎修，贺熙龄纂：《浮梁县志》卷9《祀祭·火神传》，道光十二年刻本。

是皆莫可考也。当神之时，徭役繁兴，刑罚滋炽，孰不踉跄缩于前，而涕泣狼狈于后？神闻役而去，趋而尽其力，于工则已耳！物之成否，不关一人；器之美恶，非有专责。乃一旦身投烈焰，岂无妻子割舍之痛与骨肉锻炼之苦？而皆在不顾，卒能上济国事而下贷百工之命也。何其壮乎！然则神之死也，可以作忠臣之气而坚义士之心矣。①

从童宾个人经历而言，由于明朝末年御窑厂瓷器烧造的巨大压力而舍生取义，姑且我们不去论证其是否赴火，赴火后瓷器能否烧造成功。从全国各地产瓷区来看，均有窑神信仰，也证明了其在维系瓷业生产中的重要作用。作为瓷业生产的真人神，浮梁人童宾被各方推向神坛，也证明了瓷窑烧造工序在景德镇瓷器生产中的重要作用。

（二）移民、信仰与社会控制

明清时期景德镇瓷业迅速发展，形成了专门化的生产体系。不同行业从业者为了维护自身利益，均构建了行业神灵崇拜。如制造匣钵业信仰的钱大元帅，船帮信仰的泗王。此外，来自全国各地的移民也有各自不同的信仰体系，具有影响力的有福建、广东瓷商信仰的天后娘娘；南昌万寿宫的许真君信仰；湖南瓷商设立的三闾庙；抚州人信仰的关帝等。不同的移民为了维护自身利益和联络同乡，均加强神灵信仰在社会控制中的作用，并试图与景德镇窑神信仰相比附，以期保证他们在景德镇的地位与影响力。

都昌人取得景德镇瓷业生产控制权后，面临最大的问题是作为景德镇瓷业生产主导者身份认同方面的问题。清朝中期以来，由于浮梁瓷业从业者人数减少，童宾后人也无力承担相关祭祀费用。在这种局面下，已经控制景德镇柴窑烧造的都昌人就合情合理地取得了祭祀风火神信仰的权利。窑工在建造窑房的时候，就要设立风火神的神龛，每次瓷器烧造之前进行祭祀，以祈祷烧造的成功。在景德镇生活空间中，为了彰显都昌人的地位，由三窑九会负责的祭祀风火神活动是景德镇规模最大的活动，也是彰显都昌人在景德镇影响力的重要方式。烧窑陶工把本行业组织称为童宾社，以显示对童宾尊重，并把童宾亲族看作亲戚来往，世代往来，逢年拜

---

① （清）唐英：《龙缸记》，载熊廖、熊微《中国陶瓷古籍集成》，上海文化出版社2006年版，第290页。

年，遇节贺节。且每隔几年，要在景德镇举行盛大的风火神童宾的迎神仪式。与此相类似的是对关帝信仰的崇拜。关帝既是官方推崇的神灵，也是民间各地重要信仰之一。在景德镇会馆中，抚州会馆、山西会馆、苏湖会馆、徽州会馆也都供奉关帝。但就规模与影响力来看，抚州会馆关帝影响力最大，这可能与洪门在抚州巨大影响力有关。为了将自身信仰体系与官方信仰联系起来，在景德镇从事瓷业生产的抚州人也试图通过信仰的比附实现其实际利益。类似都昌人祭祀风火神童宾，抚州会馆也会在关帝生日那天举行游行活动，以彰显其影响力。

精细的行业分工、复杂的各地移民和独特的御窑模式，再加之瓷业生产过程中许多不可测的因素，让景德镇神灵信仰体系变得非常复杂。但各方在对神灵敬畏和"逐利"的原则下，以官方主导、民间融入的原则实现了信仰体系的包容和融合。复杂的信仰体系也是维系景德镇社会不同力量的重要途径。在每年固定的日子，会馆会举行相关的祭祀活动，所有同乡均可参加。以窑神信仰为核心的复杂神灵信仰体系是景德镇社会特征外在表现，在维系同乡关系与保持景德镇社会稳定中发挥了积极的作用。

四　前近代瓷业生产模式与社会结构

明清时期，瓷器贸易兴盛吸引大量外来移民来到景德镇从事瓷业生产，形成了以商品为主导的小型、精细化瓷业合作分工模式。探究这种模式存在的原因主要有以下几个方面：第一，瓷器生产的工序复杂、种类繁多，周边移民多是从事农业或者渔业的农民，不具备进行大规模生产的资金与能力。第二，作为日用品和手工艺品，瓷器在传统文化中并不被国家重视，从业者也多为没有文化的底层劳动者，其传承模式是以血缘和地缘为基础的师徒、父子传承体系，技术的保密性也意味着个体没有机会与能力掌握整个瓷器生产过程。但为了保证商品质量，实现在瓷业市场竞争中的优势，瓷业从业者会利用较少的资金，从事瓷业生产的一个部分，并形成合力，最终使生产各方受益。

就产业分工而言，景德镇瓷器生产包括四个阶段：原料和燃料的加工与运输、瓷坯制作与烧造、白胎彩绘与烧制、瓷器包装与运输，围绕这些行业分工，各方通力合作，整个城市以瓷业为中心，实现了个体与整体的完美结合。就瓷器生产工序复杂性而言，有近百个工序，由不同生产者完成。比如练泥工终身练泥、配釉工只负责配釉，拉坯工也仅仅制作一个器型的瓷坯。完成上一个工序后，进入到下一个工序，大家通力合作，实现瓷器烧制成功。这种做法最为明显的优势是既保证产品质量，又节省劳动力，实现技术与生产优化。在生产过程中，为了规范行业行为，瓷业生产者组织了不同的行业组织，制定行规，任何违反行业规范，就要受到严格的处罚。通过这些严密的社会规范，来维系景德镇瓷业生产的有序性与稳定性。如果从这一视角出发，或许可以证明，景德镇瓷业生产既照顾整体诉求，也关照个人利益，以手工制作为核心，巧妙地实现了个人与集体的融合。

（一）燃料、原料的来源与运输

燃料、原料是瓷器生产基本的要素，也是生产的先决条件。由于景德镇瓷业生产规模庞大，需要大量的原料和燃料，景德镇自身根本无法满足。因此，以景德镇为核心，形成了周边瓷业生产原料供应体系。燃料，是指瓷器烧制时所需要的材料。明朝时期，因为瓷窑类型的缘故，多烧用槎柴，即周边山上的杂草和矮灌木等。由于槎柴分散，其砍伐和运输方式相对便捷。大部分槎柴均是周边农民在农闲时期，进山砍伐，用手推车、小船，甚或直接挑到景德镇和窑户进行交易。清朝时期，瓷器烧造窑炉由槎窑逐步演变为柴窑，即烧造精品瓷器的窑炉，因此原料的要求也高，多是松柴或者杉木。松柴等窑柴多来自祁门、婺源、鄱阳、乐平和余干等地区，不同于槎柴，松木或杉木所有权明确，因此，在窑柴供应方面，也形成了不同于槎柴的供应模式。首先，窑柴由山林的拥有者雇请农闲的人员到山上砍伐，根据原料不同的品质进行分类整理，然后挑下山等待运输。运输方式主要是水路运输，包括水放和船运两种。水放就是将从山上砍下的窑柴等到河水涨到一定程度，投入到水中，顺水漂下，放柴人乘竹排跟随其后，最后顺着昌江漂流到在景德镇专门设置好的关栅。由于经过河水浸泡的放水柴耐烧，且不易迸发火星，对瓷器损害少，因此价格要更高一些。船运就是将窑柴装船以后，直接运送到窑柴码头，然后由工人挑上岸。因为窑柴需求量非常大，清同治年间，出现了专门为窑柴主提供便利的中介机构——窑柴行。但这一时期的窑柴行多为柴主提供住宿和介绍买家，并提供窑柴存放的地方，并不参与窑柴买卖。因为窑柴运输到景德镇以后，不一定能够马上销售，柴主就在景德镇居住下来，等待交易。一俟窑柴销售完结以后，柴行按照比例进行提成。为了规范各方行为，防止恶意竞争，经过各方协商规定，窑柴主一旦在最初阶段投靠某一柴行以后，终身不得更改。

瓷器制作的主要原料为瓷土和釉料。瓷土是指腐烂花岗岩成分的硅酸盐矿物质，主要成分有埃洛石、石英、水云母和长石等，为制作瓷坯的原料，因其颜色呈白色，俗称白土。明清时期，景德镇附近高岭地区的瓷土是最为优质的原料，1869年，德国人李希霍芬到高岭进行考察，并将生产瓷坯的瓷土称为高岭土，随后，作为瓷土代称的高岭土也为世界所熟知。瓷土的价格也因为质量的差异而不同。"高岭，上者麻布口，次者糖口，最下磁器口。何谓磁器口，试照掰验土块，口如破磁片，滑平无纹而不糙。若刀切，然此土必无健性，造坯经烧必软挫。"[1] 景德镇周边区域均有丰富的瓷土资源，包括高岭、祁门、贵溪，其中以高岭和安徽祁门的瓷土质量最优。"祁门所产与高岭相同，皆为上品；其次则为星子、三宝蓬、明砂、贵溪、银坑坞等处所产；余干则更次，多用以制粗瓷。"[2] 瓷土原料开采方式有两种，一种是砂状原料，直接开采进行淘洗后就能制作瓷器所需要的瓷不（音 dun）。"高岭，不用碓舂，不过淘练成泥，印块而已。"[3] 一种是石质原料，需要经过水碓舂压粉碎以后，在经过沉淀后才能使用。瓷土运到景德镇以后，由白土行将不同的瓷土拿到窑里试烧，叫"试照"。根据烧造的成瓷效果，瓷土行与窑主根据质量进行定价。每次做窑户购买新的瓷土之前，均要进行这种试烧，以规范买卖双方产品的质量，避免以后发生纠纷。

釉果[4]为透明白色结晶体，是瓷器表面装饰原料，因其熔点较低，

---

① （清）蓝浦：《景德镇陶录译注》，傅振伦译注，书目文献出版社1993年版，第51页。

② 张承椿：《景德镇瓷业之概况及今后发展计划》，《商业杂志》1930年第5卷第3期，第19页。

③ （清）蓝浦：《景德镇陶录译注》，傅振伦译注，书目文献出版社1993年版，第51页。

④ 景德镇瓷业生产所用的釉料主要有：紫金釉、金黄釉、矾红釉、紫色釉、浇青釉、豆油釉、纯白釉、浇黄釉、霁红釉、霁青釉、冬青釉、龙泉釉、炉均釉等。原料组成色料有：铅粉，焰硝，青矾，黑铅，松香，黛，白炭，金箔，古铜，赭石，乳金，银，石子青，紫金石，五色石英等。最初釉料配制的成分均是自然形态下开采的原料，经过配炼而成。由于釉料配方并没有精准的计量方法，均是依靠经验和口耳相传，因此掌握一种釉料配制方法就能够维持其生计。

能够起到莹润瓷坯的功效。釉果开采方式类似于瓷土，也采取矿坑开采模式。"其采取之方法系就山面横穿隧道空间，用木料横直支住，取石时先用薪柴附石着火，烧出裂纹。然后用铁凿凿下石块，以人工担运出洞。"① 开采以后由水碓春洗以后，制作成块状，运输到景德镇。由于开采矿石质地比较硬，因此制作釉果的时候要加入釉灰，以达到莹润瓷器表面的装饰效果，关于釉灰最早记载出现在蒋祈的《陶记》之中。"攸山、山槎灰之制釉者取之，而制之法，则石垩炼灰，杂以槎叶、木柿火而毁之，必剂以岭北釉泥而后可用。"② 也就是说，将石灰石含量丰富的瓷石经过槎柴入窑烧造后，柴灰和石灰石混合，制成熟石灰，在经过烧制后制成釉灰。在长期的釉料制作实践中，瓷业从业者掌握了不同瓷器釉果的制作方式。

（二）瓷坯制作及行业分工

制坯户，俗称窑户，是对景德镇瓷坯制作者的称谓。按照瓷坯制作形状来分，包括圆器类、琢器类和雕镶类。圆器是指瓷坯形状为圆形，可以拉坯一次成型的器物，主要有碗、盘、碟等瓷器种类。细分的话，各种不同的品种达到百余种。就产品造型而言，有斗笠形、大肚形、喇叭形等；就产品的装饰而言，主要包括青花、青花玲珑、白瓷等；而每一种类型，在人员组成和生产工艺上均有差异性。就具体的器物名称而言，包括灰可器、古器、七五寸、满尺、四大器、四小器、脱胎、饭贝、二百釉和酒令盅等。按照瓷坯制作中具体的工序来分工，就更加复杂，包括练泥工、拉坯工、印坯工、镟坯工、画坯工、春灰工、合釉工、上釉工等，不同工序又需要不同的技术工人。③

圆器业完全由都昌人控制，无论是工厂主还是工人都是都昌人，其他人不得从事圆器生产。在生产过程中，也形成了生产模式与行业规范。生产人员组成和工资结算均以"利坯"为单位，一个完整的生产体系就是一个完整的生产利坯单位。规模比较大的圆器工厂有 10 个以上的利坯单

---

① 陶务局：《江西景德镇瓷业原料之调查》，《江西建设公报》1930 年第 3 卷第 6 期，第 1 页。

② （元）蒋祈：《陶记》，转引自（清道光）乔溎修，贺熙龄纂《浮梁县志》卷 8《食货·陶政》，道光十二年刻本。

③ （清）蓝浦：《景德镇陶录译注》，傅振伦译注，书目文献出版社 1993 年版，第 21 页。

位，而规模较小的只有一两个利坯单位。圆器行业雇工方式也比较独特，瓷坯工厂主只需要雇佣做头工，也就是利坯的负责人。找好做头以后，其余工人雇佣和原料选配均由他负责，雇主没有选择工人的权利。雇佣工人以后，无论有没有工作可做，工厂主均要负责食宿，且不得中途更换工人。如果对工人不满意，则需要在固定调换工人的日期进行调换，否则就会违反行业规矩，受到惩罚。"其中以五月端午、七月中元、九月重阳及年终十二月二十四日为发给工资和撤换工人固定日期，俗称人工节。工资之发放亦由工头转给，欲调换工人，须先与做头者商量，得其同意由做头者转告工人，方可以……各期上午十二点钟以前辞退，称下地。若至下午则不能辞退，须至下期方能再辞。上工者亦须下午一时后方可上工，俗称上位。"[1] 瓷坯工人工作模式为包工制，做工的时间没有具体限制。通常每天工作的标准是以两个利坯工完成二十四板的利坯任务，如果完不成，不管时间多晚，都要继续做，直到完成当天任务。做完以后就放工，工人不得少做，也不能多做，否则也会受到行业的处罚。即便均为都昌人，在工作中，圆器劳资双方也会因为工作方式和工资发生冲突。通常情况下，是双方调解自行解决。但如果冲突激烈，工人则采取罢工方式来抵抗。罢工的组织者为不从事工作的管事者，俗称"街师傅"，这些人多为性格彪悍的帮会组织成员，有一定社会影响力。按照弗洛伊德对群体组成的划分，组织罢工者多为短期、无组织的群体，他们行为特征为过度情绪化，不顾个人利益、思想和批评能力的抑制、成员缺乏独立性。[2] 可以说，景德镇的罢工活动也多类似与此。

　　琢器业是指生产器型不能通过一次拉坯完成的瓷坯，主要品种有壶、坛、罐等，其产品既有日用瓷，也有陈设瓷。就具体品种而言，主要有颜色釉、大件、官盖、淡描、滑石、描坛、博古、针匙等。琢器业从业者多为抚州人和南昌人，从生产成本来说，要比圆器业小。因此其雇工方式相对灵活，不同于圆器业，工厂主有雇佣和解雇工人的权利，但换工方式和圆器业一样，只有在固定的时候，才能更换工人。雕镶业，是生产瓷板、鱼盘以及各种除圆形以外不同形状的花瓶、花钵等行业，组织模式和生产

---

①　黎浩亭：《景德镇陶瓷概况》，正中书局1937年版，第67页。
②　［美］杨美惠：《礼物、关系学与国家》，赵旭东、孙珉译，江苏人民出版社2009年版，第231页。

方式类似于琢器业。景德镇商会成立以后，就把雕镶业划分到琢器业中。但由于其生产模式也有不同之处，尤其是国民政府时期，瓷板画的兴起更带动了雕镶业的崛起，其在景德镇地位也迅速上升。但由于从业者比较少，行规也没有那么严格，通常为家庭作坊式的生产方式。同雕镶业组织和技术风格接近的瓷坯制作类型还有雕塑业。作为古老的瓷器类别之一，雕塑瓷可以分为圆雕、捏雕、浮雕、镂雕等。

（三）烧窑业与行业规范

清朝以来，由于细瓷需求的兴起，柴窑成为景德镇瓷业生产的主要窑炉。根据烧窑业的实际情况，共有工人十五个左右，有长做和短做的区别。长做就是烧窑过程中长期需要的技术工人，短做是临时雇佣的工人。其主要工种有挑坯工、装坯工、满窑工、烧窑工和开窑工等，其中烧窑工中的把桩师傅最为关键，是瓷窑烧造的技术工人。烧窑业雇佣模式类似于圆器业，窑户老板只需要雇佣把桩师傅，其余工人均由后者来负责。解雇的时候也只需要解雇把桩师傅，其余工种人员也会跟着一起离开，俗称"一条龙进，一条龙出"。作为景德镇瓷业烧造的核心人物，把桩师傅在景德镇威望特别高，为了顾及面子，老板不能直接提出解雇把庄师傅。如果要解雇，烧窑户老板只需要把满窑用的工具三脚马放到窑砖上面，把桩师傅看到以后就知道是老板对他的技术不信任，会主动提出辞职。老板同意以后，结账后把桩师傅带领所有工人离开。但由于把桩师傅技术水平高，且形成了行业垄断，通常只有都昌几个乡的很少人掌握该技术。一般情况下，老板不敢轻易解雇把桩。由于技术的垄断性，烧窑工在景德镇各工种中工资比较高，也受到大家尊重，因此，相比较其他的工种而言，没有血缘关系，即便是都昌人，也不可能学到柴窑烧窑技术。

由于烧窑是瓷器制作中关键性环节，且为都昌人把持。因此，为了维护其自身利益，窑工制定了各种行规，保证其自身利益。此外，由于修建柴窑成本高，一般做坯户难以承担，多采取搭烧模式。因此，做坯户必须接受其各种行业规则。在瓷器烧造中，主要行规有以下几个方面：第一，柴窑买卖中的陋规。窑房中的管事先生和卖主商定以后，卖主要给账房先生一定的钱，作为回报，账房先生算账的时候，也会多算这份钱的两倍给卖主，二者以损害窑房主利益为基础实现双赢，但窑房主即便知道，也不敢提出来，否则会引起各方不满。第二，窑工的吹灰肉。搭烧的坯房主将瓷坯挑到坯房以后，经常有窑灰落入，如果烧造之前，不将瓷坯清理干净，烧出来的瓷器会有斑点渣滓，影响瓷器质量。因为窑工没有清除窑灰的义务，为了让窑工在烧窑前帮忙将瓷坯清理干净，做坯户会以买肉酬劳方式给窑工部分报酬，称为"吹灰肉。"久而久之，所有的瓷坯主都要给窑工这一报酬，否则窑工会故意损害瓷坯。第三，窑户主实行窑禁。在瓷业生产的旺季，为了提高瓷器的价格，窑户主会集体禁窑，不再进行瓷窑烧造，以维护自身的利益。因为许多做坯户没有窑炉，只能接受这一行规。

（四）红店与瓷器彩绘业

明清时期，由于细瓷需求量大增，景德镇形成了专门彩绘加工业，其主要品种为艺术瓷和陈设瓷，景德镇彩绘从业者做工场所称为红店，从业者俗称红店佬。因为需要成本不高，只要稍懂瓷器装饰技术的人，均可以购置白胎进行绘制，因此彩绘业门槛比较低，也吸引了大量从业者。根据彩绘业的装饰手法而言，包括釉下彩和釉上彩两类。瓷器出窑后称为白胎，根据瓷器品种的等级定价以后，由彩绘业进行施彩加工，这种加工模式称为釉上彩。"圆琢器已烧成之白胎，加以彩绘，再须入炉烧之均釉上彩。釉上彩又分为色釉与绘画，俗称谓之加彩。"[1]釉下彩是指将烧炼的原料经过调制以后，画在瓷坯上面，然后施釉，最后入窑烧造以后形成釉下瓷器。彩绘业的产品类型非常多，主要有古彩、粉彩、新彩、斗彩、红彩、墨彩、刷花、贴花、瓷板画、雕塑加彩等。

尽管彩绘业入门要求不高，但提升比较慢。如果想要成为著名的陶瓷艺术家，既需要时间，也需要一定的天分。根据彩绘水平和层次，红店从业者分为三类：第一种是从事高端艺术瓷加工的著名瓷业艺人，其收入高、社会地位高，表现为画工精细、水平超群，作品主要售卖给官员、商人和其他社会富裕群体。第二种是从事中低端的彩绘写意加工，他们创作通常采取写意的中国画模式，操作时间不长，产品价格不高。这种产品既

---

① 张承椿：《景德镇瓷业之概况及今后发展计划》，《商业杂志》1930 年第 5 卷第 3 期，第 22 页。

可以是艺术瓷，也可以是日用瓷，通常是大批量生产的手工瓷。第三种是洲店，就是专门在次品瓷器上进行加工装饰的，尽管它不属于红店业行会，但从事的加工行业仍然可以归为彩绘加工业。

彩绘业的技术分工非常简单，有画工和填工两种。画工就是用颜料勾出线条，如动物、植物、花鸟等各种图案的轮廓。填工就是填色，即根据线条将各种颜料填到图案之中，并用玻璃白渲染瓷器画面，最后由画工将各种纹饰绘制完成瓷器彩绘工作，由专烧釉上彩的红炉进行低温瓷器烧造。由于技术性强，需要辅助工种比较少，许多个体经营的小型红店业，多为一个人在家里进行彩绘加工。学徒也通常由亲朋好友介绍到店学习。由于不需要过多的雇工，其雇工方式也相对简单，没有固定的请工日期。雇请的方法就是经人介绍以后，进店画一两件瓷器样品，如果店主满意就雇佣。不被雇佣被称为"打老鼠"。如果出现不被雇佣的情况，对彩绘工人来说是巨大的压力，不仅仅表明其技术不行，还意味着以后在行业内很难找到工作。尽管并无固定的雇工日期，但红店也有定工日。每年正月初七是红店老板和长期做工的工人商定工作的日期，这一天，老板准备酒席，宴请留用人员，被辞退的人会提前打招呼，说下次再来帮忙。尽管被辞退，但工人有回乡路费以及三天留镇的饭钱。[1] 同其他行业不同的是，彩绘业的工人通常会在晚上继续绘瓷。有的甚至喜欢晚上做事，白天睡觉。"景德镇工人里面，有许多人，白天在街上游荡，晚上却来睡眼蒙眬的做工。这种习惯是很不好的。晚间精神疲倦，工作上难期进步，身体上亦有碍卫生，尤其是红店里的工人，老犯这种毛病。"[2]

有意思的是，红店的彩绘工人是所有瓷业生产工人中少见招收女学徒的工种。此外，由于彩绘业是所有瓷器生产工序中最为干净的职业，收入也比较高，从业者多穿长衫，以显示其身份。一直到民国时期，还是如此。根据美国人威廉·卓别林在 20 世纪 20 年代进行调研时期的照片，从景德镇瓷业从业者的衣服特征也能反映出其社会地位。

---

① 陈海澄：《景德镇瓷录》，中国陶瓷杂志社印行，2004 年，第 162 页。

② 邹如圭：《景德镇工人所应改良的几点习惯》，《民众月刊》1936 年第 1 卷第 3 期，第 31 页。

图 1—2　景德镇瓷工服饰差异对比图

资料来源：威廉·卓别林：《景德镇——最古老的世界瓷器中心》，《美国国家地理》1920年，《彼岸观点》，中国对外翻译出版公司 2000 年版，第 211—228 页。

（五）瓷行、庄客与瓷器贸易

无论是艺术瓷还是日用瓷，瓷器销售是生产中最后一个环节，也是最为关键性行业。明清时期，景德镇瓷器贸易繁盛，出现了瓷器贸易的中介机构——瓷行。瓷行是专门为外地瓷商提供住宿和采购瓷器的场所。同政治和经济中心不同，景德镇没有旅馆。瓷商来到景德镇以后，就先投靠瓷行。"瓷行就是所谓的掮客，据说景德镇有大小瓷行 50 多家。瓷行不拥有商品，只是单纯的为客人做经纪人。"① 瓷行的职责主要是选瓷、包装和运输事宜，不同籍贯的瓷商必须依靠本省从业者开设的瓷行。"景德镇之瓷行约五六十家，各家庄客之数不等，多者至二十余人，少者亦五六

---

① 農商務省商工局編：《支那景德鎮磁器並ニ英国陶器製造ニ関スル報告》，農商務省商工局，1914 年，第 15 页。

人。各家向庄客抽收行佣及代新来镇庄客尽义务时皆须按行之籍贯，名曰分帮。例如江苏籍店主派遣庄客驻镇设庄。此庄客于初至景德镇之时，须投奔苏籍行家。他籍行家不敢代为招待。"① 瓷行有几种类型，第一种是独立经营，即专门从事接待同乡，并引导同乡从事选瓷等事务。第二种是几个瓷商合伙在景德镇开设瓷行，其主要业务是负责几个瓷商选瓷、运输等业务。第三种是实力雄厚的瓷商开设专门的瓷行，并派人经营、挑选和运输瓷器。这一瓷行通常不接待外来瓷商，属于大型瓷器商店专门驻扎景德镇的瓷器采购场所。

瓷行的主要工作包括以下几个方面：第一，对于新来的庄客，引领他们到景德镇瓷器销售区域或者各窑户坯房中认知瓷器种类、了解产品价格，并确定购买瓷器品种。瓷商购买由窑户确认后，并将具体产品明细交给瓷行老板。"凡庄客初行买瓷于景德镇之情形不熟，行家必携令同往名曰上街。"② 第二，在瓷器购买以后，庄客将相关费用交给瓷行的账房先生以后，就完成了在景德镇购买瓷器的任务，后面就由瓷行负责为瓷商提供瓷器包装、运输等一条龙服务。第三，瓷器包装完毕装船以后，瓷行与船行签订运瓷报单，庄客随船一起离开。如果瓷行信誉非常高，且长期和窑户从事瓷器订销买卖关系，在瓷商急需瓷器的情况下，也可以由瓷行担保，赊欠瓷器。"景德镇瓷行在资金的流转上也发挥着重要的作用。居住在瓷行内部的各帮买卖商品及给陶瓷生产商预付款的情况下，各帮都向瓷行提供现金，瓷行根据现金向钱庄发行钱票，以此为贷款进行支付。有些瓷行甚至有自己的钱庄，瓷行需要向钱庄支付千分之五的佣金，不得不佩服中国商人对于信用的充分运用程度。"③

（六）瓷业辅助行业及行规

以瓷器生产、烧造和运输为核心形成了景德镇瓷业生产的各种附属行业。同瓷业生产相比，尽管这些处于瓷业生产亚中心的地位，但仍是瓷业生产必不可少的环节，具有不可替代的作用。

瓷坯制作是瓷器制作首要核心环节，在长期的生产实践中，形成了具

① 《景德镇瓷业状况述要》，《中外经济周刊》1926年第9卷第166期，第18页。
② 黎浩亭：《景德镇陶瓷概况》，正中书局1937年版，第172页。
③ 農商務省商工局编：《支那景德镇磁器並二英国陶器製造二関スル報告》，農商務省商工局，1914年，第19—20页。

体的行业制作模式和行业分工，大致有十个左右的相关服务行业，包括料行、模子制作、坯刀制作、车盘生产、毛笔、筛萝、蒗具加工、写瓷字等，每个行业都是不可或缺的重要组成部分。人数较多、影响力大的行业有料行、模子、坯刀店、车盘和毛笔等。瓷窑烧造是近代景德镇瓷业生产中最为关键的核心产业，也是技术最高，受到各方尊重的行业，挛窑和满窑是相关的主要行业。挛窑就是指窑炉的修筑，最初从事窑炉修建的是浮梁魏姓人，因为技术独特，且不为外人掌握，因此收入较高，生活条件非常优越。在《陶歌》中专门记述了魏氏挛窑的事情。"魏氏家传结大窑，曾经苦役应前朝。可知事业辛勤得，一样儿孙胜珥貂。"[1] 简单来说，满窑就是将瓷坯装入窑炉的窑工。瓷器购买后就以瓷行为核心，形成了挑选、保证和运输，最终形成了景德镇的瓷器贸易网络，其主要工种有挑工、看色、汇色和茭草工。瓷器由挑工挑到瓷行以后，看色工人会根据货单上瓷器品种、数量进行确认，以保证瓷器品种和数量的正确性，避免出现纠纷。汇色工人是瓷器质量审核的工人。由于景德镇瓷器产品种类丰富，根据质量和产品价格不同，景德镇瓷器分为不同级别，比如二白釉就分为提青、四色、次色、脚货等四个级别；而灰可器分为十二个级别。而汇色工人的工作就是根据购买的不同级别将不合格瓷器挑选出来。对于瓷器买卖而言，这是最后一次挑选，尽管瓷器的质量坯厂管事工人已经进行挑选，但在工作中难免存在失误，允许有十分之一的误差。选瓷工人工作是将这些失误的瓷器找出来，进行更换，以维护瓷商利益。对瓷器质量和数量核对完毕后，汇色工人开具换票瓷器单，注明更换的数量和原因，再由挑工挑回去调换，换回来的瓷器仍然要检查。所有调换结束以后，由茭草工人包装。瓷器包装是景德镇瓷器转运前的最后一个环节，因为通常用稻草包装，因此被称为茭草。由于瓷器运输距离遥远，还要多次变换交通工具，因此其工作尤为重要。

以瓷器制作为中心，从原料购买到瓷器销售，景德镇形成了精细化的瓷业分工协作模式。在生产中，各方通力合作，既实现自我利益，也保证了其他人利益。在这种模式下，景德镇就是一个巨大的陶瓷工厂，任何一个工种的缺失都会给整个生产带来致命性的影响。但这一模式不是固定不变的，也会因市场需求的变化而变化。以瓷窑烧造为例，原本兴盛的槎窑

---

[1]   童光侠主编：《中国历代陶瓷诗选》，北京图书馆出版社 2007 年版，第 200 页。

在近代以来，由于细瓷消费的兴起，柴窑成为景德镇的主要窑炉，并带动了其他工序的变化以及从业者内部人员的流动。但这种变化又会在瓷业从业者内部形成新的体系，再次形成稳定的社会结构。且在外力冲击下，这一自我调适的过程非常缓慢，很难在短时段内看出清晰的转变。

五　近代瓷业衰退与贸易波动

16世纪初期的航海大发现，沟通了中西直接贸易，大量瓷器通过菲律宾、澳门、广州等地运输到欧洲。以瓷器为商品媒介，以白银货币化为基础，构筑了世界性的瓷器交换网络，引发了欧洲上层社会对中国瓷器的疯狂追求。伊比利亚半岛葡萄牙和西班牙两国国王菲利普二世曾经拥有近三千件的瓷器，是当时欧洲社会拥有中国瓷器数量最多的国王。[①] 在16世纪末期，如果这个收藏量还是个天文数字的话，到了18世纪时，欧洲许多贵族家庭都可以达到这一规模。而这一时期，许多欧洲国家的国王拥有的瓷器数量更为夸张，波兰国王奥古斯都二世拥有57000多件瓷器，法国路易十四用瓷器装饰整个宫殿。在欧洲王储时尚消费的引领下，社会各界均对中国瓷器有着特殊的嗜好。许多贵族也用中国瓷器花瓶、瓷器雕塑来装饰自己的客房，彰显主人与众不同的品位。更难以理解的是，许多欧洲人赋予了瓷器神秘的色彩，甚或有人相信瓷器能够解毒和唤醒消失的灵魂。自16世纪开始，中国销往欧洲的瓷器至少超过两亿件，其中绝大多数是景德镇瓷器。同中国其他全球性商品相比，瓷器拥有更为持久的影响力，也更能得到认可与接受。丝绸、茶叶、香料和胡椒多为一次性消费品，是单向度的，会在消费中使其影响力下降。但瓷器在器物纹饰、室内装饰、饮食礼仪、社会关系中起到的作用却历久弥坚。

欧洲社会各界对瓷器的狂热，不仅仅构筑了首次世界性瓷文化圈，还引发了欧洲对中国瓷器模仿的过程。从17世纪初开始，欧洲便仿制中国瓷器。即便他们无法生产出类似中国的硬质瓷，但至少可以在陶质器皿上绘制来自中国的图案，并销售到欧洲各地。其中，最为著名的代表是菲利普二世。里斯本凯旋门上就绘制着瓷器贸易的图案，一面是葡萄牙人从中国进口瓷器，另一面是将自己生产的陶器运输到欧洲各国，并认为他们的

---

① ［美］罗伯特·芬雷：《青花瓷的故事》，郑明萱译，海南出版社2015年版，第4页。

产品也能销往世界各地。① 但这种陶质产品根本无法和来自中国的瓷器质量相媲美，欧洲社会的梦想依旧是能够生产出类似中国瓷质的瓷器。许多大学问家也对此孜孜不倦，语言学家斯卡利杰就是杰出代表。"大量灰泥、蛋汁、牡蛎壳，还有海蝗之类昆虫，合在一起仔细搅拌直到完全均匀。然后由一家之长秘密埋入地下，地点只透漏给一个儿子知道。一定要经过八十年密不见光之后，再由后代掘出。"② 尽管这一充满想象神秘魔法般的制瓷技术毫无根据，但在欧洲足足流行近百年。这种神秘性猜想，一方面反映出欧洲社会对瓷器原料的无知；另一方面也折射出欧洲社会对瓷器生产技术的渴望。1708 年，在奥古斯都二世支持下，德国麦森烧制出类似中国的白质瓷，开启了欧洲瓷器独立发展的历史。与此同时，来自欧洲的传教士也在遥远的中国不断找寻瓷器的生产秘方，法国传教士殷弘绪就是典型代表。经过在景德镇近十年的观察和学习，他揭开了近三个世纪中国瓷器生产的神秘面纱，并将中国制瓷技术传到欧洲。诚然，随着科技的发展，欧洲或早或晚均能独立探究瓷器原料生产的奥秘，但中国瓷器贸易刺激和成熟的制瓷技术是加速欧洲瓷器生产的重要因素。

　　持续繁盛的瓷器贸易，让景德镇成为当时世界上最早集群化生产的专业性城镇之一。全世界的商人均到此采购瓷器，辉煌时期景德镇有瓷窑近三千座，日夜不停烧造，使得景德镇成为烟火之城。"江西饶州府浮梁县，科第特盛。离县二十里许，为景德镇官窑设焉。天下窑器所聚，其民繁富，甲于一省。……万杵之声殷地，火光烛天，夜令人不能寝。戏目之也：'四时雷电镇'。"③ 此时的景德镇不仅能够生产传统中国瓷器式样，也能部分生产满足欧洲社会需要的瓷器式样。"洋器专售外洋者，商多粤东人，贩去与洋鬼子载市，式多奇巧，岁无定样。"④ 欧洲仿制瓷器的成功，景德镇瓷器繁荣的局面也出现了危机。尽管生活在景德镇的制瓷业工匠对此浑然无知，不同于以往景德镇遭遇到的历次危机，这次危机是以机械化大生产为基础，且伴随着欧洲强势文化的冲击。

---

① ［美］罗伯特·芬雷：《青花瓷的故事》，郑明萱译，海南出版社 2015 年版，第 6 页。
② 同上书，第 77 页。
③ （明）王世懋：《二委西谈·景德镇天下窑器所聚》，《纪录汇编》，载熊廖、熊微编著《中国陶瓷古籍集成》，上海文化出版社 2006 年版，第 218 页。
④ （清）蓝浦：《景德镇陶录译注》，傅振伦译注，书目文献出版社 1993 年版，第 30—31 页。

（一）工业革命视角下的新型制瓷理念

不同于以往的帝国发展模式，工业革命以来，欧洲社会以一种新的生产方式实现自身的崛起。16 世纪发端的全球性贸易使大量白银流入中国，凭借独特的产品优势，中国成为前期全球化贸易体系的受益者。但由于工业革命的开展与持续，需要大量的资本，欧洲社会将其生产资本匮乏归咎于中国，认为长期的中西贸易逆差是由中国出口商品而不进口所造成的。最初进行工业革命的英国对中国商品和中国文化的态度率先改变，由初期的赞美与模仿改为讽刺和批判，作为中国文化代表的瓷器首当其冲。英国国内到处充斥着不需要中国瓷器的声音，并将瓷器等同于女性，认为中国瓷器是脆弱和低品位的代表。笛福在《鲁滨逊漂流记》及续集中对来自中国瓷器的讽刺是典型代表。即便我们不将其解读为文化背后的经济利益，但这种实际利益的存在也昭然于心。随后，在英国强势工业生产模式和文化理念的主导下，古典主义风格完全取代了之前的洛可可风格，在此过程中，英国瓷业大王韦奇伍德迅速崛起。到了 18 世纪后期，他所构建的瓷器帝国已经在欧洲市场形成垄断力，也取代了中国在西亚和北非的市场，并试图打开中国市场。1792 年，英国使臣马戛尔尼访华，带来了英国生产瓷器。在被问及中英瓷器特点时候，英国人认为中英瓷器各有优缺点。"而尤注意特拜歇尧之瓷器，观玩多时，问余：中国瓷器与贵国瓷器孰佳？系敝国有名出品，苟非名品，敝国钦使绝不敢带来增诸贵国皇帝。但敝国商船每来广东必购大宗瓷器以归，销售于人。贵国瓷器既为敝国人士所欢迎，其价值之高，自可想见。究之各有其妙，不能强判伯仲也。"① 尽管在回答中，为了照顾中国人的面子，英国人并未直接否定曾经辉煌的中国瓷器。但在另外的描述中，马戛尔尼指出尽管中国官员表面上对英国瓷器产品故作冷淡，但作为欣赏瓷器的行家，却对来自韦奇伍德的瓷器充满艳羡，并指出中国人试图仿制英国相关产品，但没有成功。② 由于史料的缺乏，中国是否真正仿制过英国瓷器，不得而知。但至少证明，在英国人眼里，他们的产品质量已

① ［英］马戛尔尼原著，刘半农原译，林延清解读：《1798 年乾隆英使觐见记》，天津人民出版社 2006 年版，第 68 页。
② ［美］罗伯特·芬雷：《青花瓷的故事》，郑明萱译，海南出版社 2015 年版，第 335—336 页。

经超过了作为瓷国的中国瓷器的质量。

如果将景德镇近三百年的发展作为一个时代标识的话，凭借其规模化的生产方式和劳动密集精细合作模式，景德镇瓷器能够摧毁亚洲和非洲其他产瓷区小规模生产的话，但在面对来自英国大机械化生产的竞争中，已经力不从心。即便景德镇浑然不知这次的挑战比任何时代所遭遇危机更为严重，机械化制瓷生产体系，再加上系统的陶瓷人才培养让欧美各国在现代瓷业生产中处于引领者地位。"英之实业学校如 Potteries mechnics Institute，Hanley 及 Wedgwood Institute，Buislem 先后教授陶瓷诸课（1884 年以次）。然陶学之列为大学，始自 1894 年，盖当时美国阿海河州著名矿学家阿唐 Zdward Orton gr. 及陶瓷实业家深感泥土原料性质及制陶方法有利用科学方法搜查探讨之必要，故竭力倡立陶学院于阿海阿州立大学（Ohi state University），1894 年成立。六年后，纽约州立陶瓷学校继之成立。"① 与此同时，亚洲的日本也在悄然学习这种生产技术与制造模式，逼近曾经庞大的景德镇生产体系。"日本亦因明治维新以后，请德国 Wagner 博士，教授陶瓷学理，励意改良，近二十年来，名古屋的硬质瓷器，金译的硬质陶器，渐次发达。每年输入我国，约二三百万元。"② 1876 年，美国费城博览会上，《纽约时报》大肆赞美日本生产的瓷器、漆器和丝绸比中国好，认为日本工艺品是亚洲艺术的代表和象征，并将中日之间的对比称为"进步的日本"和"懈怠的中国"，指出中国已经不再是世界先进文明的代表和象征。③ 曾经的制瓷大国，已经开始进口域外瓷器产品，对景德镇制瓷业来说是巨大的震动。

与此同时，中国国内的民众生活方式和消费理念也在发生着变化。鸦片战争以后，先进的中国人意识到自身在科技方面落后于西方，开始了"以西为师"的学习历程。受此影响，中国人的消费观念也在悄然发生变化，物美价廉的洋货开始在中国盛行。"自通商以来，洋货之灌入中国者，几不可以数计，大约外自各城巨镇，内至穷乡僻壤，上自豪商巨贾，下自穷户小民，惟一日三餐或犹守其旧俗，不尽喜食西人之物，其余则身

　　① 《世界陶瓷改进的历程及现今景德镇当行的急务》，《江西省立陶业学校校刊》第 1 期，南昌印记印刷所 1930 年版，第 195 页。

　　② 同上书，第 194 页。

　　③ ［美］沃伦·科恩：《东亚艺术与美国文化：从国际关系视角研究》，段勇译，科学出版社 2007 年版，第 15 页。

之所衣，手之所用，殆无一不于洋货是赖。"① 在近半个世纪的时间里面，洋货席卷中国市场，也是始料未及的。首先，必须承认的是，价格和质量是洋货受到中国消费者喜欢的重要因素。但商品消费是个复杂的问题，除了产品的功用外，洋货也成为新型消费符号的代表，对许多中国人而言，使用洋货也成为身份的象征。这也就意味着，以科技为代表的欧洲物质消费主义取得了全面的胜利。

　　洋货盛行的背后是中国手工业产品的衰退，景德镇瓷器也不例外。"近年风气渐开，奢侈日甚，人民喜购外货，如中狂迷。即如瓷器一宗，凡京、津、沪、汉以及各繁荣商埠，无不为东洋瓷之尾闾。如蓝边式之餐具杯盘及桶杯式之茶盏，自茶楼酒馆以及社会交际场，几非此不为美观，以至穷乡僻壤，贩卖小商，无不陈列灿烂之舶来品瓷，可知其普及已至日常用品，为珐琅瓷（亦系东洋产，于中国独占霸权，每年出口额约六七百万元）所独占者，则如澡堂之浴具，旅行之食盒，家中之面洗漱盂，此品之来，不过数十年，而昔日之瓷盆遂绝迹也。"② 这种情况随着时间的推移，变得更为严重。国民政府时期，社会各界也采取了各种措施来保护民族工商业，提倡使用国货，但效果并不明显，瓷器也越发受到冲击。"我国瓷器，向为世人所爱好，每年出口为数甚巨。但自近年以来，国人购用外瓷日多。据江海关统计，一月至九月，外瓷进口者至为惊人，价值二九一七七三海关金单位。"③ 甚至连曾经瓷器象征的江西，也开始进口洋瓷。这对景德镇瓷业生产者来说，不仅仅是贸易量的冲击，在心态上也难以接受。"社会所需要瓷器不会制，而出品皆是陈旧式样，不知改良，以致不受社会欢迎。因此，国瓷渐被洋瓷打倒，尤以东洋瓷畅销各省，而且渐渐销到江西，销到国瓷出产地景德镇，这岂非江西人的大耻辱。"④尽管商品消费并不完全和质量有关，但景德镇瓷器产品自身存在的问题也是影响产品销售的重要因素。景德镇瓷器式样守旧，不能生产出时代特色的产品自然无法得到市场认可。对此问题，参加 1910 年比利时布鲁塞尔

---

　　① 《论上海速成女工师范传习所》，《济南报》1905 年 2 月 1 日，转引自李长莉《晚晴洋货流行与消费风气的改变》，《历史教学》2014 年第 2 期，第 5 页。

　　② 向焯：《景德镇陶业纪事》，汉熙印刷所景德镇开智印刷局，1920 年，第 16 页。

　　③ 《九个月来，外瓷进口惊人，价值二九万海关银》，《申报》1935 年 11 月 22 日第 3 版。

　　④ 张承椿：《景德镇瓷业之概况及今后发展计划》，《商业杂志》1930 年第 5 卷第 3 期，第 28 页。

世界博览会的外交官黄浩有深刻的认知。在他看来，尽管景德镇瓷器质量要优于日本，但日本瓷器式样新颖，深受欧美消费者认可。"磁器一宗，法国细磁，异常精美，丹马著色莹润罕俦，日本所制为值最廉；德、义、奥、荷兰、土耳其之泥瓦器，尤为便宜，然其精粗品质，均不及我，景德镇窑产细致坚润。以销场能过我者，翻胜我者，或绘事较精，或着色较净，或式样翻新，均能取悦人目。今广东磁品，渐输于外洋，惜其五彩绘画，粗疏凌乱，宜兴陶具，虽可畅销，而式样无新奇，凡西人多厌故喜新，磁器销路最广，既欲与竞利，必先视其趣向为转移，万不可牢守旧式，致人厌弃。"①

　　洋瓷畅销引起了景德镇瓷器生产者的关注，希望政府能够支持仿制洋瓷，并给予相关优惠政策。1896 年，应江西绅商请求，张之洞上书朝廷，希望政府鼓励景德镇仿制洋瓷，减免新式产品的税厘。"洋瓷质色远逊中华，特中国所造之瓷皆备华人所用，而于西人器皿从未仿制，彼取一时观美，尚不惜争购宝藏，倘仿其规制造其适用之物，为彼日用所必须，自必争相贩运，销路日繁。……现拟集股兴办，惟成本巨而运费多，必须官为扶持。乃能作为鼓舞。通归九江关出口。援照烟台制造外洋果酒之例。暂免税厘数年，以轻成本。"② 在张之洞提出模仿洋瓷基础上，江西巡抚德寿又进一步上奏，详细阐述仿制的缘由及必要性。"向问日本人常至景德镇为之取料范模运归本国，加彩绘之功，得利不啻数倍。若华商能自仿造，利权庶不至为外人所攘。……该镇窑厂向有广东及宁绍天津诸帮华商仿造西洋外国瓷器，贩运出口历有年所，为数甚多。"③ 对于景德镇而言，在洋瓷的冲击下，迅速转变，并模仿受市场追捧的产品不足为奇。因为景德镇是瓷业外向型生产模式，市场是决定其产品样式的重要元素。只要受市场欢迎的产品，为了经济利益，瓷业从业者肯定会模仿。"九江是中国内地瓷器销售的转口市场，在九江的瓷器店中原本区分为出口瓷及面向国内销售的瓷器。但现在出口瓷及国内瓷之间的图样已经没有区别，这也就

---

　　① 《前驻义大臣黄浩报告》，《东方杂志》1910 年第 7 卷第 9 号，第 9 页。

　　② 张之洞：《江西绅商请办小轮瓷器及蚕桑学堂折》，1896 年 2 月 15 日，载苑书义、孙华峰、李秉新主编《张之洞全集》第 2 册，河北人民出版社 1996 年版，第 1147—1148 页。

　　③ 《光绪二十二年头品顶戴江西巡抚臣德寿跪为奏查明江西景德镇窑厂早有仿造西瓷贩运出口，历系照章完厘。现据江西绅商兴办西瓷，自应仍照华瓷章程，按抽护验各厘，未使减免恭折仰祈圣鉴事》，1896 年，载中国第一历史档案馆编《光绪朝朱批奏折》第 101 辑，中华书局1996 年版，第 554 页。

是说中国人的喜好与欧美人已经趋近相同。"① 在日本学者眼中，景德镇瓷器式样已经和欧美产品没有区别。但不同的是，景德镇的转变仅是瓷器装饰风格的转变，其手工瓷业生产体系并没有改变。此外，在中国逐步开放的历史背景下，传统瓷业生产城镇景德镇也打开了自己的大门。"清国政府，定如英国之请，开放吴城镇，同时并开放景德镇。"②

近代以来，新型机械化生产模式的出现与传播，不仅仅取代了景德镇瓷器原有的市场，也对其生产方式提出了挑战。作为曾经世界的瓷都，景德镇瓷器生产遭遇到前所未有的挑战。如果说英国凭借其海上霸权将瓷器产品运输到世界还不足为惧的话，以英国为代表的资本主义国家依托强势的现代化体系所形成的新式文化足以从信心层面摧垮景德镇传统瓷业所形成的生产体系。

（二）近代景德镇瓷业困境

在内外交困的背景下，景德镇瓷业生产遭遇前所未有的危机。雪上加霜的是，近代以来，中国陷入了长时期的社会动荡与连年战争，民众生活困苦不堪，甚至生活都难以为继，瓷器消费更无从谈起。但不可回避的是，洋瓷在中国畅销就足以证明了景德镇自身发展模式出现了问题。近代以来，景德镇制瓷业衰退可以从如下两个方面认知：一是同曾经的辉煌期相比，景德镇无法也不可能再取得那样的成就。前工业时代，景德镇瓷器贸易辉煌期，不仅仅是由于景德镇作为世界性瓷业生产的区域规模化生产的优势，更为重要的是，欧洲、非洲和亚洲许多地方没有生产瓷器的能力。当以瓷器为代表的先进的生产方式与消费理念输出到欧美地区时，景德镇瓷器销售量达到极盛也是历史的必然。随着其他地区也逐渐掌握瓷器生产技术，景德镇瓷器贸易量的下降也是可以接受的事实。二是同机械化生产相比，景德镇手工生产费时、且成本较高，尤其是在日用瓷方面，无法在价格上同洋瓷进行竞争。面对景德镇瓷业生产现状，政府与社会各界也积极采取措施以期扭转颓势。

尽管同机器大生产相比，传统景德镇瓷业生产模式并不占优势，但长

---

① 農商務省商工局編：《支那景德鎮磁器並ニ英国陶器製造ニ関スル報告》，農商務省商工局，1914年，第11—12页。

② 《吴城镇之开放》，《台湾日日新報》（汉文版），1906年4月1日第1版。

期以来形成的市场影响力与瓷器的声誉，意味着景德镇仍然有一定的市场。为了进一步理清景德镇近代以来瓷业生产与销售情况，分析各种因素在瓷业贸易和生产中的地位，更深层次地分析近代景德镇瓷业生产中的各种机遇以及所面临的挑战。笔者将1903年到1947年景德镇瓷器贸易量进行统计，并分析其发展背后的各种驱动因素。

表1—1　　　　　　　1903—1947年景德镇瓷器输出数量统计表

年份	数量（担）	指数	五年内流动平均数
1903	52513	75.10	62.13
1904	36614	53.33	72.35
1905	45704	66.59	76.14
1906	59874	87.14	76.48
1907	67852	98.86	81.32
1908	52445	76.41	87.17
1909	53201	77.51	87.13
1910	65779	95.84	80.09
1911	59750	87.06	84.51
1912	43685	63.65	88.73
1913	68631	100.00	89.74
1914	66649	97.09	93.18
1915	69262	100.92	102.54
1916	71557	104.26	99.02
1917	75803	110.45	93.22
1918	56550	82.39	86.54
1919	46755	68.11	81.17
1920	47014	68.50	77.75
1921	52439	76.41	82.41
1922	64081	93.37	98.03
1923	75947	110.66	95.92
1924	66037	96.22	106.71
1925	77521	112.95	118.07
1926	82612	120.37	128.14

续表

年份	数量（担）	指数	五年内流动平均数
1927	103065	150. 17	146. 12
1928	110484	160. 98	150. 50
1929	127860	186. 15	150. 50
1930	77374	111. 28	149. 26
1931	98792	143. 94	145. 85
1932	71951	106. 27	84. 32
1933	140932	193. 12	168. 26
1934	150392	200. 63	172. 36
1935	289153	421. 31	346. 38
1936	470443	685. 46	468. 25
1945	560500	816. 68	627. 13
1946	63587	92. 65	246. 12
1947	789000	1149. 62	893. 57

资料来源：《七十年来江西瓷器输出数量统计表》，《经济旬刊》1933 年第 3 卷第 13 期，第 9 页；高崧：《景德镇瓷业概况》，《经建季刊》1947 年第 4 期，第 85 页；江西省轻工业厅陶瓷研究所编：《景德镇陶瓷史稿》，生活·读书·新知三联书店 1959 年版，第 324 页。注：抗战时期景德镇瓷器贸易量数据缺失。该数据主要依据官方统计资料，但部分瓷器贸易和销售也多有个人行为，存在私自运输的情况，无法被纳入到统计之中，但总体而言，上述数据是景德镇瓷器销售的反映。

据上述数据分析，1927 年以前，景德镇瓷器年均销量都在十万担以下。1927 年以后，大多数年份销量均比较高，且在 1936 年达到近代瓷器销售的峰值，并在相当长的一段时间内稳定发展。1937 年，日本全面侵华开始，尤其是 1938 年日本占领江西以后，尽管景德镇瓷器贸易能够通过不同渠道艰难维持下去，但因为缺乏相关的官方统计数据，具体数字并不清楚。但可以肯定的是，这一时期，景德镇瓷器生产已经衰落到最低点。1928 年，景德镇有 136 座窑和近十万直接和间接从事瓷业的工人。而到了 1940 年，景德镇瓷业已经一片凋零。"工人往往皆是疏散回乡，化为半贾半丐，转回故里，变成农民。针匙工人约一千余人，现仅剩十余人。"① 如果将近代景德镇瓷器贸易置于更长的时段内去探究，能更清晰

① 景德镇市地方志编纂委员会编：《景德镇市志》，中国文史出版社 1991 年版，第 81—82 页。

地反映出近代景德镇瓷器销售的变化。有资料显示，康乾时期，景德镇瓷器贸易量均在五十万担以上，处于鼎盛时期。但到了清同治年间，瓷器销售数量就大为减少，且持续衰落。尤其是光绪五年，瓷器销量仅为5046担，整个城镇瓷业生产几乎陷入停滞状态。① 光绪末年，由于国家重视实业生产，作为中国国粹代表的瓷业也得到发展，产量也平均在五万担左右。尽管无法同辉煌期相比，但相对稳定的生产规模和瓷器贸易量表明了以瓷业为核心，从业者结构的恒定与平稳。

虽然很难从表中贸易量的变化来确立景德镇瓷器贸易兴衰的时段标志，但笔者试图将1903年以来，景德镇瓷器生产划分为几个阶段：1903年到1912年是第一个阶段。这一相对稳定期瓷器贸易量从未突破七万担，年份最高的是1907年，最低的是1904年；1913年到1926年是第二个阶段。民国建立以后尽管当时社会处于混乱时期，但由于国家制定的相关政策有利于实业发展，景德镇瓷器仍然进一步发展，瓷器贸易量在1926年达到这一阶段的峰值；1927年至1936年是第三个阶段。由于是国民政府十年黄金发展期，景德镇瓷业在此阶段迅速发展，且在1936年几乎接近五十万担。尤其是1934年以后，发展规模尤为迅速；1937年至1945年是第四个阶段。由于日本侵华，整个中国大部分沦陷，无暇顾及瓷业等产业，景德镇一片萧条。抗战胜利以后是第五个阶段，国民政府比较重视景德镇瓷业发展，但随后整个国家进入三年的国内战争时期，景德镇瓷业进一步沉沦。"不料，七七事变发生，抗战开始，陶局奉令撤销，在经过八年抗战的破坏和三年内战的摧残，衰败的情况，只有愈趋愈下了。"② 这种状况从表格中的数据变化就能清晰的体现出来。

由于景德镇产业特点和与瓷器作为消费品的特征，非常容易受到外来因素的干扰。首先，战争对景德镇瓷业生产和瓷器销售产生了巨大的影响。1912年，民国元年，整个中国处于混乱状态，景德镇也多次发生兵变，抢劫银行和富户，瓷器贸易量就非常少。另外一个证明是1930年，方志敏率领的赣东北红军先后三次进入景德镇，该地区成为国共双方争斗的重要区域。瓷业生产受战争影响，贸易量严重下降。1930年，瓷器贸

---

① 《七十年来江西瓷器输出数量统计表》，《经济旬刊》1933年第3卷第13期，第9页。
② 彭友善：《关于景德镇瓷业调查报告》，1949年3月1日，卷宗号：1041-2-54，上饶市档案馆藏。

易量比 1929 年减少约五万担，直到 1931 年还没有恢复。1932 年，国民党加强对赣东北红军进行围剿，景德镇瓷业生产量再次受到冲击。其次，景德镇制瓷业内部的纠纷和罢工也会影响瓷器生产。1904 年，黄家洲和红店因为行规的纠纷，发生了大规模的争斗和罢工，各方均不相让，生产停滞，该年瓷器贸易量仅为三万多担。"（1904 年）彼时（7 月间）瑞道系在景德镇窑厂调停工人罢市之事，因伊乃兼管御窑厂事务也。……八月二十二日，景德镇乱事又起，其初罢市之故，则因两帮画瓷匠拟立新章，互相争执。此乱所至，以致景德分府受伤兵士一名遇害。瑞道此时仍在乐平办事，当即调兵一队前往弹压，旋将此乱荡平。惟罢市之事延宕之久，实于商务大有损害。"① 1920 年年初，景德镇圆器业进行了持续三个多月的罢工运动，也对当年瓷器生产量带来影响，贸易量明显下降。最后，官方的支持与改革也是景德镇瓷器销量增减的晴雨表。景德镇瓷业因民窑而起，以官窑而盛。明清两代景德镇瓷器辉煌期，也是御窑在景德镇设立时期。晚清以来，由于社会政治动荡，政府无力顾及御窑生产，政府控制力下降，影响景德镇瓷器生产。反之，如果政府加强对瓷器生产的重视，瓷业就会进入良性循环状态，发展情况就比较好。1927 年以后，江西省政府先后在景德镇设立陶务局等机构进行瓷业改良，并通过一系列政策支持景德镇瓷业发展，提升瓷器影响力。在这种情况下，景德镇制瓷业发展迅速。"近来南昌党政各机关及各团体，大举提倡国瓷，颇能唤起一般人的注意，这也是国货救国声中的一个生力军。"②

值得关注的是，长期以来形成的瓷业手工业"模板化"生产体系，是一个伸缩性极强的产业发展模式。表格中，贸易量的变化就能证明这一点。从 1903 年开始，景德镇瓷业生产陷入了较长时期的低迷发展过程，瓷器销量维持在较低的水平，很难超过十万担。但从 1933 年开始，由于国内经济环境与国际发展形势均有利于中国工业发展，景德镇瓷业贸易量迅速增长。如果将 1936 年的数据和 1932 年的相比，就能明显的发现这一变化，瓷器贸易量翻了几番。即便笔者不武断地认为，只有景德镇瓷业生产具备这种巨大变化的能力。但至少可以证明，景德镇长期以来形成瓷业

① 《光绪三十年九江口华洋贸易情形论略》，1904 年，载《中国旧海关史料》第 40 册，京华出版社 2001 年版，第 207—208 页。
② 赵庆余：《国货救国声中景德镇瓷业的曙光》，《中华邮工》1935 年第 3 卷第 4 期，第43 页。

社会结构足以应对来自外界的挑战，也能接受瓷器贸易量的增减。就景德镇制瓷业内部结构而言，其人员组成复杂，层级化非常明显。既有生产艺术瓷的从业者，也有生产日用瓷的从业者。而不同生产者内部也不尽相同。以日用瓷生产为例，不同价位的高、中、低档产品均有，能满足多样的市场消费需求。这也就意味着，即便在景德镇全面危机的情况下，仍会有部分从业者能够找到生存出路，维系景德镇瓷业发展。此外，在制瓷业生产中，大部分辅助行业对技术要求不高，比如练泥、挑坯、填色等，这些人员仅需要短期训练就能胜任某项工种。这也就意味着，景德镇瓷器贸易量的增减不会影响整个生产体系。在瓷业衰落情况下，部分人员无法在景德镇生存，就会回到乡下老家，依靠传统的农业或渔业生产，足以生存下来。一旦景德镇生产状况好转，大量人员会再次来到景德镇从事瓷业或者其他相关产业，能够迅速恢复生产，使其达到比较高的生产水平。总体而言，景德镇瓷业生产的特点为成本小，分工精细，有较强的自我修复和应对风险的能力。

第二章

官方主导下的近代瓷业与社会改良

作为中国器物文化的代表，景德镇瓷器在国际上产生了持久的影响力，不仅为中国带来了巨额的贸易利润，还提升了中国产品的知名度。近代景德镇瓷器贸易量的衰退引发了社会各界的担忧，自清末开始，许多政要均关注景德镇瓷业，并渴望通过改良振兴景德镇瓷业，江西省地方政府更是不遗余力。在传统等于落后的理念下，政府改良总体思路是通过引入现代化的瓷业生产理念与机械制瓷方法，引领景德镇瓷业走向现代大工业道路。具体而言，主要表现在以下几个方面：首先，建立新型瓷业公司，生产出类似西式或者日式受市场欢迎的日用器、新式电瓷等产品，实现产品质量的提升。其次，设立新型瓷业研究机构，对瓷业原料和窑炉技术进行分析，改变以经验为主导的景德镇瓷业生产模式，提高产品的质量和成品率。再次，加强基础设施建设，改善景德镇瓷业生产环境，提高瓷业从业者技能，疏通河道，修筑铁路，为瓷器贸易提供便利。最后，进行社会改良，废除景德镇社会陋俗，强化政府在景德镇地方事务中的控制力，进行税收改革等，构筑良性的瓷业发展环境。尽管官方的改良取得了一系列成就，对景德镇瓷业生产与社会形态产生了积极的影响。但在历次改革中，由于改革者忽视了景德镇瓷业生产的独特性，没有意识到改革的艰难与复杂性，因此，景德镇瓷业改良没有达到改革者所期望的目标。

探究近代以来官方主导的历次改革，其核心思想是在景德镇落后的历史背景下，以新型机械化生产模式取代传统模式，以期实现景德镇瓷业振兴。但这种改革模式既无视景德镇瓷业自身发展特点，也忽视了瓷器产品类型的复杂性。在近代中国多变的历史环境中，景德镇瓷业改革也缺乏相对安定的社会环境，这也对官方主导的改革带来冲击和影响。如果依据上述思路去思考，就能发现近代官方改良中存在一定的问题，即忽视了景德镇瓷业生产方式的合理性与有效性，瓷业改革成效自然受到影响。但不可否认的是，官方采取的一系列举措还是促进了景德镇制瓷业影响力的提升，也改变了部分影响生产的旧的习俗，为景德镇瓷业生产带来了新的理念，有利于良性瓷业生产体系的构建。

一　清末民初的瓷业改良

（一）御窑解体与景德镇品牌危机

为了抵制社会奢靡之风，明朝建立以后，政府规定用瓷器代替金银器作为祭祀品和日用品。为此，明朝政府专门在景德镇设立生产皇家用瓷的御器厂。但到了明朝中期，随着社会安定与财富增加，瓷器制作工艺日益烦琐，精品瓷价格越来越高，甚至远远超过金银器的价格。"神宗尚食，御前成杯一双，直钱十万，当时已贵重如此。"①尽管这种奢靡的风气对社会发展并没有任何益处，但有利于景德镇瓷器品牌的构建，景德镇精益求精的瓷器质量已经得到社会各界的认可。由于御器厂生产的瓷器不能在市场上出售，部分商人为了购买类似的瓷器，就在景德镇市场上订购，一定程度上促进了景德镇民窑业的发展。在此背景下，景德镇民窑瓷器业生产工序进一步精细化，瓷器产品质量和类型也多样化，既有高端的瓷器产品，也有中、低端瓷器产品；产品类型既包括日用瓷，也有艺术瓷。

清朝建立以后，在皇家用瓷制度方面，沿袭明朝政策，在景德镇设立御窑厂。"国朝顺治十一年奉旨烧造龙缸。……至十四年中经饶守道董显忠、王天眷、王锳、巡南道安世鼎、巡抚朗廷佐、张朝璘督造未成。"②也就是说大致在顺治十一年，景德镇重新生产皇帝使用瓷器，但这一时期是否形成常态常设机构还不能确定。"康熙十年奉造祭器等项，陶成始分限解京。十九年九月始奉烧造御器，差广储司郎中徐廷弼、主事李廷禧，来镇驻厂监督，悉罢向派饶属夫役征，凡工匠物料动支正项销算。"③到了康熙年间，景德镇御窑厂生产规模大，持续不断地保证皇家御用瓷器的需要。

---

① （清）唐秉钧：《文房肆考》卷3，载熊廖、熊微编著《中国陶瓷古籍集成》，上海文化出版社2006年版，第252页。

② （清）乔溎修，贺熙龄纂：《浮梁县志》卷8《食货·陶政》，道光十二年刻本。

③ （清）蓝浦：《景德镇陶录译注》，傅振伦译注，书目文献出版社1993年版，第24页。

由于社会安定与皇帝重视，康熙年间，景德镇精品瓷技术已经达到非常高的程度。随后，更由于乾隆皇帝对瓷器的特殊嗜好，将其推向了顶峰。御窑瓷器产品无论是生产工艺还是瓷器数量方面，均在这一时期得到发展。乾隆时期的督陶官唐英常驻景德镇十几年时间，不仅仅管理瓷器的生产，还了解生产工艺，亲自参与生产过程，完成了《陶冶图说》等陶瓷技艺方面的书籍，进一步推动了景德镇瓷器在中国精英文化中的认知度，赋予了瓷器不一样的文化内涵。御窑的繁荣也推动了景德镇民窑的发展，在这种局面下，对许多人来说，拥有景德镇瓷器是身份的代表和象征。景德镇陶瓷依靠最好的推销员——皇帝，在实现巨额瓷器贸易的同时，也赢得了世界对景德镇陶瓷文化的认可。

同乾隆相比，嘉庆皇帝对瓷器并没有特殊的偏好，受此影响，景德镇御窑瓷器生产数量减少，质量也开始下降。1840年，英国人通过鸦片战争打开了中国的大门，对中国经济也带来消极影响。作为消费品的瓷器也受到影响，而对景德镇瓷业生产带来毁灭性打击的是太平天国战争。由于江西鄱阳湖区域是清政府军队和太平天国军队拉锯的主战场，地处其间的景德镇瓷业生产也遭到严重破坏。"自咸丰五年，粤贼陷镇，厂遭焚毁，同治五年，罢监督蔡锦青，就旧址重建堂舍七十二间。"[1] 战争结束以后，御窑厂瓷器生产虽然恢复，但再也无法取得其辉煌期的成就。虽然经过同光中兴，景德镇御窑厂得到发展，也能生产出"大雅斋"这样的精美瓷器，但也仅是昙花一现，根本无法和辉煌时期的御窑相媲美。"兵燹之后，从前名匠皆流亡，现在（同治十三年）工匠俱后学新手，造作法度，诸多失传。今令造此十余年，俱形束手。"[2] 固然，不计成本的御窑仍然能够生产出少量精品，但对于景德镇而言，无论从国家御窑厂支持层面还是瓷业技术生产层面，很难取得较高的成就。

御窑的衰落也影响到景德镇民窑生产，19世纪中期以后，景德镇瓷器品牌也不再是奢侈品或者畅销品的代言词，反而日渐陷入困境。此外，近代以来，欧洲通过战争打开中国市场，开启了掠夺中国的历程，中国经济陷入困境，民众消费能力下降。作为消费品的瓷器生产，在大的历史背景下进一步衰退。同在千年瓷业发展历程中，遭遇的其他危机相比，景德

---

① （清）赵之谦：《江西通志》第2册，浙江古籍出版社2015年版，第7—8页。
② （清）乔溎修，贺熙龄纂：《浮梁县志》卷8《食货·陶政》，道光十二年刻本。

镇此次面临的危机更为严峻，其重要原因有以下两个方面：一是瓷器技术独享性被打破，许多国家均能生产出类似中国的瓷器产品。二是中国国家实力和影响力在消退，这种消退体现在文化层面是长期以来所形成的文化自信以及由这种自信所形成的社会体系迅速崩溃。而这种影响最直接的表现就是在器物层面，原本受欢迎的中国产品成为落后与守旧的代表。在此背景下，官方首先提出了改良，以期振兴景德镇瓷业。

（二）政府瓷业改革的举措及成效

尽管景德镇地方绅商较早认识到洋瓷在中国倾销的影响，也提出仿造新型瓷器的方法，但官方并没有采取切实可行的举措来保证瓷器仿制与生产。在此历史背景下，1903 年 7 月，江西巡抚柯逢时提出设立官办瓷业公司，振兴景德镇瓷业。他认为在御窑厂生产陷入困境局面下，设立官办瓷业公司，采取新式大规模生产路径，是景德镇瓷业未来出路。"今既设立公司，精求新制，以后当可大开风气，广濬利源，与其振兴他项工艺艰期，不若因其固有者而扩充之为事半而功倍也。"[1] 柯逢时认真分析了景德镇瓷业生产中的各种要素，进一步指出，官办瓷业公司的益处是不仅能够保证国粹，还能继续供应皇家用瓷。因此，他主张由外务部主导，各方协助办理。"除咨外务部督办，政务处、户部外合将江西创设磁器公司。"[2] 针对社会上盛传景德镇落后的原因是制瓷方法落后和税收太重的缘故，柯逢时在认真调研之后，指出事实并非如此。"江西浮梁之景德镇，制造瓷器，已历数朝，曩年售价约值五百万金，乃近岁不及半。论者以为制法不精，税厘太重之故，臣初亦信以为然。自来豫章悉心考察，乃知此项制作，实胜列邦。其选料也，则合数处之土以成坯，故其质坚，而其声清越；其上釉也，则取各省之物配色，故其光泽，而其彩鲜明，又复讲求火候，考验天时，备极精微，遂成绝艺。……往者该镇工匠，曾赴东瀛，见其诣力求深，爽然若失，即外洋各国，亦以为弗如也。"[3] 在对瓷器制作方法和制瓷原料进行详细分析以后，柯认为景德镇瓷器生产无论各方面都不比日本和欧洲各国差。但到底什么原因导致景德镇瓷业逐年衰

---

① 《奏为开办景德镇瓷器公司派员经理以振工艺而保利权恭折仰祈》，1903 年，载中国第一历史档案馆编《光绪朝朱批奏折》第 101 辑，中华书局 1996 年版，第 562 页。

② 《书赣抚柯大中丞奏请振工艺以保利权折》，《申报》1903 年 7 月 8 日，第 1 张第 1 版。

③ 同上。

退，销售近年来减少过半，在失去国际市场的趋势下，国内市场也被日本瓷蚕食呢？他认为主要的原因是战争影响和资金缺乏。"江西瓷厘不及原价十分之一，而洋关纳税，则全其轻重，别其精粗，辨其花色，几逾十倍。……然中国之销数日绌，而外洋之漫灌日多。揆厥所由，实缘窑厂资本未充，不能与之相竞。盖该镇自军兴以后，元气未复，又一僭于火，再论于水，资产久已荡然，勉力支持，益多苟简。"①

因此，筹措资金，建立新式瓷业公司，是振兴景德镇瓷业的重要方法。"臣查外人游历江西，于该镇无不迁道往观，多购粗瓷，归贻亲友。……日本且岁购白坯回国，加以绘饰，转运西洋。盖西洋富人所用器物，以手制者为良，非以机器所制为珍重也。……今既设立公司，精求新制，以后当可大开风气，广浚利源，与其振兴他项工艺，收效难其，不若因其固有者而扩充之，为事半功倍也。"② 但在晚清中国社会发展面临困境的历史背景下，想要得到朝廷支持，建立新型公司几乎是不可能的事情。为了让自己的设想具有可行性，柯逢时上奏时已经进行了前期准备。"查有湖北候补道孙廷林，器识宏通，办事精审，自其先世承办御厂事务，工匠商贾，信服尤神。……即经委办瓷器公司，筹拨银十万两，以为之创，余由该道自行集股。据称已得五万金，于三月间，在该镇建设窑厂，召集工人，专造洋式瓷器，必精必良，约计秋间，即可出货。"③ 柯逢时的奏折是 1903 年五月二十四日上奏，而在三月孙廷林已经开始在景德镇筹措资金、设立窑厂，进行瓷业生产的前期准备。也就是说，在柯逢时奏请设立新型瓷业公司的时候，孙已经在景德镇进行设立新型公司的尝试。因此，由孙廷林督办成立新型瓷业公司也是顺理成章的事情。就当时的各种条件而言，孙廷林④也是新型瓷业公司的最佳人选。据柯逢时奏折中的描述可以得知，孙廷林曾经长期在江西九江关任职，也监管御窑厂生产事宜。因为自乾隆后期至清末，御窑厂事务均由广饶九南道九江关税务官兼任。1902 年，慈禧太后下令重修颐和园，需要大量瓷器，作为九江

---

① 《书赣抚柯大中丞奏请振工艺以保利权折》，《申报》1903 年 7 月 8 日，第 1 张第 1 版。

② 同上。

③ 同上。

④ 孙廷林（1859—1934 年），浙江吴兴人，年少入南昌知府衙门，由于办事干练，曾任九江港务局长、税务局长、内河航运局长等职务，是早期官办瓷业公司的倡导者之一。曾经到上海等地募集设立江西瓷业公司资金，但后来他调任湖北任宜昌土膏局总办，不再兼任九江关事务，其创办新型瓷业公司实践也就此停止。

关税务局长，孙廷林就负责监造这批瓷器。由于瓷器质量精良，孙廷林个人能力也深得慈禧认同和赏识。

柯逢时的奏请再次引起了社会各界对景德镇瓷业改革的兴趣，许多实业家均认为，只有改革，才能改变景德镇落后的境况，实现瓷业生产的再次繁荣。"从前每岁所入不下五百万金，现虽渐不如前，而贸易犹称极大。所慨者外人自来中国，初见有佳瓷不惜重金购去精美者一瓶一盂，贵至数千金。既而自募良工，刻意仿照，虽其式样之古雅终不殆中华，而彩画鲜明泥质洁白转觉过之。近来日本又仿西制物多价廉，侵淫入我内地，置身五都之市，花樽茗碗几于触目皆然。夫中华瓷器之精良，久已驰名海外，为他国所艳称。徒以业此者皆微贱之流，旧法相安，不思振作。而东西洋诸国不惜糜厥巨款，刻意揣摩。迄乎今日非特中土所造不能售入外洋，抑且他国所成将遍乎内地。……今得江西大吏创设公司，并虑银根紧迫，百物腾贵，为之分设官银钱号以利转输，似此借力扩充，尽心辅助，将见大开风气，瓷业必日上蒸蒸，曩时之每岁售得五百万金者，此后或不难突过。谓非大宪倡导之功哉。"① 尽管柯逢时在经过详细论证分析以后，提出了设立瓷业公司的构想，并提出由孙廷林负责。但在当时中国复杂、困难的历史背景下，集资创办依旧步履维艰。不足一年后，柯逢时调任广西巡抚，他主导设立新型瓷业公司的设想并没有推行下去。"闰五月十三日，奉上谕，补授关系巡抚。七月十九日，交卸江西抚篆，即启程。"② 随后，孙廷林也在光绪三十年回湖北任宜昌土膏局总办，改派蒋辉接任办理公司事务，江西瓷业公司办理事务也由于主导者离开陷入困境。但据《申报》记述，这一时期御窑厂事务由瑞莘儒（即九江关道瑞澂）督办。"江西广饶南兵备道兼管窑厂事瑞莘儒观察于本月初九日乘龙船往景德镇查阅御窑监制上用瓷器。"③ 江西地方政府试图通过建立新型官办瓷业公司，振兴景德镇瓷业的设想宣告终结。

值得一提的是，孙中山也高度重视江西瓷业发展，曾在其《建国方略》中提出景德镇改良瓷业生产的设想。"吾欲于长江与鄱阳湖之间，建设以鄱阳港，此港将成为江西富省之惟一商埠也。……此三角地（指鄱

---

①　《书赣抚大中丞奏请振工艺以保利权折后》，《申报》1903 年 7 月 22 日，第 1 张第 1 版。

②　殷应庚原著，黄健整理：《柯逢时年谱》，《江汉考古》1989 年第 1 期，第 81 页。

③　《江西广饶九南兵备道兼管窑厂事瑞莘儒观察于本月初九日乘龙船往景德镇查阅御窑监制上用瓷器》，《申报》1904 年 8 月 28 日，第 2 张第 2 版。

阳湖港——笔者注），每边约有十英里，以供街市需要，优良已极。景德镇瓷器工业应移建于此地。盖以运输便利缺乏之故，景德之瓷常因之大受损坏，而出口换船之际，尤常使制成之瓷器碰损也。此地应采用最新大规模之设备，以便一面制造最精良之瓷器，一面复制廉价之用具。盖此地收集材料，比之在景德镇更为便宜也。以各种制造业集中于一便利之中心，其结果不特使我计划之港长成迅速，且于所以奉给人者亦可更佳良。"① 孙中山认为，欧洲和美国的现代化历程是全方位的现代化，包括交通的现代化。因此，要发展实业，必须发展交通。对景德镇来说，瓷器交通运输方式落后而带来的损失，也是阻碍景德镇瓷业发展的重要因素。近代以来，景德镇瓷器外运首先要通过昌江，然后再到鄱阳湖换船，这种交通模式已经远远落后于其他产瓷区。

在孙中山看来，改革景德镇瓷业有两种方法：一是将景德镇瓷业转移到交通发达的鄱阳湖港，以减少运输过程中的损毁和运输费用；二是采取新型的制瓷方法，进行机器生产。尽管从未到过景德镇，但长期关注中国实业发展的孙中山，熟知中国瓷器的影响力。在论述江西发展的时候，专门提出景德镇瓷业生产改良，且能触及景德镇瓷业发展落后的核心层面，足可见其对景德镇瓷器所面临困境的深刻认知。

不同于孙中山宏观层面的设想，江西地方官员更侧重从景德镇瓷业微观层面的改变入手，寻求振兴景德镇瓷业的道路。1914 年，江苏人戚扬任江西巡按使以后，到景德镇考察后，针对景德镇瓷业存在的问题，提出了自己的改良方法。首先，进行陶瓷职业教育，传播陶瓷生产技艺，将陶瓷职业学校迁移到景德镇。他认为景德镇瓷业从业人员非常保守，不愿意将技艺传给别人，技术的保密限制了制瓷业的发展。为了提升从业人员的积极性，学校可以通过聘请优秀瓷业人员到学校担任教员，鼓励他们将技术传授给更多的人。"有人谓陶业学校设在本镇较为方便，本使亦所赞许。世谓陶业绝技不肯传人，其实非也。延之为师，则声誉日隆，必以授徒为乐。"② 通过学校教育，会使整个景德镇的所有人受益。瓷业从业者既能学习瓷业技术，又能通过学校教育提升对瓷业发展的认知。其次，加

---

① 孙中山著，牧之、方新、守义选注：《建国方略》，辽宁人民出版社 1994 年版，第 148—149 页。

② 《赣巡按使视察景德镇后之布告》，《申报》1915 年 4 月 6 日第 6 版。

强景德镇和周边瓷土、窑柴供应各县联系，以保证瓷业生产原料的供给。昌江是景德镇制瓷原料和瓷器外运的生命线，但由于河道淤积，给运输带来不便。为此，戚扬要求浮梁县政府应在瓷业生产空闲期间，组织劳动力疏通昌江水道，这样既能有利于瓷业运输，又能解决因为工人失业而出现闹事的情况。"昨有方挹芬等禀都邑枧田街等处山场产柴甚富足，供烧窑十年之用，而为八甲吴姓阻截河道致碍船运，此必有故。应饬该知事约都阳知事访悉实情，妥议办法，俾吴姓乐从柴船亦得以同行，庶为两全之道。昌江弃之碎瓷堆积河畔，日积月累，水涨则漂流数十里，致河道淤浅，现在已觉，可年复一年将来必有大梗。闻前清已有浚河经费，如何归复，以维公益。冬季窑工停止其无家可归者，有徒得籍河糊口，其一举两得，该知事与商会注意。"[1] 最后，强化地方政府管理职能，参与地方事务。由于景德镇是移民区域，社会矛盾复杂，经常发生罢工和闹事的事件。为此，戚扬要求景德镇设立警察机构，加强对坯房、红店等的管理，维持社会稳定，减少因为社会冲突对景德镇瓷业生产的破坏与影响。"该镇警察最关重要，形式与精神必须兼备，人数不宜过少，现仅二百余名，尚有鞭长莫及之处。"[2] 针对移民中良莠不齐、易于产生混乱的情况，浮梁地方政府也应加强对瓷业从业人员的监管，如果发现包庇情况，以同罪论处。"闻窑坯、红店良莠不齐，莠者往往藏匿于窑坯、红店各处，警察有责何能置诸不问。乃平时既不举发，每遇拿犯恃众抗拒，殊属不知法纪。现在本使会同将军办理清乡，岂可徇情容隐。仰该知事速定管理规则具报，此后查出有庇护窝留情事，一并严惩，如有交出者免坐，以维该镇秩序。"[3] 同孙中山设想相比，戚扬提出改良景德镇瓷业和社会制度的主张更为可行，也有操作性。但面对景德镇复杂的社会局面和民国混乱的社会现实，要想实现改良和发展也需要更进一步的尝试和努力。1921 年，戚扬离职江西省省长，景德镇瓷业仍然在艰难中继续前行。

二　陶务局与制瓷业改革

国民政府成立以后，社会环境相对安定，为了促进经济发展，江西地

---

[1]　《赣巡按使视察景德镇后之布告》，《申报》1915 年 4 月 6 日第 6 版。
[2]　同上。
[3]　同上。

方政府开始进行一系列的改革。作为江西省重要手工业生产区域之一，景德镇瓷业改革首当其冲。1928 年，江西省建设厅厅长周贯虹提议设立陶瓷管理机构，指导瓷业生产的改良。"景德镇瓷器为本省特产之一种，不但销行全国，即在世界各国亦素负盛名。徒以业户工人故步自封，不知研究改良之术，以致销路退减。职厅有见于此，曾于提议设立工业实验所一案内，特于该所设置窑业部，以研究瓷业之改良为职责。惟是该所设在省会，距景镇三百余里。对于瓷业研究实验各事实际颇有未便，加以该镇瓷业工厂之组织，工人之管理，窑户之把持，行规之限制以政阻挠改进之积习，亦有就近指导，随时纠正之必要。势非选派专门人员，积极负责整顿，实难望有成效用。是拟将原附工业试验所内之窑业部划出，令设之陶务局，并将该局所移与景镇。"① 在各方力量推动下，1929 年 1 月，江西省政府在景德镇设立陶务局，以期通过改良示范作用来促进景德镇瓷业的发展。

在陶务局机构设置方面，设局长一名，下设指导股和试验股。指导股负责对景德镇瓷业进行调查，并在此基础上提出瓷业生产改革的方案；试验股负责对瓷业生产的各种原料进行试验，并将试验结果详细记录，以备瓷业改良参考。在各方支持下，陶务局就陶瓷原料、釉料成分，新型生产理念进行了一系列的试验，取得了良好的效果。但由于经费缺乏、技术人员少等问题，陶务局改革并没有取得应有的效果。为此，周贯虹提议将江西省建设厅下属工业试验所的窑业部由南昌迁移到景德镇，与陶务局合并，以更有利于进行窑业的试验和推动景德镇瓷业发展。由于受到政府重视和得到资金支持，工业试验所通过延请国外窑业专家教授工人烧造技术，并购买新式机械来促进景德镇瓷业向现代化转变。针对景德镇瓷业现状，陶务局提出建设美术品原料精制工厂及建造新式瓷窑，既保证工厂日用瓷生产，又能维护景德镇美术瓷制作。"设立一规模最完整、设备最完全之正式制瓷工厂，以杜绝外瓷之侵入，而谋国际输出之发展，同时更设一美术品原料精制工厂，及建造新式瓷窑，以供美术品制造之需。"②

陶务局成立以后，积极开展新型电瓷、工业用瓷制作的试验，在制瓷原料、新式产品特征、新型瓷器产品等研究方面取得了一定的成绩。此

---

① 《请设江西陶务局提议书》，《江西省政府公报》1929 年第 3 期，第 137 页。
② 《整理并发展本省瓷业案》，《江西建设公报》1929 年第 3 卷第 5 期，第 76 页。

外，在江西省政府支持下，陶务局积极推广其新式企业运营模式和产品。
"西湖博览会开幕在即，仰速征集精细出品运省。此外，拟将关于建设图
表，运往陈列，所有窑厂设备及工人情形应，即摄成尺二影片。"① 它的
成立，也意味着从政府层面真正进行景德镇瓷业的改革实践。但在当时的
复杂历史背景下，陶务局试验的范围非常小，多限于实验室原料的研究。
相比较景德镇庞大的手工传统瓷业生产体系，陶务局进行改革尝试和科学
方面试验所取得的成就甚至可以忽略不计。"虽在该地，设立江西陶务局
一所，以为改良整理之专责，只以经费有限，设备未周，事业所及，速效
难期。"②

政治势力内部争斗与江西地方权力更迭也影响到改革效果。就江西政
局而言，地方行政长官的频繁更替与动乱的政治局势，是阻碍瓷业改革的
主要因素。由于江西省主席朱培德并非蒋介石嫡系，在蒋介石压力下，
1929 年，朱培德辞去江西省主席离开江西，由鲁涤平继任省长。1930 年，
剿共失败后，国民党军政部长何应钦任南昌行营主任，架空了鲁涤平的权
力。不久，鲁涤平调任浙江。1931 年，由熊式辉担任省主席。严峻的国
内形势，意味着各方不会关注景德镇瓷业改良。1927 年，国共合作关系
破裂，共产党在赣南苏区进行红色根据地建设，方志敏等人也在赣东北创
建根据地，从事革命活动，江西成为国共双方争斗的重要区域；国内政局
方面，1930 年，由于蒋介石和冯、桂之间矛盾，最终引发了中原大战，
战争给经济发展带来了毁灭性破坏。国民党内部复杂的政治斗争，也使得
各方无暇顾及经济建设。国际局势也影响到中国工业的发展。此外，国际
形势也不利于景德镇瓷业改良。1929 年自美国发端的世界性经济危机，
造成各国经济发展困境，整个世界经济萧条。中国作为欧美列强商品倾销
地，社会发展更为艰难。在这种情况下，运行不到一年的陶务局便名存实
亡。1932 年，工业试验所窑业部改为陶业试验所，宣告了陶务局在景德
镇改革的终结。"案查十八年间，曾于景德镇设立陶务局专员，指导改良
制瓷之责，嗣因经费支绌，经第三十七次省务会议决议将该局并入工业试
验所窑业部内，此后对于制瓷技术之研究改良诸端，尚可循序渐进，颇具

① 《江西省建设厅电景德镇陶务局张局长》，《江西建设公报》1929 年第 3 卷第 2 期，第
111 页。

② 《整理并发展本省瓷业案》，《江西建设公报》1929 年第 3 卷第 5 期，第 76 页。

成绩，但于指导方面，则付阙如。兹为研究技术，指导改良便利起见，拟请将工业试验所之窑业部重新划出，设立陶业试验所，以收改进之功。"①

陶业试验所迁回南昌，意味着景德镇瓷业改良的失败，也表明江西省政府对景德镇"落后""顽固"的生产体系已经无能为力。于是，江西省建设厅将目标由改良景德镇瓷业以实现实业复兴转向瓷业新型技术试验与瓷器生产原料成分分析。在这一理念指导下，陶业试验所瓷业改良试验还是取得了一定的成绩，尤其是在电瓷碗的生产方面。在政府相关政策的支持下，产品非常受欢迎。"又该所制造电气用瓷，如电线腻子及化学用瓷，如蒸发器皿、耐火锅等成绩优良，供不应求云。"② 由于其生产电瓷碗的质量逐渐成熟，得到实业部认可，各方也纷纷购买。"窃查国内电线所需瓷腻子、瓷碗，与夫化学所用瓷品，多系购自外货。本所成立以来，一再悉心研究试制，现已制就电线头号瓷碗，试验隔电力强，并又制出耐火坩埚及大小尺寸之蒸发多种，施以极冷、极热、耐碱诸试验，均与舶来品无异。"③ 陶业试验所注重科学试验，以期运用新型科学知识来改变景德镇瓷业生产仅凭经验做法的旧习。但这种新式的电瓷类型，完全不同于景德镇传统的日用瓷和艺术瓷产品。这也意味着新型瓷业工厂可以离开景德镇，在其他区域也能进行生产。同清末各方认识一样，江西省建设厅认为景德镇瓷业生产者顽固保守，且交通不发达，没有必要将电瓷生产工厂设在景德镇。在这种背景下，九江就成为设立新式工厂的首选地。1934年，江西陶业学校与试验所申请合并迁移到九江，并得到了江西省政府的支持。"窃查陶业学校与陶业试验所合并迁浔，拟购九江东门圣约翰中学，及其对面高校长住宅并礼拜堂基地为地址，前经教育厅派张校长浩前往调查。……上次学遂赴浔，曾经遵奉主席面谕，亲与圣公会罗会长接洽，经再四磋商，将全部价格减为二万二千元，已得对方允可。"④ 在经过多次改革尝试和挫折以后，江西省政府决定脱离景德镇，另立炉灶，进行现代化瓷业生产的试验。但江西省政府主席熊式辉并不满足于陶业试验所这种小型的瓷业生产，他希望以建立大型瓷业生产公司为契机，引领江

①　《准予另设陶业试验所令厅知照》，《江西省政府公报》1932年第21期，第39页。

②　《江西陶业试验所化验陶瓷器具》，《民生医药》1934年第6卷第1期，第26页。

③　《江西陶业试验所新制化学用瓷出品》，《科学的中国》1933年第2卷第10期，第432页。

④　《整理并发展本省瓷业案》，《江西建设公报》1929年第3卷第5期，第75页。

西瓷业生产的全面转型，全方位重振江西瓷业。

三 杜重远与瓷业和社会改良

1932 年，蒋介石个人权力稳固以后，便对赣南红军根据地进行围剿，稳定了江西局势。1934 年，蒋介石在南昌提出进行新生活运动，以期巩固政权，发展经济。在此背景下，江西省主席熊式辉也希望经过改革促进江西发展，提升自我影响力。作为江西重要品牌象征的景德镇瓷器，也纳入其改良设想之中。同年，熊式辉邀请杜重远[①]到景德镇考察，并聘请他指导江西瓷业改良，再次开启以政府为主导的景德镇最大规模的瓷业改良运动。由于前述多次瓷业改革的效果并不显著。因此，许多改良者力主将瓷业迁出景德镇，完全脱离景德镇体系，进行新型的改革。江西陶业研究所所长邵德辉分析了九江和景德镇的优劣，认为景德镇各方面均不如九江，提出在九江建设大规模瓷厂。"一，江西的产瓷区在景德镇，但景德镇制瓷全凭手工，根本抵不过洋瓷用机器制造；二，景德镇交通不便，瓷工恶习又深，因此，欲图瓷业发展，又非另择良地不可；三，江西的瓷土，以星子、余干等县为多，这些县都在景德镇的下游，离九江很近，如果把工厂设在九江，无论原料运输还是推销瓷品，交通都是非常便利的。"[②] 从上述分析来看，设在景德镇百害而无一利。但杜重远认为景德镇是中国瓷业中心，既是瓷业复兴的希望，也是国人关注的焦点，如果摆脱景德镇进行瓷业生产，既不合理也不现实。为此，杜重远指出，即便在九江设立新型瓷业公司，也要关注景德镇瓷业改良。他认为，脱离景德镇的江西瓷业，不仅没有优势，也无法得到认可，难以实现真正的瓷业复兴。换言之，只有景德镇瓷业复兴，才是真正实现了瓷业的复兴。"景德镇乃我国第一产瓷名区，亦全世界瓷业之发源地，其景况之隆替，非特繁乎民生之荣枯，抑且关于文化之兴衰，国人对此非常关心。"[③]

---

① 杜重远，吉林怀德人，著名实业家，1916 年官费留学日本，入东京工业学校窑业科学习。1923 年，毕业以后，回到东北创办新型瓷业公司—肇新窑业公司，进行新型瓷业生产和试验，在瓷业改良方面取得了可喜的成果。"九一八事变"爆发以后，流亡上海，进行抗战宣传，并和邹韬奋等人创办《生活周刊》，后又创办《新生周刊》，是实业界名流。

② 石奎济：《杜重远与景德镇》，载政协景德镇文史委员会编《景德镇文史资料》第 5 辑，1988 年，第 10 页。

③ 杜重远：《日暮途穷的景德镇》，《新生》1934 年第 1 卷第 34 期，第 1 页。

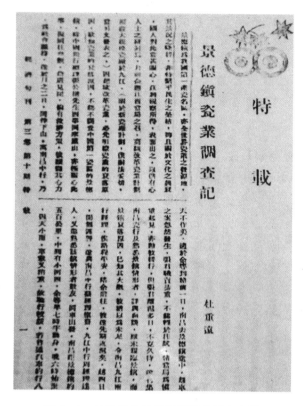

图 2—1　杜重远关于景德镇瓷业调查史料

　　为了探究瓷业繁荣的路径，必须先明了其衰落的原因。经过仔细的调研，杜重远了解到景德镇瓷业衰退的各种因素，针对各种问题提出了切实有效的改革路径，并表达了设立陶瓷管理机构的设想。由于杜重远曾经在东北设立新型瓷业公司，并取得了可喜的成就，具备丰富的瓷业改革经验，在熊式辉的支持下，设立新型陶业管理机关再次被提上议程。"此外，瓷器手工业需要组织管理局。因为瓷器业，完全集中于景德镇，现在已是极端萧条，关于生产技术、运输销售，都任其自生自灭。尤其是工人之复杂，帮助之纠纷，所以有组织陶业管理局之必要。"[1] 经过前期筹备，1934 年 12 月 4 日，江西省政府同意在景德镇设立陶业管理局，进行瓷业改良。"任命杜重远为江西陶业管理局局长。"[2] 为了更有利于陶业管理和

---

①　《江西特种手工业》，《益世报》1934 年 10 月 28 日第 3 版。

②　《任令杜重远为江西陶业管理局局长》，《江西省政府公报》1934 年第 57 期，第 13 页。

新型材料试验，1935 年，陶业试验所并入陶业管理局，并开始在景德镇办公。"陶业试验所着自本年七月一日并入陶业管理局，另仰遵照。"① 面对景德镇复杂的社会形势，为了改革的顺利进行，杜重远提出和自己关系密切的阎模阎任浮梁县县长，以实现瓷业改良和地方政治相统一，提高改良的效率。

（一）瓷业陋规与改革路径

杜重远认为实现景德镇瓷业生产和社会改良，必须从以下几个方面入手。首先，改良生产方式，加强相互交流、沟通与学习，以实现瓷业生产的合理化。传统景德镇瓷业生产采取师徒传授模式，但囿于手工生产者长期的竞争性，即便师徒之间也难以倾囊相授。这种生产方式已经不适合社会大生产需要，也难以实现技术革新。此外，由于生产技术保密，部分技术也会因为瓷业生产者的去世而失传，对瓷业生产来说，也是巨大的损失。"（景德镇瓷业）师徒传授，陈陈相因，间或偶有发明亦属个人秘制，或且他人未及模仿，旋即失传，殊为可惜。"② 在工业化语境下，传统精细化的生产模式，也不再适合瓷业大生产的需要。景德镇的行业分工，也造成了生产者之间相互制衡，很难形成生产的合力。因此，杜重远提出要促进景德镇瓷业发展，必须进行生产上的改良，以科学为基础，实现生产的最优化。"以分工而言，可谓极细，颇合生产原则；但是现在为机械时代，各国制瓷都用机械代人工，在技术方面，无时不谋改良，学术亦在日日进展中，吾人实应切实研究，取彼之长，补我之短。使本镇瓷器生产，以科学作基础，渐趋于合理化。"③

其次，采取各种措施，改革景德镇瓷业生产中的各种陋规，促进瓷业生产体系的有序化与合理化。景德镇传统瓷业生产中的有分工、无合作，有生产、无规划的情况也是阻碍其进步的重要因素。这些因素主要体现在以下几个方面：第一，各种复杂的行规限制了瓷业从业人员生产的能力。为了规范瓷业发展，避免在生产中发生冲突，在长期的生产过程中，瓷业从业者对生产过程和社会规范有明确的规定和分工，甚至连工人每顿饭吃

① 《陶业试验所着自本年七月一日并入陶业管理局，令仰遵照》，《江西省政府公报》1935年第 215 期，第 20 页。

② 双林：《改良景德镇社会生活的意见》，《民众月刊》1936 年第 1 卷第 1 期，第 6 页。

③ 同上。

什么都有明确的规定。在对景德镇瓷业调查过程中，杜重远对景德镇社会生产生活中的这种现象难以接受和理解。第二，景德镇各种行业组织，多是为了自身利益而成立，不仅对瓷业生产没有益处，还阻碍生产。杜重远指出尽管景德镇存在各种行业公会以及行会，但这些行业组织成立的目的并不是为了合作，而是维护狭隘的自我利益。"公会之组织，表面看来似都合于公生活之形式，一形究其内容多为互相抵制的工具，殊欠合作顺调对外经营的作用。"① 因此，杜重远认为只有加强对生产管理，强化合作，真正发挥公会的作用，才能实现生产与生活的优化，振兴景德镇瓷业。"在经济生活组织上，共同贩卖，共同进货，共同运送，以及各种合作社，都应运而生，其他公共运动场，娱乐场、公园，业余修路等等。"② 第三，缺乏科学的组织和分工，不能按照科学的理念组织瓷业生产，也是景德镇落后的重要原因。就景德镇瓷业分工而言，生产和销售完全脱节，无论是政府部门还是民间商会组织，都没有这种意识。"听说去岁有几个东洋的矮弟来此参观，到商会里问，每年出多少瓷器？答以不知；问全镇有多少工人？答以不知。这位矮弟大发其脾气，问到你们这群人在商会里干些什么事，连这一点统计都没有，商会的朋友们还是目瞪口呆而不知。"③ 生产和管理的无序性，没有任何现代科学理念的指导，是近代以来景德镇瓷业落后的重要原因。"拿瓷器来说吧，瓷器是中国著名的产物，曾经有光荣的一页历史，而景德镇的瓷器，更闻名于世界。可是现在怎么样呢？景德镇瓷器，一落千丈，外瓷不断地输入，连景镇都有外瓷发现。推究原因，都是不知道利用科学方法加以改良，只知墨守成规，你看外国人制造瓷器，一切都是用机器，叫怎样的可以和外瓷竞争呢？"④

再次，设立新型学校和工厂，进行瓷业改良，接受新型科学文化，加强劳资合作，也是实现景德镇瓷业发展的路径。杜重远认为景德镇瓷业陷入困境的主要原因是既没有新型的瓷业公司，也缺乏新式教育。"现在景德镇的环境如何？也不可不认识清楚。试远观欧美各国：德奥的硬质瓷器，法国的美术瓷器，英国的硬质陶器，式样的精巧，品质的洁白，已驾

---

① 双林：《改良景德镇社会生活的意见》，《民众月刊》1936 年第 1 卷第 1 期，第 6 页。

② 同上。

③ 杜重远：《日暮途穷的景德镇》，《新生》1934 年第 4 卷第 6 期，第 65 页。

④ 醒醉石：《我们现在迫切需要的就是科学》，《民众月刊》1936 年第 1 期，第 10 页。

我国而上了。还有东邻日本，所出的陶器和瓷器，价廉物美，极力地在我国倾销，无形中断绝我们的不少销路。又近观国内，如辽宁的肇新公司，唐山的启新公司，规模宏大，成本低廉，销售上已大占优势。又近如广东的勤勤大学，设立瓷科；福建德化的职业学校，添设瓷厂；山东的博山瓷厂，制品也渐次转佳；山西的职业学校，瓷品已类似欧美；江苏则宜兴陶校以外，苏州还增设有瓷校；湖南则醴陵瓷之外，桂阳又添设瓷校；国内新兴的陶业机关，真是风起云涌。而我们景德镇瓷品的销路，日渐封锁。"[1] 面对欧美和国内产瓷区的迅速崛起，景德镇瓷业从业者和销售者应该从认识自身出发，进行全方位的改革，才能实现生产的发展。研究瓷业的人员，要力图改良，提升景德镇瓷器的品位；而瓷器商人也应该从国家利益出发，不销售洋瓷。

最后，复杂的劳资矛盾一直困扰着景德镇瓷业发展。"外人骂景德镇的瓷商关起门来，只顾涨价，窑户老板怪工人不断罢工，要求增加工资的欲望过奢；工人们又大叫生活成本太高，无法维持，惧老板太苛刻。"[2] 对于劳方而言，因为自己依靠技术和体力生存，如果资方不能满足其要求，就停工或者打碎瓷坯，破坏生产。而资方在经济不景气的时候，就会减少工资，解雇工人，每年用工节或者瓷器生产兴盛的时候，也是各方冲突最为激烈的时候。"他们绝不知道别人在那里利用科学的方法制造来掠夺我们的市场，优胜劣败，这是一端。此外，劳资双方的不能洽调，也是事业失败的一个主因。这里的工人，大都是没有组织的，赋性好斗，他们全然不知道劳资为何物，所以在昔时一到四五月生意发旺的时候，那就是他们纠纷的良机，他们的这种举动不只出于要求加工资，有时因甲行的工人与乙行的闹意见，有时因他们自己伙伴里打架，有时因其他的原因，都是促使他们的退窑，即停止烧窑，以资示威要挟。"[3] 为了实现景德镇瓷业振兴与发展，满足各方利益，就需要劳资双方都作出让步。因此，对于资方而言，要明了劳资合作的意义，奖励工友、优待艺徒，使双方紧密联系，才能提高生产效率。对于劳方工人而言，要发扬劳资合作精神，要对资方生产负责，才能实现共赢，保证各方利益。

---

① 杜重远：《景德镇瓷业调查记》，《农村复兴委员会报》1934 年第 8 期第 2 卷，第 93 页。
② 南侨社：《荒凉了的景德镇》，《中美周刊》1932 年第 6 卷第 4 期，第 42 页。
③ 益君：《冒不出烟的烟囱》，《长城》1934 年第 8 卷第 12 期，第 233 页。

迁址重建瓷业公司，既是江西行政当局的目标，也是杜重远的期望。他认为设立新型公司一方面可以同欧美进行竞争，另一方面也可以为景德镇瓷业生产树立榜样。自晚清以来，改革就成为中国最为强势的话语。这一话语体系的背景是近代中国的落后，而改变这种落后的方式就是采取新式的工业化的生产模式，景德镇面临的局面也是如此。但由于景德镇自身强大的传统力量与社会惯习，在提及改革思路中，改革者均认为景德镇顽固的势力是阻碍改革取得成效的重要原因，这也被认为以往历次失败的关键性因素，因此，一提及景德镇，许多改革者均退避三舍。此外，景德镇交通的落后，也是影响设立新型公司的主要因素。因此，异地建立新型瓷业公司是各方的共识。1935 年，在江西省政府支持下，杜重远决定在交通地理位置优越的九江地区建立新型瓷业公司——光大瓷业股份有限公司，并在上海进行募集资金的活动。光大瓷业公司推举中国银行总裁张嘉璈为董事长，董事会人员既有孔祥熙、宋子文、宋子良、卢作孚、黄炎培等政界与经济界要人，也有龚学遂、吴健陶等江西地方官员代表。公司设定资本为一百万国币，其中由江西省政府出资二十万元，其余采取招募股金的形式。1936 年，在厂址建设完成以后，开始招聘新式工人与购买机器，准备进行实验性生产。但 1937 年 7 月，日本全面侵华，新型瓷厂的筹备建设陷入困境，异地建立新型瓷业公司的梦想也在多灾的历史背景中宣告失败。

（二）改革理念的推广模式及困境

在相对稳定社会背景下，杜重远进行的瓷业改革得到了官方支持，也引发了各界的关注。同以往的改革不同，杜重远此次改革不仅是瓷业本身，而且还关注到社会文化层面。为了有效地推行改革，杜重远在景德镇设立了陶业管理局露天演讲场、陶业成员研究所、工人训练所，还创办了《民众月刊》杂志。杜重远认为景德镇落后的主要原因是科学知识的缺乏和民众的无知。因此要实现瓷业复兴，必须提高民众的文化知识水平。为此，陶务局设立了露天演讲场，定期进行现代瓷业知识和科学普及。

1935 年 8 月 25 日晚上 7 时，露天演讲场第一次演讲正式开幕，标志着杜重远主导的景德镇瓷业改革进入实践阶段。开幕式上，由陶业管理局代局长张浩向民众表达了露天演讲的重要意义，以及在世界范围内的影响力，并说明开设露天演讲场所目的是促进民众生活的改善与瓷业科学理念的深入。为了吸引民众参与活动，接受新式文化理念，陶业管理局就演讲和娱乐活动形式、内容进行了精心的安排和设计，每周二、周四、周六进行演讲，演讲结束以后，表演各种游乐活动，以提升大家参与的积极性。"江西陶业管理局为灌输本镇流动各工人及一般市民普通常识起见，业在厂前建造露天演讲场一所，兹查该场一切设备，均告就绪，于本月二十五日下午七时在讲演场举行开幕典礼。凡在工商及市民等，均可随意前往参加。……余与节目，约为第一节，国乐，第一所①；第二节，大路歌，第二所；第三节，魔术，第三所；第四节，国术，第四所；第五节，杂技；第六节，京戏，第二所；第七节，魔术，第一所；第八节，渔光曲，第一所；以后每逢星期二、四、六晚间七时开始讲演，讲者多系本地名流，讲后有游艺节目，以调众兴趣云。"②

为了普及科学知识，陶业管理局还设立了书报阅览处。1935 年 8 月 27 日，演讲场书报阅览处开放，以期实现吸引民众学习知识、提升对科学认知水平的目标。"本场的书报阅览处今天开始开放，小孩子占三分之二，成人占三分之一，皆很有兴趣地看书。并有个妇女携带小孩来，指示小孩看书。我们拿妇女生活与妇女共鸣给她看，她难为情地说下次多找同伴来看。看的人年龄最大的三十多岁，最小的九岁，一一地签名在簿子上。有的小孩称我们老师，要报名，说要每天来看。"③ 从陶业管理局书报处设立的初衷来看，是吸引瓷业工人，但从上述材料来分析新生事物的出现对孩子更有吸引力。换句话说，阅览室扮演了孩子游乐场的角色。当然，从孩子开始启蒙，或许能从更长的时段影响到景德镇的发展，但这种现象和陶业管理局社会设立书报阅览处的目标不是非常一致的。此外，为了吸引民众到阅览处读书，管理局以到阅览处读书可以领取观看表演的入场券为条件。但对于民众而言，去阅览处读书不是目的，而是为了得到入场券。民众最为感兴趣的演讲之后的各种文艺表演，尤其是国术表演。"晚间表演国术者极多，民众特饶兴趣。"④ 就上述改革的目的来看，均是为了提升民众知识水平，全方位地改变景德镇瓷业体系与社会生产中落后

---

① 1935 年，陶业管理局成立工人训练所，共有四处，被称为第一工人训练所到第四工人训练所，简称一所、二所、三所、四所。

② 《陶业管理局露天演讲》，《江西工商报》1935 年 8 月 31 日第 4 版。

③ 《一月记事》，《民众月刊》1936 年第 1 卷第 1 期，第 51 页。

④ 同上书，第 54 页。

的局面。但在改革推行的过程中，出现的各种现象对改革者来说是始料未及的。如前所述，大部分人进入阅览室不是读书，而是为了领取观看表演的入场券。"阅览滥竽者大有人在，为得入场券也。既损图书，复妨碍真正阅览者，对于统计方面不存粹，更无价值，乃停发。"[1] 此外，作为杜重远推行改革的重要载体，《民众月刊》仅创办了九期，就因为资金不足而停办。

设立陶业人员养成所和工人训练所是杜重远改革的核心，也被杜重远寄予厚望。他认为只有培养大量的新式瓷业人才，才能实现景德镇瓷业振兴。按照陶业管理局招生的设想，陶业人员养成所共招生 80 人，全部为男生，要求年龄在 18 岁以上、25 岁以下，高中毕业生或者是陶业学校毕业学生。1934 年，陶业人员研究所开始招生，在江西南昌和上海设立考点，招收来自全国各地的人员。考试科目为国文、数学、英文、社会科学常识等，成绩合格以后在景德镇培训一年，食宿、书籍服装均由公家供给，每月经费预算为法币 12 元，且保证毕业后介绍工作。上海的招生工作在上海环龙路中华职业教育社进行，共招收人员三十人左右；江西地区的招生设在南昌，招生比较方便，先期招生以后就来到景德镇。养成所由杜重远任所长，聘请十几位相关方面的老师任教。张浩任筑窑教师，邹如圭讲授陶瓷分论，程柏卿讲授陶瓷工艺，王丰亭担任陶瓷总论教师等。但由于受到"新生事件"和"西安事变"的影响，杜重远本人一直没有机会在景德镇从事瓷业改良事业。养成所大部分人员并没有完成一年的学习，除了少部分留在陶业管理局以外，大部分均四散回乡，并没有实现当时杜重远社会陶业人员养成所的目的。在杜重远为养成所学员写的同学录序言中也表达了没有实现愿望的遗憾。"呈请省政府创办一个陶业人员养成所，名额八十，规定一年毕业，前后在赣沪两地招生学生，于民国二十四年春季开始授课。本想将近代的思想和陶业初步的技术灌输于诸同学，一年后共负此改良瓷业的使命，不料相聚一月，以瓷厂募股关系，奔忙各地，旋又因文章贾祸，竟以妨碍邦交罪，身陷囹圄，致满腔热望未能完成，心中滋痛。"[2]

工人训练所设立的目的是训练工人养成爱国敬业精神，以期恢复民族

① 《消息一束》，《民众月刊》1936 年第 1 卷第 7 期，第 26 页。

② 杜重远：《〈江西陶业人员养成所同学录〉序》，载政协景德镇文史委员会编《景德镇文史资料》第 5 辑，1988 年，第 143 页。

精神，灌输瓷工日用常识，充实生活提升生产能力，这在训练所的课程设置中就能体现出来。训练所的课程包括德育和常识两大类型。德育的目标为：勤勉、精细、敏捷、诚实、公正、互助、负责、坚韧、知耻、勇敢、进取、重工艺、爱国、爱群等。常识方面的内容包括历代伟大事功、国耻的事实、名人嘉言懿行、我国现势、世界现势、自然界的现象、中国社会的概况、毒气的护防、急救看护的知识、传染病的预防、公共卫生的注意以及一切瓷业上的常识与技能。[①] 1935 年，工人训练所开办。根据景德镇制瓷业分布情况，按照就近原则，分为四处训练所，以方便工人学习。每期时间大致为三个月，利用晚间讲授学习。根据陶业管理局的总结数据表明有一千六百九十五人接受训练培训。由于史料缺乏的原因，工人训练所的成员来自什么工种、培训取得什么样的效果，目前还没有直接相关的证据来表明。但就训练所课程设置及其目的来看，并没有直接能够给瓷业从业者带来生活或者技术改观的课程，多是满足工人长远发展的课程。从课程设置能够折射出两个信息：其一，对于养家糊口的工人而言，这种的课程未必能够吸引他们的注意，无论是占有他们工作的时间，还是在他们业余的时间，均不能满足他们职业需要和未来生活的期盼。其二，陶业管理局并未采用改良景德镇瓷业生产模式、提升瓷器产品质量切实有效的方法。在《民众月刊》与管理局人员演讲中，多次提到科学一词，但如何将科学在景德镇扎根，抑或是带来改变，还没有看到具体的路径。从更广的视角来看，陶业管理局采取的各种方法，无论是废除窑禁、设立新型销售机构、设立新型商民组织等，更多是一种象征意义上的。而景德镇在社会发展与实际运转中，仍然按照固有惯性来运行。诚然，换个视角去看待陶业管理局的改良或许更为公允，任何社会改良均需要较长的时期，在相当短的时间里很难去评论、评价工人训练所的作用。

（三）杜氏改革过程中的多元冲突

不同于以往技术层面或实业层面的尝试，杜重远在景德镇进行的瓷业与社会改革是全方位的改革。从改革的设想与采取的措施来看，杜重远的改革也取得了一定的成效。首先，改革提高了生产效率，瓷器贸易量大大增加。1936 年，景德镇瓷器销量达到近代以来的最高值，超过 47 万担。

---

① 《江西陶业管理局工人训练所课程》，《民众月刊》1936 年第 1 卷第 6 期，第 16—17 页。

"景德镇瓷业复兴,销数较上年增加二百余万,实业部协助赣省府进行改良。"① 尽管这不能将其完全归因于改革,但至少反映出瓷业改革确实促进了景德镇的发展。其次,废除瓷业陋规,有效地促进了景德镇瓷业生产向现代转型。以烧窑业为例,窑禁陋规对中小坯户利益损害很大,但限于经济实力,搭烧户没有办法改变这种局面。杜重远就任局长以后,运用行政力量,强制性废除窑禁,赢得了许多坯房主的支持。"本局长深悉积弊,力将恶习,以改良中国瓷业为职志,莅镇以来。悉心研讨,觉陋规之大,莫大于窑禁。因一经禁窑,坯户积坯日多,无法工作。瓷商购货缺乏,只得坐守,内妨生产,外失信誉。……本局管理陶务,首在废止积弊。自今以后,永远取消窑禁,不得面从背违,仍蹈以前积习。"② 再次,加强对瓷业从业者培训,提升了工人的认知水平。在行政力量的支持下,陶业管理局要求工人参加相关培训,就生产中不合理之处进行改良。尽管到了后期,因为各种原因,对工人培训并没有坚持下去,但对景德镇瓷业仍起到了促进作用。最后,成立景德镇瓷器运销合作社,加强对瓷器宣传。1936年,陶业管理局在景德镇成立瓷器运销合作社,并在西安、重庆、成都、天津、上海、南京和汉口成立事务所,推销景德镇瓷器。运销合作社的主要职能是帮助社员推销瓷器,并提供瓷器贷款。合作社的成立,在一定程度上解决了景德镇瓷业生产资金困难,也有利于瓷器的销售。③

尽管杜重远主导的景德镇瓷业改革是近代以来最具影响力的,也取得了一定的成效,但不同利益主体对改革的看法是大相径庭的。如前所述,对于瓷业从业者来说,如果不能从改革中受益或者自己的利益受到伤害,势必会对改革不满,甚或抵制。而在改革过程中,在面对景德镇复杂的瓷业社会中,难免会因为决策问题引发争议。以瓷窑改革为例,为了提升瓷窑生产效率,为改良树立榜样,杜重远设立模范窑厂,供各方参考。但模范窑厂设立以后,引发了景德镇窑业劳资双方的不满。模范窑厂有专门要求与工资规定,不能收取任何陋规,如果违反就受到处罚。"日昨钧局传集窑工训话,宣布不准窑禁,取消陋规,窑工在外舆论非常敬佩,金云局长为救济景镇瓷业,解除工商痛苦而来,且取消窑禁及陋规恶习,窑工不

---

①　《景德镇瓷业复兴》,《中央日报》1936年12月17日第6版。

②　《改进景德镇瓷业,亟需废止窑禁》,《中央日报》1935年4月16日第6版。

③　《景德镇瓷器运销合作社章程草案》,《民众月刊》1936年第1卷第4期,第32—39页。

需要借钱钻营位置，对于技能，个人自当努力求进，窑工既得生活之安定，做户亦有生机之期望。"① 作为景德镇瓷业生产的表率，设立模仿瓷厂的目的是树立瓷业生产与工人工资的榜样。但取消陋规，缩短窑身，不仅伤害了窑主的利益，也造成窑工收入的降低。同模范窑厂窑工收入相比，景德镇烧窑工匠的工资低，自然就引发了满窑工抗议和不满。"窃本镇窑业，自陶业管理局莅镇后，力事改革，湔除陋习，此固为发展陶瓷之张本，救济工人之方策也。然一般窑户，反而是而怨尤，致使工人其失业恐慌，经迭次曾经陶业管理局予以维持，并请维持工资，曾经陶管局召集工人等面订，因资方固执己见，不肯让步，致未妥议。工人等不求格外优待，但以陶管局所设之模范瓷厂为标准，所持自是正分。盖陶管局之第一模范窑厂所定工资，每路窑计工资六角六分，每次窑合计二十八元二角。第二模范窑厂所定工资，每次窑合计二十六元二角。而各烧窑户所烧之窑，比模范窑长六路，照算每次窑应加工资三元九角六分，而工人所请求规定工资，较模范窑厂反少六七元，是则窑路长而工资反少，何能谓之改革，何能谓之待遇平等。"②

　　由于劳资双方均不满意瓷窑的改革，景德镇制瓷业出现了工人罢工、资方罢烧的现象。五月份是景德镇瓷窑开窑烧造的关键时刻，窑工与窑户无法达成协议，不仅对双方有影响，也对景德镇瓷业生产有影响。"陶业管理局前以烧柴窑业与窑工，因工资问题，发生争议，屡经该局调解，迄未解决。近因各窑工正在开烧，故该局对此项问题，亟应及早决定，以免日后纠纷予，特斟酌情形，以规定：一、把桩四元，拉坯三元二角，加杪二元八角，收兜脚二元五角，小夫手，二元五角，打杂一元九角，车窑渣一元七角，三夫半一元四角，二夫半四名，每名一元二角，一夫半二名，每名一元一角。二、窑工工资使用，每三窑一结，不得预支，亦不得拖欠。……惟窑工对于共支旧币二十六元八角一项，不能满足其要求，故于昨日怠工。当县党部以此事关系本镇全局，特召集商会关系各方，开调解会，未得结果。并闻昨晚窑工与陶管局脱胎部主任饶华阶发生冲突，记者特向公安局走访，据陈局长云，今日县党部开会调解，因资方未到，致未

_____

① 《改革烧窑之建议》，载政协景德镇文史委员会编《景德镇文史资料》第 5 辑，1988 年，第 153 页。

② 《为请确定工资，以维生活由》，1935 年 4 月 26 日，卷宗号：J004—002—008，景德镇市档案馆藏。

得结果，至窑工与饶华阶发生冲突，无多大关系，并经劝，窑工复工，如有要求，俟后两日开会解决。"①

　　因为饶华阶负责瓷窑方面的改革，劳资双方都将矛头对准他。他不仅不能得到劳资双方的认可，也使自己经营的瓷业工厂受损，生产陷入困境。为此，饶华阶致信杜重远，表达了他对景德镇瓷业改革心灰意冷。但此时积极主导景德镇瓷业改良的杜重远因为新生事件被关押起来，在给饶华阶回信中，杜重远也表达了对景德镇瓷业改良的无奈，并期望他能继续为景德镇瓷业改良做出努力。"景德瓷业，病患已深，益以年来，各方经济恐慌，几成不治之症。弟纵在镇，亦乏奇术良方足资挽回。不过，耿耿此心，愿为瓷业同人一求最后之挣扎耳。先生热心公益，对于景镇瓷业情形又极熟悉，今竟因公招怨，致劳资双方所不满，阅读来看，殊觉遗憾。尚望怜彼愚痴，进行无懈努力，想日久天长，自有水落石出之一日。"②杜重远和其他改革者以满腔热血投入到瓷业改良之中，目的在于实现景德镇瓷业复兴。但景德镇手工业从业者并不接受，且采取各种手段抵制改革，自然引发了杜重远的失望。

　　在窑工停工发生冲突的影响下，琢器粉定业的工人也以景德镇传统行规为圭臬，要求行业从业者工资结算的时候仍然采取旧有的工资模式，即不接受由陶业管理局规定的工资结算一律以法币为标准的计算模式。粉定业罢工组织者威胁如果工人私自约定采取新规，放弃旧规，就会受到惩罚，致使大部分工人不敢工作。但在琢器粉定公会调解过程中，组织罢工的工头拒绝调解，甚至殴打该会职员徐银福。"江西陶业管理局指令取消一切陋规，关于雇工工资价码一律改用法币，不得再行制钱折合等因，奉此即行通知会员谨遵。当二月间开始雇工时，实行改定法币，概归会员自由向受雇工人约定改定法币价码，工作之重轻分别价码之高低，劳资双方面议妥协始行开工，迄今两月向无异议。不料有一帮行色上早年成为工头者梁快□等日前见窑工纠纷企图效尤，趁机向受雇工人实施阻挠，妄肆干涉并胁迫受雇工人严守旧章（即陋规），假有人与雇主私约价码及放弃旧章者，指为犯法，致使一般工友殊滋惶惑，良者徘徊犹豫告商雇主，莠者跻身入伍参加混争。属会查得其

　　①　《景德镇窑工息工，县党部调解会无结果，今日继续开会解决》，《江西工商报》1936年5月5日第3版。

　　②　杜重远：《给饶华阶的复信》，载政协景德镇文史委员会编《景德镇文史资料》第5辑，1988年，第144页。

情，为防止后患起见，特于昨日假昭武书院召集彼曹阻挠工友到会解释。声叙改订法币价码全系劳资双方协议，对于陋规原奉江西陶业管理命令去下，且勉以瓷业衰落，困苦各益，革除陋规，从事发扬。巨该侨工友人等鼓噪鼎沸即将属会资源徐银福头部殴，秩序大乱。属会职员及莅场昭武书院各县首士极力营救，方行脱险。当该公有一哄而散时犹声称如不严守陋规，即以野蛮对付。"① 由于新制度的出现，部分瓷业生产者利益受损，类似冲突更容易激发，这也是改革者始料未及的。

在进行瓷业改良过程中，劳资双方冲突是陶业管理局复杂的政治利益、地缘组织与业缘组织矛盾的集中反映与体现。尤为严重的是，陶业管理局内部和浮梁地方政治派系复杂矛盾、改革理念冲突与地域问题更影响到陶业管理局的运作。如前所述，为了推动改革的深入进行，杜重远在来江西进行瓷业改革的时候，向江西省政府主席熊式辉提议由同样来自东北的阎模阊担任浮梁县县长，以期实现"管政合一"，切实地将改革推行下去。但1935 年，江西五区专署迁到景德镇以后，景德镇也成了赣东北行政中心，就出现了专署专员鄢景福与浮梁县县长的矛盾。新生事件后，杜重远被捕入狱，阎模阊就不再担任浮梁县县长，由鄢兼任。由于陶冶管理局强势的影响力，危及鄢景福在景德镇的地位。因此，他对瓷业改革政策多是阳奉阴违，经常以各种借口干扰陶业管理局的工作，且利用矛盾，挑拨瓷业生产者与管理局的关系。西安事变以后，来自东北的杜重远受到牵连，江西省党政领导也担心由于和杜重远的关系陷入复杂的政治斗争。为了撇清关系，向蒋介石表明立场。西安事变以后，鄢景福便指使保安队在陶业管理局抓人，并以其内部有共产党人的名义将陶业管理局的进步青年驱散。这也就意味着杜重远希望通过改革，实现景德镇瓷业复兴的梦想失败。

马克思·韦伯认为任何一种组织均是以一定的权威为基础。按照这一理论来探究，在景德镇瓷业改革过程中，杜重远是权威的核心。为了实现和推动这种威权力，以财政独立和行政支持为基础而建立的陶业管理局就凌驾于浮梁县地方政府之上，在景德镇具有绝对的控制力。在这种力量的推动下，实现既定复兴的目标是有可能实现的。但作为威权的核心，杜重远由于各种因素并没有在景德镇待多长时间，这也就意味这一权威圈层一

---

① 《呈为妄执陋规阻挠约定工资协议妨害陶业恳求制止事》，1936 年 5 月 12 日，卷宗号：J004—001—012，景德镇市档案馆藏。

直在缺乏领导核心的状况下运作。换言之，陶业管理局是以杜重远一己之力来支撑的机构，没有了杜重远的领导力，原本团结在其周围的各方势力也会因为这一核心力的减弱出现隔阂，甚至发生矛盾。更难以处理的是，杜重远在陶业管理局所取得的核心能力是江西省政府主席熊式辉授予的，在时事复杂变迁的情况下，熊式辉也会根据自我利益来调整给予杜重远的权力。以陶业人员养成所为例，原本在计划招生中，是将招生的八十名学员全部留在陶业管理局工作，但在学员毕业以后，江西省并没有兑现这种承诺，杜重远也毫无办法。

为了更有效地将改革推行下去，杜重远在景德镇的改革依靠两大力量三股势力。一个是来自东北和杜重远有各种关系的瓷业改良者，更多的是原来杜重远在沈阳肇新窑业公司的人员，也包括杜重远自己的姻亲与好友。这也就意味着，来自东北的人员在杜重远改革中扮演重要的角色，这从陶业管理局和光大瓷业公司人事安排就能透析一二。陶业管理局设局长一人，由杜重远担任。局长室设专职秘书一人，由孙秀林担任，协理局长处理全局事务，在局长外出期间，代理局长职责。孙秀林是杜重远的姻亲，由他担任秘书，也就意味着在杜重远离开以后，他仍然能严密地控制着陶业管理局的运作。在另外一个著名改革代表的光大瓷厂中，更能看出以杜重远为核心东北人的影响力。光大瓷厂人事构成分别为总经理杜重远（东北人）、经理杨之屏（东北人）、总工程师汤大纶（安徽太平）①、技术股长王兆勋（东北人）、机电股长林蔚然（东北人）、总务股长刘伯陶（东北人）、会计股长孙栩仙（东北人）、考工股长崔允宜（东北人）。其中，八个管理层中有七个来自东北。当然这也或许与杜重远在东北创设新型瓷业公司有关，毕竟景德镇缺乏新式瓷业生产和管理人才。但这种情况至少表明，来自东北的瓷业生产者在这场改革中有巨大的影响力。另外一股势力是来自景德镇的力量，为了将改革推进下去，杜重远邀请景德镇的力量加入到瓷业改良之中，主要有两个来源：一种是受新型瓷业教育者，也是传统景德镇改革力量的主体，主要有张浩、邹如圭、彭友贤等；另一种是瓷业生产传统经营和新型瓷业生产开明人士，比如饶华阶、江梦九等。此外，为了联络景德镇地方行帮势力和商会代表，有利于促进景德镇

---

① 据汤大纶回忆，自己祖籍安徽太平，客籍浮梁景德镇，父亲汤有光是瓷业改良人士，曾经参与江西瓷业公司的筹备。

瓷业改革深入进行。杜重远有意照顾这些人的利益，这从陶业养成所招收学员和景德镇瓷器运销合作社人员组成就能得出一二。招生学员中，陈定华为都帮领袖陈庚昌之子，程正修为徽帮领袖、景德镇商会理事长吴少樵的表侄，邵希圣为九窑公会理事邵裕如的本家，梁国源为杂帮戴益栋的亲戚，这种人事安排完全顾及了景德镇各方利益。[①] 恰似博弈论阐释的那样，"在合作博弈中，每一个人都为群体争取最好的结果，而如果区区自我利益受到威胁，那种选择并比必然与最终的策略相吻合。"[②] 在瓷业改革中，各方为了实现个体利益最大化，会采取合作博弈的模式。杜重远为了将改革推进下去，有策略性地选择可以依靠和拉拢的人群，也无可厚非。

此外，毕业于日本工业学校窑业科的杜重远的校友也成为这次改革的动力。如前所述，杜重远在景德镇，或者是其改革的影响力还在的时候，为了共同的目标，各方力量就会团结在一起。而当杜重远陷入危机，改革成效并不像初期设想的那样的时候，各方力量就会因利益而产生冲突。以陶业管理局内部管理为例，因为杜重远长期不在，管理事务就由孙秀林负责，但孙并不懂陶瓷相关方面知识，他在陶业人员养成所主讲政治。[③] 在某种程度上而言，孙既没有杜改革的热情与梦想，也缺乏杜进行瓷业改良的影响力与经验。这也就意味着，他来景德镇更多的是一份职业而不是事业。在杜重远离开以后，管理局的内部人员并不一定认同一个不懂陶瓷的人进行管理瓷业生产。而在景德镇陶业管理局中影响力比较大的是管理局的公务科长，后来的代理局长张浩。同杜重远相比，日本窑业学校毕业以后，张浩就追随康达创办江西瓷业公司和陶瓷学校，为景德镇瓷业现代化付出了巨大的努力，但成效并不显著。在经历长时段改革并没有明显成效的情况下，张浩对景德镇社会或许有更为深刻的了解。这种了解可能会使张浩对改革产生清醒的认识，也不再那么有激情。更有可能的是，他对改革抱有观望态度，类似于这种观点的改良者也不少。面对来自景德镇传统手工业瓷业生产的巨大压力，以

---

① 严毅：《江西陶业管理局简述》，载政协景德镇文史委员会编《景德镇文史资料》第5辑，1988年，第40页。

② ［英］帕特里克·贝尔特、［葡］费利佩·卡雷拉·达·席尔瓦：《二十世纪以来的社会理论》，瞿铁鹏译，商务印书馆2014年版，第131页。

③ 严毅：《江西陶业管理局简述》，载政协景德镇文史委员会编《景德镇文史资料》第5辑，1988年，第40页。

及陶业管理局内部复杂的矛盾，后期效果越来越差。1937 年，随着日本侵华的加深，光大瓷业公司迁往萍乡，杜重远也受邀前往新疆。在此背景下，江西省政府对陶业管理局进行改组，任命张浩为局长，意味着杜重远主导的改革宣告结束。

四　抗战以来的瓷业改良设想

（一）抗战时期的救济举措与瓷业贸易

　　1938 年，日军进攻江西以后，景德镇瓷业生产也受到战争严重影响，整个生产体系几近崩溃。为了保存实业，在抗战期间继续进行瓷业生产，日军攻占九江之前，江西省政府组织力量将光大瓷业公司相关设备运往萍乡，技术员也一同前往，以期继续进行瓷业生产，保证工业用瓷需要。"本局电瓷厂机件工具材料及技术员等已于十八日雇民船开赴鹰潭，二十一日已过鄱阳，约二十六日可以达到，共计员工三十人，机件等重量约三十吨，拟请派员与浙赣路局交涉先期准备装载十五吨货车二辆，以便随到随运，运萍乡以芦溪站为便。"① 此外，为了保存景德镇瓷业生产命脉，江西省政府责成陶业管理局调查景德镇优秀瓷业生产人才，并报送名单，由政府负责运送到萍乡，为景德镇瓷业保护优秀人才。② 根据这份景德镇

---

① 《江西陶业管理局关于派汪潘请示急待解决之各项问题的函》，1938 年 7 月 22 日，卷宗号：J045—2—00836—0018，江西省档案管藏。

② 绘瓷绘画名家：张寿亭、张志汤、何金海、程意亭、刘雨岑、方云峰、汪野亭、田鹤仙、王大凡、汪大沧、毕伯涛、龚百然、冯完白、何德达、冯来福、汪少平、毕渊明、石奇峰、朱受之、吴康、王步、陈炳发、范林生、林梦麟、戴鸿发、周永根、程金水、聂永元、万岩、张细生、蔡金华、郑锡锦、程玉胜、曾福庆、邓碧生、吴成仁、吴聚奎、张金奇、陈贵生、王欢喜、张盈顺、胡书仲、蔡友生、江春生、熊柯仔、余英章、高定光、邹亲柏、张继欣、邹英林、曹明舜、刘炳山、罗少鹏、邓三矮子、段凤鸣、毛富益、余式荣、韩仁杨、余海水、段道盛、方恒升、汪维培；圆器：张自云、余顺书、涂思发、陈万庚、余昭金、夏润昌、俞会保、李发保、俞井水、邹圣凡、李运明、詹桃三、方恒发、邹贤密、邹念九、余昭清、陈时玉、冯训信、邹亲棠、曹俊瑜、郑福狗、夏然仓、潘元金、李三禾尚、涂恩发、余祖庚、喻生根、吴镇春、姜道仁、张木生、陈正生、胡逢瑞、熊起旺、余式介、邹遐龄、汪昭安、罗会章、朱良镇、徐德定、吴阳春、余昭钧、万席珍、余登尚、郭洪生、李家福；琢器：梁银生、任鸿泰、彭鸿仔、王喜魁、万牛仔、蔡生仔、吴廷辉、周义山、危腾芳、席子清、陈茂泳、梁顺生、曾炳生、王笙林、张生林、张坤元、陈以义、聂兴泰、孙荣记；雕镶：曾龙升、杜炳炎、杜喜泉、蔡金台、李广炎、曾文清、李桃仂、黄玉同昌、李义和、陈维庆；烧窑：余忠起、余忠廷、余式新、余昭荣、王金福；匣钵：黄秋元、徐毛元、张荣耀、汪砂钵、徐福生。（资料来源：《江西陶业管理局关于派汪潘请示急待解决之各项问题的函》，1938 年 7 月 22 日，卷宗号：J045—2—00836—0018，江西省档案馆藏。）

瓷业优秀技术员工名单，我们能够明确地透析近代以来景德镇瓷业发展的各种现象与问题。在这份共150位景德镇瓷业名人的名单中，其中绘瓷名家有63人，圆器名家有47人，琢器名家有19人，雕镶有11人，烧窑和匣钵业分别有5人。第一，绘瓷名家占据人数最多表明了近代景德镇瓷业生产的转向，即由日用瓷为主导变为艺术瓷或者仿古瓷为主。第二，需要保护名单中并没有出现新型瓷画人员的名单，证明新型瓷画从业者并没有得到官方认可。但笔者也必须承认，或许是搜集史料不完备，没有发现所有绘瓷名家的名单。第三，匣钵业和烧窑业名人的保护名单，证实了从晚清以来主张的瓷窑烧造技术的改造模式并没有在景德镇取得成功，这种新式制作技术的失败也为景德镇瓷业生产中自身顽固的模式留下了解释的空间与理由。此外，有意思的是，尽管笔者并没有去将所有成员逐个考证。但从名单反映出来的信息来看，女性在瓷业优秀人员名单中占的比例很小。尽管民国以来，受到各种新式男女平等思想的影响，但至少反映在名单中，这种平等几乎无法体现。此外，从江西省政府的举措也可以看出，景德镇所面临的危机状况，这对景德镇瓷业生产来说也是致命打击。

　　1941年年底，太平洋战争爆发，景德镇局势也相对缓和，瓷业生产逐步发展起来。在这种情况下，改革景德镇瓷业再次被各方提及。1941年12月，浮梁县商会就呈请江西省政府救济景德镇瓷业，发放贷款，呈请省政府要求对于瓷器运输给予便利，不得无故刁难运瓷船，以保证瓷业贸易的畅通。"溯瓷业全盛时代，窑厂多至一百一十余座，常用工人二十万人，现窑厂仅余二十余座，容纳工人不过数万人，其原因固以原料及生活程度与工资日见增高，以汇兑阻塞，业窑者遂无法周转，而运输艰困，销路陷敌，则尤以最大打击者。……倘非急谋救济，直接固关系民生，间接即影响国计，爰被实际情况，拟具救济办法两种请予提会公决执行。办法一，请由省政府转呈中央经济部令行本省或驻景德各银行照农业贷款办法特予大量放款以致救济；办法二，请省政府令行全省军警团队暨各税卡，对于运瓷舟应予随时迅速验收，无故留难，致阻瓷器之运销。"① 在商会看来，对于景德镇救济只有两个路径：一是提供资金帮助，二是就瓷

―――――――――――

① 《为会员提议请救济景镇瓷业以维特产而裨抗建资源抄案呈请核示由》，1941年12月7日，卷宗号：J045—2—00827—0024，江西省档案馆藏。

器运输提供便利，不得无故征调瓷器运输船只，扣押瓷器。由于抗战时期的特殊性，瓷器运输船以通敌或者其他各种理由被扣押的情况非常普遍，对景德镇瓷业产生了巨大影响力。

过重的税收也是影响景德镇瓷业生产与发展的重要因素，由于战事吃紧，国土大部分沦陷，国民政府与地方政府财政压力均非常大。因此，政府就加大了征税的范围与数额，这对困境中的景德镇瓷业是雪上加霜。降低税额、提供便利的贸易条件也成为景德镇瓷商的目标。"景德三阳近征收瓷运销售税，磁碗每筒征税（十个）二角八分，景镇资产战前有窑百二十座，现因捐税负累过重竟减至二十五六座，其税捐种类计有：所得税、营业税、地方行商捐、驿运税、地方准备金、储蓄、战时公债等名目繁多，且以交通不便，运费超原价七八倍。"[①] 由于财政压力增大，各方均呼吁降低税收，黄家洲瓷业公会就是典型代表。该公会认为，其会员多是从事废旧瓷器买卖的个体，长期从事次品瓷器修整与买卖，且肩挑附近行销贩卖进行瓷器销售仅仅为了生计，生活艰难，一直以来从未缴纳任何的税收费用。但1943年，政府税制改革，销售废旧瓷器的个体也要缴纳瓷业特种税和消费税，给经营者生存带来巨大的压力。为此，黄家洲瓷业公会指出，由于贩卖该类瓷器的小贩本小利微，特呈请政府取消附近营销者的税收，减免运送外埠的瓷业税额。"而前此之瓷类特税、消费税、瓷类特种营业税，凡肩挑附近运销者即予免税，运销外埠者，概予降级课税。厘金时代照最低税率对折征收，嗣后各税概系照最低税率七折征收，以利畅销，而予提倡。年来海关征收战时消费税，虽未例外减免，然尚有下脚并小贩免税之规定。但以废瓷修成之劣等瓷器，而照普通之下色瓷器课税，其妨碍畅销，为必然结果。"[②]

瓷业生产和贸易的艰辛也引发了瓷行对景德镇瓷业征收体制的批评和攻击。为了征税便利，景德镇地方政府委托几家专门瓷业负责征税，所有瓷商的销售税额均由他们负责收缴，然后再统一交给景德镇税务机构。但在报税过程中，部分瓷商认为代表景德镇瓷商公会的公益瓷行瓷商江梦九

---

① 《关于汇报景德镇瓷业增征消费税的报告》，1942年3月14日，卷宗号：J045—2—00830—0372，江西省档案馆藏。

② 《据浮梁县黄家洲瓷业公会呈请转恳对于出售废瓷修成之脚货炭山准授向降级课税，肩挑附近行销之小贩并援例免税一案函请查照办理见复由》，1943年9月4日，卷宗号：J025—1—01399—0166，江西省档案馆藏。

不仅不将相关收入公开，还声称亏损。但该商行经理、副经理的工资却非常高。因此瓷商希望浮梁县政府按照吉安征税模式方法，取消报关行的做法，并取消浮梁县和瓷商公会的各种不合法附税，降低税率。"该江梦九既假磁商公会之名，磁商即有查账之权，要求该行司账的交账公开清算，不期江梦九不但不将账目公开清算，只言行内亏本不少，每天虽有相当收入，尚不敷出。一则因交际费太多，二则伙食太高。就是薪水每月非又保不够，商民即请问他经理薪水每月若干，据云每月一千六百元，副经理一千二百元，伙食尚是行内的。……具文呈请钧长鉴核准予照吉安之例取缔报关行，转运代客报关办法。……浮梁税务征收局将各报关行转运税取缔，并饬出示通知以舒商困，实为德便。"[①] 面对瓷商的质疑，为了维护社会稳定，保证瓷业贸易，江西省地方政府要求浮梁县税务征收局彻查此事，并将相关情况汇报。在经过一番调查以后，浮梁县税务征收局认为该行征税模式没有问题，并就瑞源瓷行的呈文进行了反驳。首先，景德镇有多家报税行，税务征收局并没有对瓷商报税进行干涉，可以自行选择报税的部门，也可以自己报税。"景德镇报关行有公益、公平、光华等家，公益为瓷商公会代表。所公设凡有帮籍瓷商托公益代办，报税手续者较多，其无帮籍之行商委托各家报税者均有，间亦有自行报税者，本局绝不加以限制，所控假公设之名垄断报税尚非事实。"[②] 另外，税务征收局对瓷商报关行的手续费用也有一定的标准，即手续费按照税价每百元收三元，不满百元者每单收费大致在六元到十元之间。而该行经理每月收入也并非瓷商所说的那么多。"公益经理薪资原系每月三百元，副经理二百八十元，近因生活增高，经理加至四百二十元一个月，副经理加至四百元一月，另由行供给饮食。"[③] 尽管，浮梁统税局在关于景德镇税收报税垄断一事给予辩解，并做出了有利于公益行江梦九的判定。但日益增加的税收种类，以及传统的税收模式，逐步引起所有瓷商的不满。税收问题也成为政府和景德镇瓷业从业者矛盾的重要方面。

---

① 《景德镇瓷商瑞源庄等原密控呈文》，1943 年 8 月 6 日，卷宗号：J045—2—00827—0016，江西省档案馆藏。

② 《奉交彻查公益报关于垄断报税一案呈复察核由》，1943 年 12 月 10 日，卷宗号：J025—1—01245—0136，江西省档案馆藏。

③ 同上。

（二）抗战时期瓷业改革设想与实践

1942 年，抗战形势趋于缓和。为了发展实业的需要，国民政府对未占领区商业进行统一部署，以期维系商业贸易和生产。在这种情况下，瓷业改革再次被提及。在对景德镇瓷业现状进行一番调查以后，张士贞在 1942 年 8 月提出了复兴景德镇瓷业的规划。他希望通过渐进的改革，推动景德镇瓷业发展，实现国人使用国瓷、杜绝洋瓷的目标。在此过程中，生产先进的瓷器替代品，比如电瓷、浴瓷的一切瓷品以及搪瓷等，实现景德镇瓷器种类的多样化。为了更有效便捷地实现改革目标，在其改良主张中，张士贞主张以陶瓷职业学校为改革切入口，建造学校附属工厂，通过学校培养学生作为工厂干部人员，来实现瓷业改良。这种模式的优势在于，一方面可以革除学校培养学生的弊端，另一方面还能实现资源的优化利用。"现有之陶瓷职业学校因经费与人事关系，学校未臻完善。该校已往之毕业生有专门技术者，固绝无仅有，即能制坯者，亦属难能可贵。故就过去之毕业生论，其能力离改良国瓷之干部人员去甚远。"[1] 为了实现目标，张士贞结合景德镇实际提出了改良瓷业发展的五年规划。第一年，奠定改革的基础，稳固景德镇瓷业生产，搜集景德镇各种手工艺品与艺术品，以供陶瓷职校学生实习之用。为了减少改革阻力，张士贞主要在改革初期暂不使用机械。因为使用机器会造成工人失业，直接影响民生，间接影响景德镇社会治安。此外，受景德镇现实条件制约，景德镇缺乏相关电力基础，即便建造现代机械化工厂，也没有足够电力保证瓷业生产；第二年，尽量聘用各种瓷业技术人员，并扶持相关厂家进行瓷器生产，并尽力开发国内市场，以抵制舶来品；第三年，培养大量技士、工人等各类专门人才，使工厂对于一切产品所需之各种原料及工作程序均由该厂自营，并少量使用机械，减少工人时间，提高生活水准质量，实现工厂生产的一体化；第四年，聘用对瓷业有专门知识与经验的专门人才，设立研究室，进行瓷业研究，并再次努力开拓国际市场。第五年，改良工厂一切设备与建筑，瓷业生产采取机械化，完成完善的内销与外销市场体系，实现瓷业生产的辉煌。

---

[1] 《张士贞关于拟定景德镇模范瓷业工厂计划书的电》，1942 年 1 月 1 日，卷宗号：J045—2—00830—0327，江西省档案馆藏。

　　但任何改革首要的前提条件是相关基础投资，就陶瓷职业学校附属工厂设计而言，所需要的费用至少是国币两万五千元，对于经济陷入困境的国民政府而言，很难有余力支持景德镇瓷业改良。这一貌似合理可行的改革方案，在没有任何改革实践的前提下就陷入困境。1943年，面对景德镇瓷业日益衰落、陶业管理局被取消的局面，江西瓷业公司经理康国镇奏请设立陶务特派员，以指导改革瓷业生产。"近来瓷业日益颓败辄见舆论披露，论及危机拯为深刻，更可见陶业行政之不可中断，而政费之支绌又系实情，兹求一政务政费两面兼顾办法，拟请钧府于景德镇设一陶务特派员为瓷业之专官，只雇少数职员，协理其事，政费既省而政务不废，实属适应环境裨益瓷业之上策。国镇出身陶校，游历外邦，经理江西瓷业公司十有余年，深知瓷业行政之要。"① 从康国镇的描述中，他是陶务特派员的最佳人选。尽管设立陶务特派员的目的是为了景德镇瓷业振兴。但值得玩味的是，同陶业管理局时期的态度相比，康国镇的态度已经发生了变化。同时，这一时期江西省政府主席已经由熊式辉变成了曹浩森。是不是因为主政者的变化才引发了景德镇各方改革者的立场发生变化呢？由于史料的缺乏，笔者也不得而知。

（三）抗战复原期瓷业改良

　　抗战胜利以后，全国百业待兴，作为江西器物符号代表的景德镇瓷器改革再次受到社会各界的关注。1946年，就景德镇瓷业困境局面，浮梁县县长屠孝鸿首先提请江西省政府予以资助。"本县陶瓷特产著称国际，亦即本县经济重心之所系，抗战以还，运销日蹙，原料愈见短少，若不迅予设法救济，势必将无法挽回。"② 在社会环境安定的情况下，他希望在组织合作社、增加贷款、减少原料运输成本等方面，能够得到江西省政府支持。"第一，组织景镇瓷器产销合作社，一，按运输线设站以宏销路并收集五、六两区出产之瓷器原料，如白土、松柴等划一产制，统一运销，以供及时之要求，而消弭掔纵把持之弊害。二，除股金外，呈请省银行贷予运销借款一千万元，以便业务之进行。第二，凡运输瓷器或原料之交通

---

　　① 《为请景德镇设一陶务特派员协助瓷业发展由》，1943年12月5日，卷宗号：J045—2—00835—0193，江西省档案馆藏。
　　② 《拟请救济景德镇瓷器以增生产案》，1946年5月，卷宗号：J023—1—01327—0009，江西省档案馆藏。

工具，各部不得强行借用或封用，呈请长官部颁令严禁，以维运销。"①

国民政府的再次重视，也为景德镇瓷业界带来了曙光。设立国窑厂，进行机械化大规模瓷业生产，为景德镇瓷业发展树立榜样，是战后国民政府改革的总体设想。为此，国民政府积极筹备资金设立国窑厂。"赣省府为改进景物瓷产，拟计划建立电力资书。预定建设费为二亿元，试验室设备费为一亿元，并设机制原料厂，充分供给制坯者之资金，采所特约保证方式，改良其技术、技工人才，由陶业职校学生培养，并可能组设陶瓷公司。关于国窑厂之设立，闻初步核定经费十五亿元，专承制国定之高级瓷器出品。制造纯采科学仪器，以电力代柴。国窑厂除设正副厂长、工程师外，全厂职工编制为二百六十人。预计在成立后一年内，可年产陈设品、卫生品各二千件，饮食品二万件。"② 这一改良主张也得到了蒋介石的支持，他要求相关部门支持景德镇瓷业改良。能够得到国家最高领导人的支持，对景德镇瓷业发展来说，无疑又迎来了再次发展的良机。"本年七月间，蒋主席召见江西陶瓷学校校长汪璠，命设国窑厂于景德镇。"③ 同以前的改良设想一样，国窑厂采取的模式是机器大工业生产，招募新式工人。但更为紧迫的是，如何在现有的情况下，维系景德镇现阶段的瓷业生产和发展需要。也就是说，解决景德镇瓷业生产中的资金压力以及运输不便利的问题。为此，在1946年江西省临时参政会议上，刘书栋等人提请江西省政府从景德镇存在的具体问题入手，解决最为关键性问题。具体举措有：一，改善景德镇金融环境和瓷业生产环境，增加对瓷业贷款，降低瓷器贸易利率；二，设立陶业劳资仲裁委员会，调解劳资关系，以减少劳资冲突。"景德镇瓷器为我国特产，……抗战以来，窑业一落千丈，大有一蹶不振之象。据调查所知，现存窑厂，不过七百家开烧，窑座八十四处，统计生产数字只有战前百分之四十。本年如春，各窑厂兴工以来，各种项色罢工纠纷计有十次。景镇磁产运销，刻下专赖昌江小河转运至长江流域，与其他口岸比较公路时代增加费用金三成，影响成本殊巨价格过高，难以推销。景德镇窑厂流动资金专赖钱店、庄客为之周转，现因通货

---

① 《拟请救济景德镇瓷器以增生产案》，1946年5月，卷宗号：J023—1—01327—0009，江西省档案馆藏。
② 《改进景德镇瓷器，拟建电力瓷窑，并筹划设立国窑厂》，《申报》1946年12月30日第3版。
③ 廖春歆：《考察江西瓷业报告》，《广东教育》1947年第2卷第1期，第29页。

膨胀，数量剧增，战前千元周转金刻非五百万到八百万不可，以七百家窑厂计算，在三十五亿左右。"①

改革理论上的构想非常容易，一旦付诸现实就面临现实问题。以景德镇制瓷业资金问题为例，生产资金匮乏一直是困扰景德镇瓷业改良的核心要素。近代以来，由于景德镇瓷器对外贸易衰落，瓷业生产多为艰难维系。但采取何种方式来解决资金问题，各方很难达成共识。其主要原因是景德镇个体瓷业生产者规模较小，银行抵押贷款也没有具体的方法。通常情况下，银行贷款多视资方财产多少而放贷。实力雄厚的窑厂能取得较多的贷款，而实力一般或者急需贷款的窑厂无法取得资金支持。这种模式就造成了景德镇瓷业发展处于两难困境，一方面银行不敢放贷，另一方面窑户主也没有具体抵押策略。

采用机器制瓷模式，降低成本，进行产品改良，也是景德镇瓷业未来出路。就日用品生产而言，景德镇瓷器在竞争中逐渐丧失优势，无法维系下去。近代以来，由于大量物美价廉的洋瓷和玻璃质器物进口中国，影响到景德镇瓷器市场。此外，由于手工制瓷的成本高，价格竞争上没有优势。为了促使景德镇瓷业发展，在日用瓷生产方面，应该采取机器制瓷模式。"将日用茶饭器及一切普通日用品改用机制及用模型制造并加造单式之盖，增添底托，不但产多精美，且合卫生要素，瓷底边一律造釉式不至损坏承物。"②

手工精品艺术瓷是近代景德镇特色，也是维系景德镇瓷业发展的重要驱动力。但由于受到战争影响，大量优秀艺人由于年老不能生产或者过世，许多人不再生产或者转以生产普通瓷器。而在抗战中，许多年青人被征兵或者转向学界、政界、军界。因为艺术瓷学习时间长，且很难见成效，抗战结束以后，许多青年并不愿意学习，造成了人才匮乏。为了承续景德镇精品瓷技艺，改良者提出应该将老艺人集中起来，教授指导青年从业者。"将数位艺高老辈人员召集专负之造复古之瓷及指导之责，并将造普通瓷器工人选艺高者来改学造古瓷，则易学成。另一部分分造普通瓷者来美术品，画以式样、图形大小厚薄指导造法，如此不但

---

① 廖春歆：《考察江西瓷业报告》，《广东教育》1947年第2卷第1期，第29页。
② 《造瓷改良办法及理由》，1946年11月4日，卷宗号：J045—2—00830—0165，江西省档案馆藏。

出产可以普及而亦可以物多价廉，不至发生失传之危。此因形样变更不一，大小厚薄关系，不可以以机代工。"① 此外，长期以来，景德镇瓷业从业者多为没有受过教育的农民，文化水平低，也是困扰景德镇艺术瓷发展的主要问题。因此，在景德镇多采用师徒相传的临摹方法，难以创新。为此，政府应加强指导，设立瓷器陈列室，以供瓷器从业者参考。"每次造出新式或古式瓷器选精美者记以年月出口存留三份为非卖品，分设三大陈列室收藏，永为进退稽考。一，国府设立一室，以便考核及各国人员赏阅我国之特产；二，省府设立一室以便考核进退及督饬奖罚；三，本出产处设立一室，以便工人及后学者之参考和改进。"② 针对不同的群体采取不同的改良模式与生产方法，以应对不同的生产局面，进而实现景德镇瓷业生产的恢复。

　　为了激励景德镇瓷业发展，浮梁县政府也制定了奖励瓷业发展计划。首先，设立陶业管理机关，改革瓷业生产的一切不良陋习，训练技工。为了调适各方矛盾，浮梁县政府提出组织瓷业改良委员会和劳资评议会，调节劳资矛盾，解决纠纷。其次，设立瓷器生产机构，成立合作社，改良瓷业生产。"一，成立国窑厂，本县瓷器概为手工制造，技术欠精，产量不丰，欲谋发展，必须国窑厂早日成立，改良瓷业，提倡机械制瓷，以资示范。二，组织浮梁瓷业公司，由县府督同有关地方人士组织景瓷业公司公营改良、实验及制造销售瓷器以提高瓷器产销效率。三，组织瓷业生产及运销合作社，运用合作组织发动少本厂商工人联合组织瓷业生产及运销合作社，以提倡共营事业。四，组织瓷器原料产销合作社，力劝组织瓷土、柴炭等制瓷原料合作社以增加产量，改善品质；训练工人，举办福利事业，设立工人疗养院，为工人子弟提供学习机会，以期吸引更多人从事瓷业生产。"③ 具体做法包括以下几个方面，第一，举办工人补习学校增进工人普通知识；第二，设立技工训练班改善制瓷方法及技术以增进产品素质；第三，鼓励各厂工人招收学徒并取缔过去陋习以便增加技术工人；第四，举办瓷业保险事业稳定瓷业生产；第五，举办工人子弟学校，使工人

<hr />

①　《造瓷改良办法及理由》，1946 年 11 月 4 日，卷宗号：J045—2—00830—0165，江西省档案馆藏。

②　同上。

③　《浮梁县瓷器奖助计划》，1947 年 6 月 12 日，卷宗号：J002—035—044，景德镇市档案馆藏。

子弟得有就学机会；第六，设立工人疗养所增进工人健康。①

　　随着改革进一步深入，各方也意识到景德镇手工原料开采方式落后，制瓷原料质量不高，也是影响景德镇瓷器质量的重要因素。为此，采用机器开采模式，从源头保证瓷土生产的需要，也成为社会改良的呼声。"查出产磁土，各地对采矿与加工均是运用人力固守旧法，遂形成量少质劣、成本太高之现象。故瓷器遂蒙受极大不良影响。今后有关磁土之开采与加工使其逐进与机械化、渐进与科学化，实为要图。"② 但因为内战爆发，改良景德镇瓷业的设想再次无法付诸实施，官方近半个世纪瓷业改良的努力和尝试并未取得实质性效果。

---

① 《浮梁县瓷器奖助计划》，1947 年 6 月 12 日，卷宗号：J002—035—044，景德镇市档案馆藏。
② 《景镇瓷业应设法救济并求改良案》，1947 年 8 月 2 日，卷宗号：J002—035—006，景德镇市档案馆藏。

第三章

商办主导新型模式的移植与生产重构

　　同政府一样，社会精英阶层，同样为景德镇瓷业衰退而担忧。不同的是，社会精英群体进行改良的方式主要是创办实业以及通过具体调研来分析景德镇瓷业存在的弊端。近代以来，为了谋求改革，实现景德镇瓷业发展，社会改良群体以现代科技为准绳，持续不断地在景德镇进行改革尝试。其中，最为著名的代表是江西瓷业公司的创办。清末，江西省多次提出设立新型官办瓷业公司，以期促进景德镇瓷业发展。但由于各种因素，官办瓷业公司迟迟难以实现。后来，又有改革者提出官商合办，也无疾而终。在此历史背景下，张謇、瑞澂、康达等人通过集股方式创立了商办瓷业公司，开启了近代景德镇新型瓷业生产模式的历程。民国建立以后，江西瓷业公司发展历经波折，由最初的集股合办转为仅由康达父子专营，且规模越来越小，难以为继。尽管瓷业公司为景德镇带来了新的发展契机，但依旧无法给景德镇带来多大改变。一方面，其生产方式并未对景德镇带来多大影响，景德镇瓷业生产形态依然采取原有模式；另一方面，瓷业公司机械化生产模式也没有成功，最后还是回归手工艺术瓷生产的路径上来。同康达等人设想一样，许多实业家也都希望建立新型瓷业公司来挽救景德镇瓷业困局，著名的代表人物是高剑父。他试图通过建立新型公司来达到瓷业复兴的目标，但也无疾而终。

　　与设立新型瓷业公司相配套的是近代瓷业教育的开展。传统景德镇技艺传承模式多为师徒口耳相传。尽管这种实践性极强的方式有其合理性，但无法满足近代机械化生产的需要。为此，引入新式教育方法，培养新式人才成为景德镇瓷业改良的选择。1909 年，江西瓷业公司附设中国陶业学堂，开启了近代瓷业教育的历程。但由于缺乏经费，陶瓷职业教育规模一直比较小，且无法吸引优秀的生源，新式教育的优势与影响力无法彰显。此外，不可回避的是，对中国人而言，职业教育还是新的概念。很多人难以接受读书后依旧从事手工业生产，这在景德镇陶瓷教育中显现出来。由于陶瓷教育的目的是培养手工业从业人员，许多人并不愿意学习。因此，陶瓷学校招生生源层次比较低，难以理解和接受新型的瓷业现代理论。即便如此，部分学生毕业后，也不愿意从事瓷业生产，学校教育也多停留在理论学习层面，无法培养出适应瓷业生产需要的人才。这种局面的出现，不仅和改革者初期的设想大相径庭，也无法得到传统景德镇瓷业生产者的认可。换句话说，新型瓷业公司与陶瓷教育机构运营的艰难历程，也是近代景德镇瓷业的缩影。尽管复兴景德镇瓷业的目标一致，但学术界对景德镇瓷业改良的举措多是通过社会调研，发现问题，进而试图寻求景德镇复兴的路径。但现实的复杂性也意味着学术界改良的呼声依旧处于理论探讨阶段，对景德镇制瓷业并无实质性影响。

一　江西瓷业公司创办及发展历程

（一）从官商合办到商办的艰难转变

如前所述，洋瓷，尤其是日本机制瓷器对景德镇陶瓷业产生了巨大的冲击和影响。景德镇制瓷业生产者也较早地模仿日本瓷器样式进行生产，但不同于传统瓷业生产体系，欧洲或者日本新式瓷业生产是采取现代化机械制瓷模式。这也就意味着，单纯产品式样模仿的景德镇瓷业很难在竞争中取胜。但这种模仿至少能够保证景德镇能够根据市场需要进行产业调整，也恰好证明了景德镇是以市场为主导的商品化生产区域。但近代中国所遭遇的生产困境，需要中国进行调整。1895 年，甲午黄海海战失败以后签订的《马关条约》允许各国可以在中国自由开设工厂，这对本已艰难的中国产业更是雪上加霜。如何保证国家利益，维系工商业发展，国内有识之士纷纷提出具体的策略，其最为核心的是希望中国国内绅商能够建立公司，生产能够与洋货竞争的产品。在推动中国设立新式公司方面，最为积极的是张之洞。1895 年 7 月，其上书的"条陈立国自强疏"中就提出了设立商务局和奖励集股创办新式公司。而作为中国国粹象征的瓷器自然也成为各方关注的对象。1896 年，两江总督张之洞上书希望能够在江西设立新型瓷业公司，并依照烟台等地仿制外洋果酒方法，减免税厘，以促进瓷业振兴与发展。"现拟集股兴办，惟成本钜而运费多，必须官为扶持乃能兴鼓舞，拟请除中式瓷器经行关卡仍照例完税抽厘外，其有创造洋式瓷器统归九江关出口，援照烟台制造外洋果酒之例，暂免税厘数年。数年以后，如销广利倍，再按海关进出口税则及内地厘金办法酌量征收，并援制造果酒之例，准于江西一省，定限十五年，只准华人附股，不准另行设局。"① 张之洞提出设立新型瓷业公司的初衷是保证景德镇瓷器在同洋瓷竞争过程中处于优势，在同西方竞争中维护中国实际利益。在他的设想中，新型瓷业公司只能是华人集股，且只设立一家公司，进而保证其利益。尽管这一设想非常适合景德镇自身遇到的问题与压力，但也遭遇现实困境。时任江西巡抚德寿明确反对这一提议。"是西式瓷器实为瓷厘大宗，虽江西各厘卡历年查照华瓷按篮件大小酌收厘数，并未立有西瓷名目，而实为向来厘局一大进项。……嗣后西式瓷器应完厘金必至全免，启此漏厄年亏十余万两之收数，何能当次重咎。即或准该绅商另制新式西瓷，遵照奏案免厘三年，既恐广帮诸商藉口同为西瓷，将向有厘金相率抗缴，又虑奸徒混朦隐射难以剖别，转辗筹思诸多窒碍。"② 根据德寿的观点，可以确知，如果从瓷器样式而论，景德镇很早之前已经仿造洋瓷，如果设立新式瓷业公司且给予优惠政策，会引起各方不满，也会对政府税收带来极大影响。分析张之洞与德寿的观点，可以看出二者之间关注点的差异。张之洞奏折表现出来的是对新式机械生产理念对中国制造业的冲击，希望在国家保护下进行新型产业模式调整，进而实现中国富强。德寿认为景德镇很早就仿造西式瓷器，根本没有必要设立新式瓷业公司进行瓷器生产。况且，每年瓷器税收非常高，如果允许新式瓷器减免税收，势必引发各方不满与冲突。在此，笔者并非做价值评判，而是试图表明，在政府内部对于某些问题认知的差异，会影响新式产业模式的引入。由于地方大员的强烈反对，初期设立新式瓷器公司的设想也没有推行下去。

创立新式瓷业公司，学习西方先进的理念，已经成为各方共识。1903年，护理江西巡抚柯逢时再次提出设立新式公司，发展瓷业生产。"今既设立公司，精求新制，以后当可大开风气，广溽利源，与其振兴他项工艺

---

① 《张文襄公全集》第一集，中国书店 1990 年版，第 784 页。
② 《光绪朝硃批奏折》第 101 辑，中华书局 1996 年版，第 554 页。

艰期，不若因其固有者而扩充之为事半而功倍也。"① 针对外界盛传景德镇瓷器衰落是因为税厘太重的观点，柯逢时指出，瓷税并非关键性因素，其核心要素是因为外洋机制瓷器价格低廉，而手工成本昂贵的景德镇瓷器难以竞争。因此，如果要同外洋进行竞争，只有设立新式公司，发展新式制瓷技术，才能从根本上实现景德镇瓷业振兴。"从前每岁所入不下五百万金，现虽渐不如前，而贸易犹称极大。所慨者外人自来中国，初见有佳瓷不惜重金购去精美者一瓶一盂，贵至数千金。既而自募良工，刻意仿照，虽其式样之古雅终不殆中华，而彩画鲜明泥质洁白转觉过之。近来日本又仿西制物多价廉，侵淫入我内地，置身五都之市，花罇茗碗几于触目皆然。夫中华瓷器之精良，久已驰名海外，为他国所艳称。徒以业此者皆微贱之流，旧法相安，不思振作。而东西洋诸国不惜糜厥巨款，刻意揣摩。讫乎今日非特中土所造不能售入外洋，抑且他国所成将遍乎内地。"② 在柯逢时的努力下，官办瓷业公司开启了真正的历程，也昭示了新的历史机遇的到来。

在清末复杂的历史背景下，官办瓷业公司发展历程并非一帆风顺。在提出创办新式瓷业公司不久，柯逢时就调任广西巡抚。而总办瓷业公司的孙廷林也因为任职湖北，筹建新式公司在缺人、缺钱的情况下，再次陷入停滞。"故公司房屋窑位虽已建筑，迄未开工，而孙道又因差在鄂，势难兼顾，亦禀请销差，声明原奏所拨江西官款十万两并未核发，仅由藩司经发皖省瓷土公司订购祁门土不先付之价银一万两，自招商股五万，亦仅筹集三万，一面自行咨照股东，一面将所建房屋窑位酌量变价退还原股本银。"③ 在随后的江西历任巡抚均对创办瓷业公司有着浓厚的兴趣，尤以胡廷干为代表。在看到前期官商合办、商股难以筹集的情况下，他提出了官方瓷业公司的想法。"赣抚胡中臣前派李观察嘉德往景德镇考查瓷业改良，观察于去腊回省销差，详细面禀，已集股五万两，闻现拟将孙廷林所设公司改为公局，归官买回，因此，李观察拟不日前往九江，立约缴价，

---

① 《奏为开办景德镇瓷器公司派员经理以振工艺而保利权恭折仰祈》，1903 年，载中国第一历史档案馆编《光绪朝朱批奏折》第 101 辑，中华书局 1996 年版，第 562 页。

② 同上。

③ 《候选道曾铸等禀本部文为江西瓷业公司改归商办》，《商务官报》丁未年第 8 册，第8—9 页。

即为定局云。"① 在各方认为官办瓷业公司将成为引领景德镇瓷业发展的新式模式的时候，胡廷干因为南昌教案被免职，创设新式瓷业公司的设想再次因为主政者的问题而停滞。

从光绪二十二年张之洞提出创立新式瓷业公司，到光绪三十一年历任江西巡抚都非常关注景德镇瓷业生产，也提出了各种路径试图创设新型瓷业生产，但历经曲折也没有发展起来。"二十九年十二月，禀经前署抚夏咨送，商部三十年接准咨复，饬按公司律更正，又经电复，以瓷器公司设于未定商律以前，故条款未能尽合，章程久定，更改不易，其时孙道回鄂委办要差，且远在宜昌，恐难兼顾，改派候补道蒋辉接充，会同本局司道及各绅，集股筹办。三十一年四月，又准商部咨催，蒋道考察之后，股本已否筹足？章程已否改良？屋已否布置妥恰？如其开办有日，应令遵章来部注册，经前抚宪胡以饬，据蒋道迭次禀称，前赴景镇调查情形，随往上海考查办有成效之各公司章程，病体纠缠，一再辞差，自应另行遴员接办，先行咨复。嗣于八月，改委候补道李嘉德接办，因未筹有切实办法，迄未咨报。"②

1907 年，新任江西巡抚吴重憙饬令李嘉德赴上海就瓷业公司集股事宜进行筹备，并拜会时任上海道的瑞澂。由于瑞澂曾经担任九江关道主管御窑厂事务，熟悉景德镇瓷业生产。在新式瓷业公司创设官商合办与官办模式陷入困境的情况下，瑞澂提出由他主导商办。"总之允澂办一切，当遵商部章程，不允，则毋庸议"③ 在前期创办陷入困境的局面下，江西地方政府同意了瑞澂的提议，将瓷业公司改为商办。"窃查江西景德镇磁器公司原拟官商合办，承办之人屡易，至今未有切实办法。去年，江西候补道李嘉德来沪集股，与上海道瑞澂晤商该公司不如改归商办较有把握，该员同商同担任发起定名为商办江西瓷业有限公司。"④ 由于瑞澂的积极介入，新式公司创办历程明显加快。光绪三十三年初，商办江西瓷业公司发起人曾铸、张謇、袁蔚章、陈作霖、许鼎霖、朱佩珍、樊棻、瑞澂八人联名向清廷农工商部禀文，申请将原官商合办瓷器公司更名为商办江西瓷业

　　① 《立约购回瓷业公司》，《北洋官报》1906 年第 933 期，第 8 页。

　　② （清）傅春官：《江西农工商矿纪略》（卷 6·饶州府·浮梁县），光绪戊申年九月石刊本，第 7—8 页。

　　③ 《沪道复江西李观察电（为瓷业公司事）》，《申报》1906 年 7 月 27 日，第 1 张第 3 版。

　　④ 《创兴瓷业》，《申报》1904 年 11 月 13 日，第 3 张第 1 版。

有限公司，推举康达为瓷业公司经理。

（二）康达与江西瓷业公司

康达，字特璋，安徽祁门人，近代著名瓷业实业家，在促进景德镇瓷业发展过程中做出了重大贡献。1897 年，康达被任命为内阁中书，与安徽籍官员许世英、吕调元关系密切。1898 年，因为参加变法运动，康达被革职回乡，此后，便来到景德镇从事瓷业生产。"戊戌朝考，至北平，不求显达，入京师通艺学堂肄业，时当甲午中日战后，逊清政泊黑暗腐败，志士忧之，其时康有为、梁启超倡导同志上书，变化维新，先生参与其事，其中废科举、兴学堂、办实业、练新军，诸大端多采取先生之意见。迨戊戌政变，康、梁逃亡，先生几罹于难，乃是达日本留学习政治、经济、工业、军事，日夜不懈，因识先总理于东京，为同盟会会员，与中委张溥泉、暨先烈前南京留守黄克强诸先生过往最密，长相咨询，可谓革命之先进。"[1] 康达最早接触景德镇瓷器是参加在美国圣路易斯举行的世界博览会。近代以来，由于中国商品贸易多为外商掌握，在国际竞争中，中国商品并没有优势。为了维护权益，积极参与国际竞争。1904 年，康达联合工部郎中苏锡第、刑部郎中汪守珍、刑部主事许世英、王善荃，创办瓷茶赛会公司，以期保障中国瓷器和茶叶权益。"于五洲自互市以来，商战日，年甚一年，即瓷茶两宗为中国独擅之利，亦听洋商任意抑勒，莫可如何，其故由于彼之所有能运之以来，我之所有独不能运之以往。"[2] 在分析中国瓷器和茶叶在国际市场中的不利因素后，茶磁赛会公司提出进行生产改良，振兴中国瓷器和茶业。

面对日本瓷器在国际市场上的迅速崛起，为了扩大竞争优势，瓷茶赛会公司对中日瓷器优劣进行对比，指出日本瓷器畅销的原因是其生产的瓷器装饰风格更适合欧美民众消费的需要。"上等华磁不合西式，而东洋劣等之磁反而畅销。……在景德镇烧造瓷器，务在翻新涤旧，择精选良，届期运赴美国会场。"[3] 为此，公司制定了《红茶制法说略》和《制瓷说略》，专门论述新式茶叶和瓷器制作方法，并分别在安徽徽州和江西景德

---

[1] 《祁门康特璋先生七十寿辰征文启》，1945 年 8 月 25 日，卷宗号：J032—1—00015—0137，江西省档案馆藏。

[2] 《茶磁赛会公司》，《新民丛报》1904 年第 25 号，第 64 页。

[3] 同上。

镇设立制茶与制瓷公司。在瓷器制作标准方面，要求务必精益求精，翻新标异，并且比照东西洋瓷的特点，对中国陶瓷制作需要革新的五个方面——选料、制式、盖釉、设彩、陶炼，提出了改进办法。① 由于前期精心准备，茶磁赛会公司在美国博览会上取得了可喜的成果，茶叶销售一空，并得到很多外商订单。瓷器销售亦如是，由景德镇运送的一百二十四箱瓷器，不仅获得了大奖，也得到美国人的认可。"中国茶磁赛会公司会员康君达章（注：原文如此，但康达，名康特璋，不是康达章）现向江西景德镇定造各种瓷器一百二十四箱。"②

图 3—1　江西瓷业公司创始人康达像

茶磁赛会公司的成功，启发了康达在景德镇创设新型制瓷公司。而参与美国赛会的成功实践，也为他积累了丰富的经验。因此，康达就成为瓷业公司的最佳人员。为了给创设瓷业公司做准备，也为了更全面了解先进的制瓷技术和生产理念。1907 年，康达亲赴日本考察瓷业。在经过仔细调研与认真分析以后，康达认为日本瓷业进步主要有以下几个原因。首先，日本重视陶瓷教育和科研，提倡瓷业改良。日本瓷器生产技

① 《赛会志略》，《东方杂志》1904 年第 1 卷第 9 号，第 82 页。
② 同上。

术最初是学习中国的。但近代以来，当欧洲发明工业化制瓷技术以后，日本便从德国聘请技师，进行瓷业改良。"深川工业试验所，此所尤以制瓷改良显名。……故智聘德国技师，教授改良，近来进步成绩至不可思议，一日千里绝径而驰矣。"① 其次，进行全方位的瓷业生产改良，采取机械化生产模式。由于机械化生产模式的便利性，日本全面引进欧洲制瓷技术，包括练泥、制坯、烧窑等工序，瓷业所有流程均实现了机械化生产。最后，日用瓷制作方面由传统手绘瓷器装饰模式，全部改为贴花或者印花，简化了生产工序，提高了生产效率。"若印花之法，则分石板、铜板两种。石板难而铜板易。……其用法则先以机器印成纸片，然后取纸片印于坯，更以含水毛笔以刷，乃将纸撒去，花悉呈露于坯上，捷莫甚焉。"②

在经过前期艰难筹备之后，1908 年 6 月 6 日，江西瓷业公司举行开业仪式，意味着公司进入实质运营阶段。"景德镇奏办江西瓷业公司于五月初八日开工，是日在本厂举行开幕典礼，政、学、绅商、军、工各界到者约千余人。"③ 在开幕仪式上，来宾纷纷进行演讲，表达了对瓷业公司的期望与支持。康达指出，近代以来，由于洋瓷大量进口，景德镇瓷业生产日益萎缩，如果再不进行改良，势必带来大量工人失业和瓷业消亡。"洋瓷输入中国每岁达百余万之多，景镇瓷业大承其弊，若不亟行设法改良，将来数十万工人必有失业之患。"④

即便经过各方筹措，但资金问题仍然是困扰公司运营的重要因素。在历经波折以后，直到 1910 年，江西瓷业公司才由实业家张謇等人集资成立，开始生产。"公司成立于前清末年，为张君季直、袁君秋舫、瑞君华儒等所发起。原拟资本四十万元，招足时只收二十余万元。"⑤ 从 1903 年，江西省巡抚呈请设立官办瓷业公司，到 1910 年成立商办瓷业公司。江西瓷业公司历经波折，在资金不足的情况下，开启了近代艰难发展历程。

由于景德镇制瓷业采取手工传统生产模式，保守势力强大。为了保证

---

① 邓实：《近代中国史料丛刊续辑·艺学义编卷四》，文海出版社 1978 年版，第 62 页。
② 同上书，第 63 页。
③ 《江西瓷业公司开幕纪盛》，《申报》1908 年 6 月 17 日，第 2 张第 3 版。
④ 同上。
⑤ 同上。

江西瓷业公司正常的生产运营，江西鄱阳瓷业公司在景德镇、鄱阳（注：
波阳和鄱阳为同一地方，1956 年前称为波阳，后改为鄱阳，为行文方便，
书中统一用"鄱阳"）两处设立工厂，景德镇总厂采取传统生产模式，鄱
阳分厂采取机器生产模式。同景德镇相比，鄱阳无论是在燃料、原料和人
力等方面也有自身优势。从表中的数据可以看出，除了釉果运输不利以
外，设在鄱阳高门的新式工厂，其他原料和燃料均比景德镇有优势。此
外，鄱阳交通便利，在瓷业生产中也没有来自传统势力的阻碍。因此，在
江西瓷业公司创办者看来，鄱阳是新型瓷业工厂的最佳选择。

表 3—1　　　　景德镇和饶州鄱阳瓷器生产地理位置优劣对比图

原料和燃料	景德镇里程（华里）			饶州里程（华里）		
	陆路	水路	共计	陆路	水路	共计
星子瓷土		400	400		220	220
余干瓷土		300	300		120	120
明砂高岭	80		80		260	260
贵溪高岭		340	340		160	160
祁门釉果	150		150	150	180	330
三宝蓬釉果	20		20	20	180	200
银坑坞釉果	10		10	10	180	190
寿溪坞釉果	60		60	60	180	240
浮梁窑柴	20		20	20	180	200
德兴窑柴		360	360		180	180
都昌窑柴		330	330		150	150
余干窑柴		300	300		120	120
安仁窑柴		360	360		180	180
南康窑柴		400	400		220	220
东流窑柴		300	300		120	120
建德窑柴		300	300		120	120

資料来源：農商務省商工局編：《支那景德鎮磁器並ニ英国陶器製造ニ関スル報告》，農商
務省商工局，1914 年，第 1 页。

　　新型瓷业公司的创立，对景德镇瓷业生产技术以及理念革新均产生了积极的影响。在各方的一致努力下，江西瓷业公司取得了可喜的成就。1910 年，南洋劝业会上，江西瓷业公司生产瓷器就得到了各方认可，获得一等奖，瓷业公司附设的陶业学堂生产的瓷器模胎和耐火砖获得二等奖。① 这也意味着，无论是在传统艺术瓷、日用瓷还是在新式工业用瓷，江西瓷业公司均有进步。为了促进瓷业发展，学习先进制瓷理念，江西瓷业公司派员到日本有田学习机器制瓷技术。"景德镇机器瓷业公司五月间开办，刻闻该公司已选定聪颖子弟四名派赴东洋入有田陶业学堂肆习新式机器制法，以资改良。"② 从引领世界瓷业发展到学习日本，对景德镇来说，尽管这种转变非常艰难，但毕竟迈出了可喜的一步。此外，为了迎合市场需求，以维护利权，江西瓷业公司聘请日本技师指导生产，制作出受欧美消费者喜欢的日式产品风格。"江西瓷业公司在与外国商人接触的过程中，在上海、九江设立了分店，着力于将自己的产品卖给外国人，其产品多少带有些日式陶瓷绘画风格。"③

　　尽管瓷业公司最终采取商办模式，但大部分股东多是晚清政治界和实业界有影响力的人物。因此，其生产运营得到了官方支持，也赢得了社会的认可。"自戊申五月开工以来，所制瓷品均经加意讨究。……去腊美商希君游历景镇参观本厂，称本公司为中国未有之特色。定购新式钧红瓶三千具，即此一端固可证也。至于普通用品除将固有之形式，花样翻新且制造各种西洋用品。今年正月罗致于沪上商品陈列所多以欧西瓷目之，内有万花献岁一品竟与日本之七宝烧无异。观者称羡，谓为吾国美术学之进步。自本公司开工出货以迄今日，未及一年而西至日没东及扶桑，莫不有口皆碑，争相订购。"④ 依托有利的条件，江西瓷业公司迅速发展，成为引领景德镇瓷业复兴的希望。在此局面下，为了更有利于瓷业发展，康达也提出对陶瓷工业采取保护政策，对外国进口的商品收取"禁止税"等重税。

---

① 《中国早期博览会资料汇编》第 1 册，全国图书馆文献缩微复制中心，2003 年，第110 页。

② 《出洋学习瓷业》，《申报》1908 年 8 月 8 日，第 2 张第 3 版。

③ 同上。

④ 《江西瓷业公司小启》，《申报》1909 年 3 月 6 日，第 2 张第 1 版。

图 3—2　江西瓷业公司新型产品

资料来源：赖大益：《晚清民国瓷器——江西瓷业公司》，江西美术出版社 2012 年版，第 54、60、158、198 页。

（三）民初瓷业公司发展的困境和压力

正当江西瓷业公司在各方支持下，以新型生产理念进行卓有成效的改革之际，1911 年，辛亥革命爆发，景德镇也因此陷入动荡之中，瓷业生产遭受致命性打击。"景德镇地方人烟稠密，商务繁盛，所裁官兵（多属会匪）均混迹该镇。瓷工勾结军队于七月一号晚间三时密议其事，放炮为号，占据电局，抢劫民国分银行，驻扎该镇建昌会馆之宪兵第二支部长梁持坚闻警派兵飞往弹压，匪兵敢开枪抵抗拒，幸宪兵炮火发力，将匪击退，嗣宪兵回营休息，又闻炮声隆，正在预备出队往剿，兵匪轰开后门，蜂拥而入，与宪兵交战至三时之久，宪兵以人数过少，伤多难支，以致溃散，所有存营枪械子弹悉被匪兵夺去，乃将民国分银行抢劫一空。"[1] 暴乱的后果是营房枪械被夺，银行财产被掠夺一空。在民初混乱的社会背景下，上述场景几乎是景德镇的常态。对于各类抢掠者而言，景德镇是其攻击的最佳区域。首先，景德镇瓷业工人非常多，一遇到社会动荡，大量工人失业，社会问题就会特别明显，极易出现骚乱，如果有外力的推动，尤为可怕。"各处散工流氓到处抢劫，几于遍地皆匪。"[2] 其次，景德镇是江西省的商业重镇，钱庄比较多，资金雄厚。更为重要的是，景德镇是一个

---

[1]　《景德镇兵变详志》，《申报》1912 年 7 月 12 日第 6 版。

[2]　同上。

开放性的商业重镇，没有城墙，驻军也比较少，几乎没有任何的防护能力，如果遇到外力入侵，根本无法抵抗。

对于瓷业生产而言，安定的社会环境是其繁荣的基本要素。一旦遇到社会动荡，瓷业生产马上陷入困境。如果传统景德镇小型瓷业生产模式还能应对这种冲击的话，资金投入较多的江西瓷业公司就难以承受。更为关键的是，由于政权更替，瓷业公司也因为股金问题遭遇危机。商办江西瓷业公司主要由张謇、瑞澂和袁秋舫等人集股，由康达全面负责公司的管理与生产。武昌起义后，武汉被革命军占领，湖广总督瑞澂有不可推卸的责任。为了逃避惩罚，瑞澂仓皇逃往上海，后听说清政府要治其罪，接着又逃亡日本。民国成立以后，作为资本投资者瑞澂的股份也被认为是其个人非法所得，江西瓷业公司也受到牵连。一波未平一波又起，1912 年初，在对瑞澂股金调查中，江西地方政府官员指出康达有私吞公司财产，因此将公司封存。"瓷业公司系按商律，以股份组织定额，招二十万元，瑞股三万元，此外并无私置财产，沪上早经设有董事局，款似非经理人所能吞没。……今蒙委韩易委员来镇调查，将公司发封并持提款及货物解省。货物固与饷需无关，款项只有外欠，现时甫经阴历正月初旬，纷纷追欠。实滋惶扰，匪独公司信誉扫地无存，因瑞澂一人而波及全体股东血本无归，日后必滋异议。"[①] 但在调查的关键时刻，国民党党员李烈钧在 1912 年 3 月 19 日就任江西都督，这对康达是难得的利好消息，因为康达和国民党政界要员关系密切，因此对他的调查也就不了了之。尽管如此，后来又有调查者提出，康达经营不力，造成财产流失，应该将康达撤换，另行召开会议选举新的经理。"该公司股本据该委员调查不下三四十万股，不为少矣。而为经理者舞弊败坏若此，今宜如集各股东并另招股实绅商共同商酌，重新组织，另举总理，查清账目款项，责成康总理如数交出，不得藉故迟延短少。"[②] 如前所述，由于和国民党独特的关系，康达仍然能够维持在瓷业公司中的地位，并没有受到外界影响。但瓷业公司仍然在发展中面临着巨大的压力和困境。一是瓷业公司在创办的时候附设学校由冀、鄂、苏、皖、赣五省共同出资，培养人才，但革命爆发后，各省资金均未到账，学校难以为继，万般无奈之下，康达向张謇求助，希望借助他的力

---

① 《景德镇瓷业公司之恐慌》，《申报》1912 年 3 月 9 日第 6 版。
② 《改良景德镇瓷业公司之办法》，《申报》1912 年 4 月 26 日第 9 版。

量能够取得江西省的支持。为此，张謇致电李烈钧，希望能够得到江西省政府支持。"江西瓷业有限公司，开办有年，成绩已著。近接该公司经理康特璋、张犀候来函，据陈历史现状，人事屡变，颠越随之，负罪引咎，呼援至亟，所幸累年成绩，凭借孔固，亦尚稳慎。惟是汲涤不宜绠短，善舞端资袖长，非得五六万元，不足以供营业。据称前承汪省长允许拨款一万五千两，固知财政艰难，不免心余力绌。"① 虽然张謇的积极奔走也取得了政府的部分支持，但江西瓷业公司生产仍然面临危机。"该公司之原始计划，曾于饶州高门设有分厂、厂中瓷窑闻为倒焰式，景德镇厂设于珠山麓，与前清御窑相连，有旧式窑四只，新式窑一只，所有原建之景德镇之新式窑亦因资本不足及每次烧出之瓷不能较旧式窑为佳而停工。"② 二是由于长期的奔波和革命活动，康达患上严重眼疾，虽然到上海治疗，也没有改善，最后双目失明。

图3—3　江西瓷业公司发行股票

① 曹从坡、杨桐主编：《张謇全集》第3卷，江苏古籍出版社1994年版，第794页。
② 《景德镇瓷业状况述要》，《中外经济周刊》1925年第9卷第166期，第15页。

　　1913 年，"二次革命"爆发不久，江西即被攻占，李烈钧逃亡上海。此时在上海治病的康达没有回江西，也失去了对瓷业公司的控制，公司暂时由留学日本的张浩负责。社会的动荡，造成了江西瓷业公司生产一落千丈。1914 年，随着政局的扭转，康特璋回到景德镇，继续负责江西瓷业公司生产。但由于资金缺乏，公司鄱阳分厂生产陷入困境。为此，康达再次向张謇求助，希望由他出面争取到江西省政府的支持。但对于财政日绌的江西省而言，救济瓷业也无能为力。"瓷业公司借款及陶业学校经费两事，比据犀候兄所云'以竭蹶情形函商戚民政长，请予维持'，顷据复称'业于本年三月，先后拨银八千元，交该校具领。其三年度经费，仍拟补助万元。惟地方税名目取消，万元之数，须俟部中核复'等情，案所称为难情形，自系实情。司财政者，于官有提倡保护各机关，时思裁减，民业民立似更无论。时势所迫，无如何也。"[①]

　　从最初官办设想，到官督商办，再到商办。江西瓷业公司的创办过程历经波折，其艰辛发展也是近代中国实业转型的缩影。在对瓷业公司创办的论述中，笔者并不去探究这种改良是否脱离了中国社会语境的现代化问题，也不去探讨在近代改革中采取哪种现代化模式等假设性问题。我们更多的是看到在当时中国社会现实中，新型瓷业公司所遭遇到的困境和压力。江西瓷业公司从 1908 年创办，在各方支持下，瓷业生产也取得了可喜的成就。辛亥革命爆发，江西成为国民党和袁世凯争斗的主要战场后，略有起色的景德镇瓷业再次陷入困境。此外，清末民初政权更迭频繁，让从事实业经营的人也无所适从。在如此混乱的社会背景下，可以设想江西瓷业公司发展的艰辛历程。但即便如此，瓷业公司依旧竭力维系，取得了可喜的成果。在 1915 年美国巴拿马博览会上，中国产品取得了巨大的成功，得到了美国社会各界的认同。在所有参赛国中，获得的奖项位居第一位。瓷器方面，江西瓷业公司和江西出品协会等选送的瓷器获得三项一等大奖章，作为新型瓷业的代表，江西瓷业公司继续承载着中国瓷业未来需要寻求的方向。"故一方面仿制抵造洋瓷抵制外货，一方面仿制古瓷销行各国，至于普通用品绘画改良，式样翻新，均足为一时模范。政府昨特颁奖'艺精埏埴'四字匾额。方于今天午刻由浮梁县陈知事率领保安队全

　　① 李明勋、尤世玮主编：《张謇全集·函电》上，上海辞书出版社 2012 年版，第480—481 页。

队，用军乐前导颁匾至瓷业公司。"①

（四）日益萎缩的新型瓷业公司

因为张謇、瑞澂等人官方股东的背景和身份，意味着江西瓷业公司生产中能够得到官方的支持，能承接官方定制新型日用瓷的订单。在创办初期，鄱阳分厂生产的电瓷就是实业部定制产品。"江西瓷器为我国之冠，而电用瓷器座者无有。自去年该处公司张工程师来京与交通部联络并招去股本二万元，拟研究制造电报用瓷头等类，今已将瓷头做出若干送部考验闻极合法，交通部拟即采用云。"② 在此局面下，瓷业公司也进行积极尝试各种新型工业用瓷制作，以期满足国内市场需求，抵制国外瓷器产品在中国的倾销。"江西景德镇瓷业公司兹曾制造铁钩瓷盌送部考验以抵制舶来，以式样未能合法，曾经交通部限该公司于若干时期内再行送呈，以凭核办。兹于五月六日送呈直脚铁钩瓷盌大小共二十支，当由电气技术委员细加考验，以所造直脚瓷盌一切较前均有进步，瓷质坚实，瓷油光厚，装立牢固，确与舶来品相仿，深堪嘉许。"③ 新型电用瓷盌、直脚铁钩的试验和生产标志着江西瓷业公司进入了大规模批量化生产阶段。1918 年，在通过对瓷业公司生产瓷碗考核以后，交通部定制了一万支电瓷产品，表明在短短几年时间内，江西瓷业公司已经具备规模化生产的能力。"前据六月八日函报所定瓷碗一万支，业已造齐，请发护照，以便分运等情，当经填发护照两张，并一面饬知京津电话局到时验收在案。嗣据津局报告收到五千个，京局报告收到五千一百六十个，经派员复加考验。据呈称查该件形状整齐，颜色光泽均属良好，并无裂纹，至于安插铁炳亦颇坚固。如是制品在吾国诚不易得，足见该公司研究有素，加意制造。但该件强硬之度，稍逊其破碎之面，虽无生烧之瑕疵，然不甚致密且含有气泡较多，而绝缘抵抗不无减少。"④ 尽管在质量方面还需要进一步加强，但能在短时间内生产出上万件的机制电用瓷盌，可见新型瓷业公司电瓷产品研制方面取得的成绩。

但由于双目失明，身体状况差，1916 年以后，康达就不再继续从事

---

① 《江西瓷业之荣誉》，《申报》1915 年 2 月 18 日第 7 版。
② 《拟采用江西瓷头》，《电界》1917 年第 3 卷第 8 期，第 513 页。
③ 《磁业公司可嘉》，《电界》1918 年第 5 卷第 21 期，第 672 页。
④ 《交通部致景德镇江西磁业公司函》，《政府公报》1919 年第 1330 期，第 12 页。

瓷业生产和管理。公司实际运营由同乡饶华阶负责，后又由康达儿子康国镇负责。1920 年以后，由于资金问题，江西瓷业公司鄱阳高门生产难以为继。在变卖制瓷业机器以后，江西瓷业公司仅保留景德镇总厂生产艺术瓷和仿古瓷，江西瓷业公司也由最初的股份制转变为康达独资经营。从最初承载中国瓷器复兴梦想，仅仅经过十余年的时间，江西瓷业公司就辉煌不在。如果这些冲击还可以承受的话，景德镇厂址纠纷，以及背后复杂的利益纠葛，更让其难以应对。由于和前清御窑复杂的生产关系，1924 年，江西省清理官产处到景德镇将官产界定清楚，江西瓷业公司厂址也勘察明晰。本以为已经明晰的责任与产权问题已经结束，但对瓷业公司的不利因素还没有结束。"当民国十三年，江西清理官产处派员来浮出卖官地，凡属御窑余地均已买清，初亦怀疑本公司基址为官地，意欲丈量征价，当告以顶受情形，其时前劝业道传在九江孙廷林，皆为顶基在场之人，由该委员问明可证。……迨民国十六年，景德镇市党部欲占用本公司为总工会，谬指本公司基地为官地，请准江西政务委员会令前浮梁县舒县长查封没收，复经控诉于江西省政府及国民政府，结果启封发还，并惩办祸首。"[1]通过上述记载可以看出，仅过了三年，国民大革命时期，景德镇市总工会就将其没收。尽管后来公司被康达收回，但可以想象其生产状况。随后又不到两年，1930 年，赣东北红军攻占景德镇，江西瓷业公司被占领，康达等被定为大资产阶级，公司再次被没收，厂址作为工会办公地。

　　如果从 1926 年算起，一直到 1931 年，江西瓷业公司一直都处于财产被没收、要回，再被没收这种不断往复之中。且不说瓷业发展，能够维系公司存在就是问题。但对江西瓷业公司而言，这样的事情还没有结束。1936 年，民国政府决定在景德镇设立国窑厂，以期加强官方精品瓷生产，实现景德镇再次复兴。"惟近二十余年来，景镇御窑，无形取消，制瓷指导，失其重心；举凡美术品或日用品，悉由智识浅陋，能力薄弱者之窑工，自由制品。遂致出品日低，声誉日减，人才艺术，二俱荒落，为挽救改善计，拟设立国窑厂以资示范。适实业部吴部长，前月来赣注意景镇瓷器特产，特往视察。当在景德镇与工商管理处长商定由中央资助设立国窑厂，业经陶业管理局拟定计划，分为七厂，约需建设费十万元，经常费三

　　① 《为据江西瓷业公司略陈经过情形恳准据情呈转以维营业由》，1937 年 8 月 16 日，卷宗号：J045—2—00847—0044，江西省档案馆藏。

万元。"① 但设想提出以后,如何将理想付诸现实又是一个非常艰难的过程。最为关键就是在何处选址。在前述对景德镇空间格局的描述中,已经反映出除了以御窑厂原有厂址为核心的周边地区适合建造规模较大的公司厂址以外,景德镇几乎没有可供选址的地方。在这种局面下,江西瓷业公司厂址的产权问题再次成为焦点。1936 年,景德镇陶业管理局的杜重远以江西瓷业公司已经实质上停止生产,且厂址是原有御窑厂遗址为由,提请将其收归国有,作为陶业管理局办公场所和国窑厂所在地。"本年七月二十三日奉江西省政府令开案,据陶业管理局局长杜重远签称查景德镇江西瓷业公司现在厂址系借用昔时御窑厂官地,该公司近年以来,事实上等于停关,无工可作。对于每年应缴关租六十元,欠缴亦有多年,在地方官厅租地愿意,原意本在提倡实业,现在该公司早经停工,且将房地分别转租于人,自取租费,更失地方政府租地本质。现在国窑厂即将举办,本局查勘厂址,实无其他地点较该处更为适宜,尤其近本局,由比临,将来管理亦较便捷,亟应早日将该公司厂址收回,以免日旷。"②

杜重远对江西瓷业公司生产状况的描述,表明了近代以来景德镇瓷业改良过程中的矛盾与冲突,也折射出改革的复杂性与其艰辛历程。如前所述,为了将改革推行下去,江西瓷业公司在鄱阳设立分厂,进行新型电瓷生产和加工。尽管取得了一定成绩,但从江西瓷业公司将鄱阳分厂停办,专门经营景德镇总厂就能发现江西瓷业公司进行新型改革是不成功的。如果依照陶业管理局关于江西瓷业公司的论述,景德镇总厂也难以为继,处于停产状态,仅仅依靠出租厂房的租金来维持。作为中国最具代表性的新型陶瓷企业沦落到如此地步,也令人唏嘘感慨。尽管到目前为止,笔者还没有发现关于杜重远对江西瓷业公司厂址质疑的原因,也无法考证杜重远是否了解江西瓷业公司厂址问题的证据。比如说在 1924 年,江西省清理官产处已经将相关问题解释清楚。如果我们假定江西瓷业公司厂址问题已经解决的话。那么,杜重远对江西瓷业公司厂址的要求就不是简单的所有权的问题,而是在不同历史时期,改革者对景德镇瓷业改革路径的不同看法问题。换句话说,是否意味着晚清代表改革力量的江西瓷业公司已经无

① 《为改进赣瓷将设立国窑厂》,《工商通讯》1936 年第 1 卷第 1 期,第 2 页。
② 《为据江西瓷业公司略陈经过情形恳准据情呈转以维营业由》,1937 年 8 月 16 日,卷宗号:J045—2—00847—0044,江西省档案馆藏。

法得到新型改革者杜重远的认可？抑或是二者之间因为改革理念不同而引发矛盾也不得而知。

抛却上述难以定论的问题，我们可以从更为广泛的视角来分析康达为主导的改革与杜重远改革的异同点。首先，官方背景是两次改革的重要推动力，两次改革均由外界力量介入，以期改变景德镇传统落后生产局面。在清末新政的背景下，康达在张謇等人支持下，设立新型瓷业公司和学校，进行瓷业生产。而杜重远在江西省政府支持下，在民国相对安定的社会背景下，试图以新型瓷厂带动景德镇社会发展。其次，以日为师，希望学习日本瓷业现代化的方式，以期复兴中国瓷业。康达等专门到日本考察，并聘请毕业于日本高等工业学校窑业科的张浩等人进行瓷业改革。而杜重远本人就是在日本学习瓷业，且在东北进行过瓷业生产的实践。最后，以自我威权影响力为基础，依靠新生力量，推行改革理念。无论是康达，还是杜重远，在当时的社会时期，对于景德镇这样一个匠人城市而言，均有巨大影响力。两次改革相同的是，均认为景德镇传统保守势力太大，希望依靠新生力量实现景德镇社会改良与生产复兴。此外，有意思的是，二者的改革均是依靠景德镇传统势力与同乡力量。康达以创设景德镇商会联合各方力量，进而减少改革的阻力。而杜重远的改革也是如此，无论是陶业人员养成所还是景德镇瓷器运销合作社，均有景德镇地方势力参与。从两次改革的效果来看，都取得令自我满意的成绩，也带动景德镇瓷业按照改良者设计复兴梦想去实践。当然，从更广的视角来看，近代中国瓷业工业化改革并没有取得我们期望达到的效果。"我国采取机器制瓷之工厂，亦尚少有成就。"[1] 改革有如此大的相似之处，但为什么杜重远的改革中，并没有发现康达等人的参与，这从杜重远对江西瓷业公司厂址的要求能够反映出来。通过上述史料，我们可以推测，杜重远的改革把康达建立模式完全推翻，甚至引发了二者的冲突，这或许与改革的设想相背离。

面对杜重远的质疑，已经接替父亲康达任江西瓷业公司总经理的康国镇就瓷业公司的厂址与运营情况进行反驳，指出关于公司的产权问题已经解决，清楚无误，并非像杜重远所说的那样存有争议。1937 年 8 月 12 日，康国镇电请江西省主席熊式辉，恳请维持江西瓷业公司厂址。"本公

---

① 周仁：《改良中国瓷业之意见》，《实业部月刊》1936 年第 1 卷第 9 期，第 90 页。

司厂址系前清出资顶受奏办瓷器公司，开办至今三十余年，实非租赁，已于九日呈文陈明。谅蒙钧鉴，兹值国难当头，民生憔悴，实业之兴废于多少工人生活有关，本公司乱世撑持，已属不易，若再拆屋让地，何以堪，忝在帲幪，唯赖维护，伏乞体恤，免收基地。"① 而在此之后，康国镇更是联络景德镇商会，通过第三方上呈省主席熊式辉，就杜重远对江西瓷业公司厂址和工厂经营情况的论述进行反驳。商会的呈请和康国镇的观点如出一辙，均认为杜重远所述不是历史事实。首先，商会认为江西瓷业公司厂址问题的争议早已解决，并无任何异议。"当民国十三年，江西清理官产处派员来浮梁出卖官地，凡属御窑余地均已卖清，初亦怀疑本公司基质为官地，意欲丈量征价，当告以顶受情形，其财前劝业道傅在九江，孙廷林在南京，皆为顶基在场之人，由该委员问明可证，故不重索地价。若非当日地权确定，本公司岂不趁机购买，则官产亦绝不能轻于放过，观此则可知矣。迨民国十六年，景德镇市党部欲占用本公司为总工会，谬指本公司基地为官地，请准江西政务委员会行前浮梁县舒县长查封没收，复经控诉于江西省政府及国民政府，结果启封发还，并惩办祸首更可证实。"② 其次，江西瓷业公司并非杜重远描述的那样运营困难，公司在各方面均取得了一定的成绩。至于说厂址租赁问题也是因为暂时困难，同其他瓷业生产者合作，并非转租。在此基础上，景德镇商会认为设立国窑厂目的是复兴景德镇瓷业，但就景德镇瓷业现状而言，称为公司的仍然就江西瓷业公司一家，也只有该公司具有与洋瓷抗衡的实力，政府不能为了建立国窑厂就牺牲瓷业公司的合法利益。"前年（即1935年——笔者注）江西建设厅长龚茝镇亲临参观，因见公司各种工作完备，曾为江西省政府定制西餐器具十余桌亦可证明。惟迭遭多难之时，不得缩紧办法，因将一部分出租与人，原实含有合作之意，且系短期，不过一时权宜之计。……再就本公司之成绩而言，当开办之初分设景镇、饶州两厂，一为规复康乾之旧长，一在仿用东西之新法。就培养人才论，则除景厂附设职工夜校外，并与饶厂附设陶业学堂。就推广销途论，除国内都市自设分销外，即国外商埠亦有华侨承办代理，店标本并进远近俱到，不可谓非其时大规模之公司。至

① 《为据江西瓷业公司略陈经过情形恳准据情呈转以维营业由》，1937年8月16日，卷宗号：J045—2—00847—0044，江西省档案馆藏。
② 同上。

于出口之多，式样之美，久为中外所欢迎。……然今当劫后勉撑之际，犹奉国民政府主席林之褒奖及公路周览团参观之称赞亦非无价可言者。自鄱专员督察五区，坐镇景德，劫余市面日渐兴隆，本公司正在趁此力图振作，以期扩张前途，发展定有可期。"① 通过上述江西瓷业公司对其生产与影响力的论述，尤其是得到国民政府主席林森与公路周览团的赞许来证明其生产并非杜重远描述的那样陷入停滞。

值得进一步考究的是，代表景德镇商会上呈的均是景德镇各帮的头面人物，也是景德镇瓷业与经济的核心人物，分别为徽帮施惟明，都帮陈庚昌、赖廷栋、曹镇东等。景德镇各帮核心要员均支持江西瓷业公司，认为杜重远的描述有牵强之处。是不是也意味着由于陶业管理局在景德镇的改革影响到传统瓷业生产者的利益，进而引发了瓷业生产各帮与商会和管理局之间的矛盾？如前所述，杜重远也希望联合景德镇地方实力派力量，以减少阻力。但通过江西瓷业公司厂址问题的较量，证明杜重远并没有得到景德镇瓷业生产各势力的支持。如果从这个角度去看，或许也能发现杜重远在景德镇改革难以取得成功的另外一个原因。此外，还有一个值得我们关注的是，在进行新型瓷业改良过程中，杜重远重点依靠的一个人物饶华阶曾经是江西瓷业公司的经理，也是康达同乡徽州人。但由于饶华阶在大革命时期倾向中国共产党，在他的支持下，景德镇总工会没收了江西瓷业公司财产。1928 年，瓷业公司被康达收回以后，饶华阶被迫离开瓷业公司并创办了自己的瓷厂。无论是巧合还是有意，杜重远重用饶华阶，或者饶接近杜，均从另外一个层面证明了在杜重远的改革中，与曾为改革力量重要象征的江西瓷业公司即便理念相近、目标相同，但肯定有利益冲突。但问题的关键是，现实生产中利益永远是第一位的。

为了保障自身利益，江西瓷业公司经理康国镇运用父亲康达同乡、驻日公使许世英的关系，向江西省主席熊式辉再次阐明立场，试图通过各方施压，保护瓷业公司的财产。"顷接景德镇江西瓷业公司康经理电称浮梁县长持贵府令谓由陶局呈请将该公司厂基为御窑官地，又事实上等于停闭亟应收回等语。"② 在许世英的电报中，也就江西瓷业公司发展过程中所

---

① 《为据江西瓷业公司略陈经过情形恳准据情呈转以维营业由》，1937 年 8 月 16 日，卷宗号：J045—2—00847—0044，江西省档案馆藏。

② 《许世英电请维护瓷业公司并乞电令浮梁县长停止执行》，1937 年 8 月 25 日，卷宗号：J045—2—00847—0039，江西省档案馆藏。

遇到的困境进行分析，认定该公司并没有破产，在新的历史时期已经恢复生产。而在厂址勘察方面，即便在大革命时期被误认为官地被没收，但后来已经县政府查明，事实非常清晰，不可能存在官产问题。为此，许世英请熊式辉再次调查，并希望他电令浮梁县县长停止执行收回瓷业公司厂址的举动。接到许世英的电报以后，熊式辉就江西瓷业公司厂址问题进行回复，并指出政府只是收回江西瓷业公司租赁政府官地，并不是撤销江西瓷业公司，事实也非康国镇所说。"江西瓷业公司租赁前御窑厂地址既不缴纳地租，且办理毫无成绩。本年国窑厂筹备设立，是资收回该公司租地（非收该公司）康经理所称各节，殊非事实。"[1] 但随后江西省政府电令浮梁县政府，彻查康国镇就瓷业公司厂址以及租赁等相关问题的情况，并将详细情况报告省政府。"查此条前据国窑厂筹备委员会函，请收回该公司租地，俾作国窑厂址等情，当经令饬浮梁县政府办理在委。兹据前情，究竟该经理所称，曾经出资或缴纳，有无文案可稽？又该公司现在办理情形为何？统希逐项查明，详细具覆。"[2] 由于在独特的历史时期与时代背景，江西瓷业公司经历非常复杂，由官办，再到商办，再到官商合办，再到商办，最后变成康达一个人支撑。相关参与人先后离开，康达本人也不再从事瓷业管理。而在此过程中，公司又先后经历了晚清政府、民国政府、北洋政府、国共合作、赣东北红军政权，过程异常复杂。很难有证据揭示清楚御窑厂和江西瓷业公司的厂址与财产方面问题，甚或参与者也难以理清复杂历史的事实。从江西省政府最后一封电报，电令彻查江西瓷业公司的时间来看，已经是1937年8月底，此时日本已经开始进攻上海，中国进入战争状态。国民政府对于设立国窑厂事宜也无暇顾及，关于江西瓷业公司厂址争议问题也没有定论，再次搁置。

　　有意思的是，最后决定江西瓷业公司命运问题，并不是争论双方拿出来的核心证据，而是突然的战争爆发。或许这一问题永远没有定论，但在改革过程中，复杂的历史现状和利益冲突或许是影响中国改革成效的关键性因素。探究围绕江西瓷业公司厂址归属的纷争，折射出近代中国手工业发展过程中两个困境。一是在多样化的现代化历程中，采取何

---

① 《收回江西瓷业公司租赁前御窑厂地址》，1937年8月10日，卷宗号：J045—2—00847—0004，江西省档案馆藏。

② 同上。

种模式才能实现中国的成功。换句话说，以什么样的方式才能达到改革者自身期望的目标。具体就景德镇瓷业生产而论，能否像欧洲和日本一样，生产出物美价廉的机器瓷，或者是生产出符合现代社会需要的大工业瓷，比如电瓷等？二是采取何种现代化理论与学习具体哪个国家的瓷业技术，不同改革者有不同的改良思路，但均没有可行性的方案。值得关注的是，各方在进行改革过程中，官方的影响力成为景德镇瓷业振兴过程中主要依靠力量。每每提及需要改革的时候，其背后巨大推动者是政府，在其中起到关键性作用的也是政府力量。另外，在历次景德镇改革中，不得不提出的一个问题是，改革过程中复杂的社会矛盾与利益博弈消减了改革自身所拥有的力量，也是影响改良效果的重要原因。以康达和杜重远的改革为例，同样是学习日本，同样是实现景德镇瓷业复兴，为什么会出现改革过程中各方理念上的巨大差异？换言之，在改革过程中，如果改革者将自身利益置于首要位置的话，改革的道路依然漫长。

抗战全面爆发以后，日军虽然没有占领景德镇，但多次轰炸景德镇，江西瓷业公司运营更是雪上加霜。"无如时局不宁，实业迭受影响，尤以抗战三年以来更是勉力支撑，不幸八月一日，敌机大袭景镇，本公司中弹二枚，炸毁瓷房仓库宿舍大楼屋宇四栋，损失甚巨，约计之近二万元，因有难支之势，为努力后方生产，不敢轻于倒闭，则从事已塌房屋之修葺，震伤工场之整理，职工什物购置，原料瓷货之补充，在在需款，无力活动，拟恳钧府介绍裕民银行借款八千元，以资维持。"① 抗战结束以后，江西瓷业公司虽然继续维持生产，但境况也没有改观。1946 年，为景德镇瓷业发展做出巨大贡献的康达去世，江西瓷业公司更难以为继。1949 年 4 月 29 日，共产党进入景德镇，新的政权建立。瓷业公司被没收，作为新成立的建国瓷厂的一部分。在民国风雨飘摇的岁月中，商办江西瓷业公司的坎坷经历也是近代景德镇瓷业艰辛转变的缩影。

---

① 《为本公司惨遭敌机轰炸，损失甚巨致陷难支，为努力后方生产，不敢轻于倒闭，肯定裕民银行借款八千元以资维持事由》，1940 年 12 月，卷宗号：J045—2—00827—0033，江西省档案馆藏。

二　高剑父与中华瓷业公司的设想与尝试

1904 年，高剑父①在刘群兴的帮助下，到广州陶瓷工厂打工，以补贴家用，较早地接触了广彩加工，为他从事陶瓷艺术创作打下基础。1907年，广州瓷商资助刘群兴前往景德镇购买白瓷，在此期间，他对景德镇瓷业生产工艺进行调研，回到广州以后，刘群兴将景德镇的情况告诉高剑父。他指出景德镇瓷器生产已经非常衰退，产品式样老旧，已经不适合现代化产品需求，并希望能够将景德镇瓷土原料运到广州，在广州进行瓷器生产。也就是说，高剑父很早就关注景德镇瓷器发展，且由于广东商人和景德镇瓷器贸易的关系，对景德镇比较了解。但在晚清复杂历史情况下，作为革命党人的高剑父认为，他的首要任务是辅助孙中山取得革命胜利，建立民国政权。即便如此，高剑父也没有放弃对陶瓷改良的追求。1909年，在广东第二期美术展览会上，展出了高剑父的陶瓷作品。在展会期间，高剑父发表演讲，再次表达了希望创设瓷业公司的梦想。"中国瓷质，为全球冠，苟制造精美，挽回利权不少也。本报同人高君剑父，近亦组一陶瓷公司，急起直追，或不让人专美乎。"②设立瓷业公司以挽回利权、实现中国瓷业复兴已经成为他追求的目标。

1912 年，中华民国建立，创办瓷业公司的条件相对成熟，高剑父决定实施长期设想的瓷业复兴计划，并和孙中山等人讨论自己的计划，得到了孙中山的认可和支持。"高氏云：国父问我，尔想办什么？我云，欲办工业。国父问什么工业？我说瓷业，我说工业中只有瓷业可以执世界牛耳，我就草拟了一本瓷业大王计划呈国父，国父见之颇为赞许，于是请国父函协和（注：即时任江西都督李烈钧）给我饶州的御窑厂为基地。"③高剑父创办瓷业公司的想法与孙中山实业救国梦想是一致的，得到支持也在情理之中。同高剑父一样，孙中山同时意识到，由于景德镇瓷业在全世

---

① 高剑父，广东番禺人，近代著名的画家、美术教育家、实业家，岭南画派创始人，革命活动家，早期追随孙中山先生参加辛亥革命，后投身实业与艺术教育。

② 《时事画报》1909 年 2 月 24 日第 1 期，转引自周思中《中国陶瓷设计思想史论》，武汉大学出版社 2012 年版，第 200 页。

③ 高剑父：《在广州市立艺术专科学校一周年校庆上的讲话》，载李伟铭辑录《高剑父诗文初编》，广东高等教育出版社 1999 年版，第 325 页。

界有影响力，瓷业复兴才真正意味着民族复兴。在论述中，高剑父希望孙中山写信给江西都督李烈钧，将御窑厂遗址交给高剑父来创办中华瓷业公司。但1913年8月，"二次革命"失败后，李烈钧流亡日本。高剑父创办中华瓷业公司的实践也戛然而止。从1912年民国建立，最晚到1913年8月，在一年多的时间内，高剑父提出创办中华瓷业公司，并前往景德镇，为之积极奔走。但由于时事风云巨变，并未将创办瓷业公司理念持续下去。笔者就目前关于高剑父相关研究中关于中华瓷业公司的论述进行梳理，以期了解其发展过程。并以此为基础，探究景德镇瓷业近代化的艰难历程。

在相关研究中，简又文对高剑父的研究最早也影响最大。他写就的《革命画家高剑父——概论及年表》，能够较为清晰地记述高剑父创办瓷业公司的经过。根据相关论述，1912年冬，高剑父赴景德镇创办中华瓷业公司。[①] 但1913年，因为在他创办的《真理画报》上发表袁世凯暗杀宋教仁的文章，高剑父被迫流亡日本。随后"二次革命"失败，创办中华瓷业公司也宣告终结。但在简文记述中，出现的讹误也让人怀疑其记述的真实性。"先生于绘事外，复精制瓷器，尝以手制出品在巴拿马博览会展出，获得荣誉。至是，对瓷业兴味甚浓。冬月，赴江西景德镇，开办中华瓷业公司，谋改良制法，振兴工业，尝著《中国瓷业大王计划书》进呈国父，请求资助。以时局陡变，未能实现。"[②] 高对瓷业的兴趣并非来自于巴拿马博览会获奖，而是其在从事革命过程中，创办的广东博物商会就进行彩瓷的加工，且巴拿马博览会在1915年举行。而其他学者在对这段文字的转引中也加入自己的看法，进行论述，更让后人难以理解其创办事实。"1913年，高剑父于《真理画报》发表《论古瓷原始于陶器》一文。1914年春，高剑父创办江西瓷业公司，在赣筹备约半年之久，返粤偕同全体人员赴赣工作。一起参加工作的有高奇峰、刘群兴、陈伯峰、高玉书、布廷森、张菊初、高剑僧等人。"[③] 这段相对混乱的描述表达了一个信息，即1914年，高剑父再次到江西创办瓷业公司。这一观点被许多学者不加考证地引用，更增加了对这段历史认知的难度。"1914年，高剑

---

① 简又文：《革命画家高剑父——概论及年表》，《传记文学》1972年第22卷第2期，第87—88页。

② 同上。

③ 卫风：《岭南画派与瓷画艺术》，《收藏家》1999年第1期，第58页。

父曾与一潮州友人在景德镇创办江西瓷业公司，并任经理。"① 而这两者的资料来源均是 1965 年黎葛民等人完成的《岭南革新派画家高剑父》，其中对瓷业公司的论述如下："1914 年春间，剑父曾与一潮州籍友人合资创办中华瓷业公司，一起参加工作的还有刘群兴、陈伯峰、高玉书、布廷森、张菊初、高剑僧等人，其中多属剑父的学生及鼎革前博物商会的旧人。该公司设在江西景德镇，由剑父担任经理，以制造出口瓷画及瓷像为主，准备初显身手，参加巴拿马万国博览会。"②

如果将上述信息串联起来，结合高剑父等人在民初的经历，大致能够推断出其创办中华瓷业公司的历程。高剑父的追随者刘群兴曾在景德镇之行中作诗《民二年秋偕剑师由粤往江西之景德镇旅途中杂作十首》，其中有《昌江月夜行舟》。这一明确时间记述的组诗表明了在 1913 年秋天，高剑父等人曾经到景德镇。如果结合 1913 年 4 月，高剑父流亡日本，可以确认，他已经从日本回国来处理中华瓷业公司的事宜。也就是说，1912 年，辛亥革命成功以后，高剑父在孙中山支持下，到景德镇考察创办中华瓷业公司事宜，且进行前期准备，但"二次革命"爆发以后，创办被迫停止。1914 年，高剑父继续自己瓷业公司的梦想，且主要侧重出口瓷及瓷像制作，1915 年，中华瓷业公司的采取产品参加巴拿马博览会，且取得了优异成绩。在关于巴拿马获奖作品广州获奖名单中，其中之一是中华制瓷公司的瓷器获得银质奖章。③ 也就是说，在 1912 年，高剑父曾经到景德镇，并试图运用御窑厂旧址开展宏伟的实业救国梦想，但时事多变，1913 年，要么是已经开始的工作停办，或者是启动的设想被迫停止。但在 1914 年，继续去景德镇，但这次开办的瓷业公司已经不再是宏伟的改良梦想，而更多的是开办对外瓷器贸易公司，由景德镇加工后交给他们销售，这种解释能够证明上述许多论断中错误的记述。同时，创办瓷业公司，进行瓷业生产，但公司并不在景德镇的现象还是存在的。作为有影响力的实业家，高剑父坚持以瓷业为复兴中华的切入点，并运用到景德镇进行实业实践。尽

---

① 张繁文：《高剑父绘画艺术及其折衷思想研究》，博士学位论文，上海大学，2010 年，第 195 页。

② 黎葛民、麦汉永：《岭南革新派画家高剑父》，转引自全国政协文史资料研究会编《中华文史资料文库》第 15 卷，中国文史出版社 1965 年版，第 67 页。

③ 王勇则：《1915 年巴拿马赛会华人出品得奖揭晓》，《北京档案史料》2010 年第 2 期，第 300 页。

管由于各种原因，创办新型瓷业公司、复兴中国瓷业的梦想没有实现，但其创业经历也证明了在近代中国复杂的历史背景下发展实业的艰难。

三　知识界的瓷业改良梦想

新型知识界也长期关注景德镇制瓷业发展，并从不同视角对瓷业落后局面进行反思，以期实现对景德镇瓷器的了解和认知，为实现景德镇瓷业再次复兴提供支持。知识界从瓷器制作模式、行业分工、瓷器贸易到行业规范、金融体制、瓷工陋俗等各个方面的问题，对景德镇制瓷业进行反思。从历时性的角度去分析，也能发现一个有意思的现象，即知识界对景德镇社会的认知也是不断加深的过程，从最初简单地以"先进"或者"落后"的观点去判断，再到最后提出对景德镇瓷业进行深入细致的把握。具体而言，知识分子主要从以下几个角度去分析近代景德镇瓷业发展以及存在的问题。

中日之间瓷器优劣问题是学术界关注的重点。近代以来，由于日本瓷器产品对景德镇瓷器贸易冲击很大。为了揭示日本和景德镇瓷器量变迁背后的复杂因素，许多学者从不同角度进行分析。有学者指出，日本瓷器无论是从产品风格还是价格都得到各方认可，产品设计符合现代审美需求，且价格低廉。反观景德镇瓷器固守传统，式样老旧，价格昂贵，一般家庭难以接受。此外，也有学者指出，尽管景德镇手工瓷器依旧受欧洲市场欢迎，但许多欧洲人很难区分日本和中国瓷器的差异。这样一来，日本人就使用景德镇瓷器品牌，在欧洲市场销售。因此，加大产品宣传，进行瓷器生产的改良，是景德镇瓷器发展的主要路径。否则，中国的瓷器将被日本彻底打败。"（景德镇瓷器）质料既差，式样亦笨，转不及倭瓷之巧合适宜，非倭瓷之质果能胜于中国也。第式样之间稍有变通，其外袭用景德五彩花纹，花纹鲜艳夺目，全球之上所有埠头不下千计，而倭瓷以冒中国之名通行贩运，价值既廉，喜购者众，莫不疑为景德旧制焉。"①

从外化产品特征方面的问题论证景德镇瓷器和日本瓷器的差异，尽管能说明部分问题，但并没有反映景德镇制瓷业存在的根本问题。为此，民国初年，部分学者在景德镇开展调研，就景德镇瓷业生产内部原因进行分

---

① 《西人论中国瓷器今不如昔》，《求是报》1897 年第 3 卷第 3 期，第 364 页。

析，并指出景德镇的落后主要表现在以下几个方面。首先，制瓷业生产方式落后，瓷工思想守旧，易于满足且经常闹事，影响瓷业的生产和发展。"所最可虑者尤为坯工。盖坯工思想卑鄙，欲望简单，所需苟足自赡，遂萌分外之念。家有隔宿之粮者几不啻秦皇汉武之富贵已极而求神仙，如是非理之要挟起矣。"[1]其次，瓷业工人没有固定的工作时间，多按照自我兴趣的时间去工作。以彩绘工人为例，多数是晚上工作，白天休息。再次，景德镇精细化的分工模式既有优点，也有缺点。在现代化的背景下，景德镇制瓷业分工的不足就是生产者不注重合作，造成瓷业生产内部各自为政，影响瓷业发展。具体而言，景德镇瓷业内部组织包括五个部分，分别为原料开采和贸易、瓷坯制作、烧窑业、彩绘业、瓷行，但由于不同行业由不同从业者控制，很难形成生产的合力。

资金和生产技术上的问题，也是制约近代景德镇制瓷业发展的重要因素。就景德镇制瓷业生产瓷土原料来看，依旧是最好的原料之一，甚至优于日本的瓷土原料。"景德镇所制瓷器与他处异，最著者原料之不同是也。景镇所用原料性质较他处为良，传热性甚弱。试取日本所制之瓷壶盛以热水，须臾全壶皆热。景镇所出瓷器，其传热则不至如是之烈也。"[2]既然景德镇瓷器在质量上有优势，为什么还会出现衰落的情形呢？其原因在于近代以来，欧洲各国和日本在学习景德镇瓷业技术的基础上进行改良，而中国瓷业生产者既没有远大的志向，也缺乏资金，致使景德镇瓷业生产遇到困境。因此，进行制瓷业生产改良，关注瓷业生产，在依托优势资源的情况下，是景德镇复兴的关键性要素。但在许多学者看来，景德镇面临的问题就是传统家庭小手工作坊无法适应现代大生产的需要。在这种模式下，工人缺乏生产的长远眼光，不进行瓷业生产的改良与研究，瓷业生产难以发展。"惟制坯窑户及陶行厂皆近世所谓家庭手工业，分门别类，各有专营，无大规模组织之工友，制品只知沿旧，不加研究改良。"[3]如同上述的所有改良者的主张一样，改变这种局面的最好方法就是异地建设新型瓷业公司。

繁重的厘金和税收也是影响景德镇瓷业发展的重要因素。从景德镇运

①　《景德之瓷里面观》，《申报》1914 年 6 月 22 日第 6 版。

②　曹栋、程其保：《景德镇瓷业之调查》，《清华学报》1915 年第 1 期第 4 号，第 67 页。

③　《景镇瓷业衰落》，《实业部天津商品检验局月刊》1932 年第 2 卷第 6 期，第 8 页。

输的瓷器要经过多个税收部门，征收厘金税、关税、出口税、常关税等不同名目的税收类别。"近年以来，受军阀政治之摧残，税捐日增，大有江河日下之势。论捐税名目繁多，景德镇有下河厘金，姑塘船关税，湖口有出口税，安徽有华阳镇之统捐，芜湖有常关税，又有江苏税捐，吴淞有进口税，上海有落地税，兼之沿途奉卡照票、在任留难，约计税捐之总数，自景德镇到上海，每百元须加捐税至三十余元。"① 相比较而言，外瓷输入中国仅由津海关缴纳子口半税，此后经过各口均不再缴纳任何费用。如果照此分析，也就能够认清景德镇瓷业衰退另外一个原因。洋瓷，尤其是日本瓷器价格低廉，且税负较少，价格上的优势就非常明显。而生产成本本身就高的景德镇瓷器，根本没有进行市场竞争的能力。反观欧美和日本，均对外来货物征收较高的税收，而对本国瓷器产品征收的税负则比较低。"若言对外贸易，受害更甚，即如日本有值百抽百之苛税，欧美各国，无不抽重税。"②

　　美国留学归来的邹如圭在分析欧美和日本瓷业兴盛发展的基础上，进一步分析了近代景德镇瓷业发展存在的各种制约性因素，并主要从两个方面进行论述。第一，缺乏有效性的瓷业改良机构，无法进行相关的瓷业改革。同国外相比，近代以来，政府只知道征税和剥夺民众，对瓷业生产采取放任的态度，根本没有任何有效性改革。景德镇瓷业仍然处于自发瓷业生产阶段，几百年并没有任何改革。因此，设立有效性的改良机构，引领景德镇瓷业发展也是改革的途径之一。第二，资本与技术的分离，使得二者均无法实现自身目标，瓷业生产一直处于相对停滞阶段，社会形态也没有发生根本性变化。"凡任何工业发达，都要资本家与技术家相互结合，才能发挥力量。中国的资本家不多，有些小资本家，都是做些高利借贷，居奇分利的事情，对于改良国货，他就没信心，以为改良是不易的事。动手改良，就要亏本。有些技术家热心研究，又苦于无试验的金钱，无实施的机会，互相隔膜，遂形成今日江河日下的状态。"③ 为此，在近代世界瓷业技术发展的背景下，要实现景德镇瓷业复兴，必须进行改良。首先，设立陶瓷改良机构和瓷业学校，进行瓷业技术的试验，并在试验基础上，

① 《总商会为瓷商呈述痛苦》，《申报》1928 年 7 月 18 日第 14 版。
② 同上。
③ 邹如圭：《世界陶瓷改进的历程及现今景德镇的急务》，《江西省立陶业学校校刊》第 1 期，南昌印记印刷所 1930 年版，第 195 页。

培养新式工人，适应现代瓷业发展需要。"现在各种工业的进步，不能不说是科学的功，要改良陶瓷，当然要从科学上去研究，我国陶工，识字者尚居少数，科学更谈不到。若要望他改良，是空想的，只有设大规模的陶瓷试验所，或陶业专门学校。多拨经费，完全设备，由多数学者细心研究，不适用的旧法，设法去除，有益的新法，提倡采用。一经种因，自然获果。"① 其次，进行制瓷业改革，生产出满足时代特色的产品。近代瓷业的迅速发展，瓷器种类已经不仅仅局限于日用瓷和艺术瓷，还包括电瓷等新型瓷器类型。要实现瓷业复兴，景德镇也必须加强其他陶瓷产品的开发与生产，并设立专门性的原料改良部、瓷器改良部、耐火器改良部、窑炉改良部等，针对景德镇瓷业生产中存在的问题进行专门性的改革。最后，盘活瓷业经济，塑造良性的经济运营机制。"有了制瓷工场，实行最新式的制造方法，一般小资本家，就会有组织改良工厂的企业心，有了职工养成所，养成新式工人，那时组织改良工场的，就会有工人可用。所虑的工场成立以后生意或稍停滞，即起恐慌。若设有瓷业银行，准以瓷器抵押贷款。则金融可以随时活泼，营业有法可以维持。新式工厂，自然相继而起，改良目的，自然渐渐达到。"② 交通问题也是影响景德镇瓷业复兴的重要因素，由于地理位置的原因，景德镇瓷器外运多靠水路。近代以来，尽管许多人也提出了发展景德镇公路和铁路运输，但由于自然环境受限，发展非常缓慢。因此，昌江依旧是景德镇瓷器外运的重要通道。但在长期瓷业生产中，昌江水路阻塞，难以通行。因此，为了促进景德镇瓷业恢复发展，景德镇地方政府应进行基础建设，重点关注交通设施建设。因此，对水路疏通，修筑陆路交通设施也是未来促进瓷业发展的方向。"由景镇至鄱湖之昌江一段，计程一百七十余华里，水量并非涸竭，只以历年淤塞，间有滩坡，每致舟行搁浅，应将各滩疏浚，使河底平顺，帆船易于行驶，其初步工程，利用轻便之疏浚机，就河起土，堆置滩旁两岸暂积，一俟各滩疏平，帆船畅运之后，再行将滩旁两岸起堆之土碟，用船运卸，以省搬挑之困难。"③

---

①　邹如圭：《世界陶瓷改进的历程及现今景德镇的急务》，《江西省立陶业学校校刊》第1期，南昌印记印刷所1930年版，第196页。

②　同上。

③　希白：《江西瓷业之根本问题》，《经济旬刊》1934年第3卷第16期，第33页。

四　民间救济瓷业的举措

景德镇瓷业生产采取的是家庭作坊式的小手工生产模式，生产经营者资金较少，且大部分从业者没有受到任何的教育。对于瓷业生产者而言，解决生活问题、满足温饱是其生产的根本驱动力。官方动辄上万元的新型瓷业公司投资，以及发展机械化生产的设想对他们而言，并无太多的意义和价值。从这一视角来看，景德镇瓷业从业者长期处于"失语"状态。但近代以来，由于行政中心迁移，以及景德镇商会等新型社会组织的成立，景德镇瓷业社会精英纷纷提出改良措施，以期实现景德镇瓷业复兴。总体而言，景德镇传统社会精英提出救济瓷业的模式和知识界设想一样，也期望从不同角度进行改革。

对于从业者而言，减轻瓷业税厘也是其关心的核心问题。1916年，景德镇总商会联合南昌总商会和九江总商会，就九江关加征货税一案提出申请。"关免料完抄加征货税一案迭经电恳撤销，并由浔商会详陈财农两部税务处在案。查船料货税两不相干；一免一加理由何在，宽待联单子口偏枯内地，内地商民鱼爵相□势所必至土货阻碍，影响税收，病国病商，何忍出此。景德镇瓷商业已停运，倘致停工，妨害治安，尤为可虑。"[1]随后，在各方压力下，九江关暂时停止征收相关税收。但不到半年，九江关再次提出征加税赋，引发了更为强烈的反抗。"本埠瓷业公所，近接景德瓷商来电云，九江长关在塘沽设立分关，增收半税，不日实行。众情惶急，行将停工罢运。请为联合电部要求撤销等因。该公所接电后，以去年因加钞一事，曾经遵请国货维持会长王文典面求大总统及财政部令行九江关监督缓办，仍照旧章在案。迄今只隔三个月，忽增抽半税，际此商困已达极点，若再加征，其何以堪。且近来洋瓷税轻，侵占华瓷销场，充塞与市。再行此涸泽而渔之政策，国产殆将绝灭。"[2]

1920年，景德镇瓷商因为厘金问题，再次提出抗议，并电请全国各地瓷业公所支持。为此，上海瓷业公所致函中华国货维持会就湖口增加厘

---

[1]　《赣省三总商会反对常关加税》，《申报》1916年12月29日第7版。
[2]　《景德镇瓷商之恐慌》，《时报》1917年3月27日第5版。

金问题表示瓷商的不满。"景德镇至湖口十分厘金业于阴历六月初一日起每百元加收十五元。窃维瓷业凋敝数年，于兹祇缘外货价廉国货成本太重故也。历年谋请减税，籍挽利权，今乃适得其反行，见国货更行窒销且将因各路少办而缩短税源，于商于国两有不利，敬祈贵会鼎力维持并函请景镇总商会窑帮陶庆陶成两公会提出抗议，务将新加厘金税从速取消。"①此后，景德镇商会以及各瓷商关注的核心问题依旧是税收的改良。抗战胜利以后，景德镇制瓷业陷入困境，各同业公会向政府提出减轻税收，以期实现瓷业发展复兴。"浮梁制瓷各业，家庭手工居多，其所经营旨在糊口，故无利润可言。此外，雇工经营之坯厂，其雇佣工人最多亦不过二三十人，以较外埠厂商，实有天渊之别。……盖所经营十九赖预售空盘为周转，际此物价波动异常，往往预约之货尚未交清，而原料等项又告增涨，如目前原料价格反较成瓷为高，遂不得不尽售空盘，垫此亏蚀处，此循环亏蚀之下，目前瓷业各商不啻以债务维其现状，又何利润之言。既无利润，应请暂免课征所得税者一也。次就利得税而言，按非常时期过份利得税法第一条，系战时加征性质。……今则战事虽造结束，此项税负自应请予减免。况利得税系随所得税核定之利润而加深。兹窑业各商对所得税如第一项所举，因无利润，暂请免课，则于利得税既无加征之根据，尤应请豁免者二也。"②瓷器作为中国国粹，曾经是中国出口商品的大宗，过重的税收使得瓷器生产难以恢复，为了维持生产，政府应该减轻瓷器税收，以期实现瓷业发展和复兴。

瓷业生产原料供应问题，也是瓷业从业者关注的问题，任何的改变都会引起生产者的警觉和抗议。1923年上海机器制瓷公司益昌机械公司通过上海总商会致函安徽省长，希望能够放开祁门瓷土专卖景德镇的模式，引起了景德镇瓷业生产者的抗议。"益中公司所称接祁门土业工会章焕奎报告祁土一项景镇年销多至四百万斤，仅占土额百分之一等语系一面之词，不足取信。查祁门各港碓厂共二十三处，每厂全面产额不足四百万斤，景镇销数即增加倍余亦不嫌停滞。近因运镇祁土日见缺乏，调查在镇各土行，去岁仅销三百二十万斤。陶器家以无货应用大受影响。现惟上等

---

① 《新加瓷税之函请抗议》，《申报》1920年8月11日第10版。

② 《为制瓷各业在战时摧毁殆尽，损失较陷区尤甚，迄今元气未复，原料价反较成瓷为高，对所得利两税无法负担，乞准暂缓开征，以维特产并培税源由》，1946年12月30日，卷宗号：J025—1—01974—0007，江西省档案馆藏。

瓷器稍有此种原料，次者多用他种土货配合，未敢轻率动用已足证供不应求之实在状况。此项瓷土关系我国特产，自应相互爱护，既非自应有余地步。不加遏制恐利权日见外溢，本埠窑业将有坐困之虞。"①

加强技术指导，培养瓷业生产人才，也受到景德镇瓷业从业者的重视。抗战期间，瓷业改良和运输陷入困境，在陶业管理局陷入停顿、九江光大瓷业公司难以为继的情况下，景德镇瓷业从业者也从新型改革措施和理念入手，以期得到政府支持。抗战胜利以后，针对景德镇瓷业困境，1946年，瓷业人员汪维培再次提出了改良方法。在这份改良建议中，景德镇瓷业从业者首次发声，将日用瓷和艺术瓷分开进行改良。"将日用茶饭器及一切普通日用品改用本机及用模型制造，并加工造单式之盖，增添底托。"② 而针对艺术瓷改良而言，他主张集中优秀艺人，培养年轻艺术创作人才，以实现改良效果。针对烧窑过程中出现的倒窑、烧造成品率不高的问题，汪维培提出借鉴科技知识，添设控温设备，以达到对窑温精密监测。"窑内须设三处火表，一为需要火力之大坯，一为不需要火力之坯，一为全要总火表。无论柴之干湿及时间多少以火表为标准。"③ 同前面动辄需要巨款的改良相比，这种改良理念或许更契合景德镇瓷业发展现状。

进行金融业改革，完善金融服务体系，为瓷业生产提供保障，也是景德镇民间长期关注的问题。在传统瓷业生产模式中，钱庄控制着金融业。国民政府建立以后，银行在景德镇先后设立。但由于景德镇瓷业生产规模小，经营分散，为了维护自身利益，银行难以给予贷款。尽管同其他地区相比，以瓷器为抵押是景德镇银行营业模式的特色，但这种也仅限于规模比较大的瓷厂。"景德镇银行，谈起来有七家之多，照情理讲，经济当很灵活，瓷业很可救济。……但到了年关，银行因'头寸'短少，贴现当然停止。对于抵押贷款，就暗中有相当限制。在表面上看来，有几家银行很明大义，对于瓷业颇愿贷款救济。凡茭了草的瓷器，因易于包管，均可进银行抵押，对于零星不能茭草的瓷件，因包管麻烦，就不易答应。关于抵押的厂商或瓷商，并且要他认为可以放心的特大牌号，其中恐怕还要加

————————

①　《景德镇商会再反对祁土弛禁》，《申报》1923年11月4日第13版。
②　《造瓷改良办法及理由》，1946年11月4日，卷宗号：J045—2—00830—0165，江西省档案馆藏。
③　同上。

上一点情面。"① 这也就意味着大多数瓷业工厂无法得到银行贷款。而对于大部分从事琢器小型生产者而言，本身就资金缺乏，且又得不到各方贷款，生产难以为继。在这种情况下，银行业应该提升对琢器小型生产厂主的贷款，以改善景德镇瓷业经营与贸易。

五　陶瓷教育与新式知识体系的引入

新的产业模式呼唤新的人才培养模式。传统陶瓷业人才培养模式是基于实践基础上的师徒制，这种人才培养模式的特色是重视实践能力，但缺乏体系性与知识性的传授，如果改换了生产模式与环境，所学的知识就难以发挥功效，传统景德镇陶瓷生产的模式即是这种形态。换而言之，这种与农业生产体系相配套的产业发展模式，在新的历史背景下遭遇困境和压力。在新型陶瓷生产模式建立的基础上，也需要新的人才培养体系，景德镇陶瓷职业教育就是回应这种需求而设立的。

（一）陶瓷教育产生的历史背景

陶瓷业是手工业之一，是社会底层民众谋生的职业。在中国传统社会中，读书的士人不屑于从事手工生产这样的职业。因此，在景德镇从事瓷业生产的人多为周边地区的农民。瓷业生产技术的传承模式也为师徒传授模式，这种传承模式特点是模仿，也就是说，师傅教什么，学徒临摹什么。不可否认的是，这种实践性极强的授徒模式，在景德镇瓷业传承方面发挥了重要的作用。对于瓷业从业者而言，只要能够掌握一门技艺，就能生存下来。但近代以来，陶瓷工业的迅速发展也为职业教育提供了发展空间。近代中国实业发展，相关人才的缺乏，引起了官方对职业教育的重视。自清末开始，社会各界均重视实业教育。1903 年，在清政府改定新学制构想中，张之洞就提出，如果要振兴实业，就必须发展实业教育，培养专门性人才。但由于各方限制，清末职业教育发展并不迅速。民国建立以后，许多著名学者纷纷创办职业学校以培养发展实业需要的人才。

---

① 胡道：《由旧历年关谈到景德镇银行与瓷业》，《陶瓷半月刊》1947 年 1 月 15 日第 1 版。

就近代景德镇瓷业发展而言，传统的制瓷业培训模式，已经无法满足新式瓷业发展的需要，主要表现在以下几个方面：首先，新型瓷器造型与纹饰的出现，给传统生产者带来了挑战。因为景德镇瓷业采取师徒承袭的生产模式，产品式样守旧，很难在瓷器产品生产上创新。景德镇瓷器不再得到市场认可，贸易量也逐渐减少。其次，机械化制瓷技术的传入，冲击了景德镇制瓷方法。西方新式的制瓷理念传入中国，尤其在日用瓷生产方面，均采取机械制瓷技术。而景德镇传统瓷业生产模式，无法提供这样的生产人才。以1904年安徽祁门引入的机械开采模式来说，由于缺乏操作机器的人才，生产难以为继，花费巨额投资的新式机器变成废铁。这也就意味着，近代以来，景德镇如果要设立机械化瓷业公司，必须培养新式人才。最后，瓷器制作方式的转变，也需要新型的人才。传统景德镇瓷业生产体系全部由瓷业工匠手工完成。但近代以来，新型生产模式的出现大大提高了生产效率，节省成本。以瓷坯制作为例，手工拉坯费时，且要求工人有较高的技术水平，要经过长时间的训练，才能胜任该项工作。但石膏翻模技术不仅能提高生产效率，降低成本，也对技术要求不高，只要模具做好以后，就能生产。

传统景德镇瓷业类型也限制了相关人才的培养。景德镇瓷器主要包括两大种类：一是日用瓷；二是艺术瓷。但近代以来，新的社会需求对瓷器种类的要求也逐渐增加，尤其是新型电瓷的出现，是全新的产品类型。对于传统从业者来说，根本没有能力生产这样的产品。而这种机械化程度较高的产品生产模式已经完全不同于传统的瓷器生产。不经过专门教育培训，从业者根本无法胜任相关工种。

近代以来，许多学者认为景德镇的落后表现在各个方面，解决的关键性途径就是发展教育。以瓷土开采为例，由于采取传统的加工模式，瓷土杂质含量较高，烧造出来瓷器的洁白程度和质量远不如欧美瓷器。此外，传统生产模式多是习惯性生产，瓷工多依照长期生产中积累的经验，无法解决出现的新的问题。面对现代化大生产情况，这种模式已经不再适用。引入新的技术，对瓷器制作过程中的不同工序进行精细研究，才能保证瓷器产品的质量。此外，传统瓷业生产中存在的问题也需要新的技术分析方法来解决。以釉料配制为例，景德镇瓷器釉料有上百种。但配釉的方法被少数人掌握，且多是按照长期实践中形成的经验进行，没有固定的配方和化学分析来测定不同釉料各种原料的比重，每次配出来的釉料都有很大的偶然性。更为严峻的是，如果师傅不及时将这种技术传承下去，这种方法也会由于老艺人的离开而消失，对瓷业生产来说是巨大的损失。传统师徒传承模式存在的不足、新型瓷业公司缺乏陶瓷专业人才均是近代景德镇瓷器发展与转型的困境，都成为新式教育产生的重要推动力。

（二）中国陶业学堂的创办

江西瓷业公司建立以后，就在鄱阳分厂附设中国陶业学堂，培养陶瓷专业人才，开启了近代景德镇陶瓷教育的历程。"清光绪二十八年，官绅发起江西改良瓷业公司。……而设分厂于饶州高门地方实验改良制造，而学校即附设于分厂，以便学生入厂学习。"[1] 之所以在瓷业公司附设学校，就是因为传统瓷业从业者难以胜任新式工厂的工作。从陶瓷职业教育最初办学模式来看，其目标已经非常明确，即为新式陶瓷行业发展培养人才，这在中国陶业学堂办学宗旨中也能体现出来。"养成明白学理，精进技术之人才，以改良陶业。"中国陶业学堂设置陶业本科和艺徒班，1910年，学校开始招生。前者招收15岁以上的高等小学（或同等学力）毕业生，以期培养瓷业原料技术生产人才，后者招收12岁以上具有初等文化的幼童，实行"三五"学制，前者学制三年，后者学制五年。学生来自协同出资的五个省，均为男生，学校一律免收学杂费，创办时各招收一个班。课程设置除了专业课程如烧成、制釉、原料分析、玻璃、模型、辘轳、瓷画、堆雕以外，学校还加强对数学、物理、化学、伦理等基础课程的学习。[2] 从学科设置上我们就能明显地看出，近代陶瓷教育与中国师徒制教育模式所存在的区别与联系，也更能发现其系统性教育模式所拥有的影响力和作用。

中国陶业学堂是应江西瓷业公司需要新式人才而建造的，因此校址紧邻瓷业公司，方便学生理论学习与实践相结合。建设初期，由于经费缺乏等方面的问题，学校规模比较小，仅有一栋二层楼的建筑。校舍一楼为学生教室、实验室、成瓷室、压坯及堆雕室等，二楼为老师办公室、会议室以及作品陈列室等。为了实现陶瓷生产的改良，学校建造了一座新式倒焰

---

[1] 黄炎培：《黄炎培考察教育日记》第1辑，上海商务印书馆1914年版，第113页。
[2] 邹如圭：《江西省立陶业学校校刊》第1期，南昌印记印刷所，1930年，第3页。

式煤窑，这也是近代中国最早的新式窑炉之一。另外，学校还建有学生实习的小型试验窑、玻璃试验窑及红炉等高温设备，以利于人才培养。辛亥革命以后，各省资助款项中断，仅由江西一省负责，发展压力很大。在此背景下，1912年，江西省都督李烈钧将学堂收归省立，改名江西省饶州陶业学校，由留日归国的张浩①任学校校长。作为中国陶瓷教育的先驱，中国陶业学堂在艰难的困境下开启了陶瓷教育新的历程，有着重要的影响力和意义。此外，在新的历史语境下，瓷业教育作为实业教育的重要组成部分，试图在中国陶瓷业落后的情况下，通过向西方和日本学习，寻求富强之路。这种不同于中国传统教育的新式模式，也为景德镇陶瓷教育发展提供了契机。

（三）省立陶业学校的发展与演变

民国建立以后，非常重视教育的发展。1913年8月，教育主管部门颁布《实业学校令》对实业学校的目的任务、课程设置、学校设备、入学条件等做了明确的规定。将"教授农、工、商业必需之知识、技能"作为实业学校的目标，并根据学校各方面的条件，进行设置与分类。"甲种实业学校施完全之普通实业教育；乙种实业学校施简易之普通实业教育；一得地方需要授以特殊之技术。"②甲种实业学校由省主管部门设立，层次较高，招收高小毕业生；乙种学校主要由县级城镇、商会等设立，招收初小毕业生。如前所述，由于中国陶业学堂经费困难，收归省有后，继续培养陶瓷教育人才。

1913年，江西时局相对稳定，陶业学校发展规模也进一步扩大，招生人数也随之增多。校长张浩一方面邀请邹如圭③到学校任教，另一方面

---

① 张浩（1876—1954年），江西新建人，著名陶瓷教育家，也是中国最早留学日本学习陶瓷教育的人才。1901年到日本东京高等窑业学校攻读窑业，1906年学成归国，长期从事陶瓷教育。先后担任饶州陶业学校校长、江西陶务局局长、江西陶业管理局局长等，为景德镇和中国陶瓷产业发展做出了重要的贡献。

② 鑫圭、唐良炎主编：《中国近代教育史资料汇编·学制演变》，上海教育出版社1991年版，第721页。

③ 邹如圭（1879—1962年），字洁册，江西宜丰人，近代著名陶瓷教育家。1907年到日本留学窑业，1913年学业完成归国任教陶业学校。曾先后担任江西工业实验所技正、萍乡瓷厂电瓷部主任等职务，先后撰写《陶瓷产品年代发展简史》《周代陶业制度》《春秋时代窑业》《战国时代陶瓷技术》《中国工艺沿革》等。

积极申请扩建校舍与宿舍，试图重振陶业教育。但"二次革命"爆发后，政局风云突变，整个江西陷入混乱。瓷业公司难以为继，陶瓷教育更无从谈起，刚刚兴起的陶业教育再次陷入困境。1914 年，张謇多次致函新任江西省巡按使戚扬，分析了陶瓷实业教育在江西具有的重要地位和影响力，希望他能帮助解决教育经费问题。"升淮巡按大鉴：昨辱大函，陶业校费，承鼎力维持，欣佩无似。现已照转各该公司学校矣。务本之治，首在教育。省制司改为科，在表面视之，似觉范围稍小。其实办学与他项行政不同。必能熟悉所在地方情形者，斟酌损益，证合教育原理，乃可措置裕如。"[1] 但由于实业教育在中国刚刚起步，尽管各方均努力推动，学校发展依旧遭遇到困难。当时省立饶州陶业学校共 48 人，学生分为中等、初等、艺徒三种。"中等準中学校程度，于普通学课外加入陶业之学理技术，以养成技师，三年毕业。初等及艺徒专重实习，略授切用之科学及陶业专门之理论，以养成技手，亦各三年毕业，现有中等第二年一班六名学生，中等第一年一班十五名学生，初等第二年一班十二名学生，艺徒第二年一班十五名学生。"[2] 此外，受中国传统意识影响比较深，许多人难以接受读书以后还从事瓷业生产，因此，对学习的积极性不高，甚至招生也遇到困难。这在黄炎培对饶州陶业学校调研过程中也得到了证实。"学生不多，其原因在社会不甚重视，又以方今学风骄贵奢惰，青年皆不胜工作之苦，以故入学后惮于工作而中途乞退者亦有之，闻今春在城招考学生，报名者仅二人。省公署不得已乃改令在本校招考至学校。"[3] 学校发展遇到的困境既是中国陶瓷产业发展的缩影，也是近代实业教育所面临困境的折射。

1915 年，时局再次相对稳定后，戚扬视察饶州陶业学校，再次将学校确定为省立，改名江西省立第二甲种工业学校，学校设陶瓷本科和预科，本科学制二年，预科学制　年，招收高小毕业生，学习　年后升入本科，校址仍设在鄱阳。随着各方面形势好转，学校发展逐步过渡到良性状态。1916 年，鉴于江西瓷业公司鄱阳分厂瓷业生产困难，景德镇瓷业依旧是江西瓷业发展重心，张浩呈请在景德镇设立分校，招收瓷业专门人

---

① 李明勋等主编：《张謇全集》第 2 卷，上海辞书出版社 2012 年版，第 489—490 页。
② 黄炎培：《黄炎培考察教育日记》第 1 辑，上海商务印书馆 1914 年版，第 113 页。
③ 同上书，第 114 页。

才，名为江西省立乙种工业学校。学校分为饰瓷班和成瓷班，以培养成瓷和画瓷人才为目的。分校属于初级实业学校，招初小毕业生，学制三年，其招生范围广及安徽、浙江、江西等省，学生免费入学，并由学校供给膳宿；本地走读学生每月发三百钱充伙食费。课程设置按饰瓷和成瓷两种专业开设，文化基础课设置有修身、国文、算术、历史、理化、体操等。文化课的时间不超过教学总量的三分之一。学生每周一半的时间在课堂，一半时间在工厂，专业课教师多为本部的优秀毕业生和景德镇的陶瓷名家担任。1924 年以后，分校停止独立招生，仅作为学校教师和学生实习工厂之用。

经过前期发展与各方努力，省立第二甲种工业学校进一步发展，学校规模在原有基础上得以扩大，办学效果显著，社会影响力逐步提升。"（学校）学生规模达到 100 人，常年经费一万三千元。成绩室陈列瓷器有仿古式者，有西式者，有施彩者，有素烧者，各极其妙。校内大窑一座，每年烧三回，小窑一座，上半年两星期烧一回，下半年每星期烧一回。参观原料配合室，见瓷器、陶器、玻璃之外，又有洋灰、珐琅、砖瓦、景泰蓝之配合。分析室研究定性定量，粘土燃料，其分合之颜色，并廉价发售，以便窑业者施彩之用。附属乙种工校，取实地练习窑业之便利，设景德镇。实习时间占三分之二。不待毕业为人争聘以去者，时有所闻，是职业需要教育之好现象也。"[1]

从上述基本情况可以看出，经过数年发展，学校规模进一步扩大，专业设置也将陶瓷、玻璃、砖瓦、珐琅等融合在一起，从科学发展视角进行总体规划和布局，展示学科特色与区域发展相结合的特点。1924 年，为扩大影响力和规模，学校改称为江西省立窑业学校，实行"三三"学制，增设高级班和初级班，高级班招收初中毕业生和初级班结业生，初级班招收高小毕业生。学校规模渐次广大，次年开始添设女子班（分班授课），首届招生 8 人，先后有本校毕业生章继南、江笑波留学日本归来任教。"斯时本校出品，颇受社会欢迎，而外省工业试验所及改良制瓷工场，大抵都有本校甲乙种毕业学生在服务。"[2] 此外，这一时期，由于江西瓷业

---

① 朱有瓛主编：《中国近代学制史料》第三辑（下册），华东师范大学出版社 1992 年版，第 416—417 页。

② 邹如圭：《江西省立陶业学校校刊》第 1 期，南昌印记印刷所 1930 年版，第 3 页。

公司鄱阳分厂早已停办，景德镇各界呼吁将校址迁移到景德镇，也得到江西省教育厅批准，但由于大革命爆发，社会局势再次陷入困境。学校也于无形中停止。

（四）高等陶瓷专科学校筹备与建设

1927 年年底，国民政府在各方面建设趋于安定，教育问题再次成为各方关注的核心。在这种情况下，江西省政府将省立第二甲种工业学校更名为江西省立陶业学校，由留美陶瓷人才邹俊章①担任校长。在该校校刊上，邹俊章简要论述了学校艰辛发展历程。"本校于前清宣统二年由直隶、湖北、安徽、江苏、江西五省联合创办，名曰中国陶业学堂。民国成立改归江西省立，更名为江西省立饶州陶业学校。民国四年遵部令改名江西第二甲种工业学校，五年在景德镇御窑厂创设乙种分校。十二年再更名江西省立窑业学校，始分设高、初中两校，更于景德镇设立艺徒补习班。十五年，有全校迁于景德镇之计划，复更名曰江西省立景德镇陶业学校。"②

国民政府时期，由于各方重视，江西省立陶业学校工作也进入正规，学校陶瓷教育初步发展。在专业方面，学校分设学术组和艺术组两个专业，学术组招收六年级毕业生及普通中学学生，其主要讲授陶瓷技术相关方面知识，使学生毕业后能够改良陶瓷制造，或者升入专科学校和大学；艺术组的目标是学生毕业后能在陶瓷工厂继续技术改良，提高生产效率。因为正好处于国民政府相对和平发展时期，陶业学校也在原有基础上继续发展。针对当时学生学习和课程设置方面的问题，学校采取多样化的手段，来实现其教学目的。"因与十七年度起教务、训育两处，共策共进，各种规则，依法实行，不稍懈怠，历二载学风渐渐转移，又与全校教员商议，实行严格考试，务谋实事求是，初时虽稍感困难，但各教员莫不竭力同心，殷勤监察，无形之间，诸生学业，亦与日俱进矣。"③

为了更好体现教育的实践意义，谋求学生的成长成才和提高社会适应能力，学校改革学制，规范教程，在原有学制基础上，实行教学双轨制。

---

① 邹俊章（1897—1931 年），字维渭，江西南昌人，近代陶瓷教育家，早年留学美国，获纽约州立大学陶业学士、意林诺大学陶业硕士学位，英国薛菲尔特大学研究员。

② 《江西省立陶业学校简章》，《江西省立陶业学校校刊》第 1 期，南昌印记印刷所 1930 年版，第 107 页。

③ 《教务概况》，《江西省立陶业学校校刊》第 1 期，南昌印记印刷所 1930 年版，第25 页。

艺术组的学生学制四年，注重实习，其目的是培养技术性人才；学术组学制六年，注重理论知识学习，尤其是西方新式理论的介绍与引入，目的是培养全面人才。课程有选修和必修两种形式，第一学期课程全部必修，自第二学期开始采取选修和必修相结合的模式。艺术组和学术组均采取学分制，艺术组每学期修满二十七学分，共修满二百一十六点五学分方得毕业。学术组六年平均每学期修满二十八学分以上，共修满三百四十三点五学分方得毕业。根据专业需要和课程设置分为三类：一为普通类科目，开设课程包括三民主义、史地、工业经济、国文、英语、日语、物理、化学、生理卫生、动植物、地质、矿物、科学发展史、代数、高等代数、解析几何、微积分大意、珠算、体育、机械工程、用器画、音乐等。二为陶瓷专业类课程，包括陶学及陶学计算、陶学实验一、陶学实验二、珐琅及景泰蓝、玻璃、士敏土、耐火器材、电瓷、特种彩釉实验、制瓷实习、筑窑及制图、燃料及测热学、定温分析及工业分析、机械学、陶业地理等。三为艺术类课程，包括国画、西画、写生、图案、雕塑、砖瓦、饰瓷、美术史、艺术概论、色彩学、透视学、解剖学等。[①]

　　但由于当时中国缺乏新式工厂，无法接受学习新型技术的毕业生。此外，不可避免的是，经过学校教育的学生，并不一定愿意在景德镇瓷窑或者坯房中从事拉坯或者烧窑等行业，造成了就业方面的困难，学校也没有办法，只好进行相关改革，以期能为学生就业提供帮助。"本校限于是职业学校程度，故陶业课程之分配，教材之审定，颇感选择艰难。且毕业后，出路难寻。在校诸生，虽抱进取之心，殆皆以毕业学生，苦于无相当出路及升学之困难，多改弦易辙，遂茫然不知所措。因是课程之编制，不得不就折衷办法，减少陶学科目，俾各生毕业后，或有升入普通学校之可能。"[②]学校设立的目的是培养陶瓷类专门人才，但毕业学生并没有出路，也就意味着，陶业学校的设置形同虚设。1928年，该校曾经出现了高中二年级一班全体退学的现象，就是学校发展困境的缩影。根据陶业学校毕业生调查表统计，1930年以前，该校毕业生进入政界的占8.67%，在学校工作占22.02%，经商占11.16%，做工人占5.83%，做军警占2.64%，继续升学占9.4%，赋闲在家占6.25%，调查未详占24.25%，其他包括亡故

①　《江西省立陶业学校校刊》第1期，南昌印记印刷所1930年版，第111—114页。

②　《教务概况》，《江西省立陶业学校校刊》第1期，南昌印记印刷所1930年版，第25页。

表 3-2　江西省立陶业学校艺术组必修科目学分表

江西省立陶业学校艺术组必修科目学分表（1930 年夏）

学年	学期	项目	三民主义	国语	历史	地理	英语	算数	代数	几何	三角大要	物理	化学	陶瓷学	陶瓷计算	陶瓷实验	国画	西画	图案	饰瓷	用器画	薄记	生理卫生	珠算	音乐	体育附国技	童子军	军事训练	实地参观	总计	备注
第一学年	上	时数	二	四	二	二	三	四									四	四					一	一	一	二	二			三	
		学分	2	4	2	2	3	4									2	2					1	1	1	1	1			27	
	下	时数	二	四	二	二	三	四									四	四					一	一	一	二	二			三	
		学分	2	4	2	2	3	4									2	2					1	1	1	1	1			27	
第二学年	上	时数	二	四			三		四			三	三				四	四		四										三	
		学分	2	4			3		4			3	3				2	2		2										24	
	下	时数	二	四			三		四			三	三				四	四		四										三	
		学分	2	4			3		4			3	3				2	2		2										24	
第三学年	上	时数	二	四						二	一			二			四	四	二		二					二	二			二	
		学分	2	4						2	1			2			2	2	1		1					1	1			22	
	下	时数	二	四						二	一			二			四	四	二		二					二	二			二	
		学分	2	4						2	1			2			2	2	1		1					1	1			22	
第四学年	上	时数	二	二			一								三	四						二						二		一	
		学分	2	2			1								2	2						2						1		12	
	下	时数	二	二											三	四						二						二	一	一	
		学分	2	2											2	2						2						1	1	13	
总计		学分	16	28	4	4	12	8	8	4	2	6	6	2	2	4	12	12	2	4	2	4	2	1	1	4	4	2	1	171	

（注：「数学科目」栏含「算数」「代数」「几何」「三角大要」四项。）

表3-3　江西省立陶业学校艺术组选修科目学分表

江西省立陶业学校艺术组选修科目学分表（1930年夏）

		艺术科目									陶学科目													备注
		美术史	色彩学	透视学	解剖学	艺术概论	西画	国画	饰瓷	雕塑	实习制瓷			釉及景泰蓝	砖瓦	动植物	工厂商店管理	工业经济	劳工问题	体育	童子军	应选总计	
											雕瑑器	雕镶器	模压坯										
第一学年	上 时数	二	二																				童子军或体育必须任选一种，以上科目除实习瓷为限，饰物修一下第二学年内，第三学年，如博物选，不得选于第三学年，若重选，第二学年，得选，第三学年，习之
	上 学分	2	2																				
	下 时数	二	二																				
	下 学分	2	2																				
第二学年	上 时数			二		二			四		四	四	四		三	二	二	二	二	二	二		
	上 学分			2		2			2		2	2	2		3	2	2	2	2	1	1		
	下 时数			二		二			四		四	四	四		三	二	二	二	二	二	二		
	下 学分			2		2			2		2	2	2		3	2	2	2	2	1	1		
第三学年	上 时数				二		八	八	八	八	八	八	八	二	三	二	二	二	二			八	
	上 学分				2		4	4	4	4	4	4	4	2	3	2	2	2	2			5	
	下 时数				二		八	八	八	八	八	八	八	二	三	二	二	二	二			八	
	下 学分				2		4	4	4	4	4	4	4	2	3	2	2	2	2			5	
第四学年	上 时数								十	四	十	十	十									三	
	上 学分								5	2	5	5	5									8	
	下 时数								十		十	十	十									三	
	下 学分								5		5	5	5									8	
总计	时数	四	四	四	四	四	八	八	十	四	十	十	十	四	六	四	四	四	四	四	四		
	学分	4	4	4	4	4	4	4	5	2	5	5	5	4	6	4	4	4	4	2	2		

（表3-2、表3-3 的资料来源：《江西省立陶瓷学校校刊》，南昌省立陶业学校：《江西省立陶瓷学校校刊》，南昌印记印刷所1930年版，第111—112页。）

占 10.23%。[1] 从上述统计中能发现，其中陶瓷学校学生毕业后从事瓷业生产人数仅占很少比例。也就是说，设立的专门瓷业学校并没有为景德镇和全国陶瓷产业发展起到多大的作用，也无怪乎学生学习的积极性不高，学校在课程设置方面不得不考虑这一情况。

陶瓷职业教育面临的尴尬局面，也是近代景德镇陶瓷困境的反映。一方面，景德镇瓷业生产缺乏新式人才，难以实现创新；另一方面，学生不能或者不愿意从事被社会认为低下的瓷业手工业生产，就无法实现其职业教育的目标。"各机关负责者根据平日的观察，大都说职业学生大半患了下列的毛病：一，野心太大，瞧不起较低的职务；二，眼界太高，不愿受微薄的报酬；三，性情骄傲，不听指挥。"[2] 此外，学校设在鄱阳高门，距离景德镇较远，学生根本无法接触实践，仅进行理论学习也对学校的发展不利。为此，学校多次向江西省政府呈请，将学校迁回景德镇。"陶校在景镇，能使学生收直接观感之效；陶校在景镇，易使景镇陶瓷工厂，受学校科学化；贫苦学生可利用暇时或假期，代工厂做器绘瓷籍资补助；来就学者必多陶业界子弟，对于陶业学艺当富兴趣；学校与工厂接近，毕业生谋工作比较易；景德镇人烟密集，小学发达，招收职业班学生甚易；本校原有艺术组招收女生，女生毕业后，即可绘瓷，自谋生活，或可管理瓷店，提倡女子职业以景镇为最宜。"[3] 1929年，方芷庭、马德山将景德镇八股山的地基赠给陶业学校，开启了学校迁移的历程。但由于财政等方面的因素，迁移学校到景德镇的目标一直难以实现。1930年，因为国共双方的激烈争夺，景德镇瓷业生产陷入困境，迁校事宜无从谈起。雪上加霜的是，1931年，校长邹俊章因病逝世，江西省立陶业学校再次因为社会环境问题而无法迁移。但鄱阳的地理位置也一直是影响学校招生的最为关键性的因素。因为学校培养的目标是新式陶瓷人才，但学校并未在景德镇设立，鄱阳地区也没有新式的陶瓷企业，这种双重困境就影响到学校发展。固然，创立者认为，景德

---

① 《本校毕业生状况调查表》，《江西省立陶业学校校刊》第 1 期，南昌印记印刷所 1930 年版，第 37 页。

② 罗静远：《职业教育今后应有的设施》，载王强主编《民国职业教育史料汇编》（21），凤凰出版社 2014 年版，第 31 页。

③ 《发展江西省立陶业学校计划书》，《江西省立陶业学校校刊》第 1 期，南昌印记印刷所 1930 年版，第 265 页。

镇传统势力太大，难以接受新的理念。但如果培养的学生没有工作，老师因为环境很难留下来，这对学校来说也是发展的困境。1933 年，江西省政府希望在九江设立新式瓷业公司，又恰逢九江圣公会所属圣约翰中学停办，所遗校舍正适合陶校之用，于是学校便向省教育厅呈请迁校。"窃查陶业学校与陶业试验所合并迁浔，拟购九江东门圣约翰中学，及其对面高校长住宅，并礼拜堂基地为地址，前经教育厅派张校长浩前往调查，据谓圣约翰中学基地房屋，索价一万二千元，其余高校长住宅及礼拜堂基地房屋，索价一万五千元，两共需银二万七千元。嗣经学校电饬九江县长鲍公任就近复勘，切实商洽。据该县长呈复略称；全部面积，约五十亩有零，内有西式二层楼房三栋。及教员住室，门房，厨房等计十八间，最低价格，需银二万两六千元，不能再让等语。上次学遂赴浔，曾经遵奉主席面谕，视与圣公会罗会长接洽，经再四磋商，将全部价格，减为二万二千元，已得对方允可。"[1] 1934 年，陶业学校由鄱阳迁移到九江，改为省立九江陶瓷职业学校。"按查前据该校呈以九江地籍整理处办理土地所有权登记。请令省立陶瓷职校时九江房地契据移交接受等情。"[2] 在学校前期发展的基础上，陶瓷学校根据实际情况，进行了产业与生产各方面的调整，以有利于学生的发展和学生的就业。"以后应注意於明、清两代仿古瓷器之制法及花纹颜色之保存与改善，并着手於各项谱式之搜集，将固有瓷器之精美要点，保持而发挥，当较之仿造舶来品味有实益。此外于手工制瓷之中，应注意简单机械工具之利用与创制，勿令安于从来之熟练手工技术而不思设法改进，是为至要。"[3] 在学校试图精进发展的过程中，日本侵华开始，承载复兴中华瓷业的陶校再次因为时局问题而陷入困境。抗战爆发以后，学校由九江迁移到泰和，扩充成立省立泰和高级工业职业学校。1943 年，学校由萍乡迁回景德镇，并与浮梁县立陶瓷科职业学校合并。"据省立泰和高级工业职业学校校长程昌镐称，此本校在战时成立，由泰和迁设浮梁，原属

① 《陶业学校与实验所迁浔购买地址经决议通过令厅拨款》，《江西省政府公报》第 83 期，江西省政府 1934 年 4 月 5 日。

② 《据省立陶瓷科职业学校呈以该校原校址房地系由省府收买借给该校，故无地契等情令仰知照由》，1945 年 12 月 24 日，卷宗号：1010—001—0009—074，九江市档案馆藏。

③ 《视察各省市职业教育报告·江西省立九江陶瓷科职业学校》，1935 年 2 月 13 日。选自张研、孙燕京主编《民国史料丛刊》（1052 册），大象出版社 2012 年版，第 350 页。

临时性质。"① 1945 年，抗战胜利以后，省政府批准将校名定为省立陶瓷科职业学校，并迁移到景德镇，培养陶瓷生产人才，由汪潘任校长。

1946 年，省立陶瓷科职业学校开设陶瓷工程专科班，招收高中生入学学习陶瓷，培养瓷业高级生产人才，此外还创办了陶瓷美术专科班。为了更进一步振兴瓷业，促使景德镇陶瓷业的发展，江西省教育厅呈请教育部批准设立陶业专科学校。"窃以吾国陶瓷，向著称与世界，而尤以本省景德镇为最：不但质料极为优良，即制法亦称精美，片瓦只叠，流传海外，往往珍为异宝。因而吾国陶瓷，遂为输出之大宗。惟近十数年来，按诸出口统计，此项输出数额，逐年减少，欧美商场，我国出品几在摒弃之列诚可浩叹！推原其故，实由外人极力研求，能以科学方法，而谋改进之所致耳。我国人士，对于陶学，向以技艺转向授受，日迁月异，渐失真传，及今又不能以学术谋改良，为新的创造，此所以近时产物，如化电瓷器等类，不克仿造，而康乾异品，亦难以复制也。若不急图挽救，吾国陶瓷，必将绝迹与商场，反输出而为输入，漏巵日大，民生日困，瞻念前途，不胜悚惧。尝考欧美各国著名大学，大都设有陶业一科，或另行设立陶业专校，故能对于陶业学术，研究精深，日趋进步；回视我国，仅本省设有陶业一校，其性质复限为职业学校，学生程度，勉及普通之技艺，难为学术之研求，如此而欲吾国陶业与他国竞争，无怪乎其应形落后也！职是之故，吾国陶业学院，实有急行设立必要。"② 与此同时，陶瓷科职业学校因为设计国礼瓷得到南京国民政府的认可，也为学校发展提供了契机。为此，学校校长专门就增设专科教育以来的发展情况进行了论述。"一年以来，陶专不断地向自己的理想、社会的期望、勇猛迈进、兹将重要事项、分述于次：一、改办专科。本校为提高学生程度、适应社会需要起见，去年已经增办专科班，本年四月间教育部吴督学莅校视察，深表同情。六月间又承本省教育处周处长亲临指挥，全校感奋。暑期省中务会议通过。将本校正式改为专科、继续招生，并已拟具详细计划。呈请教部检示中。二、充实设备。本年建筑二层教室一幢、厂房一幢增制压坯辘轳三

---

① 《函以省立九江陶瓷职业学校在九江原有校址拨充省立泰和高级工业职业学校校舍饬由该校程庭校长前往恰办，请予以协助》，1945 年 12 月 24 日，卷宗号：1010—001—0009—036，九江市档案馆藏。

② 《陈厅长请在景德镇设国立陶业专科学校》，《江西教育公报》1947 年第 2 卷第 10 期，第 42—43 页。

部、粉碎装置一部、绘瓷用具全部，此外仪器、图画均已分别购置多种，现在教学及工厂设备、规模初具、实习已无问题。三、建筑阶级窑。本校为改良景镇瓷窑救济小窑户、便利学生实习起见、业经商请本省救济分属拨款建筑新式阶级窑一座，以资示范、此项工程、业已完竣。四、承制国府定瓷。一年来利用生产实习、扩充制造，国府赠送国际友人瓷器式样色彩图案，参考宋清时代作品予以改进，象征中国文化、而具时代特色，颇获好评，各方面订单应接不暇。"①

通过各方努力，1947 年底，时任教育部部长朱家骅同意在景德镇设立陶瓷高等专科学校。"省立陶职改为专科学校一案，经先后两次呈奉教育部不予核准。近复，据该校员生之请求，及鉴于事实上确有必要，经决定单独设立省立陶业专科学校。原有之陶瓷职业学校附属办理。并经陈理，向部力请，刻已正式奉准办理。"② 为了吸引学生，更有利于学校人才培养和规模提升，陶业专科学校也积极申请学生全部公费入学。"本校系造就专门人才，改进陶瓷技术，学生多系工、农、教职之子弟。……近据景德市政府函知附件节开'关于公费生之规定第二条专科公费名额占全校学生数百分之三十。兽专、护士、助产、师范等校全部公费，职业学校百分之二十。'本应遵办。查本校系全国唯一陶业学校，负省改善瓷业之责，似应与兽专等校，如无公费，贫苦学生势必纷纷退学，对民族工业教育发展障碍殊多。"③

经历了漫长而艰辛的历程，景德镇陶瓷教育逐步发展起来，江西省立陶瓷专科学校也成了当时江西省唯一一个不在省会南昌的专科学校。在办学过程中，由于民国复杂的社会历史现实，陶瓷职业教育的中心并不在景德镇。但新式教育模式已经对景德镇发展带来了积极性的作用。尽管同景德镇数万名瓷业从业者相比较，学校培养的学生数量甚或可以忽略不计，但毕竟作为新生事物，仍有极强的影响力。"解放前有中等以上学校二五，班一七三，教职员五二零，学生四四二二。"④ 这一数字是整个浮梁专区

① 汪璠：《一年来的陶专》，《陶瓷半月刊》1948 年 1 月 1 日。

② 《呈准设立陶业专科学校》，《江西民国日报》1948 年 5 月 30 日第 3 版。

③ 《为呈请陶业专科学校全部公费由》，1949 年 11 月 1 日，卷宗号：1041—1—8，上饶市档案馆藏。

④ 《浮梁专署文教资料，一年来文教工作总结》，1950 年 9 月 10 日，卷宗号：1041—2—11，上饶市档案馆藏。

（含余干、万年、鄱阳、乐平、婺源、浮梁、德兴）的学校数字，包括中学、师范学校和职业学校。其中，景德镇仅有一所陶瓷专科学校，教职工有 38 人，学生数 126 人。[①] 此外，近代以来，陶瓷专业教育的老师也多为日本窑业专业毕业，也有丰富的理论基础。尽管教师数量不多，但大部分主讲教师多毕业于国内外相关艺术院校，有较高的教学能力和水平。

表 3—4　　　江西省立陶瓷专科学校部分教师学历和专业情况

姓名	职别	具体工作	简历及文化程度
汪璠	教务主任，教授	负责全校教务工作；教授陶瓷颜色釉课程	东京工业大学窑专部毕业，曾任省立陶校教务主任，工厂主任
戴亮侪	工程科主任，教授	掌握工程科教研工作 讲授陶瓷原料及实验	东京工业大学窑专部毕业，曾任省立陶校副校长
万昊	艺术科主任，教授	负责艺术科教研工作，讲授素描等课程	国立艺专毕业，曾任南华艺专校长
朱乃华	工厂主任	管理工厂试验	法国力猛齐陶瓷专科毕业，曾任法国水脱弄机械厂技术员
王博文	总务主任，教授	负责全校总务工作，讲授音乐课程	北平美术学院毕业
舒信伟	教授	讲授陶瓷材料课程	东京工业大学窑专部毕业，曾任江西省陶务局试验股股长
戴粹新	教授	讲授分析化学、分析实验和陶瓷制造工程等课程	国立浙大化学系毕业
余塞	教授	讲授艺术写生等课程	国立艺专毕业
汪琛	副教授	讲授工程原料、物理、数学等课程	东京工业大学窑专部毕业
冯天畏	讲师	讲授机械工程、物理等课程	东京工业大学机械工学科毕业
朱子慕	讲师	讲授素描、水粉画等课程	国立艺专毕业

资料来源：《江西省立陶瓷专科学校》，1948 年 12 月 17 日，卷宗号：1041—2—6，上饶市档案馆藏档案。

（五）国立陶业学院的梦想

发展陶瓷教育，践行复兴中国传统陶瓷业的梦想，是景德镇瓷业从业人员和江西省各界共同的追求。1926 年，在江西政局还未稳定的局面下，

[①] 《浮梁专署文教资料，一年来文教工作总结》，1950 年 9 月 10 日，卷宗号：1041—2—11，上饶市档案馆藏。

时任江西省教育厅厅长陈礼江向教育部呈请在景德镇设立国立陶瓷专科学校，以实现景德镇瓷业复兴。"呈为呈请于江西景德镇设立国立陶业学院，以应需要而裕民生。窃以吾国陶瓷向著称于世界，而尤以本省景德镇出品为最。不但质料极为优良，即制法亦称精美，故片瓦双叠流传海外，往往珍为异宝。因而吾国陶瓷遂为输出之大宗，惟近十数年来，按诸出口统计，此项输出数额逐年减少。欧美商场我国出品几在摒弃之列，诚可浩叹。推原其故，实由于外人极力研求，能以科学方法而谋改进之所致耳。我国人士对于陶业向以技艺转相授，日迁月异，渐次失真传，及今又不能以学术谋改良。为新的创造，此所以近时产物如化电瓷器等类不克仿造，而康乾异品亦难于复制也。若不急图挽救吾国陶瓷，必将绝迹于商场，反输出而为输入，漏卮日大，民生日困，瞻念前途不胜悚惧。常考欧美各国著名大学大都有陶业一科或另行设立陶业专校。故能对于陶业学术研究精深日趋进步，回视我国仅本省设有陶业一校，其性质复限为职业学校，学生程度勉及普通之技艺，难为学术之研究。如此而欲吾国陶业与他国竞争，无怪乎其应形落后也。职是之故，吾国陶业学院，实有急行设立之必要。查本省景德镇既以陶业著称全国，复有长久之历史，为实地研究便利起见，此项学校自以设与该地为最宜。惟现在江西省库竭蹶异常，省府当局难以一时计议，及此且事关全国陶业教育，原非江西一省问题，为应全国需要计，似可由中央设立，每年并可由各省选送学生若干名前往肄业，以便培养全国陶业人才，既无畛域之分，自免偏枯之弊。夫西湖以名胜遂有国立艺院之设，景德镇以陶业者钧部谅亦早有开办陶业学校只计划也。况本省瓷器之输出为中央税收之大宗，欲国税收之额数增，须求产品之销畅路。就经济原理而论，中央似亦可准予立拨巨款设立陶业学院，以科学方法改良出品外，可与欧美决胜于商场内，可塞舶来品之漏卮，较杭州之艺术学院尤为重要。"① 根据这份上报教育部关于在景德镇设立国立陶业学院的呈文，江西省地方政府提出的理由如下：第一，陶瓷业是中国的国粹，而近年来陶瓷发展遭遇欧美和日本的挑战，景德镇作为世界瓷都，在发展瓷业过程中，应该有陶瓷专业学院。第二，设立陶瓷学院是为全国培养人才，在江西财政困乏的情况下，应该由教育部出资建设。第三，瓷器

---

① 《呈请准于江西景德镇设立国立陶业学院以应需要而裕民生》，1926 年 8 月 5 日，中国第二历史档案馆藏档案，卷宗号：5—2350。

税收是中央税收的大宗，也应该设立专门性的学术机构培养人才。但在教育部的回复中，提到可以在景德镇设立省立陶瓷专科学校，且经费由江西一省筹措。"应准于景德镇设立江西省立陶业专科学校，所有开办及经常各费仍仰该厅于该省教育经费项下分别筹措。"①

从国立陶瓷学院的目标到最终被批准为省立陶瓷专科学校，并没有达到江西省所期望的目标。1928年，江西省再次以省政府委员会的名义申请设立国立陶瓷专科学校。不同于上次呈文于教育部，这次江西省政府呈文行政院，希望设立国立专科学校。呈文名单包括江西省政府朱培德以及杨赓笙、黄实、胡曜、陈礼江、王均、熊育锡、伍毓瑞、周贯虹、陈家栋等所有委员。② 在呈文中，江西省政府所提出的理由类似于前，只是学校设置本科或者专科的区别。在行政院将相关呈请转给教育部后，教育部针对江西设立陶瓷专科学校予以批示，原则上同意设立陶瓷专科学校，但具体是教育部拨款还是江西省自筹经费还需要论证。为此，教育部令江西省教育厅将相关预算细则呈报教育部，再以定夺。"贵省政府文字第一六二八号咨据教育厅呈请转咨请于景德镇设国立陶业学院等情咨请查核办意见复等因到部查专科学校组织法及专科学校规定业经国民政府及本部先后公布，该项陶业学院应易名为陶业专科学校。至该校可否归中央设立之应请令饬教育厅切实拟具预算内分开办，费请及经常费两种呈送本部核夺。"③ 但随后无法确知，江西省是否将开设专科学校的各类预算呈报给教育部。但在次年教育部再次发文中，已经确定设立江西省立陶瓷专科学校，常年经费由江西省政府开支。"查现时中央财政困难，国立陶业专科学校一时未易创办，倘能于省款中筹出的款，设立省立陶业专科学校（较国立范围为较）似易举办，应请贵省政府核办见后复至该项专校未设立，以前现有之陶业学校应切实改进充实内容，以资发展并请转饬知照，以咨江西省政府。"④ 对于景德镇而言，能够设立专科学校，发展陶瓷专门教育，

---

① 《呈请准于江西景德镇设立国立陶业学院以应需要而裕民生》，1926年8月5日，中国第二历史档案馆藏档案，卷宗号：5—2350。

② 《咨请转饬教育所拟具陶业专科学校开办及经常经费预算呈送备核由》1929年8月10日，中国第二历史档案馆藏档案，卷宗号：5—2350。

③ 《江西陶业专科学校筹设案及核议建国工商学院、浙江临安造纸专科学校、私立东业大学等呈请立案的来往函件》，中国第二历史档案馆藏档案，1928年11月—1930年2月，卷宗号：5—2350。

④ 同上。

也是振兴瓷业难得的契机。但如前所述，1930 年，由于景德镇陷入内战，生产遭到严重破坏，原本各方均已同意设立专门学校的计划再次拖延。1947 年设立陶瓷专科学校，再到 1958 年设立陶瓷学院。在传统中试图寻求新型发展之路的景德镇瓷业也历经艰辛。尽管这是后话，但想来仍令人唏嘘不已。

但从 1910 年成立的中国陶业学堂开始，近代陶瓷教育在景德镇瓷业发展史上有重要的意义和价值。新式陶瓷教育所拥有的全新的理念，且不说是对景德镇传统模式的颠覆，但至少在发现陶瓷教育合理性的基础上，传统瓷业从业者也在学习中创新。一直以来，尽管景德镇陶瓷职业教育规模不大，办学地点多次搬迁，但依然对景德镇瓷业生产体系产生了积极的影响。许多新型饰瓷方法，比如贴花和刷花工艺以及注浆工艺，均是由陶业学校引入，并在实践成功以后运用到景德镇瓷业生产之中。

第四章

近代地方政治权力与社会控制

传统景德镇社会是以瓷业生产为中心，以地缘和业缘为基础的自治性社会运营模式。但近代以来，由于行政中心的迁移与各方政治力量的消长，景德镇生产体系与社会结构发生了重大的变化，主要表现在以下几个方面：

首先，行政中心的迁移与政治地位的转变，对景德镇瓷业生产和社会关系带来的影响。1915 年，浮梁县署由旧城迁往景德镇。从此，景德镇由瓷业手工业生产和贸易中心变为浮梁政治、经济文化中心。历任浮梁县县长均制定一系列政策，强化社会治理功能。此外，浮梁县地方行政长官也积极参与景德镇瓷业复兴的力量之中，通过扩大对瓷器宣传，组织瓷业从业者参加国内外博览会等措施，提升景德镇影响力。1935 年，江西第五行政区行政督察专署设在景德镇，不仅表明江西省政府对景德镇的重视，也意味着景德镇成为赣东北行政中心。地方行政权力不断渗入景德镇社会以后，也逐渐改变了景德镇原有的社会治理体系，削减了长期以来形成的惯习在景德镇社会中的作用，促使景德镇社会管理模式缓慢转型。

其次，各方政治势力在景德镇的利益博弈，既对景德镇瓷业发展产生了影响，也为传统势力提供了庇护空间。国民大革命期间，各方势力的军队多次进驻景德镇，由于缺乏约束，部分军队就在景德镇公开实施抢劫，给景德镇瓷业生产带来消极的影响。此后，国共双方也在景德镇实施不同的政治主张与社会治理模式。由于理念的差异，共产党在景德镇依靠工人力量，而国民党则倾向有产阶级。在这两种对立观点的影响下，景德镇社会力量分裂为劳资两个完全对立的阵营。1930 年，赣东北红军先后三次进入景德镇，对瓷业生产有一定影响，也冲击了景德镇固有社会形态。

再次，战争不仅对瓷业生产产生冲击，也危及景德镇稳定的社会结构。1938 年，日军进攻江西，并先后占领九江和南昌，景德镇也成为抗击日军的最前线。在此背景下，常态的瓷业生产和瓷器贸易均受到严重破坏。此外，为了抗战的需要，川军和其他部队也先后进驻景德镇。强势的军方力量，不仅主导了景德镇地方政治，还影响到瓷业发展。

总之，近代以来，由于各方政治势力的介入和受到战争影响，景德镇传统的瓷业生产体系与社会结构受到严峻的挑战。但由于近代景德镇瓷业生产体系并没有发生根本性变化，各方政治势力的介入无法从根本上改变景德镇社会特征。为了维护自身利益，传统社会力量依然能够通过与不同势力的比附，并在客观上保证了传统社会运作模式依然发挥作用。

一　清末民初的政治变革与社会改良

景德镇是传统的手工业中心，在行政隶属关系上归属浮梁县，这意味着景德镇很难取得政治上的优势，换句话说，景德镇一直处于政治中心的边缘地带。宋元时期，由于瓷器生产和贸易的兴盛，政府设立瓷器税收的机关来管理景德镇瓷业生产。但这些机构并不插手地方社会管理事务，对景德镇社会结构不会产生影响。明朝时期，景德镇设立御器厂，无论是由中官还是江西地方官监烧御窑厂瓷器，均不关心景德镇地方事务。对他们而言，烧造出皇帝满意的瓷器，才是唯一的问题。因为，如果御瓷生产出现问题，轻者丢官，重则性命难保。清朝初年，先后由江西地方官、工部郎中、内务府官员督造御窑厂瓷器烧造。乾隆年间，由九江关使总管、驻景德镇饶州同知、景德巡检司共同监造。其中，饶州同知为正五品官员，负责御窑厂具体烧造事宜。这种情况就给景德镇瓷业生产和社会管理带来了麻烦。同饶州同知相比，浮梁县县令是正七品官员。尽管饶州同知关注的核心问题依旧是御窑厂完成皇帝生产瓷器的任务。地方社会关系只要不出现干扰御窑厂瓷器生产的事情，就相安无事。但从某种程度上讲，景德镇的实际行政级别已经超过浮梁县。这种行政隶属关系上的倒置模式也给景德镇地方发展和社会事务的管理带来了困难和压力，这种压力更随着外来移民进入而表现得愈加明显。强势的移民势力，经常会采取极端手段，甚或暴力来解决社会冲突。由于景德镇驻军较少，很难应对大规模的冲突。因此，即便浮梁县行政长官在景德镇有专门的行署，但在处理景德镇地方冲突事务中，浮梁县政府也很难有所作为，要依靠饶州府甚至江西省来处理。"江西景德镇地方为产瓷之所，窑工众多，良莠不齐，现因坯工一律罢工，争要夜酒钱及食白熟米，窑主未允。竟群起蜂拥，打碎坯房数家。经该镇同治艾司马督队弹压，劝听候核办。惟势焰汹涌，尚恐有变，即飞禀大吏请速派兵飞驰弹压。"①

　　辛亥革命以后，江西地方行政权力更迭频繁。受此影响，浮梁地区行政更迭较快，景德镇瓷业处于相对萧条阶段的状态。大量瓷业从业者回到原籍不再从事瓷业生产和贸易。1915 年，由于社会环境相对安定，江西巡按使戚扬任命同乡陈安为浮梁县知事。为了实现对景德镇的有效控制，陈安上呈提议将浮梁县治所由浮梁旧城迁到景德镇。"今省长绍兴戚公莅赣，宿知君能，檄治浮梁。浮梁巨邑也，有巨镇曰景德，以产瓷奔走天下，舟车辐辏，黠估桀氓，群游□处，风气浇□，最号难治。君始至，相度形势，首请移县治于镇，以资控制。"② 由于景德镇是浮梁经济中心，且社会治安问题复杂，一直难以管理。如果景德镇问题得以很好解决，浮梁县也很少有大的社会问题出现。在取得江西省政府支持以后，陈安将县治所迁移到景德镇，实现了浮梁地区政治、经济管理的合二为一。

　　为了更有效地推行其社会管理模式，陈安在景德镇采取一系列措施，加强社会管理，强化政府的社会职能。首先，进行机构改革，建立健全新型的社会管理机构，设立包括民政、财政、税务等职能部门。在县知事公署中增设第一科和第二科，分别行管理全县的民政和财政。其次，设立专门警察机关，加强社会治安管理。由于景德镇是商业重镇，外来移民良莠不齐，长期是江西治安最难以应对的区域之一。1916 年，景德镇就设立了左右两个警察分所，其主要职能是加强社会治安问题的管理，同时也解决各种邻里治安事件与纠纷。最后，成立县保安队，负责全县治安的武装力量，受县知事直接指挥。为了更有效加强社会管理，应对突发事件，浮梁县成立保安队，其主要职责是处理景德镇各种大的行业纠纷与冲突，也参与景德镇周边区域的剿匪行动。

---

　　① 《请兵弹压坯工滋事》，《申报》1908 年 7 月 12 日，第 2 张第 3 版。

　　② 王言绶供稿：《简任职历任浮梁县知事陈府君墓志铭》，载政协景德镇文史委员会编《景德镇文史资料》第 3 辑，1986 年，第 13 页。

　　进行城区基础设施建设，保证社会良性运转，是历任浮梁县知事的重要任务。县治所迁移到景德镇以后，陈安立即采取了一系列措施加强对景德镇社会环境的整治与管理。第一，进行基础设施建设，促使景德镇基础设施的现代化转型。景德镇瓷器贸易和各种生产经营均围绕前街和后街开展，街道非常狭窄，充满了各种垃圾。尤其是进入夏天以后，更让人难以忍受。浮梁县行政机关迁移到景德镇以后，陈安就将两条街进行整治、拓宽，并修筑下水道设施，以保证街区整洁。第二，疏通昌江水道，保证瓷业运输与景德镇社会发展需要。景德镇瓷器生产和贸易的核心是以昌江为核心的水运，但长期以来，瓷器生产者将窑渣倾倒昌江及其支流之中，造成了昌江的淤堵以及城区水路不通。为了加强管理，县知事禁止窑户和坯房将瓷渣倒入河岸旁边，发现以后将严厉惩处。并利用在押犯人修筑景德镇的莲花塘，将景德镇整个城市水系连接起来，有利于瓷业生产和环境卫生的改善。

　　强化管理职能，废除陋规。景德镇是移民城镇，各方移民来到景德镇进行生产，为了维护各自利益，不同移民以地域为基础建造会馆，来处理各种社会纠纷和维系同乡关系，这种依照血缘与地缘为组织模式的社会结构是传统中国社会组织中的独特成分。1949 年以前，保留的景德镇会馆还有 20 多所，比较大的会馆有徽州会馆、都昌会馆、湖北会馆等。不同会馆附设戏台，作为演奏地方剧目的舞台。一般而言，各地会馆均会聘请具有地方特色的戏班进行演奏。大量密集的会馆就使得景德镇成为娱乐化的城市，甚至渗透景德镇社会治理之中，如果某人违反行规，处罚的方法也包括演戏。同演戏相匹配的是景德镇瓷业生产模式。通常而言，景德镇从每年农历三月份进入瓷器生产，十月底以后就不再进行瓷坯烧造。其余时间就是挑选工人、联络同乡等。演戏作为传统维系乡谊的重要手段，是景德镇社会调节机制的重要组成部分。但在演戏过程中伴随着一些社会治安与政府控制方面的问题，比如以演戏为名聚众赌博；晚上观看演戏，第二天没精力工作，引发劳资矛盾等方面的问题。为了保证社会治理方面的需要，陈安禁止所有会馆演戏。

　　清末民初，各种新的社会风尚逐渐兴起，取缔赌博、娼妓和禁止吸食鸦片也就成为社会发展的主流。1910 年，面对景德镇猖獗的赌博风气，饶州府将相关参与人员严肃处理，并将作弊官员一同查办。"查景德五方杂处，工贾云集，动辄持众闹事，治理颇难。开厂聚赌尤属易滋事端。先经该府督同艾丞毛令禁绝，积弊一清。今刘令到任不久，即不严行禁止，乃任听丁役私受规费，毫无察觉。现经该府访闻，移会巡防营程管带拿获赌棍马锣鼓及包赌之差役徐洪等。……拟将徐洪等分别监禁，以示惩戒，应即如议办理。失察之署浮梁县刘令仁寿暂摘翎顶，记大过三次。"① 同其他城市文化不同，瓷业从业者中大部分是男性，性别比例严重失衡。根据民国 17 年统计，景德镇市区有男性 11.64 万人，女性 3.74 万人，性别比例为 76∶24，性比例高达 311，也就是说每 100 名女性就有 311 名男性。民国 18 年，男性为 10.87 万人，女性为 3.67 万人，性别比例为 75∶25，性比例为 296。尽管这是国民政府时期的统计数字，但一直是景德镇的社会特征。在瓷器繁荣时期，这种现象更为明显，因为在瓷业生产的所有工序中，很少会有女性。民国初年，景德镇的性别比例也大致维系在这种状态。大量男性一年到头在景德镇从事瓷业生产，也就意味着城市社会文化中赌博和娼妓盛行，很难禁绝。景德镇的娼妓主要集中在般若庵附近，由从事匣钵业的乐平人保护，乐平人定期向娼妓抽取保护费，出现冲突由乐平人负责处理。但在乐平人内部，也会因为娼妓的保护权发生斗殴，甚至影响瓷业生产。"景德镇地方近年以来，匣钵厂一带卖淫妇甚多，业此者以河口、乐平两处人居多数。该妓女等每岁须送各衙署暨保甲局等三千余金，又送匣钵厂龟董倪元昌等一千余金。自县署门稿梅兆明与广东人争风一案，县官一味偏袒，不加整顿，以此妓界更无忌惮，近日竟有借游春之名，盛装饰乘骏马与狎客龟妓联骑而行，招摇过市。"② 民国建立以后，由于上海、南京等大城市均取缔私娼，专门设立由政府负责管理的公娼，政府从中抽取花捐税。因此，县知事陈安仿照这种模式，在南门头、富商弄等地建立妓院，将原本由从事匣钵业生产乐平人控制的私娼改为由政府控制。景德镇城区妓院分为上街和下街两处，上街分别在老弄口、南门头下弄的泗王庙、祥集弄下弄等处，有外来扬帮妓女二三十家，人数七八十人，下街有本帮四五家，人数约二三十人。而在禁烟方面，政府也采取了一系列的举措来禁食鸦片。发现以后不但要罚款，而且还要示众游街。但由于景德镇从事瓷业生产人数非常多，且包括大量从事彩绘业加工的艺人。这些艺人由于长期在夜间进行瓷绘加工，因此偷偷吸食鸦片者依然很多。

---

① 《赣抚批办景德赌案之严厉》，《申报》1910 年 7 月 19 日，第 1 张后幅第 3 版。

② 《景德卖淫之风》，《申报》1909 年 4 月 3 日，第 2 张第 3 版。

民国以前，景德镇社会处于一种自治状态与发展模式，无论这种模式是否有自身的优越性与积极性。但1915年以后，随着县治的迁移，原有的社会控制与管理模式被以官方主导的模式所取代，具体表现为以下几个方面：首先，在日常管理中，强化政府在各种自治团体中的作用与影响力，以取代原有的社会管理机制中各种社会要素在其中具有的作用。其次，加大对基层社会的管理，并依靠警察、治安队甚至军队来保证政权在社会发展中的作用与影响力。陈安以后的历任浮梁县知事均是采取这种模式。而在政策制定、实施与社会运作中，保证瓷业生产，试图恢复瓷业辉煌，配合江西省政府采取恢复瓷业的各种策略也成为浮梁县知事的核心政治任务。在参加1915年巴拿马万国博览会上选送的瓷器以及督造袁世凯洪宪瓷器方面，浮梁县地方政府就起了至关重要的沟通作用。民国初年由于整个社会均处于相对混乱的时期，对于需要在安定环境下进行大规模瓷业生产和创作均受到严重的影响。行政权力的下沉改变了景德镇社会局面，也让各方在景德镇发生了变化，传统以行帮为主导的社会发展模式被强势的行政权力所打破，进而促使景德镇瓷业社会体系的转变。

二　大革命和国民政府时期的政局与利益博弈

（一）权势转移与政治变革

1927年年初，江西复杂的政治局势和国共双方的利益博弈，不仅影响到景德镇瓷业生产，也对其社会结构产生冲击。就社会结构与发展特征而论，景德镇是移民城市，社会结构复杂，产业工人人数众多。这种社会特征，非常契合中国共产党进行革命依靠工人阶级的政治理念。因此，景德镇一直是共产党在江西活动的重点区域。早在1922年年底，江西党团组织创始人赵醒侬就对景德镇瓷业工人状况进行调研并在《南昌地方团工作计划》中指出"瓷业工人——这种工人只是限于景德镇一个地方，约计有人数在两万左右。他们是每天聚在一个厂家工作，并且和新式产业工人性质相似。他们奋斗精神很强，时常发生罢工情况。他们罢工故常有经济关系，也或因口角缘故。昔日在江西政治上认为最可怕的工潮，就是这个地方。"①

---

① 中共景德镇市委党史工作办公室编：《中国共产党景德镇历史大事记》，新华出版社2001年版，第2页。

根据 1924 年统计，景德镇共有瓷业工人约四万人，加上和瓷业附属行业人员，有超过十万人的产业工人，且大多客籍，长期缺乏安全感和归属感，因此极有可能因为些许变化而变得异常敏感，这种社会结构也给从事工人运动的共产党人提供了机会。"党为了开展江西的工人运动，很注重九江和景德镇这两个地区。因为九江是通商口岸，有很多海员和码头工人与铁路工人；景德镇以产瓷著名，工人队伍号称十多万。"① 1925 年 7 月，中共江西省委派向义到景德镇进行工人运动。向义来到景德镇以后，以小学教员为职业，开展党的组织工作与秘密活动。同年 12 月，向义就"半年来景德镇工作进展情况及今后意见"向中共南昌特支部作出书面报告指出，景德镇产业工人斗争性强，且倾向革命。因此，中共江西省委授意向义在景德镇发展党员，筹备成立党组织。在向义的领导下，景德镇共产党和工人运动有条不紊地开展。

随着国共合作的深入进行，1926 年 6 月，在中共江西地委支持下，景德镇成立了总工会和工人纠察队，由万云鹏担任工会筹委会主任兼纠察队队长。同年 11 月，景德镇总工会公开组织工人运动，地址设在景德镇东门头。在总工会支持下，景德镇瓷业圆器业、琢器业等二十三个瓷业生产单位建立了基层工会组织。茭草、看色、洲店、管事、柴窑等也成立了工会组织，共有工会会员四万余人。在共产党的支持下，景德镇工人运动开展得有声有色。1926 年 12 月 20 日，北伐军攻克九江，景德镇也受到极大冲击，浮梁县知事梅钦光仓皇出逃，警察署长也随之逃走，景德镇陷入无政府混乱状态。为了稳定社会局势，工人纠察队在收缴了县保安队枪支以后，负责景德镇的社会治安，掌握了景德镇的实际权力。但由于国民党内部国共双方冲击日益加剧，1927 年 1 月，中国国民党江西省第一次代表大会召开以后，在蒋介石的授意下，掌握江西实际权力的右派 AB 团开始打击国民党左派与中国共产党，引发了各方激烈的利益博弈。AB 团的骨干、中央特派员段锡鹏为了加强在全省范围内的控制，派出省党部监察委员姜伯彰到景德镇，试图削弱中国共产党在景德镇的影响力，但由于南昌爆发了"四二"反对 AB 团斗争，国民党左派取得了胜利，景德镇再次恢复了左派与共产党的影响力。

---

① 向法宜等：《第一次国共合作时期景德镇的革命运动》，载政协景德镇文史委员会编《景德镇文史资料》第 3 辑，1986 年，第 38 页。

　　由于景德镇在江西的重要影响力，1927 年 3 月底，经中共江西省委批准，成立景德镇市委员会，由向义担任市委书记，姚甘霖、万云鹏、何燮、刘相、陈铭珍、洪钟担任委员。但由于国共双方大的政治冲突，1927 年 4 月初，蒋介石发动"四一二"反革命政变，国共双方的矛盾日渐加剧。国共双方的冲突，也影响到景德镇地方政治局势。其时，国民革命军第二军党代表李富春从武汉南下，经过景德镇，并秘密会晤了中共景德镇市委的相关负责人物，在听取了景德镇工人运动的汇报以后，李富春鼓励积极推动景德镇工人运动，且支持工人纠察队夺取浮梁县保安团和商团的武装。经过了商议和周密部署以后，在第二军军人支持下，工人纠察队成功解除了浮梁县保安队的武装。"李、黄、萧到了浮梁，已到安全地带，才把党代表和秘书的旗号，正式挂了出来，那时瓷业工会委员长，马上率领工人纠察队亲到船上欢迎。不仅欢迎，而且有特别重大的事情商量。原来浮梁地方，用于维持地方的，全靠六十名地方团队。……第二天，李、黄集中了政治部所有的枪支，——驳壳两杆，步枪四支，手枪一支，外带工人纠察队梭镖二十支，马刀二十把，约集工人数千人，……然后引着数千纠察队一哄而进，可怜团队何曾防备着？"[1] 由于保安队没有任何的防备，工人纠察队成功地缴获枪支四百余支，拥有大批武器，壮大了势力。在此背景下，景德镇市政府也经过改选，王尹西取代张田民任市长。由于中共已经掌握了景德镇的实际权力，且有大量工人支持，王尹西被迫改组市政府，由市长负责人改为委员制，由王尹西、万云鹏、姚甘霖、洪钟和陈铭珍担任委员。五个委员中，除王尹西外，其余四人均是共产党员或者左派分子。

　　国民党左派和共产党掌握了景德镇实际权力以后，开始了轰轰烈烈的工人运动。为了加强对商业的改良和管理，由共产党员、任国民党市党部商民部长的陈铭珍改组商会，在商会旧址麻石弄组建商民协会。商民协会成立以后，针对景德镇的社会现状进行了一系列改革。首先，针对当时市场上混乱的局面，对"都帮、徽帮、杂帮"三帮所从事的工商业资本家进行登记，并进行政策宣传，政府只是没收官僚军阀、买办资产阶级及帝国主义的财产，保护正当的商业利益。在商民协会的组织下，景德镇商业逐步恢复起来。其次，创办景德镇市民银行，恢复景德镇金融秩序。由于

---

[1]　欲仁：《李富春亡命走浮梁》，《社会新闻》1933 年第 5 卷第 1 期，第 6 页。

社会混乱，市面上资金缺乏，在此局面下，景德镇市民银行发行一元、五角、一角钞票，并进入市场流通。市民银行的成立，不仅在一定程度上扭转了由于徽帮钱庄经营困境后景德镇金融秩序混乱的局面，还冲击了景德镇金融界陋规。最后，进行瓷业生产和贸易改革，维护工人权益。根据景德镇瓷业生产的旧规，从农历十二月二十四日生产全面停工到正月底开工，是整个城市全面停工歇业阶段。1926 年年底，由于工人运动在景德镇高涨，瓷业生产的窑业主和贸易经营者均惊恐不安，生产者借年底结清账目机会，解雇工人，转移财产，造成工人失业和社会市场混乱。为了扭转市场混乱局面，保证生产经营正常运行，由商民协会出面，和资本家与工人沟通，维持生产经营的进行。对拒不开工的资本家，则采取强制手段，维持生产和经营。

（二）权力博弈、传统秩序与社会冲突

国民大革命时期复杂的社会局面，也为景德镇传统社会结构带来了巨大的冲击与影响。1927 年，国民党内部复杂的政治矛盾与各方政治理念的差异让原本景德镇相对"隐形"的矛盾也日渐显示出来。共产党掌握景德镇实际权力以后，便开展了一系列的没收官僚资本和帝国资本的活动，对景德镇瓷业生产大的窑户、瓷厂、钱庄进行改制，将部分财产没收，归工人所有。在这种情况下，部分有产者纷纷回乡逃避。尽管中共并不会刻意挑起劳资矛盾，但由于政策上的因素，难免会引发劳资双方的矛盾，进而诱发了景德镇社会内部矛盾。

如前所述，景德镇是产业工人的移民社会，其中在景德镇社会结构中有重要决定力的是都昌人和徽州人。其中，都昌人多是从事瓷业生产的产业工人和窑业主，徽州人多为从事金融业和商业的成员。如果按照财富标准来划分，都昌人也有很多的富户，但相比较数量巨大的产业工人来说，都昌富人的人数少。而徽州则多为富人。由于害怕受到冲击，大量徽州富商和钱庄业主逃往距离景德镇不远的里村。由于景德镇的瓷业工人非常多，且人数密集，相比较而言，周边农村的农民人数比较少，这就使得国民党左派和共产党并没有真正关注景德镇的农民活动。趁此机会，国民党右派马德山、许文彬成立组织了农民协会，并与景德镇市工人协会、工人纠察队相抗衡。此外，由于在里村地区居住的主要是来自乐平从事匣钵业生产的乐平人，因此国民党右派领导的农民协会不仅

仅是富户的代表，而且还成为乐平人聚集的区域。同农民协会不同的是，景德镇工会和工人纠察队多是来自瓷业工人的都昌人，尤其是后来成立的人民自卫团更是如此。这样，在大革命时期复杂的国民党内部、国共之间的矛盾中，由于景德镇独特的社会因素和地缘因素，变得更为复杂起来。原本复杂的劳资双方矛盾，加之地缘冲突，为景德镇社会冲突埋下了伏笔。

如前所述，1914 年，浮梁县知事陈安禁止各客帮在景德镇演戏，以防止发生冲突与赌博事件。1926 年，社会相对混乱，原本被禁止的演戏又重新开启。尽管景德镇市市长王尹西再次明令禁止民众演戏，但由于社会控制力的降低，各地会馆仍然不管政府禁令自行演戏，市政府也无奈采取了默认的态度。1926 年农历五月十三日，饶州会馆由乐平人主持地方曲目表演，但据传会馆有聚众赌博情况。市长王尹西得知这一情况后，派稽姓警察队长率领警察来检查。警察来到饶州会馆后，要求饶州会馆停止演戏，引起了负责演戏乐平会首的不满，双方开始在会客厅进行争执。面对混乱局面，稽姓队长拔出枪向空中鸣放以示警戒，引发了周边维持秩序的乐平人的不满，其中一人跑到稽队长背后，用手中大刀将该队长脑壳劈开，稽姓队长当场毙命。[①]（关于这件事情的起因，还有另外一种说法是：景德镇在每年春节以后，各会馆请戏班子作戏，是陶工们的娱乐活动。有时各会馆作戏时间的长短，他们采取一种竞赛的形式。正由于此，就感到戏班子过少，不能满足观众们的要求。1926 年春天，都昌会馆演戏，接下来是乐平帮，可是由于都、乐两帮具有封建历史和畛域的隔阂。为了显示势力，少数窑户就故意把都昌会馆演戏期间延长，而不许乐平人接箱。此外，都昌人凭借在工人纠察队中的势力，用军警对都昌会馆保护，把前来接箱的乐平人骗走，引起了乐平人的不满，进而产生冲突。）尽管有关都昌和乐平冲突的不同解释，但均表明了同一观点，也就是在演戏与实力竞争方面，都昌和乐平人长期有冲突。从事匣钵业生产的乐平人属于饶州府，而都昌人属于九江府，双方的冲突也属于外来移民都昌人对饶州府移民冲击的范畴。

击杀警察队长、公然抗拒政府命令是非常恶劣的事件。为了逃避责任，部分好斗的乐平人就以警察查封乐平戏班是对乐平人侮辱为理由，煽

---

①　陈海澄：《景德镇瓷录》，《中国陶瓷》杂志社印行，2004 年，第 167 页。

动乐平人的情绪，以期掩盖杀人事实。他们指出封箱是市政府的命令，鼓动乐平人攻打市政厅，在城市郊外里村居住的乐平人开始以姓氏为单位聚集，并持械向市政府进发。但在途中遭到了工人纠察队的拦截，游行队伍无法突破拦截，只得退回。在经过都昌会馆的时候，部分愤怒的乐平人指出，市政府要都昌人演戏，不要乐平人演戏，是对乐平人的侮辱，于是就攻打都昌会馆。急于将事态扩大的几个乐平人用汽油烧掉都昌戏台，并且杀死了几名都昌人，然后退回到乐平人聚集的里村。

都昌人在景德镇瓷业烧、做两行中拥有绝对话语权，也是景德镇最有影响力的地方势力。作为维系旅景都昌人精神象征的戏台被烧，对其来说是极大的侮辱。于是，都昌人聚集到都昌会馆紧急商议后决定与乐平人一决雌雄、洗雪耻辱。是夜，一群都昌人带着枪械到乐平人居住的里村后街地区，放火烧了一百多栋房屋。第二天，都、乐双方相互"钓蛤蟆"，（意为在固定的地点伏击对方）双方均有死伤。晚上，都昌人又烧毁了乐平人从事的匣钵厂，而乐平人也烧毁了都昌人在陶王庙附近的房屋。[①] 此后，大规模的"钓蛤蟆"行为在械斗双方蔓延。在都昌通往景德镇的龙塘山地区，乐平人便在此处伏击都昌人；而在景德镇市区，也有持械的都昌人遇到乐平人便打杀的事件。在械斗过程中，双方也采取了多样化极端手段，甚至包括相约决斗的形式。1926 年 6 月 25 日，双方约定在老鸦滩空地进行决斗，决斗中双方也互有伤亡，这是双方首次公开面对面来解决冲突。事件发生后，江西省政府派出宪兵营到景德镇，再加之在各方势力调解的情况下，双方也均由攻势转入守势，持续两个多月的械斗才宣告结束。

明清以来，随着景德镇陶瓷业的迅速发展，各方移民特别是周边民众均到景德镇寻找生存机会和空间，势力最大者包括九江都昌人、饶州七县、抚州人、南昌人和徽州人。独特的行业分工和移民特色让景德镇形成了自身的社会风俗和发展特点。"按景德镇烧窑之户，本省则都昌人居多。本府与抚州府及安徽之婺源县、祁门县，其业者十仅一二，而本县之人盖鲜。"[②] 各地移民又根据行业发展特点，按照移民和行业进行瓷业分

---

① 方维新：《都乐械斗目击者回忆》，载政协景德镇文史委员会编《景德镇文史资料》第 3 辑，1986 年，第 79 页。

② （清）乔溎修，贺熙龄纂：《浮梁县志》，卷 8《食货·陶政》，道光十二年刻本。

工与合作，都昌人主要从事瓷窑烧造、抚州人从事琢器业、乐平人从事匣钵业、徽州人从事金融业和瓷器贸易等，各方为了维护自身利益在生产中相互冲突和协作。但由于都昌人在景德镇的巨大影响力，各方均对其在瓷业生产中的垄断地位表示不满，尤其是饶州各县的土著民众，但慑于都昌人的势力。在常态的社会运作中，各方以"利益"为先导，也能和平共处。但一旦出现社会问题，矛盾激化，就会出现激烈的社会冲突。历史上多次大规模的械斗事件均是如此。

乐平位于景德镇南部，属于旧饶州府。由于御窑厂设置的原因，饶州府乐平县人在景德镇从事匣钵业等行业，且影响力非常大。此外，历史上乐平人民风彪悍且生性好斗，一直是江西械斗最为激烈的地方之一。"窃查江西省饶州府乐平县地区民俗强悍，乐于战斗。本年夏间，该处乡民因争占柴山并争水道起乱。彼此纠众械斗，伤毙多命，焚毁房屋多处。"①甚至乐平地区民俗也与械斗息息相关，宗族生男丁以后，家族非常高兴，亲朋好友赠送的礼物通常是制作枪炮的铁器等金属。"乐平属江西，人皆彪悍，其俗：凡产一男子，须献铁十斤或二十斤于宗祠，为制造军械之用，戚友之与汤饼者，亦以铁三斤投赠，以故族愈强者则军械巨炮愈多。"② 这也就意味着，尽管乐平人并不是景德镇移民的主体，但仍是各方畏惧的对象。甚至连官府也不愿意插手乐平人集中的里村的社会纠纷。同乐平人一样，由于生存环境恶劣，都昌人民风也相当彪悍。"都昌县民向来彪悍不羁，常常因为一些睚眦小事也会聚其亲属友好持械打斗，往往杀伤者到以百计，历任县官也曾用严刑酷法下令整饬，但成效甚微。"③类似彪悍的民风和行业之间的利益让都昌人和乐平人在景德镇械斗经常发生，民国时期双方由于利益纠纷而引发双方冲突所导致的械斗就多达数十起，都乐械斗只是其中规模最大的一次。

都乐械斗发生后，景德镇各方面均没有提出更好的协调对策，市长王尹西面临失控的局面也无良方。1926 年以来，景德镇武装掌握在工人纠察队和商民协会手中，但工人纠察队中许多人是都昌人。因此，指望工人纠察队来平息冲突是不可能的事情。在这种情况下，江西省主席朱

①　《光绪三十一年九江口华洋贸易情形略论》，1905 年，载中国第二历史档案馆等编《中国旧海关史料》（48），京华出版社 2001 年版，第 259 页。

②　徐珂：《清稗类钞》第 5 册，中华书局 2010 年版，第 2203 页。

③　何虎生：《民国大总统家世》中册，中国世界语出版社 1999 年版，第 590 页。

培德派出宪兵营来到景德镇维持秩序，由第三军军部参谋傅作霖带领。此外，江西省政府民政厅派出周庭藩协助调查，共同处理械斗事件。傅是国民党右派，而周是交叉党员，二人到景德镇以后，就开始各方进行取证调查。而在南昌方面来调查之前，为了缓和矛盾，居住在里村的老年人就托请徽帮的头面人物，到都昌会馆求情，愿意以赔偿损失和道歉向都昌人求和，但由于双方情绪激昂，根本没有协调的可能，事件进一步发酵。傅作霖带领宪兵队到来以后，实力上完全在工人纠察队武器之上，都昌和乐平的械斗也就慢慢平息下来。虽然小规模械斗仍然断断续续，但影响不大。事件平息以后，马德山等人以向义、万云鹏挑起矛盾为由，认为共产党应该为都乐械斗负责，浮梁县长林抚民也趁此机会攻击共产党，在他向江西省政府的密电中指出，景德镇共产党势力很大，认为应该取缔共产党在景德镇的活动。在这一基调下，傅作霖等人就都乐械斗提出了处理意见：第一，认定工人纠察队等武装在械斗中有责任，解除三支由共产党领导武装组织的枪支，并将相关组织解散；第二，将景德镇市政府委员向义、陈铭珍等定为祸首，没收陈铭珍家产，作为赔偿里村的损失费用。

都乐械斗发生以前，国民党内部左派和右派对共产党员的态度已经发生了变化。对中共态度犹豫不定的江西省主席朱培德态度已经倾向于蒋介石，并于1927年6月5日"礼送"共产党员离开江西，整体局势对中共不利。而都乐械斗发生在农历五月十三日，也就是6月12日，朱培德已经开始对中国共产党采取行动，同其他人相比，尽管朱的举动相对缓和，但他依然认为共产党人应对械斗负责。为了应对这场危机，在处理方案决定以后，交叉党员周庭藩秘密召集中共主要负责人开会，讨论相关事宜。为了免于迫害，在会议结束以后，向义、陈铭珍等连夜离开景德镇，并由鄱阳交叉党员李熙纲护送，安全达到南昌。而在此之前，工人领导人万云鹏已经提前离开景德镇。都乐事件以共产党退出景德镇而告结束。

由于中共景德镇市委负责人先后离开，景德镇工人运动停滞，为了采取应对措施，1927年6月底，中共江西省委派出邵式平到景德镇，一方面处理都乐械斗问题，另一方面了解景德镇工人运动实际情况。为了调和矛盾，都乐事件以后，由傅作霖、马德山等人在景德镇太白园组织都昌和乐平人的亲善大会，把双方矛盾直接指向共产党，认为共产党把持都昌同乡会，许多人是受到共产党的利用，我们今天把问题讲清楚，打倒共产党就能继续同心协力把团结搞上去。① 随后，江西省主席朱培德的亲信周钦贤就任浮梁县县长，开始在景德镇大肆搜捕共产党员，邵式平等人也被迫离开，景德镇工人运动也陷入低潮。

由于中国共产党势力和国民党右派；瓷业工人和商人、地主等力量的博弈，让都乐械斗变得扑朔迷离。传统地域矛盾是事件发生的导火线，而这一事件也是景德镇行业矛盾的反映。都昌人由于控制着景德镇瓷业生产关键行业烧窑业而在瓷器生产中形成垄断地位，引发各方不满意。由于瓷业生产衰退，工人失业，大量工人参加工会组织为共产党在景德镇活动提供了机会。此外，由于战争的影响，瓷业生产遭到破坏，工人难以维持生活，景德镇瓷业工人希望通过建立工会组织来维护工人的利益。但工人力量的突然崛起，打破了景德镇社会制度的原有平衡模式。共产党在发动工人运动过程中，过分渲染劳资冲突，进而把资本家和大量徽商推向了国民党一边，也使得原本劳资协调的关系变成了尖锐对立的敌我关系。

械斗发生是传统景德镇社会矛盾突然遭遇社会转型而发生的悲剧，对景德镇瓷业生产和社会结构产生了重大影响。在事件处理中，共产党由于自身力量的薄弱显示出处理问题能力的有限性，但国民党单纯依靠武力也很难解决问题。景德镇各方传统行业势力和地域巨商在和平调解中起到了核心作用，都帮、徽帮和乐平帮等各方会首仍然是和平处理争端的关键。事件发生以后，徽帮和抚州帮会首邀请都昌和乐平人和谈，提出解决冲突的方法。景德镇传统社会精英在避免事件恶化过程中起到了非常重要的作用，徽帮富商吴少樵在得知乐平与抚州各帮头目仍然主张继续同都帮再斗时候，连夜赶往乐平帮头目马德山与抚州帮头目赖老大家中，劝说各方以镇民安宁为重，万事有忍处处通。② 不可否认的是，日益严重的劳资矛盾是引起工人对抗大资本家和窑业主的重要因素。但对于大部分工人来说，地域问题和冲突是他们面临的核心问题，传统地域观念在更大程度上超越劳资之间的冲突，更成为矛盾的关键。正如美国文化学者克拉克洪所言，

---

① 《邵式平来景德镇前前后后》，载中共江西省委党史研究室编《江西党史资料》第16辑，中国江西省委党史资料征集委员会，1991年，第307页。

② 吴仲暇、程沛、杨仲春：《回忆吴少樵》，载政协景德镇文史委员会编《景德镇文史资料》第9辑，1993年，第176页。

"一个社会要想从以往的文化中解放出来是根本不能想象的，离开文化传统的求变、求新，其结果必然招致失败。"① 在都乐械斗发生后，无论是共产党，还是景德镇大的资本家和地主，甚至国民党右派只是利用这一矛盾来达到自身目的，但矛盾问题的关键仍然是都昌和乐平两地移民在景德镇瓷业经济圈中所存在固有的矛盾，并非由于大革命到来后产生的新的矛盾，各方只是在利用这一矛盾的基础上，实现自身利益的"嫁接"。共产党利用劳资矛盾，调动工人阶级积极性来实现其政治追求，而国民党利用这场械斗适时地对共产党反击和打击，实现驱逐共产党的邪恶意图。都乐械斗以后，国民党右派彻底掌握了当时社会的实际权力，共产党活动由公开转为地下，景德镇社会政治控制就进入国民党统治的历史时期。

（三）共产党领导的工人运动与阶层矛盾

由于国共合作关系破裂，影响到中共在全国各地的工人运动。在这一大的历史背景下，景德镇进行的轰轰烈烈的革命活动也陷入低谷。1928 年年初，江西省主席朱培德派平宝善担任景德镇市第三任市长，来处理前期遗留下来的各种问题。在解决完景德镇地方冲突事情以后，1929 年，平宝善调任九江市市长，省政府没有派人继任，景德镇市建制就此取消，仍为浮梁县。共产党在前期革命失败后，转变革命方式，通过建立革命根据地和武装暴动的形式，彰显其在工人群体和其他社会阶层中的影响力。南昌起义以后，方志敏在弋阳发动起义，随后在 1929 年建立了江西红军独立第一团，并率领独立团在赣东北、闽北一带进行革命斗争。1930 年 7 月，成立了中国工农红军第十军，开辟了赣东北根据地，并成立了特区苏维埃政府，开展轰轰烈烈的革命活动。随后，方志敏率领红军曾三次进入景德镇，再次引发了景德镇瓷业生产体系和社会结构的调整。

1930 年 7 月 6 日凌晨，方志敏率领红军千余人从磨盘山进入景德镇，包围国民党的武装据点，浮梁县县长李厥德和保安队长于光明仓皇逃跑，保安队四百余人被俘，四百余支枪被缴。"方志敏率领千余人、枪四百余支，其他土炮、大刀而已。自磨盘山疾趋入镇，先将枪械缴去，当入县属

---

① C. Kluckhohn, *Culture and Behavior*, The Free Press, 1976, p. 76. 转引自麻国庆、朱伟《社会主义新传统与非物质文化研究》，《开放时代》2014 年第 6 期，第 153 页。

时枪毙数命，而教育局长适在丁漕处领取附税，遽而遇害。"① 由于浮梁县保安队并没有意识到红军会进攻景德镇，且红军得到景德镇工人纠察队配合，很轻松地就攻占景德镇。为了更好地组织工人进行革命活动，红军在景德镇进行了工人动员大会。在此基础上，景德镇举行全镇工人代表大会，并正式成立景德镇总工会，由洪泉水任委员长，占锦坤任副委员长，选举张双福为罢工总指挥。为了维护景德镇社会治安，景德镇总工会还成立了工人赤卫队。"本年 7 月 6 日清晨，突被方志敏，由乐平率领数百人，长驱直入，县警以疏于防范，致被缴去枪三百余支。方即设立伪苏维埃政府，景镇窑工数万，皆知识浅薄，易受'麻醉'。即行成立总工会，□□复唆使任意抢劫，勒索商铺捐款，没收庆泰当铺，人心莫不慌骇。"② 尽管上述记载，有污蔑红军之处，但从侧面反映了窑工对方志敏等的支持。7 月 10 日，在实现战略任务后，方志敏率领部队撤离景德镇。同年 9 月 8 日，由周建屏、吴先民率领红十军在晚上十时左右再次攻占景德镇，组织工会，恢复工人运动，15 日，方志敏也率领红军进入景德镇，在完成休整，并组织千余名工人参加红军以后，于 9 月 22 日离开景德镇。"第二次九月八日，闻自湖口败回，窜镇□□枪支则倍之。……周建屏、吴先民召集前组总工会，并令多组各小公会□□巨款，仍照旧单打开典门搬取衣物，十五日邵式平抵镇。"③ 1930 年 10 月 2 日，红军由乐平第三次进入景德镇，12 月间，由于国民党五十五师大举进犯景德镇，在敌强我弱情况下，方志敏率领红军撤离景德镇。

为了应对赣东北红军的起义活动，1931 年，浮梁县举行了善后会议，成立善后委员会，以期通过组织清乡运动，抵制共产党的进攻，预防红军的再次袭击。"不幸的景德镇在这次空前浩劫中受尽了……蹂躏和摧残，以致颠簸流离，十室十空。我们为着要记忆那过去的悲怆和筹运目前及将来一切应兴应革的事业，所以才有这次庄严持重的浮梁全县善后会议的产生。……他的意义和价值是完全代表民意的一种组织，同时他所负的使命

---

① 《景德镇实录》，1931 年 1 月 10 日，卷宗号：G117—32—9，上海市档案馆藏。

② 《呜呼产瓷名区江西景德镇三次陷于匪》，《天津益世报》1930 年 11 月 13 日，第 1 张第 4 版。

③ 《景德镇实录》，1931 年 1 月 10 日，卷宗号：G117—32—9，上海市档案馆藏。

是整理破碎浮梁局面和完成训政建设工作。"① 在总结过去地方政府执政的经验中，浮梁县地方善后委员会认为由于过去政府和民众分离，地方政府对民众的事情并不关心，而是采取漠视态度，造成民众不积极参与地方事务，为共产党提供了发展机会。为了应对这种局面，浮梁县政府要求各乡镇公所对所辖区内的民众进行登记，并要求所开工厂向当地区乡公所登记所有工人信息。"各区乡之砖瓦窑蓬、白炭窑蓬、槎蓬及西河船户常有□□混迹其间。……由县政府布告令该各商客工人等限一日即行分别向工作所在地区乡公所请求具保登记，嗣后招工仍须履行登记手续方许作工。"② 为了加强景德镇的防御，浮梁县还成立了景德镇警队。"现在百政待整，警卫尤为重务，所以这次会议最注意的就是对于以后警卫急不可缓的筹措款项，购办枪械以及办理民团，组织守望队的同时并选派精勇干练富有经验的军事人才出而担任，结果一定可以造成磐石般的一个很防御巩固的新浮梁和景德镇。"③ 由于国民党开展的清剿活动，并建立与此配合的区乡公所严密的登记制度，景德镇工人运动遭到破坏，许多参加革命的工人被杀害，工人运动再次陷入低潮。

如前所述，按照地域和经济实力的差别，景德镇分为都帮、徽帮和杂帮。都帮以人数多和从事窑业相关生产为标志，徽帮以经营金融业和商业为主，杂帮即指在景德镇的其他各方移民，主要包括从事红店业和商业的抚州、饶州和湖北人。作为工人阶级和普通民众代表的共产党的部门进入景德镇，在景德镇工人人数众多、社会组成复杂的移民社会在冲突中就形成了各种新型的政治格局和社会纷争。在红军三次进入景德镇的过程中，徽帮与都帮的冲突再次以隐性方式体现出来。

由于徽州人掌握了景德镇的经济命脉，富裕商人比较多，在红军进入景德镇以后，徽商成了革命的首要目标。"景镇虽曰工艺发达之区，实赖徽商转运挹注于期间，即谓徽商为重心亦可。今被匪蹂躏殆尽，则徽商所受之损失其谁能与相若也。"④ 掌握经济和金融的徽商每次在景德镇遇到危机的时候，受到冲击都最为严重。在景德镇各业的组成中，人数最多的都

---

① 《中国国民党浮梁县党部浮梁全县善后会议》，1931 年 1 月 6 日，卷宗号：J001—083—062，景德镇市档案馆藏。

② 同上。

③ 同上。

④ 《景德镇实录》，1931 年 1 月 10 日，卷宗号：G117—32—9，上海市档案馆藏。

昌人不仅掌握着窑业，也是瓷业工人来源的重要组成部分。因此对于都昌人来说，内部问题更为复杂，既有乡民之间的感情，也有因为劳资矛盾而出现的阶级对立。尽管都昌富裕窑户比较多，但由于传统意义上的乡谊问题，因此削减了都昌内部劳资之间尖锐的冲突。以赣东北红军进入景德镇为例，因为要取得工人的支持，都昌富有的窑业主受到的冲击远不如徽商。"景埠瓷坯工人，约占全镇人数四分之一，本年因窑实停烧，相继失业。近两月来景埠抢劫之案，几与日有所闻。加之米荒缺食，生活愈难支持，此群为环境所迫，多铤而走险。此次红军陷镇，彼群认为绝好良机。报名加入者，为数甚众。"① 如前所述，景德镇瓷业多为都昌人，商户多为徽州人。在某种程度上，工人和资本家的矛盾就转化为都昌和徽州人的矛盾。因此，在国民党五十五师驻扎景德镇以后，以徽州商人主导成立了景德镇徽商难民善后委员会，一方面负责徽州人生产的恢复和帮助，一方面向在上海的江西会馆成立的"□□促进委员会"，控诉徽商的损失。尽管在徽商匪灾难民善后委员会相关论述中有夸大损失和污蔑红十军的意味，但仍然能从相关内容中可以透视出共产党权力影响下的景德镇社会。

　　工会是共产党采取政治斗争和争夺社会依靠力量的重要组织方式。进入景德镇以后，共产党便在行业基础上成立了各级工会。"各工会□□□□，尤复凶残，已极大声疾呼捆杀徽州佬（即徽州之商人），无使一人带钱出镇，以致徽属商人化装工役，四处逃亡。"② 由于徽商对工人的掠夺，富裕商人成为工人攻击目标，占据商人群体大多数的徽商就成为攻击的受害者。但就此认定共产党简单地以贫富差距来处理社会问题，挑起社会争端来实现自我的利益，是对共产党的污蔑，既不尊重历史，更不尊重普通民众在社会生产中所养成的生存智慧。换言之，共产党不会简单地以财富或者地位作为制定政策的标准。尽管如此，我们也必须承认，因为徽商在景德镇占据景德镇的绝大多数，因此，一有革命活动，徽商必然会成为受到冲击的对象。根据徽商的统计，也可以折射出在工会与资方冲突中，徽商损失情况。当然，必须承认的是，由于相关资料缺乏，我们无法得知都昌商人和各杂帮商人在红军进入景德镇的情况是否如同徽商描述的那样就难以确定。但也能从其他相关资料中佐证由于徽州人商人众多，

---

① 《景德镇被陷纪》，《大公报》1930 年 8 月 4 日，第 1 张第 3 版。
② 《景德镇实录》，1931 年 1 月 10 日，卷宗号：G117—32—9，上海市档案馆藏。

受到损失就相对明显。

表4—1　　　　　景德镇徽商民众善后委员会调查人口伤亡、财产损失统计

损失类别 \ 灾民类别	人口损失额								财产损失额					
	被房		被杀人数	被焚人数	受伤人数	逃难而致伤亡人数	逃难未回人数	失业无栖人数	赎票统计	被抢统计	被焚烧货物估计	焚烧货物估计	搬运货物估计	勒索统计
	未回人数	赎回人数												
店员和经理损失	52人	84人	6人	3人	4人	71人	92人	163人	三十八万二千八百元	二百三十五万六千元	四万六千元	二十九万五千元	三百八十四万元	五十四万一千三百元
店员损失	65人	39人	9人	2人	34人	54人	126人	7451人	五万四千八百四十元	五万零五十元		二千七百元	一万零三十元	
住房损失	52人	34人	14人	8人	49人	143人	5844人	五千五百八十九元	十二万五千元	三千二百元	一千四百元			
人口和财产总计	170	157	29	5	47	174	361	13458	四十四万二千二百二十九元	二百五十三万六千元	四万九千二百元	二十九万九千二百元	三百八十五万元	

资料来源:《景德镇实录》,1931年1月10日,卷宗号: G117—32—9,上海市档案馆藏。

在方志敏率领红军三次攻占景德镇的过程中,担任景德镇商会会长的都昌人陈庚昌,在地方官吏和商贾纷纷出逃的情况下,他并未逃走。在红军第一次占领景德镇的时候,商会楼上窗口伸出陈庚昌书写的欢迎红军的红布条幅。同日下午,陈庚昌就去见方志敏等人,在方志敏向其讲述了共产党相关政策以后,他便协助红军做好商会组织工作,号召各界不要恐慌,也应立即复市、复工和复课。陈庚昌还积极配合红军的筹饷工作,成立财委会,根据各商户资金和营业情况,为支援革命筹款。在红军第二次进入景德镇以后,陈庚昌和商会其他10多人一起跟随红军到弋阳根据地。在第三次红军到景德镇的时候,陈庚昌再次回来,就不再担任商会会长之职,专门进行瓷业生产。[①] 而在徽商成立的难民善后委员会的记述中,也

[①]　陈定华:《第三任商会会长陈庚昌》,载政协景德镇文史委员会编《景德镇都帮》第10辑,1994年,第84—85页。

证明了该问题。"将商会前会长陈庚昌招来面询当地情形，开列名单，勒令各商店限时缴款。"[①] 无论是巧合，还是历史的事实，陈庚昌是都昌人，且组建工会开展工人运动的也多是都昌人。这也就意味着在红军进入景德镇以后，都昌人采取了相配合的策略。换言之，大多数都昌人均在红军历次进入景德镇的过程中，能够支持相关政策，配合共产党的运动。与此相对应的是，徽商表现则不同。在红军离开景德镇以后，徽州施维明成立了"商会临时委员会"开展商会活动，并向地方政府告发工会活动积极分子。在此情况下，都昌人王学乾则成立景德镇商会整理委员会，形成了两个商会相互对立的局面。直到1933年，在县长出面调停下，两个商会合二为一，停止对立的局面。但这种对立，即便认为更多的是经济利益，但两个商会的负责人恰恰是徽帮和都帮这两个在景德镇经济和社会文化中有影响的帮派，我们也可以理解为都昌人和徽州人由于阶级矛盾进而引发了地域的矛盾。

换一个视角去探究，在工会、资本家二元冲突的视角下，代表工人利益的共产党进入景德镇组织工人建立工会，开展工人运动，调动了工人参加革命的积极性，红军的宣传政策也确实起到了效果。三次进入景德镇宣传革命，每次都有1000余人参加红军，多为瓷业工人。而根据当时报纸记述，说有数万名陶工参加革命。[②] 而在景德镇瓷业工人中，大多数是都昌籍，这种历史的巧合也形成了地域与财富的统一，这种统一就使得财富与地域交织在一起，使得徽帮在景德镇损失更为严重，也在一定程度上加深了徽帮与都帮在复杂历史时期的矛盾。这种矛盾如同都乐械斗一样，是多重元素在新的社会背景中的复杂表现与反映。在红军离开景德镇以后，国民党第五师和五十五师在赣东北地区开展了规模宏大的围剿运动。在敌强我弱的情况下，赣东北革命根据地遭到破坏，1934年在率领红军北上抗日先遣队突围过程中，被国民党军队包围，方志敏等先后牺牲，赣东北革命活动陷入低潮。随后，国民政府在政权相对稳固以后，便开展了一系列的瓷业改革举措，以促进景德镇瓷业发展与社会稳定。

探究1927年至1934年国民大革命后，景德镇的各种权力博弈与社会冲突，有助于全面认识了解景德镇瓷业生产模式与社会特征。首先，

---

① 《景德镇实录》，1931年1月10日，卷宗号：G117—32—9，上海市档案馆藏。

② 江思清：《解放前的景德镇陶工运动》，景德镇人民出版社1959年版，第47页。

混乱的社会局势，是阻碍景德镇瓷业发展的重要因素。1927年以后，由于社会动荡，瓷器贸易量下降，造成工人失业，进而诱发各种不稳定的社会因素。也就是说，如果在瓷业生产繁荣的情况下，各方即便有利益冲突，依然能将其控制在有限的范围内。一旦出现社会动荡，就会诱发各种深层次社会矛盾。其次，国共双方政治理念的差异，与景德镇传统地缘矛盾、利益冲突结合起来，造成了社会结构的短暂瓦解，也对瓷业生产带来冲击。对于国共双方而言，都很难解决现实问题。共产党依靠工人阶级，但无法解决金融方面的问题。此外，由于瓷业工人多是都昌人，从事金融业多是徽州人，劳资双方的矛盾即有可能外化为地域矛盾，让问题更为复杂。国民党依靠资产阶级，但作为瓷业生产城市，离开拥有瓷业生产技术的产业工人，景德镇也难以发展。因此，当社会稳定以后，即便有利益冲突，景德镇又会恢复到原有局面，各方继续合作，保证瓷业生产的正常运作。

三　抗战时期瓷业生产与社会形态

由于日本侵华，整个中国社会再次进入了相对混乱的时期，原本渐有起色的景德镇瓷业生产受到战争影响，再次陷入困境。1938年7月26日，日军攻占九江，打通了长江中下游的通道。尽管与九江距离比较近，但凭借鄱阳湖天险，景德镇始终没有被日军占领，一直保持瓷业生产和维系瓷器贸易，在困境中继续寻求瓷业发展之路。

（一）抗战时期浮梁党、政机构及社会救济

"七七事变"爆发以后，抗战成为社会各界的主流声音。为了支持抗战，浮梁县成立了抗战后援会，由时任浮梁县县长的屠孝鸿任主任委员，委员有县党部书记余树芬、景德镇地方法院院长程德光、二十一军军长陈万仞等社会名流，其任务是宣传抗战、慰劳战士、救济难民以及筹募捐款等。"江西景德镇各界抗敌后援会商界劝募组，以前方战士，为国效忠，特募得国币三千元，以资慰劳。"[①] 通过抗战后援会的积极宣传，扩大了景德镇对日本侵略行径的认知，也促使瓷业从业者加入到抗战队伍之中。

---

① 《江西后援会汇款慰劳战士》，《申报》1937年9月12日第8版。

1938 年，日军加紧进攻江西，为了应对战时压力，浮梁抗战后援会先后成立了救济难民大队部和伤病俱乐部，以救济难民和救治伤员。随着九江、南昌等地陷落，大批难民来到景德镇避难，为了保证难民生活，赈济难民，抗战后援会在浮梁县政府支持下成立救济难民大队部，会同景德镇商会分别采取物质救灾、以工代赈、资助营生等方式来解决难民在景德镇长期生活问题。对于一部分劳力和有手艺的人，给他们介绍工作，并在景德镇开办义民纺织工厂，由县政府拨款购买设备，保证生产，救济难民。此外，抗战时期，川军二十一军长期驻扎在赣东北一带，由于战事艰苦，大量伤病送往景德镇救治。1939 年春，后援会在福建会馆成立了伤病俱乐部，主要进行伤病慰问演出，并为伤病洗缝衣服，满足其生活需要。1941 年，抗战后援会撤销，成立抗战动员会，继续在支持抗战方面为各方做贡献。

为了提升在基层社会影响力，国民党改变了原有的重视行政权力的做法，加强国民党基层权力建设，再次恢复成立县党部，还要求县党部以下分别成立区党部和区分部。区分部的成立需要有党员五人以上，区党部则要有三个以上的分部。区党部和区分部直接归县党部领导。由于来自都昌的余树芬长期在景德镇从事党务工作，县党部成立以后，就由他担任浮梁县党部书记。以他为核心形成了浮梁县党部体系，无论是周边各乡还是区分部，大多数负责人均是余树芬的亲信。由于他是都昌人，因此，随着国民党对基层党部的加强，都昌人的影响力再次提升。浮梁县党部除了负责抗战宣传，发展党员以外，还负责行业工会和商会的成立协调工作。随着组织机构逐步健全，浮梁县党部加强了对景德镇行业组织的管理与选举，进一步将自身权力渗透景德镇社会基层。

同县党部权力提升不同的是，浮梁县行政权力一直没有变化。抗战时期，浮梁县共有三任县长，第一任是屠孝鸿，第二任是王伯恭、第三任为计城。随着国民党基层权力建设的逐步完善，浮梁县政府又增设新的部门，一方面为了服务抗战，另一方面也为了满足不断细化的行政权力。在县政府组织方面，1938 年 1 月，随着抗战加紧，浮梁县增设了兵役股，附属第一科，以服务于兵员补充与抗战需要。同年 7 月，将兵役股从第一科中独立出来，设立第五科，负责兵役、保安、军事训练与防空等。1940年 1 月，增设社会科，掌握社会救济、限价与劳资冲突等。同年，县政府设立特种科员，负责各项侦察活动，由于身份特殊，特种科员直接由江西省党部调查统计室直接任免，对江西省党部负责。1941 年，增设统计室，负责县政府的各项数据统计工作，县行政机构逐步完善。[①] 在县级行政机构完善情况下，国民党也逐步完善基层社会制度，以期完成其行政权力对基层社会控制，并形成立体化的社会管控模式。1940 年，浮梁县成立乡公所组织，负责乡镇的民政、教育、财政和建设等事务。乡镇公所设乡（镇）长一人，干事两人，书记一人，下设民政干事、财政干事、文化干事、警卫干事、户籍干事等，完成对整个乡镇基础权力的布控。同早期的联保制度相比，乡镇公所组织更进一步细化，也实现了权力的下移。就浮梁地区和周边乡镇关系而言，抗战时期实行的公所组织，保证了周边地区将瓷业原料和燃料源源不断地运输到景德镇，维系瓷业生产需要。

由于共同抗战的需要，国民党肯定了共产党的抗日运动，并接纳了各方提出实行民主的意见与主张。为此，国民政府要求修订以县为自治单位的地方自治法，规定成立县参议会，为县最高权力机关。在此历史背景下，1940 年，浮梁县行政委员会成立，会员由浮梁县政府在各乡镇县区选出一名代表性乡绅，并报送省政府备案，被认定的会员有选举行政会议常驻委员会的资格。在浮梁县行政委员会基础上，1942 年，浮梁县成立了临时参政会，临时参政会会员由每乡镇推举一人，由县政府聘请，议长由蔡树勋担任，其日常工作是协助县政府执行抗战救亡后援会工作。经过前期精心筹备，1943 年，浮梁县参政会正式成立，其参议员由各乡镇选举产生，全县各民主团体也可以选出代表一人。浮梁县参政会参政员每届任期三年。参政会作为全县最高权力机构，每年举行会议来讨论相关事宜、听取县政府工作报告、审核全县年度预算等。

江西第五行政专署是浮梁地区最高行政机构，在景德镇地方事务中有重要的影响力。1935 年，鄢景福担任第五行政专署专员，并兼任浮梁县县长，在景德镇地区事务中产生了一定影响力。1938 年，根据相关规定，专署专员不得担任县长，浮梁县县长由屠孝鸿担任。由于屠孝鸿性格温和，因此能够和鄢景福和谐相处。为了培养社会人才，保证景德镇社会发展，鄢景福在景德镇新厂创办天翼中学，并兼任校长，聘请吕伯荩为副校长。新式学校的成立，在很大程度上改变了景德镇社会结构，让瓷业人员

① 王伟：《民国时期浮梁县的组织机构》，载政协景德镇文史委员会编《景德镇文史资料》第 2 辑，1985 年，第 49—50 页。

认识到知识在社会发展中的作用。此外，酆景福在任期间，认为景德镇作为五区专署所在地，应该在各方面起到引领作用，因此对县政府的许多工作予以支持，在抗战时期，酆景福继续支持景德镇街道治理，并在昌江建设浮桥，沟通景德镇两岸交通，为促进景德镇瓷业发展做出了贡献。1942年，邓子超接任酆景福任第五专区专员，同酆的作风不同，邓子超对地方势力态度强硬。为了加强自己的权力，他经常向省政府汇报浮梁县县长屠孝鸿的过失，造成屠孝鸿被免职，由王伯恭继任。但不同于屠孝鸿温和的性格，王伯恭做事独断专行，根本不把专员邓子超放在眼里，引起了邓的不满。同前任不同，邓子超积极参与到浮梁县地区派系纷争与党部势力之中。在县参政会选举中，议长由县政府保举，由省政府任命。按照省府授意，浮梁县参政会应该保举余树芬为参议会议长，但王伯恭一直对余树芬采取敌视态度，愿意保举蔡树勋为议长。为了不得罪相关人员，又保举余树芬为副议长，并认为这样的人事安排不会引发各方的抗议。但这一举动，引起了邓子超的强烈不满，他以各种理由拒绝参加参议会成立大会。随后，省府责成专署调处，专员邓子超约定王伯恭、余树芬和蔡树勋到专署协商，但王、蔡二人拒绝参加，使双方矛盾公开化。随后，邓便以鄱阳县县长丁国屏在任内被刺杀，牵涉到王伯恭将其治罪下狱。但这种专员干涉县政事情在江西政坛上是非常罕见的，引发了各方不满。①

同民国前期景德镇的社会文化不同，抗战时期，景德镇是抗击日军的前线，因此出现了大批驻军。主要驻军是川军 21 军所辖的 146、147、148 三个师。因为军队的实力远在景德镇地方党政力量之上，因此川军在景德镇地方事务中均有话语权和影响力。首先，部分军队随意扣押瓷器运输船作为军用，尽管景德镇商会多次抗议，也没有具体的办法。在船只征运河丁役方面，军队就有决定权，无论是商会，还是政府均要按照军队的要求进行瓷器运输和贸易。在特殊历史时期，军队的贡献也会让军人产生骄横的习气，而民众对此并无任何的良方。"147 师还严重排外，除政工干部外，连长以上的带兵官，以及掌握有人、财、物大权的人物，全是四川人。"② 其次，随意抽调丁役，为军队服役，严重影响瓷

① 王伟等：《民国晚期浮梁县的四位县长》，载政协景德镇文史委员会编《景德镇文史资料》第 8 辑，1992 年，第 16—17 页。

② 金明：《抗战时期驻浮梁的二十一军》，载政协景德镇文史委员会编《景德镇文史资料》第 8 辑，1992 年，第 46 页。

业生产。为此，浮梁地方政府多次呈请，但均未有处理的良策。再次，军人欺压民众、抢夺财物也是常有的事情，扰乱了常态的社会秩序。"147 师的官兵还常常欺压百姓。他们开口就说'老子出川抗战，没有功劳也有苦劳嘛''捞点钱有啥子关系嘛！''你们江西老俵，老子打你龟儿子几下，你又敢那格嘛'"。① 1943 年以后，作为后方的景德镇社会局势缓和，军队在景德镇更为放肆，抽鸦片和嫖妓就成为军人生活的重要组成部分，甚至部分军人上山做土匪，从事抢劫商人的勾当，地方政府和治安部队也没有任何有效的应对策略。"1943 年至 1944 年，景德镇娼妓遍地都是，绝大部分嫖客都是一四八师的军官。该部有两句外人听不懂的黑话，一曰'放飞机'，意即当土匪；二曰'电话室'，即抽鸦片的处所。"② 最后，川军在景德镇带动了景德镇瓷像业的发展，这对景德镇陶瓷业发展也是极大的促进作用。抗战时期，广州人涂澄之逃难到景德镇，发明了小型晒像，就是将人物照片缩小翻拍，用反光片作为底片，嵌在戒指或者项链鸡心上，成为首饰，受到了川军士兵与军官的欢迎。"当时，景德镇川军对瓷像戒指甚为稀奇，纷纷将长辈或亲友的照片加以订制，并由小瓷像带动了大瓷像，绘像者络绎不绝，在整个瓷业萧条的情况下，唯有瓷像业红红火火。"③

（二）抗战时期景德镇瓷业困境

尽管没有被占领，但由于抗战初期，国民政府没有防空优势，日军经常出动飞机轰炸景德镇，对瓷业生产带来了毁灭性影响。1939 年冬天，日军第一次大规模轰炸景德镇，由于各方防备不足，景德镇伤亡严重，瓷业生产也受到重创。轰炸地点之一的戴家弄，是景德镇瓷行和会馆集中区域，也是景德镇瓷器圆器业重要区域，全市有一半以上大窑户在此挂牌营业，著名代表有余用正、刘老五、向德、江治学、余昭华等。此外，因为戴家弄是会馆集中的地区，抗战以来，大部分没有亲友投靠的难民大多居住在会馆。1939 年 12 月 16 日上午 8 点，日军飞机突然来轰炸，因为是第一次敌机对景德镇轰炸，许多来不及躲避的民众被日军炸死。"（日军飞

---

① 金明：《抗战时期驻浮梁的二十一军》，载政协景德镇文史委员会编《景德镇文史资料》第 8 辑，1992 年，第 46 页。

② 陈海澄：《景德镇瓷录》，《中国陶瓷》，杂志社印行 2004 年版，第 48 页。

③ 同上书，第 166 页。

机）三架一队，品字队形，一到上空，即平飞投弹，转瞬之间，墙倒屋塌，灰飞弥漫。周口路一带，着弹最多。吉安会馆，化成废墟。院内难民，压在墙底屋下，或死或伤，全无幸免。运到河西掩埋的尸体，多达一百多具，死伤最为惨重。"① 此后，日军再次轰炸了景德镇。根据景德镇文史研究员、家住戴家弄的余静寰回忆说："（笔者注，1940年4月5日）当时日寇飞机轰炸，许多房屋被夷为平地，在我家斜对面的大窑户刘老五一家老小，除他本人出去卖瓷器幸免于难外，其余全部被炸死在家中，断臂残肢被炸飞在紧靠刘宅的王家的大桑树枝头，血肉模糊，惨不忍睹。"② 由于日本轰炸带来心理恐慌，许多人都跑到乡下避难，瓷业生产大受影响，基本上处于停滞状态。

　　1940年到1941年，是日军飞机轰炸景德镇最为集中的时间，每年有十次以上的轰炸。"自战事爆发以后，因损失日巨，无利可获。……及二十九年遭日机轰炸，先后数十次，瓷窑、坯厂更已被毁殆尽，人命之伤亡尤予工人生产之重大打击，虽未遽告全体崩溃，而一线存续亦且岌岌可危。"③ 根据中国银行浮梁办事处寄送的关于景德镇被轰炸情况报告表显示，1941年，日军轰炸给景德镇带来了巨大破坏，大多数瓷窑被炸毁，瓷业生产难以为继。"就是闻名世界的景德镇瓷业，原有一百五十余座瓷窑，在战时遭敌机轰炸，业已损失大半。"④ 1941年5月，日军占领鄱阳县城，由于距离景德镇非常近，前方传来景德镇近期就会被占领消息，引发了社会的慌乱，政府工作人员和民众均躲避山中，社会正常秩序被打破，瓷业人员不再生产，县政府无人上班，商店也处于停业状态。随后，由于日本并没有继续进攻，在持续近二十天的流亡状态后，城市秩序才逐渐恢复正常，但恐慌情绪一直蔓延。1942年以后，随着在中国战场各方面能力的削减，日军再也没有来轰炸，外部环境也相对安定，景德镇瓷业得以艰难维系。

---

① 程霍然：《回忆日本飞机轰炸景德镇》，载政协景德镇文史委员会编《景德镇文史资料》第2辑，1985年，第2页。

② 瓷业史专家余静寰的访谈，访谈人：李松杰，记录：肖玲，地点：戴家弄余家，时间：2010年7月16日。

③ 《为制瓷各业前在抗战时摧毁殆尽，损失陷区尤甚，迄今元气未及复且原料价反较成瓷，为商对所利两税无法负担，乞准暂缓开征，以维特产而培税源由》，1946年12月30日，卷宗号：J025—1—01974—0007，江西省档案馆藏。

④ 《江西农业与工矿》，《申报》1947年7月29日第7版。

四　抗战复原期瓷业与社会

（一）胜利瓷制作与战后社会治理

为了纪念中国抗战胜利，1945 年 8 月 13 日，浮梁县举行抗战胜利筹备会第一次常务委员会会议，参与人员包括地方法院、浮梁县青年团、地方宪兵队、县党部和地方戒严部、浮梁县政府、景德镇镇公所等相关负责人，会议召开的目的是确定景德镇抗战胜利纪念活动的安排以及经费的摊派情况。经过各方商议决定以景德镇中山公园公共体育场纪念台为庆祝起点，以原御窑厂厂前小学为终点。但由于体育馆需要重修，因此由镇公所负责修缮，相关费用由商会、县政府、银行、警察局共同承担。其中商会承担最多，占六成，共一万二千元。除了按照国民政府要求进行庆祝的方式外，浮梁县政府也对游行注意事项进行了要求。"（游行路线）由中山公园公共体育场出发，经过复兴路至中正路，再直上至圣节巷，转中山路直下至太白园转中正路上经十八桥、陈家街转县政府门首至厂前小学旧址解散。"① 游行的方式采取提灯游行，由各机关团体执行准备，并向所在的商会、公会备案。在游行过程中，各商店一律悬旗、挂灯并鸣炮庆祝。此外，为了纪念"七七抗战胜利"八周年暨北伐誓师纪念及生活运动扩大宣传周大会，浮梁县政府决定举行献金劝募活动。"献金劝募队开始日期自七月八日起至十五日止，于七月八日上午八时由县政府集合出发，嗣后由各队队长负责现定集合时间及地点，自行召集，献金所得款项悉数解敷全国悬劳总会。"② 由于近代以来，景德镇艺术瓷迅速崛起，产生了一批在全国范围内有影响力的艺术家。因此，窑户老板、徽商和瓷绘艺术家群体成为献金活动的主体。许多艺术家纷纷创作出瓷画艺术作品，表达对抗战建国的支持。

不同十其他基层政权社会治理，浮梁县地方政府事务的战后重要任务是负责抗战胜利瓷品的制作。"本省财政厅胡厅长，日前莅镇时，曾秉承王主席之意，饬令省立陶专学校，从速绘制胜利纪念瓷图式，以便呈奉蒋

---

① 《浮梁县各界庆祝抗战胜利筹备会第一次常务委员会会议录》，1945 年 8 月 13 日，卷宗：J004—082—016，景德镇市档案馆藏。

② 《浮梁各界举行"七七事变"抗战八周年纪念会通知》，1945 年 7 月 7 日，卷宗号：J004—082—072，景德镇市档案馆藏。

主席鉴定，再行制作。"① 江西省政府收到相关命令后，就指示浮梁地方政府进行设计，并确定生产费用等相关事项。为此，县政府要求商会认真准备，挑选优秀瓷业生产人员，专门进行精品瓷的生产和研制。"查本府奉令倡导制造纪念大战胜利瓷品一案，业于本年六月六日召集各瓷业专家开会研讨，经议决组织景德镇纪念大战胜利瓷品设计委员会其会址附设县商会，该会必需经费由商会劝募筹给，其余佐用人员由本府及商会、九窑公会调用。"② 为了以生产胜利瓷为契机，恢复景德镇瓷业生产，光大中国陶瓷文化，浮梁县政府决定成立景德镇纪念大战胜利瓷品设立委员会，并呈请江西省政府备案。委员会设主任委员一人，常务委员十人，委员三十人，由地方政府聘任。所有会员均为义务担任，由浮梁县政府在景德镇各机关团体、学校调任或者聘任。"该项瓷品有关国粹信誉，争取外销。兹为慎重起见，遵经召集本市各瓷业专家开会研讨，经议决组织景德镇纪念大战胜利瓷品设计委员会，负责办理设计及制造事宜，除侯该项瓷品多式样图案研制就绪，另呈鉴核外，将该会章程草案电请核示。"③ 为了应对技术上的困难和降低成本，政府决定先由瓷业名家试制，成功后再由各厂家再行生产，并聘请技术人员进行指导。"在技术上如感困难，推请彭友贤、程锁、冯镇泰、杨福生等先生负责指导；……为免除上项技术困难及成本过高起见，可由琢器业推杨福生、陈文辉，雕削业推冯镇泰，脱胎业推程镇等先负责在该项胜利瓷式并便于各行业……以利普遍制造，减轻成本，对外统销。"④ 集中各方力量从事胜利瓷的制作，也显示出了浮梁地方行政权力在景德镇瓷业社会中的重要影响力。在官方主导下，即便征调的从业人员是义务生产，但因为得到了政府的认可，大家也多愿意参加。

　　维护社会稳定，解决在战争中遗留的各种问题，保证瓷业生产，也是浮梁县政府最为关心的问题。而此起彼伏的社会骚乱是影响景德镇社会稳定的主要原因。参与骚乱的人员成分复杂，既包括失业民众，也包括在战

　　① 《胜利瓷制作在即，胡厅长将再来浮》，《陶瓷半月刊》1946 年 11 月 1 日第 3 版。

　　② 《浮梁县政府训令县商会胜利瓷品生产》，1946 年 8 月 1 日，卷宗号：J004—135—001，景德镇市档案馆藏。

　　③ 《为奉电组织景德镇委员会连同章程草案电请核示由》，1946 年 9 月 22 日，卷宗号：J045—2—00845—365，江西省档案馆藏。

　　④ 《浮梁县政府训令》，1946 年 5 月 22 日，卷宗号：J004—135—002，景德镇市档案馆藏。

争中的伤兵。尤其是战争伤员问题，让景德镇地方社会更难以应对。"查本镇于五月二十四日发生不法之徒骚扰市面，袭击商铺和群众，当经召开临时紧急会议讨论事项第一条载称：查本镇近日发生骚扰市面情事，应为何设法维持及防范请公决案决议：（一）召集各保优秀国民兵（每保一名）集中服务（二）在服务期间伙食及服装由各保自筹。"① 由于疏于防范，事出紧急，此次骚扰抢劫中，酱磨、南货、杂货、中药、纸烛业等各业商店均遭到抢劫，蒙受损失。在这种情况下，景德镇商会呈请江西第五区行政督察员兼保安司令冯琦进行彻查，以保证商人权益，维护社会稳定。"查此次骚扰暴行事出仓卒，各商遭委意外损失，自属实情，于痛定思痛，吁请保障将来尤不为无见。因本市人口复杂，良莠难齐，此种风气殊不能不力谋制止，不但维护商业亦可安定社会。"② 战后遗留伤兵问题也是社会治安的重要问题。由于伤兵为抗战胜利做出了重要贡献，且生活难以为继。给予伤兵社会救济，保证他们正常的生活生产，也是各方应尽的义务。但伤兵在向瓷商索取过程中，要求过巨，如果不能满足其要求，就会吵闹滋事，影响商业。因此，瓷商公会呈请政府统一安排相关救济事宜，以免商业受到影响。"查近日时有负伤军人来至会员等办货行庄需索救济且往往因所索过巨，不能如愿，竟至咆哮滋闹，骚扰百端，接踵而来，似无限制。会员等始以行庄内置有瓷货，倘与滋闹，恐受损失，尚拟委曲求全，酌予资助。无如贪婪无厌，跟踪不已。确属无法应付。因念即有过境伤病要求资助亦当迳请当地政府统筹给付，假若任其自行向商人骚扰，殊足以破坏市场之安全。"③ 但由于国民政府明确规定，过境军队不能向地方摊派和索取，这也就意味着如何调适二者矛盾对于地方政府来说是个挑战。

瓷器运输过程中遭遇的问题，也引起了瓷商和军队的矛盾。抗战期间，军方经常以战争需要，抽调船只，随意扣押瓷器运输船只，给瓷商带来了巨大的损失。但在抗战胜利以后，瓷器运输船只仍然遭到军方无故扣

---

① 《为不法之徒扰乱市面召开紧急会议，决议事项如下》，1947 年 5 月 27 日，卷宗号：J004—108—013，景德镇市档案馆藏。

② 《致五区保安司令部、浮县府：为景市歹徒扰乱市场请予制止》，1947 年 5 月 29 日，卷宗号：J004—108—014，景德镇市档案馆藏。

③ 《为据报伤病时至行庄滋间函请转呈县府迅准设法制止由》，1947 年 6 月 12 日，卷宗号：J004—132—53，景德镇市档案馆藏。

押，再次引起瓷商的不满。为此，全国旅景瓷商公会呈请江西省供应局要求军方停止无故征用瓷器运输船只。"战争胜利结束，方谓瓷商厄运当自此终止，嗣后运输通畅，上可以助特产倾销，裨国家经济，下可以从容复业，补救过去之创伤。乃不意最近瓷器运输复多波折，如瓷船运经鄱阳、湖口等地。在鄱阳则有九战区第八分站第一船舶大队及九十九军运粮所在则有九战区第十八分站均时以军用名义对满载瓷船任意封用，各瓷商起卸狼藉，损失重大，固不待言，而销中断，实尤足影响外埠之供应。……现值战争结束中枢奖励后方复业之际，瓷器运销必尤或更大之维护，据呈前除分电外理合电请钧府，俯念瓷器运销上关国家经济，下关数十万工商之生活，赐予同有关机关一致呼吁，裨时候对运瓷器船舶，概勿封用，以示扶植。"① 而对于商会的请求，浮梁县政府也通过江西省政府照会各战区军部，请求不要扣押运瓷船，以维持生产。

（二）　新型金融与税收体系改革

强化金融与税收体系改革，促进瓷业发展，维系瓷器贸易是浮梁县地方党政机关的重要任务。1946 年，浮梁县县长计城呈请江西省政府对昌江在枯水期进行清理，以利于运输，保证瓷业生产的需要。但随着铁路等交通运输模式的出现，景德镇瓷器外运又有了选择权。为了更有利于景德镇瓷业运输，在浮梁县政府的支持下，1948 年，全国旅景瓷商公会代表景德镇各瓷庄和中国旅行社鹰潭处签订了通过铁路运输瓷器的协议。浙赣铁路修通以后，通过铁路运输瓷器，降低运输成本，保证瓷器安全一直是景德镇瓷商和瓷业改良者的目标，但由于战争和瓷业衰退等原因，景德镇瓷器运输依旧主要靠水路运输。抗战胜利后，在江西省政府的支持下，全国旅景瓷商公会和中旅社签订瓷器运输协议，支持景德镇瓷器采取铁路运输的模式。这样，原本属于瓷商在运输的风险由代表国家力量的中国旅行社承担，瓷器运输风险大大降低。"瓷器由景镇运出时由瓷庄出具通知载明达到详细地点及件数，交由船户送告中旅社，并由中旅社签盖回章两联。……瓷器及鹰潭转交火车转运者，其铁路运什等费及达到地用费准由中旅社全部垫付。……瓷器在运途中如遇天灾人祸或人力所不可抵抗之事

---

① 《前据浮梁县商会呈请禁止封用运瓷船只一案，准江西供应局电复饬查禁等由令仰知照》，1946 年 7 月 21 日，卷宗号：J025—1—01608—0206，江西省档案馆藏。

故因致损失，则中旅社不负赔偿之责。但中旅社所垫全部运费仍由瓷庄负责付清。惟沿途以及栈房倘有被窃及破损情事应归中旅社负责赔偿。"①

由于国民政府乱发纸币，引发社会各界不满，部分商户不收金圆券。为了保证金融秩序正常运转，维护社会稳定，浮梁县政府饬令商户不得不收金圆券。"各机关部队纷纷急电以兹值低落、金融混乱，官兵日食无法维持，请速增加副食费及通令不得拒收金圆券，并请核定银圆与金圆之比率，以安军心。……饬各地政府、商会速会同当地军事单位会商通告商民不得拒收金圆券及比照长沙市省行规定银圆与金圆之比率。"② 此外，由于金融困难，筹募捐款就成为地方政府的核心任务。尤其是 1948 年以后，地方政府的压力越来越大。为了应对日益增长的经济压力和物价增长，国民政府参政院要求地方政府官员不得经营商业，如有发现要严格彻查。"关于物价狂涨，民生日蹙，社会紊乱应如何稳定与救济，共挽危机案，……官吏不能经营商业，责成各省市县工商同业公会清查检举并奖励人民告发八项亟应等因。"③ 而面对混乱的金融秩序，社会各界采取的应对策略直接挑战国民政府的权威。浮梁县银行发行业务本，通令市场，引发了浮梁县政府的不满和干预，严令银行收回本票，并通告商民尽快兑换，不得使用。"查本县银行发行本票通令市场一案，送经本县限严饬收回注销在卷。兹据该行浮银字第 099 号呈略称该行收回本票经登载赣北、民力两报，通知持票人兑换，因分散市面，一时未能如期收清。……持有县银行本票者应即日迳向该行兑换现币，不得行使市面。"④ 在此基础上，政府继续加强对各乡镇金圆券使用情况的严密控制，如果发现不使用情况要严加惩治。

税负问题也是影响景德镇瓷业复兴的重要因素，也是社会各界长期关注的核心问题。由于瓷业生产的衰退，瓷业从业者和商业人员提出税收应该不征或者缓征，有些税种应该取消。面临来自生产和贸易的压力，景德

---

① 《中国旅行社鹰潭处、全国旅景瓷商公会订议运输条规合约于后》，卷宗号：1948 年 8 月 2 日，J428—1—7—114，上海市档案馆藏。

② 《函令各商会饬商户不得拒收金圆券并核定金圆券与银元的比率》，1949 年 3 月，卷宗号：J004—109—007，景德镇市档案馆藏。

③ 《严厉执行官吏不得经营商业已饬各地同业公会清查检举》，1947 年 11 月 4 日，卷宗号：J004—106—005，景德镇市档案馆藏。

④ 《本县之银行发行业务本票通饬催换现币》，1948 年 8 月，卷宗号：J010—106—015，景德镇市档案馆藏。

镇商会代表制瓷业各方提出了景德镇制瓷业发展的困境，希望政府能够减免所得税和利得税。首先，在所得税问题上，抗战八年，瓷业生产陷入困境，商会认为景德镇制瓷业困苦不堪，已经没有征收所得税的理由。"际此物价波动异常，往往预约之，尚未交清而原料等项又告增长，如目前原料价格反较成瓷为高，遂不得不尽售空盘，际此亏蚀处此循环，目前瓷业各商不啻以债务维其现状，又何利润之言，既无利润，应请暂免课征所得税者一也。"其次，利得税是利润所得，而瓷商经营瓷业已经毫无利润，因此也就没有征收利得税的必要。"按非常时期过分利得税第一条首言，在抗战时期……云云，足征本税，系战时加征性质。今则战时虽早结束，此项税负自应请予减免，况利得税系随所得税核定之利润而加课。兹窑业各商对所得税如第一项所举，因无利润，暂请免课则于利得税既无加征之根据。"[1] 税收问题一直是景德镇社会各界关注的问题，过高的税率和多重税种也是影响景德镇瓷业发展的重要原因。但由于近代以来，政府基层权力机构增多，开支巨大，只有增加税收才能保证正常的政府运营。但在近代景德镇瓷业艰难发展历程中，同样需要政府能够减免税收，维系生产。因此，减少税收一直是景德镇瓷业各界与政府利益博弈的焦点之一。

---

[1] 《为制瓷各业前在战时摧毁殆尽，损失较陷区尤甚，迄今元气未复，且原料价反较成瓷为高，对所利二税无法负担，乞准暂缓开征，以维特产而培税源由》，1946 年 12 月 30 日，卷宗号：J025—1—01974—0007，江西省档案馆藏。

第五章

绘瓷风格的嬗变与制瓷业
内部话语权更替

  器物既是文化的载体，也是文化的时代反映。通常情况下，社会文化和消费理念的变革会直接在器物变化上体现出来。历史上，景德镇瓷器畅销的重要原因就是其代表了当时的时代特色。近代以来，中国社会遭遇了前所未有的异文化冲击，中国人的生活习惯和消费观念也发生了很大的变化。对景德镇瓷业从业者而言，如何进行改革、生产出顺应时代特色的产品、以维系瓷业生产是最为紧要的问题。在这一理念的引导下，景德镇瓷器产品类型和式样出现了明显的变化。第一，瓷器类型由日用瓷向艺术瓷的转变。由于景德镇手工制瓷不具备价格竞争优势，域外日用瓷对景德镇瓷器贸易产生了巨大冲击。在此背景下，艺术瓷成为近代景德镇瓷业发展的主流方向，依靠手工、个性化的瓷器风格，景德镇制瓷业依旧能维系产业优势。手工艺术瓷的兴起，陶瓷艺术家群体的出现影响到日用瓷生产者在景德镇的地位，引发了制瓷业内部话语权的更替。第二，新的社会文化呼唤与时代特色吻合的产品类型。为了满足新型都市消费群体的需要，时装瓷装饰风格在景德镇出现，并成为流行一时的新式产品。第三，瓷业生产技术的革新，新型瓷器装饰手法和原料加工方式的变化，也促使了制瓷业内部人员地位的变化。

  近代景德镇瓷器贸易的衰落，引发了社会各界对景德镇改革的关注。无论是官方还是瓷业从业人员，均希望通过改良振兴瓷业。为了达到此目标，新崛起的瓷业艺术家群体和新型知识分子，成立瓷业研究机构，探究景德镇瓷业发展路径。这些新的社会组织出现，也在一定程度上冲击了以地缘、业缘为核心的传统社会结构，并引发了瓷业生产体系的变革。新的历史背景下，也出现了许多原有社会体系中没有遇到的情况。为了更有利于瓷业发展，保证各方利益，景德镇瓷业生产者内部也适时转变，改良瓷业生产方式，优化产业体系，以适应新形势的需要。此外，景德镇瓷器由原来的卖方市场向买方市场的转变，也需要从业者及时调整，生产出更符合市场的产品。在此背景下，景德镇瓷业生产者通过博览会等形式进行产品推销，并通过这一新式平台，发现景德镇瓷器存在的不足，进行生产创新。总之，在市场主导下，在社会环境变迁的历史背景下，景德镇瓷业通过从业者自我调整，实现瓷业生产优化，进而维护自身利益。

一　域外产品的挑战与制瓷新技术的引进

近代以来，随着新式器物文明进入中国且逐渐取得了压倒性优势，代表时代发展特色的域外产品也开始出现，并影响着人们的生活。洋布、洋伞、电器、手表、热水瓶、火柴、肥皂、洋式香烟均成了社会时尚的代表与身份的象征，越来越被社会所接受，并开始从沿海发达城市向内地转移。"道光季年，中外通商而后，凡西人之以货物运送中国者，陆离光怪，几于莫不可言。华人争先购归，以供日用。"① 在此背景下，为了实现中国经济发展和适应新潮流的变化，社会各界纷纷提出了制造新式洋货。瓷器作为中国器物文明的代表之一，在中国器物文化体系中起着非常重要的作用。但面临洋货冲击，景德镇制瓷业生产陷入困境。如何进行产业结构调整，生产出与时代特征相吻合的瓷器产品，是近代景德镇制瓷业从业者面临的重要问题，也是振兴景德镇瓷业的关键。因此，景德镇瓷器生产也从各个层面开始转变，以期生产出反映时代特色的新型产品。

（一）　新型消费理念影响下的瓷器生产

瓷器是生活中的重要日用品，其器物种类主要有两种，即日用器和陈设器。日用器主要是指日常生活中所需要的各种瓷器用具。在传统社会，由于受生产技术的限制，并没有太多的器物种类。因此，瓷器在人们生活中起着重要的作用。景德镇瓷器类型有以餐具和茶具为代表的日用器，也有以闺房化妆盒为代表的各种瓷器用品，甚或婚庆、丧葬上的各种器物类型也是其中的组成部分。陈设器也可以理解为艺术瓷，在生活中起到装饰

---

① 《中国宜造洋货议》，《申报》1892 年 1 月 18 日，第 2 张第 1 版。

作用，以富贵家庭为主要消费群体。近代以来，随着生产技术的提升以及受西式文化的影响，景德镇瓷器产品中也出现了新型的产品，主要代表有烟灰缸、肥皂盒、咖啡具以及电瓷等新型瓷器类型。其中烟灰缸、咖啡具等日常生产用品是新型社会理念的代表与反映，也是社会文化变迁的体现。在追求现代文明的过程中，纸烟与洋皂等新型消费品传入中国，逐渐被国人接受。于是，同这些消费品相配套的瓷器产品也先后出现。此外，电力的出现也带动了电瓷产品的出现。电瓷等工业瓷的出现，标志着瓷器生产的转向，在原有瓷器种类的基础上，出现了新的产品类型。中国最早生产电瓷的企业是江西瓷业公司，在中国瓷业发展史上有标志性的意义。随后，由于受各方面因素的影响，江西瓷业公司停止电瓷生产，但其产品需求仍然没有变化。1919 年，景德镇景耀电灯公司成立，因为需要大量电瓷夹板，就由景德镇雕削业从业者采取石膏模子印制的方法进行制作。尽管方法落后，但质量有保证，也得到了各方认可。但这种手工生产模式无法满足大型电力发展的需求，因此，中国电瓷产品多从日本进口。抗战时期，中国不再从日本进口电瓷头，部分公司就委托景德镇生产各种型号的电瓷头，推动了景德镇电瓷生产的发展。抗战胜利以后，永安电瓷有限公司的董志卿在景德镇试制高压与低压电瓷，取得了成功，进入了规模化生产阶段。同传统的日用瓷生产相比，电瓷等工业用瓷的出现，为景德镇制瓷业带来了新的发展契机。

新型日用瓷的出现，也丰富了景德镇瓷器产品种类。受西式生活的影响，部分富裕家庭在地板装饰中使用瓷质地砖。在此背景下，景德镇瓷业生产者模仿日本和欧洲生产技术，进行了相关产品的尝试，并试验成功。在装饰手法上，除了风格艳丽的欧美及日本风格外，景德镇制瓷业匠人还将中国传统吉祥纹饰运用于地面装饰之中，生产出具有中国风格的产品。但由于瓷砖消费群体不多，且手工生产成本较高，在市场竞争中，景德镇并不占优势。因此，作为一个生产门类，景德镇瓷砖生产群体一直没有发展起来，影响力也比较小。

瓷质宗教产品的出现，为景德镇制瓷业带来了新的发展契机。由于基督教在中国的传播，景德镇也出现了专门生产宗教瓷的陶瓷厂，范永盛瓷号所生产的天主教雕塑瓷是典型代表。1923 年，景德镇教会神父何愉乐到上海参加天主教会议，在与其他人交流的过程中，大家指出教堂供奉的石膏神像制品有很大缺陷，但教堂一时难以找到合适的替代品。在这种情况下，他提出能否用景德镇瓷器产品替代石膏品，这一建议得到大家的认同。回到景德镇后，他便把该想法告诉从事瓷业生产的教徒范乾生。经过前期试制以后，产品得到教会肯定。教会同意由该瓷号生产教堂所用的基督教圣品，包括耶稣圣诞马槽、耶稣圣心、露得圣母、圣母原无罪、圣诺瑟、十字架苦像等一系列产品。此后，中国大部分圣品瓷均由景德镇范永盛瓷号生产。① 这也是景德镇瓷业生产历史上独有的新型瓷像的生产与定制，由于技术过硬、管理严格，且采用定制生产，因此范永盛工厂生意非常红火，店员也发展到一百余人，是景德镇规模最大的专门生产天主教瓷像的机构。但在日本侵华时期，工厂遭到日本轰炸，生产陷入停滞。

瓷器生产原料的改变，也促使景德镇瓷业结构发生变化。传统景德镇瓷业生产的釉料多为自然界开采的矿物质原料。以青花料为例，明朝时期，景德镇制瓷原料最初由江西上高、吉安等地供应。后来这些地方矿物质原料开采难度大，利润低，开采量逐年减少，景德镇转而购买来自云南的青料。近代以来，由于新型化学原料的引入，对传统景德镇瓷器原料冲击很大。这些新式原料由于从国外购买，因此统称为"洋料"。"洋料即外国来之颜色，经售者有查裕顺及中西大药房及其他洋货店。"② 同传统的原料相比，洋料无论是质量还是价格方面均有一定的优势，且品种丰富，迅速占领景德镇市场（见表5—1）。而新型洋料的出现，也引发了景德镇瓷器装饰技术的改良。"洋料为外国产，景德镇之洋料多为日货，见有德国产者。斯项销路颇大，每年达七八十万元之销额，本料之销路被夺过半。普通用品之彩绘，均用洋料。"③

表5—1　　　　　　　　　　部分瓷绘洋料名称及价目表

名称	重量	价格（1925年）	价格（1934年）
胭脂红	每磅	三千文	一元
西洋红	每磅	八元五角	十二元
西洋赤	每磅	三元二角	一元八角
海碧	每磅	四元四角	四元

① 陈海澄：《景德镇瓷录》，中国陶瓷杂志社印行，2004年，第232—233页。
② 黎浩亭：《景德镇陶瓷概况》，正中书局1937年版，第157页。
③ 同上。

续表

名称	重量	价格（1925 年）	价格（1934 年）
薄水	每磅	二元八角	三元六角
德赤	每磅	二千二百文	四元
草青	每磅	二元二角	四元
皮色	每磅	二元五角	三元
薄黄	每磅	二元五角	二元五角
川色	每磅	一元五角	二元二角
白盛	每磅	三元	三元八角
德红	每磅	十二元	十五元
红黄	每磅	二元五角	二元
小豆青	每磅	二元四角	三元
黑茶	每磅	三元	三元八角
栗茶	每磅	三元二角	三元八角
金水	每瓶（重八分）	九元	十七元

资料来源：根据黎浩亭：《景德镇陶瓷概况》，中正书局 1937 年版，第 162—163 页。

　　写瓷字是近代以来，景德镇艺术瓷发展过程中的伴生品，也是新兴的瓷画行业的重要工序。传统景德镇瓷器制作工人多是没有文化知识、地位低下的匠人，没有能力在瓷器上写字。此外，明清时期，许多皇帝禁止民窑瓷器上署款，以彰显御窑的特殊地位。但近代以来，艺术瓷生产风格向文人画方向转变，艺术瓷作品受到市场追捧。还有，同传统瓷业从业者相比，近代以来，部分文人开始从事瓷画艺术创作，因为有较高的文化素养，能够将诗词、书法与瓷上绘画完美结合起来。其作品风格符合近代新型文化消费心态，尤其是得到官员和文人的赏识，作品不仅畅销，而且价格昂贵。在以市场化为主导的景德镇瓷器生产模式下，这种作品模式很快引起了彩绘艺人的模仿。但由于大部分瓷工文化水平不高，没有能力在瓷器上题字或者作诗。为了赚钱，不会写瓷字的瓷画创作者在作品积累到一定数量的时候，专门请书法比较好的人到店里面写字。因此，就出现了专门写瓷字的群体。因为从事这一行业的多为读书人，受到尊重，写瓷字的人被尊称为先生，除了烟酒招待外，无论最后瓷器烧造成功与否，写完瓷字以后马上付钱。这一群体的出现和近代景德镇瓷器生产转型有密切的关系，是瓷器产品消费转型的体现。新的器物类型的出现，也引发了景德镇制瓷业内部的变化与流动，进而在景德镇瓷业生产中形成了新的社会阶层与职业群体。

此外，消费理念和社会文化的变迁，也引起了产品类型的转变，许多与现代生活不符合的瓷器品种慢慢消失。以景德镇官盖瓷器生产为例，就遭遇到了新式茶具的挑战。官盖瓷器是传统文人、富人阶层与部分高档茶楼使用的茶具，普通民众喝茶会选用价格便宜的渣胎碗。因为只有有钱阶层才会用带盖的茶碗，因此这类茶具被称为官盖。民国时期，社会新贵阶层认为这种器型老化、样式守旧的产品不符合其身份特征，开始使用来自日本的茶具。在这种情况下，景德镇制瓷业适时调整，生产出造型精美的三件套的茶具，夺去了大部分官盖茶碗的市场，官盖业就逐渐消亡。类似的还包括灯盏、花烛等日用器，随着电灯的引入，这些产品慢慢退出城市消费市场，仅维系少量的农村消费市场。

（二）新型瓷业生产技术的引入

改变景德镇瓷业生产技术的落后状况是瓷业改良者追求的目标，但技术转变需要的巨额资金，对景德镇瓷业小规模生产者来说，几乎是天方夜谭。但在官方支持下，景德镇制瓷业改革群体也进行了大机器生产的尝试。1904年，安徽省当局购进了大量机器尝试进行原料的机械化开采，开启了机器制瓷业的现代化历程。"前清末季，安徽省当局曾办瓷土公司于祁门，惜因办理不善，所用机器不精，以致失败。耗金十万，一无所成，其机械售与江西瓷业公司，由该公司作废铁售于铁店，实属可惜。"[①] 尽管由于不熟悉新型机器制作方法，缺乏相应的技术人才，祁门瓷土采取新式开采技术最终失败。但作为引领瓷业发展的新型模式，安徽省当局的做法也昭示了瓷业生产改变的未来。这种情况也出现在了景德镇瓷窑改革之中。清朝以来，景德镇瓷窑烧造燃料多为松柴。但由于景德镇瓷业生产规模非常大，燃料供应圈的范围也越来越大，且对生态环境破坏严重。在煤窑烧造技术出现以后，景德镇也试图引进这种新式技术。1913年，江西瓷业公司在原御窑厂厂址毕家弄南部建立一座新型煤窑。由于烟道要经过在御窑厂里面的警察局，遭受阻挠，只好修改原来设计，使火焰还原效果受到影响后，烧造质量并不理想。此后，1935

---

① 黎浩亭：《景德镇陶瓷概况》，正中书局1937年版，第147页。

年，景德镇陶业管理局再次聘请日本人中原燎之助讲授煤窑技术，并请他为景德镇设计煤窑。但由于各种因素，支持煤窑试烧依然没有达到预期效果。随后，景德镇震旦瓷业公司也尝试过煤窑烧造的试验，也没有持续多久。一直到1949年，柴窑和槎窑仍然牢牢控制着景德镇瓷器烧造。近代以来，尽管煤窑烧造模式并没有取得成功，但也不能以改良的失败来否定其在瓷业生产中的地位。作为新的制瓷业技术，煤窑依然代表了瓷器烧造技术的未来。"景镇烧窑，全用木柴，以今日取柴之艰，与柴价之昂贵，为改良计，是宜舍柴而用煤，但此与窑式有关，须改直焰式为倒焰式，方能取煤而代之。然煤火较烈，与今景镇原料，是否相宜，则须加以试验。"①从某种程度上讲，1949年以后，景德镇瓷窑改革也是近代烧造技术改革的延续。

新型瓷坯制作技术，也进一步完善了景德镇的瓷器生产，提高了生产效率。民国初年，石膏翻模技术被引入景德镇，被琢器瓷坯生产者使用，极大地提高了生产效率与瓷坯的成品率。景德镇传统的瓷器模具多为瓷土制作，由于瓷土伸缩性小，技术难度大，模具制作被模利店垄断。同瓷土模具相比，石膏模具制作方法简单，且由于石膏密度大，难以变形，模具制成以后，不需要经常修模，能够长期使用。"此种模形为自己制造，先将复制之物用土捏成，并雕削参理之使成完美之物，此物谓之模种，再以石膏翻成阴模，分为数块。此种模形，昔日多用生土素烧者。近年来，因陶校用石膏制模较诸生土素烧之模形制法既便且吸水性更大，故亦逐渐仿效。"② 同手工生产相比，石膏翻模成功率高，技术便利且节省人工，因此得到景德镇瓷业生产者的欢迎。"近日市面所售薄胎瓶，亦有用此制成者，其价较利坯者几减低过半，可见其法之便利矣。"③ 有意思的是，即便这种方法简单且省时，也有利于瓷坯制作，但由于圆器业的模利店为都昌人控制，许多圆器业的坯房主害怕引发纠纷，不敢使用石膏模型。因为按照圆器业的行规，如果制坯户选定了模具店以后，终身不能改变。"但一经择定，后世时代不能更换，成永久之主顾，以成该模利店类似之财产。但模店可以将其主顾售于同业者，而窑户无过门权。……如该窑户因

---

① 向焞：《景德镇陶业纪事》，汉熙印刷所景德镇开智印刷局，1920年，第63页。
② 黎浩亭：《景德镇陶瓷概况》，正中书局1937年版，第99页。
③ 同上书，第100页。

其主顾模子不好，向他店购买，则犯行色，窑户及卖者双方均受处罚。因此，时有纠纷发生，厂户亦不敢改用石膏模形，只得任其垄断，此亦阻碍瓷业改良发展之一大缺点。"①

二　瓷器装饰风格的嬗变与新型瓷绘艺术群体

传统景德镇瓷业生产模式与制度规范是根据瓷业生产特征以及在长期的社会利益博弈中形成的。明清以来，由于瓷器贸易达到了鼎盛时期，景德镇瓷业形成了模板化的生产体系。从原料开采到瓷器贸易，均由不同的从业者垄断，任何个人或者行业都不允许介入其他行业瓷器生产，否则就会受到严格的处罚。不同的行业内部也形成了严格的管理模式与制度规范，行业管理和授徒模式均有一套长期遵循的规则与模式。这种精细化的分工模式避免了行业之间与行业内部纠纷，在出现问题以后，按照已有的规则去处理，能够保证瓷业生产有效地进行。但近代以来，由于瓷器生产量的下降，从业人数减少，传统控制力下降，这就为瓷业规则改变带来了机会。此外，近代以来，社会消费文化的变迁也引发了瓷业从业者内部对规则的调适。以瓷器品种而言，近代以来，由于日用瓷贸易量的减少，艺术瓷作为景德镇瓷业生产的新型代表开始崛起，艺术瓷创作群体的扩张也改变了原有的景德镇社会格局。民国时期，彩瓷加工群体是景德镇从业人数最多的瓷器生产门类。根据相关资料统计，1926 年，景德镇有大小红店数千家，从业人数也比较多。"景德镇大小红店之共数约一千余家，画瓷之工人约三千数百人。"② 到了抗战后期，在其他行业都萎缩的局面下，彩绘业的人数却迅速增加。"景德镇专有营彩绘业者，俗称红店。专代行客、运商彩绘。营斯业者往昔有四百余家。"③ 1937 年，彩绘业开业者有 1400 余家，从业人数多达 7200 人，占景德镇瓷业从业者人数将近一半。④ 彩绘业匠人数量的增加，尤其是著名瓷画艺术家所产生的巨大影响力，造就了近代景德镇艺术瓷市场繁盛的局面。彩绘业从业者的增加，是景德镇以市场为主导产业发展模式的反

---

①　黎浩亭：《景德镇陶瓷概况》，正中书局 1937 年版，第 75 页。

②　《景德镇瓷业状况述要》（续），《中外经济周刊》1926 年第 12 卷第 172 期，第 16 页。

③　黎浩亭：《景德镇陶瓷概况》，正中书局 1937 年版，第 164—165 页。

④　陈海澄：《景德镇瓷录》，《中国陶瓷》杂志社印行，2004 年，第 152 页。

映。因为艺术瓷从业者能通过生产赚取更多的利润，就引发了大量从业者加入到这一行业之中。尽管这种改变还无法打破原有的景德镇瓷业社会结构，但也引发了瓷业匠人内部的流动。

（一）浅绛彩与新型艺术创作群体

随着中西文化交流的日益加深，清朝中期以来，国外瓷器装饰技术和风格已经引入中国。康熙年间，意大利耶稣会士郎世宁将珐琅器进献给康熙皇帝，激发了康熙皇帝对新式装饰手法的兴趣，并命令御窑厂在瓷器上进行珐琅彩的绘制。随后，大量洋瓷彩绘技艺传入中国，并和景德镇传统瓷器装饰艺术融合起来，形成了新的瓷器装饰潮流。"洋彩，雍、乾之间，洋瓷逐渐流入，且有泰西人士郎世宁辈供奉内廷。故雍、乾两代，有以本国瓷皿模仿洋瓷花彩者，是曰洋瓷。画笔均以西洋界算法行之，尤以开光中绘泰西妇孺者为至精之品。"[①] 此外，在长期的对外瓷器贸易中，外销瓷中各种独特的风格也影响到清朝瓷器装饰风格。"洋器专售外洋者，商多粤东人。贩去洋鬼子，载市式，多奇巧，岁无定样。"[②]

异文化元素受到追捧，也迅速被景德镇瓷业匠人接受并采纳。"镇有彩器，昔不大尚，自乾隆初，官民竞市，由是日渐著盛。"[③] 彩瓷作为一种新的瓷器装饰风格的出现和流行，既是社会审美的体现，也是中西文化融合的结果。在这一背景下，洋彩装饰艺术迅速发展，并得到官方和精英审美的认可。"今瓷画样十分之，则洋彩得四，写生得三，仿古得二，锦缎得一。"[④] 各种新型瓷器装饰风格的出现影响了景德镇瓷器装饰风格，也改变了景德镇瓷业内部结构。

清同治以后，御窑瓷器生产衰落，官方对御窑厂内部工匠的控制力下降，大量御窑绘瓷名家流落民间，从事民窑艺术创作，推动了景德镇民窑业瓷器生产风格的转变。同御窑生产不计成本的模式相比，民窑瓷器生产要在市场主导下进行创作。这也就意味着，那些成本高而销路窄的古彩和

---

① 许之衡撰，杜斌校注：《饮流斋说瓷》，山东画报出版社 2010 年版，第 89 页。
② （清）蓝浦：《景德镇陶录译注》，傅振伦译，书目文献出版社 1993 年版，第 30—31 页。
③ 同上书，第 53 页。
④ 朱琰：《陶说译注》，傅振伦译，轻工业出版社 1984 年版，第 36 页。

青花陈设瓷器不再是匠人的首选，而工序简洁、受到市场欢迎的产品更容易激发生产者的兴趣。此外，新型彩瓷工艺体现出来的清新风格也适合新型文化的审美需求，受到官员和新贵阶层的追捧。在战乱和国家衰亡的历史背景下，清末部分传统文人由于生活压力，开始放弃其经世治国梦想，从事原本文人并不屑的手工业生产。在这一历史背景下，浅绛彩作为新型瓷器装饰风格开始在景德镇出现，并成为引领景德镇彩绘艺术的重要风格之一。

浅绛彩起源于元朝，是中国画的重要门类，代表人物有黄公望、王蒙等。浅绛彩最初是文人在纸绢上以水墨勾画轮廓而形成的山水画风格，大多以松竹梅等为创作题材，其特点为颜色柔和，清新淡雅，多采用物以达意的表现手法，反映文人高雅、脱俗的思想境界和对高尚人格的追求。诗画合一、以物传情是这类文人画的代表。尽管浅绛彩起源较早，但一直是文人画的种类。对于文人而言，是不屑于在瓷器上进行创作的，而传统瓷业生产者无能力进行这方面的创作。"画纸绢者不屑于画瓷也，而能画瓷者，又往往不能画纸绢。"[1] 因此，尽管这一创作风格出现较早，但并未被运用到瓷画作品上。清末社会变迁，促使了这一绘画风格在瓷器装饰上的运用。

在艺术瓷创作中，徽州文人在浅绛彩瓷器发展中起着非常重要的作用。徽商是明清历史上中国著名的商人群体，其足迹遍布中国各地。基于地缘优势，大量徽州人来景德镇从事商业生产，控制着景德镇商业贸易，成为景德镇最具影响力的移民之一。此外，徽商也非常重视文化，出现了大批从事文学和艺术创作的文人。可以肯定的是，瓷器不仅仅是富裕徽商家庭装饰品，也是进行社会交往的重要礼品。此外，徽商"贾而好儒"的性格特征让徽商积极资助他们赏识的画家与落魄文人从事文学和艺术创作。综合上述因素，近代以来，徽州人在景德镇从事具有文人画风格的艺术瓷生产也是顺理成章的事情。清末，大量新安画派的画家也在创作中遇到困境，部分人生活难以为继、抑或对瓷器绘画感兴趣的画家来到景德镇，在同乡支持下，进行彩瓷艺术创作，产生了一批专业的瓷画家，为瓷器创作带来了新的风格，促使了近代景德镇彩绘业的转变。

---

① （清）陈浏：《陶雅》，杜斌校注，山东画报出版社 2010 年版，第 27 页。

　　同粉彩相比，浅绛彩装饰风格清新，技术难度低，也更容易表达创作者的个人理念和思想。在浅绛彩瓷画绘制方法上，它集古彩、粉彩画法的优势于一体，既采取古彩画法的平铺，又吸收粉彩技法，技法容易掌握，且成本较低，既能用在艺术瓷装饰，也可用于日用瓷，得到社会各界的认可和欢迎。浅绛彩艺术瓷前期创作著名的代表有王少维、金品卿、程门父子等。其中，程门父子在景德镇浅绛彩艺术发展中贡献最大，引领了近代景德镇艺术瓷的发展。程门，安徽黟县人，又名增培，字松生，号雪笠，笠道人，是公认的景德镇浅绛彩绘瓷的第一大家，也是将浅绛彩艺术推向辉煌的代表人物。根据民国时期《黟县四志》记载，程门为"吴都田段人，幼职慧，工书善画，作行书随意为之……画尤精妙绝伦，凡山水、人物、花卉以至虫鱼鸟兽兼擅其长。……在景德镇以画瓷资生，所画瓷品迄今犹名贵也。"① 由于瓷器绘画上取得的惊人成就，程门绘制瓷器得到了社会各界的认知和肯定，也在一定程度上促使社会各界对景德镇瓷器看法的转变。近代以来，瓷器作为艺术门类之一被社会接受，就是从程门开始的。"吾爱江南老画师，寄情翰墨笔多姿。高风夙著程乡里，今雨欣交顾恺之。声价毋烦尘市重，誉名已在帝城驰。昌江何幸留词客，又善奇能为绘瓷。"② 这是1881年饶州同知翁宝仁为程门所题，从诗文中可以看出，程门已经在北京书画艺术市场上有相当大的影响力。程门两个儿子程言和程盈在父亲影响下，也成为绘瓷名家，在景德镇瓷业创作中较早地形成了世家瓷器创作的影响力。"子名言，字次笠者，工山水，潇洒出尘；名盈，字小松者，工仕女，风神映丽，各秉祖训，得其一艺之长，均在景德镇以瓷谋生。所画瓷品，迄今犹为名贵也。"③ 在程氏父子影响下，浅绛彩作为景德镇新型瓷器艺术装饰风格的代表，开始引领时代，形成了新的陶瓷艺术装饰风格。后期，浅绛彩艺术创作的著名代表人物有汪友棠、汪晓棠和潘匋宇等人。其中，最具代表的是，安徽黟县人汪友棠。他是程门的弟子，擅长人物、山水和花鸟。"字友棠，好读书，尤长于画。……常

　　① 江西省轻工业厅陶瓷研究所编：《景德镇陶瓷史稿》，生活·读书·新知三联书店1959年版，第315页。

　　② 张鸣苛：《寒松阁谈艺琐录》，转引自梁基永《程门史料新探》，《收藏家》2004年第10期，第41页。

　　③ 江西省轻工业厅陶瓷研究所编：《景德镇陶瓷史稿》，生活·读书·新知三联书店1959年版，第315页。

见清末瓷画署汪友棠画于珠山。"① 以徽州文人引领的景德镇瓷绘艺术为先导，开启了近代景德镇陶瓷艺术创作的历程。

　　浅绛彩绘瓷风格的出现，是景德镇艺术瓷创作风格转变的重要表现。无论是花卉、仕女还是人物均体现浓淡有度、层次分明，浅绛彩瓷器具有明显文人画意境，体现出了创作者较高的艺术修养。在前期浅绛彩作品中，深受当时海派画家画风的影响，比如在金品卿《菊花麻誉》中曾题有"仿熙公画本笔意"就是直接证明。此外，由于得到市场认可，部分海派艺术家直接参与到了瓷画艺术创作，著名的代表有吴待秋的《夏日山居图》等。文人画风格的影响还体现在瓷器创作中题跋的出现与使用。就浅绛彩瓷器装饰风格而言，除了材质以外，已经和文人画没有任何的区别。这也就意味着，同传统瓷器侧重工艺的装饰风格相比，近代景德镇瓷画艺术已经出现了转型。如前所述，在瓷器传统制作过程中，除了御窑生产的瓷器会有题款外，民窑生产的大部分瓷器没有任何的题款与文字装饰。但随着浅绛彩画的盛行，大量个人题款和诗句开始出现在瓷器装饰上面，受到文人和富商的青睐，为瓷器装饰增添了文人气息。这些题款多为"写于昌江客次"或"写于珠山客次"等，来表达自身创作过程中的感受。

　　同以纸绢为代表的传统文人画相比，瓷器装饰风格也为浅绛彩艺术提供了更大的空间，也促使景德镇瓷器器型的转变。在器型上，在继承圆器、琢器等传统器型基础上，近代绘瓷艺人又进行了创新与发展，器型样式多变，著名的代表有帽筒和瓷板形式的出现和改良。帽筒是放置帽子的器物，是陈设瓷的重要代表，既有实用功能，也具备装饰风格。帽筒分为圆形和方形两种。在创作中，根据器型特色进行设计与绘制，既体现主人的审美追求，也有一定的实用功能。瓷板是近代景德镇瓷画革命的重要原因。瓷板最初出现在明朝时期，是富人用于床架、屏风和柜门的重要装饰品。清末，被瓷画家用来进行瓷画创作。因为瓷板具有纸绢平面特色，更易于表达创作者的思想，也符合对瓷器立体式绘画风格不太熟知的文人从事创作，因此受到欢迎。此外，瓷板画类似于纸绢的装饰方式，也得到了社会各界的认可。近代以来，瓷板画更成为达官贵人选用的重要瓷画门类之一。

---

① 刘昌兵：《浅绛彩瓷画的艺术风格》，硕士学位论文，南京艺术学院，2003年，第17页。

由于浅绛彩绘制风格的受欢迎和技术的逐步成熟，许多艺人纷纷模仿，开创了景德镇新艺术瓷创作新的时代。但由于浅绛彩采取低温烧制，时间长了以后会出现褪色现象。到了后期，这种装饰风格被大量应用，甚至连烛台、餐具等日用瓷采取这种装饰手法，进而被富商、巨贾等厌恶，不再是社会欢迎的产品。"各圆器，彩绘粗恶，又于其上空处加以题语，如'仿元人法'、仿八大山人'及绘山水者则题'山川吐秀'，绘美人者则题'国色天香'等语，既无趣味，而字迹又复恶劣，徒增人厌恶耳。"①民国时期，洋彩作为装饰艺术风格引入景德镇，逐渐取代浅绛彩，成为新的绘瓷方式的代表。但作为景德镇新型彩瓷艺术装饰的引领者，浅绛彩绘瓷风格对近代景德镇新型瓷器装饰风格有着重要的影响。

（二）新型饰瓷模式的引入

洋彩，顾名思义是指与国外相关的瓷器装饰风格与产品类别。具体而言，分为两个阶段，一个是清朝中期，主要仿制西洋的绘画风格；另一个是指光绪年间，由于新型绘瓷原料引入景德镇而形成的釉上彩瓷绘制的瓷器，以及进行的饰瓷方法，比如贴花工艺等。就瓷器原料而言，早在元朝时期，景德镇就从中东地区进口原料苏麻离青，进行青花瓷的制作。而对于仿制西洋的彩绘方法，最早出现在康乾时期。督陶官唐英在《陶冶图说》中专门就洋彩进行定义："圆琢白器，五彩绘画，摹仿西洋，故曰洋彩。"② 其画法就是摹仿西洋的绘画方法，在瓷器上进行绘制，形成一种独特的瓷器装饰方法。"雍、乾之间，洋瓷逐渐流入，且有泰西人士如郎世宁辈供奉内廷。故雍、乾两代，有以本国瓷皿摹仿洋瓷花彩者，是曰洋彩。画笔均以西洋界算法行之，尤以开光中绘泰西妇孺者为至精之品。至于花鸟，亦喜开光。"③ 西洋画法和开光特色是洋彩瓷器的重要特征，其画法为吸收西洋油画光影透视法，注重浓彩重笔，风格艳丽。同中国传统吉祥装饰纹饰相比，洋菊、西番莲、铁线莲是其装饰图案的重要代表。从时间上推断，康熙时期，西洋画装饰风格大量传入中国，并被景德镇御窑瓷器匠人模仿。此后，洋彩，作为装饰手段逐步被接受，在景德镇瓷器彩

---

① 向焯：《景德镇陶业纪事》，汉熙印刷所景德镇开智印刷局，1920年，第63页。
② （清）唐英：《陶冶图说》，转引自（清道光）乔溎修，贺熙龄纂《浮梁县志》卷8《食货·陶政》，道光十二年刻本。
③ 许之衡：《饮流斋说瓷》，杜斌校注，山东画报出版社2010年版，第89页。

绘艺术中占很大的比重。

同康乾时期洋彩不同，清末光绪时期，新型瓷器装饰原料和生产工艺引入中国，促使了洋彩的形成。在画工方面，由于绘制方法简便，画面装饰不易脱落，新型洋彩被瓷器匠人接受且迅速传播。因此，用这种原料装饰的瓷器统称为洋彩。"洋彩，系国外传来之饰瓷方法，为时约在清光绪之际，其颜色鲜艳，绘画手续比较简单，现在景德镇很盛行，此种原料先多由德国输入，近来全为日本货。"① 有别于传统的洋彩，这种彩绘方法也被称为新彩。就瓷器原料而言，由于现代科技的影响，能够生产出新型的陶瓷釉料，即以氧化铁、锰、铜等矿物质为原料，经过高温烧造而形成各种颜料的熔块。在瓷器绘制过程中，将一定比例的熔块配以乳香油、樟脑油等溶剂，直接在瓷坯上进行绘制。同原来没有进行化学加工、需要经过烧造完成瓷器还原的原料相比，这种原料被称为"熟料"。因为原料已经经过加工，因此在烧制过程中只要采用低温烧造就可以。由于烧造成型稳定，且装饰风格多样化，新彩迅速被景德镇陶瓷艺人接受，成为民国时期景德镇彩瓷装饰风格的主流。而在装饰技法上，新彩装饰画笔与西洋油画的画笔相同，均用扁笔，而不是传统意义上中国绘瓷的毛笔，因此也被称为"一笔画""新花"等。此外，由于适应了新的社会装饰需求，新型制瓷风格在传入景德镇以后，形成了多样的装饰风格，著名代表有墨彩、刷花、贴花、瓷像艺术等多种装饰方式。

墨彩，清康熙时期出现的饰瓷方法，即以墨料在白瓷上绘制，经过低温烧造以后，形成浓淡相宜的水墨画风格。洋彩传入中国以后，这种装饰手法与洋彩融合，形成了新型的瓷器装饰技巧。就创作题材而言，墨彩多用于雪景、花卉和场景人物等的描绘。在雪景装饰中，以墨料描绘山石、树木、房屋等，以玻璃白表达景物上面的雪景，形成黑白交映、晶莹剔透的装饰效果。此后，以墨彩为基料，发展出了墨彩描金、墨彩人物等不同的彩绘门类。

刷花也是近代景德镇陶瓷装饰艺术风格之一，最初由日本传入中国。据传是由江西陶业学校的教员张筱耕在日本学习后，将从日本带回《景年》《梅岭》画谱中的折枝花鸟画，制作花纸，移植到瓷器上。"刷花为

---

① 江思清：《景德镇瓷业史》，中华书局 1936 年版，第 73 页。

日本方法，亦由日校传入景德镇。其方法将绘有花纹轮廓之纸，用胶水贴瓷胎表面，以小刀依其轮廓切划之，除去须着色之切划纸块。左手持铜丝布做成之小筛，右手持毛制之平头小刷，将刷浸取以水调好之颜色于小筛上，先向他处试刷之，以免刷下颜色之粒过粗，再向已除去纸块露出瓷胎之表面，刷之以色。其需要之浓淡，可随意定之，浓者多刷几下，淡者少刷几下即可。如此逐渐将划切之纸块取去，逐渐刷色。全部完成之后，将其余粘着之纸除去，添以花蕾数笔，便告完成。"[①] 同手绘工艺相比，刷花瓷器产品规格统一，制作简单和操作便捷、要求技术水平低，且受到了新型社会群体的欢迎，得以在景德镇迅速传播。"釉上印花、刷花之瓷器，向为景德镇所未有，本校初则购画纸于外洋，实施于瓷上，得良好效果，复又以筛刷代笔，改善技术，盖此法之省工而易为耳，景德镇业此者近已不下万人矣。"[②] 就创作风格而言，前期以花卉为主，后期不断创新，出现了大量新型的装饰图案与装饰风格。民国时期，景德镇著名的刷花工艺师代表人物有程大有、陈先水、冯完白等人。

贴花工艺和刷花一样，同样在清末由日本引入。同刷花相比，贴花工艺更为简单，即将印好的花纸贴在瓷器上面，用海绵或者薄橡皮将花面刮紧，然后将花纸的纸层揭去，花纹就留在瓷器上。干透后，将瓷器放在清水中浸泡数分钟，再用水笔在花的周围轻轻洗刷，将残胶洗净，烧制以后，花面就牢固地粘在瓷器上面。因为工艺非常简单，且操作方便，被引入景德镇以后，贴花工艺风靡一时。由于前期中国并没掌握生产花纸的技术，最初的花纸均从日本进口，直到1929年以后，才在上海出现了一家生产花纸的中国企业。"贴花为外国方法，景德镇之用此法系由陶业学校传来，尚不及二十年。用于普通之日用品上甚宜，其所用之花纹昔为外货，尤以日货为多。近年，上海亦能制此花纸，用者多用国货，其贴花之方法将买来之花纸分剪为大小适宜之花纹，用适度液体之胶水贴于瓷胎表面，并用手指按压，使密接，待其稍干，再浸入水内。稍顷使纸润泽，将纸慢慢除下，则纸上所印之彩色花纹沾着于瓷面釉上，待稍干后，再以毛笔蘸水与花纹上轻轻洗濯之，洗除其附着瓷上之胶水，不然则烧成之后，

---

① 黎浩亭：《景德镇陶瓷概况》，正中书局1937年版，第163页。

② 《本校历年来对于景德镇瓷业之几种介绍》，《江西省立陶业学校校刊》第1期，南昌印记印刷所，1930年，第220页。

色泽不洁，且易于脱落，待干燥之后便可烧成。"①

不同于传统的景德镇瓷业手绘工艺，洋彩以及刷花、贴花工艺的引入，丰富了景德镇瓷器装饰方法，促进了景德镇陶瓷业新型工业化生产模式的出现。这些工艺并不需要长时间、严格的师徒传承式的模式才能实现，仅需要简单的培训就能进行生产。且这种新型产品深受市场欢迎，又成本低廉，因此吸引了大量从业者从事这项技艺。在传统的生产体系下，形成新的瓷业阶层，加速了景德镇制瓷业群体的分工和流动，也促进了景德镇社会结构的转变。这种转变在近代中国独特的社会语境中，在不受传统规则束缚的情况下，在转型中寻求景德镇制瓷业振兴路径。

瓷像业是中国古老的行业之一，最初多为在绢纸上绘制，用勾线法将人面部轮廓体现出来，形象逼真。但晚清以来，西方摄影成像技术传入中国以后，照片比手绘画像更为便宜，因此受到社会各界的欢迎。但受限于当时摄影技术，还不能将照片放大，且纸质照片也难以保存。于是，将照片转移到瓷器上面，就成为民国初年瓷业生产的一个重要行业。在绘制中，瓷业艺人发明了九宫格绘制技术，即先用刻瓷刀在玻璃上划刻粗纹大方格，再用井字形交叉的线在大格内分成九格。用这种九宫格罩在照片上绘像，五官位置准确，且有阴阳光，立体感强。画像时候，把照片放在九宫格下，用夹子夹紧，保证照片不能移动，然后按照格子下面照片的比例进行同比例放大于瓷板之上。把轮廓勾好以后，即可上料，细致部分用料笔上色，大面积部分用彩笔上色，用海绵或者丝绵拍匀。著名的瓷像绘制艺术家邓碧珊在发明九宫格绘像艺术的基础上，借鉴西洋与日本绘瓷技法，将照片画面层次感与写实感完美结合，明暗关系清晰，光影富于变化，受到了社会各界广泛认可。瓷像画通常采取两重烧制方法，第一次用麻色绘画，第二次加彩，形成了丰富多彩的装饰艺术风格。由于西洋画光影技术、明暗及透视技术等方法融入瓷像画中，使得民国时期，瓷像画非常盛行，受到社会各界的追捧，许多名人也纷纷设计瓷像画，成为风靡一时的新型瓷器装饰艺术的代表。由于瓷像业是新型瓷器彩绘艺术门类，不同于传统的红店彩绘艺术，是采用新式照相技术与西式化学原料将照片复制到瓷板上。随着瓷像创作群体收入与影响力逐渐扩大，为了更促进行业

---

① 黎浩亭：《景德镇陶瓷概况》，正中书局1937年版，第167页。

发展，1940 年，应商会要求，成立了瓷像业同业公会。"为同业共同利益及矫正营业之弊害，已于上月二十日召集同业开筹备会，拟定章程，筹组景德镇瓷相业同业公会，理合将组织缘由及附呈章程一份备文呈请。"①从事瓷像业的大多是景德镇绘瓷名家，著名代表有刘雨岑、吴康、朱受之等。

（三）珠山八友与近代饰瓷名家

在浅绛彩和洋彩装饰的基础上，新粉彩艺术迅速发展，融合传统中国粉彩生产工艺与浅绛彩装饰手法，形成了新型的瓷器装饰风格，即新粉彩，或称落地粉彩。就生产工艺和装饰技巧来说，新粉彩装饰风格吸收了传统粉彩装饰风格与技术特征，但摒弃了传统粉彩复杂繁缛的装饰技术特征，而吸收了浅绛彩简洁的装饰技法。在色彩表现力上面，新粉彩要比浅绛彩更具表现力，且不失浅绛彩文人气息的装饰风格，是融合粉彩与浅绛彩装饰风格的杰出代表。在景德镇传统陶瓷技术发展基础上，新粉彩瓷器装饰风格形成了巨大的社会影响力。

在生产技术上，新彩粉融合了浅绛彩与中国粉彩装饰风格的优点。同传统中国粉彩装饰风格相比，新粉彩不似传统粉彩装饰艺术那样复杂。因为传统粉彩装饰技法来自不惜工本制作的御窑，因此制作过程中需要大量的颜料，且存在透明原料与不透明颜料相容与不相容的问题，以及要考虑如何烧制完成的固着性，因此粉彩难度非常大。新粉彩在生产技术上吸收了浅绛彩技术的装饰技法，并将其融入创作之中。同浅绛彩相比，新粉彩装饰风格避免了浅绛彩艺术装饰中色调不明晰、多清淡的装饰风格，将粉彩颜料丰富的特征表达出来。在装饰题材方面，新粉彩脱离了浅绛彩纯粹的文人画装饰风格，形成了多元性的瓷器装饰风格。由于浅绛彩瓷器生产者多受新安画派影响的文人，且装饰图案多取材于传统纸绢画文本，因此具有浓厚的文人画气息。而新粉彩装饰风格，在前期装饰风格的基础上，作品风格多样化，装饰题材全面化，既有文人画装饰的风格代表，也具有中国传统吉祥文化的装饰风格，形成了商品瓷与艺术瓷的结合，其艺术装饰风格受众群体更为广博，影响范围也进一步扩大。在新粉彩装饰艺术

---

① 《为组织瓷相业同业公会呈请核发许可证由》，1940 年 8 月 12 日，卷宗号：J004—027—001，景德镇市档案馆藏。

中，珠山八友①是其杰出代表。

珠山八友是清末民初景德镇著名的饰瓷群体，其成员主要有："王琦，新建人，画人物；邓碧珊，余干人，画鱼藻；徐仲南，南昌人，画竹；田鹤仙，浙江人，画梅；王大凡，安徽黟县人，画人物；汪野亭，乐平人，画山水；程意亭，乐平人，画花鸟；刘雨岑，鄱阳人，画花鸟。八友以王琦为之首。……他与邓碧珊等七人，时时过从，品评画理，一般人都称他们为'八大名家'。"②由于中间部分名家去世与离开，随后在相关记述与回忆中也出现了这一群体人数变化的情况。在1928年秋，由王琦、汪野亭、何华滋、邓碧珊、刘雨岑、程意亭、毕伯涛等聚会，在座八人，便定名为"珠山八友"。并订每月望日，开会一次，名为"月圆会"。但到了1930年的时候，邓碧珊、何华滋、毕伯涛等因为个人原因，先后脱离，后

---

① "珠山八友"是近代景德镇艺术瓷绘瓷名家的代表，也是绘瓷群体的总称，其主要成就是将中国文人画的风格用于瓷器装饰方面，在景德镇日用瓷衰落情况下，引领近代艺术瓷发展，探求出景德镇瓷器生产新的路径。但由于相关史料缺失还无从考证。最早明确以"珠山八友"为题描述景德镇绘瓷名家的说法是在1959年出版的《景德镇陶瓷史稿》中第一次使用"珠山八友"这一称呼，由当时参与该书编著的刘雨岑提出，其成员分别为："王琦，新建人，画人物；邓碧珊，余干人，画鱼藻；徐仲南，南昌人，画竹；田鹤仙，浙江人，画梅；王大凡，安徽黟县人，画人物；汪野亭，乐平人，画山水；程意亭，乐平人，画花鸟；刘雨岑，鄱阳人，画花鸟。八友以王琦为之首。……他与邓碧珊等七人，时时过从，品评画理，一般人都称他们为'八大名家'。"这也是最早珠山八友提法的出现，论述中将八个人创作特色也做以论述。同时在书中，除了珠山八友，还论述了其他景德镇陶瓷名家。"八大名家之外，尚有汪大沧、安徽何许人，婺源张志汤，都是以山水著，张擅工笔，何工雪景，汪则长写意，创作力很强。"该书将珠山八友和其他名家划分开来。作为景德镇陶瓷史前期研究的代表作，《史稿》具有深远的影响力，"珠山八友"也因此得到认可。而在1961年《陶瓷美术》第3期中，就出现关于珠山八友中最初有毕伯涛而没有徐仲南的说法。徐仲南只是后来递补的说法。"'八友'中，邓碧珊去世最早，当时递补了徐仲南。现在，'八友'健在者仍有毕伯涛、刘雨岑二人，其余均已亡故。"但在同年10月，珠山八友健在的刘雨岑坚持认为《史稿》的说法是正确的，不可能出现增补的说法。作为珠山八友两个健在者的毕伯涛与刘雨岑，在关于"八友"人员组成上存在分歧。关于景德镇瓷业名家最早见于1930年的《商业杂志》上面，"景德镇绘画瓷器声誉最著者可分为四大画家如下：一、王（原文为王，应为汪）野亭先生，山水；二、邓碧珊先生，草鱼；三、王琦先生，人物；四、汪（原文为汪，应为王）大凡先生，花卉。"此后，1936年5月16日《益世报》中的记述："第二陈列室中完全为瓷器，琳琅满目，应有尽有，内有各种古瓷最为宝贵，如雍正万花太白尊，标价五千元，乾隆万花董浩山水，标价三千元，其余如四大名家汪野亭等作品，亦精彩百出。"在没有被证伪的情况下笔者在文中采用约定俗成的称谓，既是为了行文方便，也表明艺术瓷饰瓷群体在近代景德镇瓷业发展中所起到的重要作用。

② 江西省轻工业厅陶瓷研究所编：《景德镇陶瓷史稿》，生活·读书·新知三联书店1959年版，第315页。

来又增补了徐仲南、田鹤仙、张志汤、方云峰、汪大沧等人。① 珠山八友是在近代以来中国社会剧烈转型、景德镇日用瓷市场衰落、御窑生产体系解体的背景下出现的瓷画艺术家群体。从画风而言，珠山八友作品既不同于以往御窑器物上严格的画风，也不同于传统景德镇日用瓷随意画风。在皇家富贵、民间率真之外，为瓷器装饰注入文人野逸的艺术趣味。以瓷上彩绘画而言，在粉彩基础上，着力于陶瓷艺术创作的革新，将文人画、名士题材融入陶瓷艺术上面，实现了瓷上绘画的革新。与传统景德镇陶瓷艺术相比，珠山八友作品主要以瓷板画为主，或者类似于平面的镶器和圆盘。这种平面化载体创作方式也不同于传统景德镇立体化的创作方法。此外，同传统景德镇瓷业精细化分工相比，珠山八友作品基本上是个人单独完成，而不是传统严密分工协作的形式。此外，同传统瓷器款识最大的不同是，作品上面签署自己的名号，并配上与画面意境类似的诗词，突出文化风格。这种追求素雅、意境的风格既具有传统中国文人画风格，也体现瓷器装饰风格独特的美。在继承传统中国瓷器装饰风格基础上，实现了由图案装饰到瓷上绘画的创新，从而开启了近代以来景德镇陶瓷艺术由功能、造型、色釉为主的风格向绘画、陈设、纯艺术的转变之路（见图5—1）。

图5—1　近代瓷板画

资料来源：《瓷艺与画艺：20世纪前期的中国瓷器》，海洋国际出版社1990年版，第237、303、323、327页。

---

① 毕渊明：《珠山八友来龙去脉》，载政协景德镇文史委员会编《景德镇文史资料》第1辑，1984年，第71页。

在陶瓷装饰方面，珠山八友在继承清初粉彩装饰基础上，将清末浅绛彩装饰艺术进一步发扬光大，使得景德镇彩瓷装饰艺术更加丰富。如邓碧珊将九宫格画法运用到瓷像上面，影响到王琦，形成了景德镇瓷像创作的新品种。此外，珠山八友在原来景德镇粉彩、浅绛彩基础上，吸收借鉴西方人物画中运用明暗对比的方法，运用新粉彩装饰手法，结合景德镇已经形成的陶瓷工艺技术，在传统基础上，将瓷上绘画艺术发扬光大。同传统的景德镇瓷业工匠相比，珠山八友不仅仅满足于自身生活的需要，而是将瓷上绘画作为振兴景德镇陶瓷业发展的目标来完成。面对瓷业衰落和社会腐败，珠山八友将艺术创作和对国家命运关注结合起来，运用艺术创作反映时代特色，将瓷画艺术介入社会的内容推向了高峰。1920 年王琦的《瞎闹一场》作品讽刺了当时社会的混乱局面，引起了社会各界的关注，也反映了景德镇瓷业社会变化，瓷业创作群体关注社会发展状况和社会改革。

对于珠山八友而言，其艺术创新还在于作为民间瓷业创作整体，形成了结社组织。这一组织内的成员定期聚会、相互交流学习，既打破了原有景德镇血缘和地缘组织模式，形成了以个人爱好为主导的社会组织，也冲击了景德镇瓷业生产中技术保密性的模式，意味着瓷业创作进入了新的历史时期。也就是说，瓷画艺术创作群体只有不断提高自身技艺，才能在市场竞争中存活下来。这种局面还表明在创作中不同艺术家要有个性化的艺术风格，否则就不会得到认可。此外，在作品上签署自己的名字，也是珠山八友对近代瓷业影响的重要体现。同曾经的文人画一样，在作品上写上自己的名字就意味着市场价值，而这在景德镇以前艺术创作中是难以出现的。在传统社会里，手工业艺人社会地位，不被主流知识精英文化和士绅所接受。"竹与漆与铜与窑，贱工也。"① 尽管在明朝中晚期，随着消费文化的崛起，工匠名字作为名声和质量的代表开始出现在瓷器上面，或者本人的名字被当时的社会所知道，但这种情况是极少见的个案。王士祯在《池北偶谈》中就列举了昊十九的名字与疑似他设立的工作坊的名字。"近日一技之长，如雕竹则濮仲谦、螺甸则姜千里、嘉兴铜炉则张鸣岐、宜兴泥壶则时大彬、浮梁流霞盏则昊十九，……皆知海内。"② 尽管昊十

---

① （明）张岱：《陶庵梦忆》，林邦钧注，上海古籍出版社 2014 年版，第 59 页。

② （明）王士祯：《池北偶谈》卷 17，载熊廖、熊微编著《中国陶瓷古籍集成》，上海文化出版社 2006 年版，第 225 页。

九名气非常大，从上面的论述并没有这些工艺名家任何个人信息，只知道他来自浮梁，在景德镇从事瓷业生产。在另外一则史料中，我们能够看到他个人的信息。"浮梁人吴十九者，能吟，书逼赵吴兴，隐陶轮间，与众作息。所制精瓷，妙绝人巧。尝作卵幕杯，薄如挤卵之幕，莹白可爱，一枚重半铢，又杂作宣、永二窑，俱逼真者。"① 在重视古器的明朝，吴十九的出名可能是由于他能够仿制出逼真的历代名窑瓷器，比如宣德窑、永乐窑等瓷器。这种仿古名家的出名是因为其满足当时社会仿古需求，也是中国独特文化的反映。如果从这个视角出发，吴十九创作的作品根本不会署上自己的名号，这也是目前在世面上没有出现吴十九作品的重要因素。即便如此，类似于这样的名家还很难出现在瓷器上面。在中国漫长的历史上，关于瓷器的命名主要是以下几种类型。一种是地域命名，比如说汝窑、定窑、钧窑、耀州窑、吉州窑、龙泉窑等，这种是对所有窑口瓷器的总称，也是瓷器质量品牌的代表，不同的窑口出产不同瓷器类型。一种是以使用者为代表，比如官窑就是指北宋官窑和南宋官窑。即主要为皇家生产使用瓷器的窑口。枢府瓷是指元朝枢密院定烧的瓷器。明朝以来，在景德镇设立御窑厂专门生产皇家使用瓷器。在不同时期，瓷器烧造过程中出现了以皇帝年号或者督陶官名字命名的瓷器，比如永乐器、成化器、宣德器、年窑、郎窑等。总体而言，这种命名是中国古代瓷器制造模式的反映与体现。工匠在身份与地位比较低的情况下，很难将自己生产的作品名字书写在瓷器上面。

与文人和官员主导的中国文化相对应，工匠地位与身份比较低下。作品上没有自己的名字，是大部分手工艺品共有特征。但瓷器生产与装饰风格的独特性，也决定了如何在瓷器生产中将个人名号出现在瓷器上是一个非常难以处理的问题。明清时期，景德镇瓷器生产已经进入了模板化、规模化生产阶段。也就是说，从原料制作到瓷器烧成，要经过很多工序。这也就意味着，很难去说明哪个具体工序在瓷器生产中起到最为重要的作用，因为任何一道工序的成败都会决定瓷器生产的最终完成。以市场价格较高的艺术瓷而言，瓷坯制作和烧制、彩绘和最后烧制是其中关键因素。但就具体到每个具体环节的署名而言，是哪个环节署名，也是难以处理的

---

① 李日华：《紫桃轩杂缀》，载熊廖、熊微编著《中国陶瓷古籍集成》，上海文化出版社2006年版，第230页。

问题。同传统的书画艺术相比，瓷器生产的所有工序是在一起进行的，从瓷坯制作到瓷器成型，均须要大家密切配合。从这个视角出发，不署名的模式符合瓷器行业的生产特色。

近代以来，随着日用瓷衰落和艺术瓷生产的出现，艺术瓷引领了景德镇陶瓷生产。这种变化一方面和近代景德镇日用瓷生产陷入困境有关，另一方面也和个人主义观念在瓷器上的出现有关。御窑停烧以后，大量优秀的画匠从事民窑艺术创作，瓷画家也开始在作品上署名。从某种意义上而言，这种意识尽管受中国文人画影响，也是瓷绘艺术家个人主义崛起的标志，抑或是作者自身品牌的标志。签名模式意味着作者有能力、也需要对产品负责，尤其在艺术瓷这样的奢侈品领域，这种签名模式也代表了身份与诚信的多重含义。从清末浅绛彩到珠山八友瓷器艺术创作，景德镇瓷器署名成为一种时尚，后来也变成一种常态。瓷器上面署名除了作者自己的名字以外，还署上创作地域景德镇的名字。诸如，书于景德镇、书于珠山等字样。这种在近代以来明显的变化，折射出景德镇瓷器市场新的社会现象与象征意义。

如前所述，瓷器生产绝非出于一人之手。但在瓷器署名中仅仅看到瓷上绘画者的名字势必导向这样一个论断，即近代以来瓷上绘画已经引领了景德镇瓷业发展的主流。这种现象有意无意遮蔽了其他瓷业生产行业在景德镇瓷业生产中的地位，并引发了瓷器作品在市场中定价权的问题。也就是说，陶瓷绘瓷者在产品利润分成中占据了主导地位，尽管目前还没有具体的史料来证明产品价格中到底如何进行利润分配的问题。但仅从民国时期作为身份象征吸食鸦片这一事情而言，珠山八友中就有四人吸食鸦片足以证明其收入可观惊人。在绘瓷名家的影响下，景德镇著名的瓷器作坊或者瓷器公司也开始注重自我品牌效应与社会诚信，也多以个人品牌书写在瓷器底部或者瓷器之上，著名代表有江西瓷业公司等。

作为景德镇重要的艺术创作群体，珠山八友承载着景德镇陶瓷艺术复兴希望，其发展成就也得到了社会认可。"景德镇绘画瓷器声誉最著者可分为四大画家如下：一，王（原文为王，笔者认为错误，应为汪）野亭先生，山水；二，邓碧珊先生，草鱼；三，王琦先生，人物；四，汪（应为王）大凡先生，花卉。"① 民国时期，尽管珠山八友瓷器作品价格昂

---

① 张承椿：《景德镇瓷业之概况及今后发展计划》，《商业杂志》1930 年第 5 卷第 3 期，第 5 页。

贵，但仍然有许多达官贵人均愿意购买他们创作的作品。由于多样化的瓷器创作风格更容易得到大家的认可，王琦就组织大家创作出了一批受市场欢迎的瓷器，不仅受到国内市场的欢迎，也赢得了国际市场的认可。同传统的陶瓷艺人相比，珠山八友等艺术家社会地位也比较高，不仅是江西省地方行政官员的座上宾，甚至也得到国家层面领导人认可，著名雕刻艺人黎免亭曾经受到袁世凯邀请为英国国王乔治刻像。

在景德镇瓷器制作由日用瓷向艺术瓷转化的过程中，瓷板画扮演了非常重要的角色。瓷板画装饰风格的出现，开创了瓷器文人画的先河，也推动了景德镇陶瓷生产的艺术性转向，并促进了景德镇瓷器审美与创作风格的转变，文人画高雅的装饰风格开始出现在瓷器画面装饰上，个性化的特征成为瓷板画装饰的代表主流。大量绘瓷名家开始从事更有利于装饰效果的瓷板画艺术创作，引起了社会各阶层的流动。文人画的瓷器装饰风格受到欢迎，并在市场中极受追捧。这种改变也使得从事文人画的艺人在景德镇地位提升，成为景德镇瓷业生产体系中最有话语权的群体，而从事其他行业的瓷器生产者地位受到影响。

（四）时装瓷的兴起

中国瓷器生产落后的历史语境与新型社会思潮的出现也影响到瓷器的装饰风格，各种新式瓷器图案也开始出现在瓷器上，最为著名的代表是时装瓷。"时装瓷"即以民国新型女性服饰及装饰特征绘制到瓷器上，是近代中国社会新式文化在瓷器中的表现。这种瓷器的出现不仅意味着景德镇瓷器品种的增加、绘瓷手法的改变，也是近代中国社会在转型时期社会文化的代表，具有独特的社会意义。此外，新型装饰风格的出现，也昭示了在景德镇瓷业生产内部，出现的新的瓷器生产群体。

19世纪中后期，由于大量洋货进口，民众的消费理念也在悄然发生变化，报纸上出现的各种洋货的广告也引发了民众对新生活的向往。大都市的生活方式，不仅仅受到年轻人的追捧，也逐渐向其他地区扩散。辛亥革命以后，由于政府提倡新的生活方式以及所采取的各种改变传统生产方式的特征更引发了社会生产方式的变迁。尤为重要的是，女性在社会活动中追求平等的权利，更对传统社会文化带来冲击。报纸上各种关于电影明星以及新型女性潮流的服饰成为社会各界追逐与效仿的对象。20世纪初期，上海出现了以美女为题材的月份牌年画，引发了大众文化的效仿与学习。

这种题材的绘画主要是在报纸上的广告以及香烟上的图案，因为贴近社会生产，影响流传甚远，被新型社会群体所接受。由于受到市场欢迎，这种题材的装饰风格，也迅速被景德镇瓷绘人员运用到瓷器装饰上。

1911 年以后，新的社会风尚开始引领时代发展，一批都市消费群体能够接受与容纳各种新式器物类型。新型瓷器装饰风格开始出现，并成为引领一时的瓷器产品。就瓷器装饰器型来看，时装瓷器型仍然是传统的瓷瓶、将军罐与茶壶等，但在瓷器装饰风格上却明显体现出不同于传统瓷器装饰图案风格。目前收藏界关于时装瓷最早的记录是 1916 年。相比较而言，这个时间要比民国报纸和上海月份牌画时间晚，这种情况也与景德镇瓷器生产风格相吻合。就社会时尚的接受度而言，景德镇地处内陆，受新型文化影响比较慢，这也就意味着瓷器上的民国时装女性画受月份牌风格影响甚深。此外，作为新型粉彩瓷器装饰风格，无论是颜料调制或是瓷器装饰技术都要比从纸上绘画转变而来的广告画或者月份牌难以处理。但这种新型装饰风格在被社会各界接受以后，迅速转移到瓷器装饰上，表明民国景德镇瓷器装饰已经具有了非常快的变迁与转型。对传统景德镇瓷器装饰风格而言，时装瓷有着自身独有的特征，也体现出了独具特色的社会意义与时代文化。

就时装瓷艺术创作风格而言，新式时装美女是其创作题材的主体，同民国时尚美女风格类似，时装瓷美女符号特征非常明显，主要特征为：高领、细腰、长足等。而在服饰搭配上面，也体现出了新型服饰的特征，如果是高领的上衣配长裤的装饰，多数是上衣较短，最多到臀部，来明显表现女性身材，裤子也有七分裤、五分裤等。如果下身是裙子的话，多采取适度裸露的方式，将女性小腿、手臂等部分显露出来，从某种意义上体现民国女性时尚追求。[①] 图5—2（2）中四位着时装女性携三个幼童出游的场景，其中女性服饰分别为短裤或者长裙，而上衣则均为高领，这种服饰装饰特征在 1919 年以后非常流行，无论是民国电影明星或者上海知名女性均采取这种流行性服饰。图5—2（1）中儿童的服饰也与中国传统的装饰风格不同，头戴西式贝雷帽，手拿五色旗。此外，新型女性服饰风格也随着社会风尚的变化而出现。图5—2（3）中，三个出行的女性分别以不同服饰风格出现，就上衣而言，分别为深 V 形衣领和圆形衣领，扇形阔口袖。这种衣服装饰风格比前期的紧口风格显得更为轻松自如，这也意味

---

①　张朋川、张晶：《瓷绘霓裳：民国早期时装人物画瓷器》，文物出版社 2002 年版，第 46 页。

着民国女性服饰装饰风格已经越来越从束缚走向自由，且装饰风格趋向于多样化。多样化的发式也在时装瓷中体现出来。大致分为东洋髻、西洋髻、空心髻、连环髻、面包髻等，而这种发髻多样化配合各种新式刘海，更能体现女性魅力。图5—2（2）右侧妇女梳西洋三朵发髻，而左侧妇女脑后绾发髻，前留燕尾式刘海。

（1）　仕女携童图帽筒（局部）

（2）　嬉子合欢图深腹盖罐

（3）　迎稚子归图深腹盖罐（局部）

（4）　婴戏图深腹盖罐

图5—2　近代时装瓷器图片

资料来源：张朋川、张晶：《瓷绘霓裳：民国早期时装人物画瓷器》，文物出版社2002年版，第20、47、87、99页。

在时装瓷的装饰风格中，儿童、洋伞、洋楼与西式乐器等成了装饰风格中的重要组成部分。图5—2（4）中绘制风格与图5—2（1）中相似之处，儿童均戴西式贝雷帽，径口一圈花边非常醒目，且服饰风格明显具有西洋特色。女性坐的椅子与服饰的样式均是那个时代时装瓷装饰的代表特色。人物同背后的新式洋房特色均表明了这些题材来自开放性的新型都市，而不是传统中国社会风格。图5—2（3）两个儿童一人手持五色旗，一人吹西洋喇叭，加之背后独特西洋百叶窗装饰风格，构成了民国瓷总体和谐的装饰风格与特征。洋房、西洋乐器、新式服饰、时尚美女等民国新型符号意义的特征代表这些是最为先进社会的代表。

不同于传统的瓷器装饰风格，时装瓷是一种全新的创作模式。时装瓷瓷器设计包括图案、题款及创作者个人信息。这种风格完全不同于原本的景德镇瓷器装饰风格。尽管近代以来，受浅绛彩文人瓷画的影响，民窑瓷器生产中开始出现题诗与创作者信息。但作为一个群体而言，还很难像时装瓷这样有着如此明确的装饰信息，且这种装饰信息多和瓷器图案所表达的信息相吻合，形成交相呼应的艺术特色。

就时装瓷受众群体而言，尽管目前由于相关史料的缺失，我们很难就民国景德镇时装瓷销售区域与销售群体进行明确的分析，但可以肯定的是，新型社会阶层与知识群体是该种瓷器销售的重点群体。同传统景德镇瓷器生产相比，时装瓷创作人数并不多。就目前发现的瓷器实物而言，景德镇时装瓷的生产人物和瓷号主要有洪步余、潘肇唐、周筱松、胡椿泰、福生林、夏鼎臣、夏余钊、张荣明、张荣顺、汪释兴、桐华居、益友斋、永发祥、长春阁、金永祥、徐祥兴等七十余人。从饰瓷人数与瓷号数量来看，同民国近七千人红店加工的人数相比，时装瓷创作的人数仍然是小众群体。此外，根据时装瓷题款来分析，新型时装瓷饰群体为外来画工。在题款中，多次见到"客次"字样就证明了这一观点，表明多数时装瓷创作群体可能来自上海等大城市。1919年，在洪步余创作的长颈双耳对瓶题款中有，"乙未年春月客次洪步余作"字样，作为在景德镇时装瓷中最有影响力的代表人物之一，笔者推断洪步余是受新型时装画影响到景德镇进行新型瓷器创作的外来陶瓷艺人代表。而同样题款还包括夏鼎臣、张荣明、张荣顺、徐祥兴等多位艺人。[①] 而根据现存的时装瓷数量、创作年代

① 张朋川、张晶:《瓷绘霓裳：民国早期时装人物画瓷器》，文物出版社2002年版，第68页。

以及艺术成就而言，洪步余与夏鼎臣是杰出代表，这也就意味着大部分景德镇时装瓷绘瓷名家多为外来绘瓷人员。这种外来相比较与景德镇移民特色而言，可能更晚，是受到上海等地新型文化影响而来的，也不排除最初由新型社会群体定制，时装瓷非常受欢迎，因而在景德镇形成了新型饰瓷群体。

民国时期创作了大量体现新型时尚文化的瓷器，摆脱了中国传统瓷器装饰图案风格的限制，不再采取古代中国吉祥纹饰与高士仕女等旧式题材，而是选择以新式时尚生活为切入点，丰富了景德镇瓷器生产门类，就瓷器画面题材而言，穿着时尚的美女、新式洋房、西洋乐器等是主要的代表。这种产品所具有的创新意义和社会意义甚至超越近代文人瓷画的影响。一方面，时装瓷是时代文化的产物，是在新的历史时期，由于消费群体审美的变化而出现的产品，是社会转型期各种社会关系转变的反映；另一方面，也表明景德镇从业者在新的历史情况下，能够适时转变，适应市场需求。

时装瓷的出现，超越了传统瓷器装饰风格的局限，形成了新的瓷器装饰特色，反映了当时新型社会阶层消费群体的需要，也是中国社会转型期社会变迁的体现与反映，为景德镇带来了新的理念。但因为绘瓷人员多是从纸绢画或者其他绘画绘制风格中转变而来，并没有完全掌握瓷器制瓷工艺。同景德镇已经形成的成熟的瓷器绘制风格相比，大部分时装瓷作品依然存在不足之处，多数是将"月份牌"画面直接移植到瓷器上，忽视了纸上平面绘制风格和立体绘制风格的差异。此外，由于产品消费群体多为大城市的新型社会阶层，日本侵华以后，北平、上海、南京等大都市相继沦陷，时装瓷也失去了重要的市场，慢慢衰落。作为社会生活代表与体现的瓷器生产，时装瓷是景德镇瓷器生产的独特个案，是在特殊历史时期中国社会文化的反映，也是景德镇瓷业工人面对社会转型做出自我转型的表达。时装瓷作为近代中国社会变迁的体现，在景德镇新型瓷业生产中拥有非常重要的独特意义与社会价值。

三　社会变革视野下的瓷业生态

地方行政权力的转移、新的社会组织和新型群体的出现是景德镇瓷业发展所面临的现实，也对景德镇社会发展产生了重要的影响。同传统商业重镇的自治模式相比，近代以来，景德镇在官方力量的主导下，在瓷业发展的现实中，无论是瓷业生产方式或者管理模式均发生了一些变化。尽管无法改变景德镇瓷业生产体系与社会形态，但这些新型的变化还是促进景德镇生产模式进一步优化，有利于制瓷业发展。

（一）制瓷业研究机构的设立与影响

近代景德镇瓷业生产遭遇的困境，引起了社会各界的担忧，寻求发展出路，振兴瓷业，一直是景德镇的主流声音。在此过程中，以行帮为主导，以个人利益为核心的技术保密模式被认为是阻碍景德镇瓷业发展的重要原因。但掌握核心技术是维系从业者在景德镇生存乃至繁盛的关键因素，大多数从业者根本不会将拥有的技术贡献出来和大家分享。1915 年，巴拿马博览会以后，由于景德镇瓷器所赢得的盛誉，引发了各界对景德镇瓷业改革的重视。1916 年，在地方政府的支持下，实业家吴霭生、艺术家王琦等人组建成立的瓷业美术研究社，其目的是打破瓷业技术的垄断，改良景德镇瓷业生产技术，促进陶瓷艺术的创新。为了规范制瓷业从业者的习惯，促进共同提高，按照美术研究社的规定，入社社员必须将 1—2 幅的代表作品送到陈列社内，并永久保存，供社员相互学习和参考。1916 年冬，美术研究社举办首次作品展，扩充了瓷业艺人的视野，在景德镇反响热烈。此后，研究社还多次举行作品展和交流会，使得美术研究社的影响也越来越大，会员也日渐增加。如前所述，近代以来，景德镇日用瓷生产衰落，手工艺术瓷生产开始繁荣。以传统吉祥纹饰为题材的瓷器比较受欢迎，但由于景德镇相对封闭，瓷业从业者文化水平有限，总是简单复制几种图案。大量类似产品在市场上出现，不仅影响到产品销售价格，也影响民众对景德镇瓷器的认同感。为了改变这种局面，促进会员绘瓷水平的提高，美术研究社邀请技术水平高的瓷画艺术家或者学校老师讲授顾恺之的《画论》、王维的《山水诀》等传统优秀文人画作品，提升了社员各方面的能力。此外，为了促进瓷器制作工艺的提高，美术研究社设有专门作坊，仿制明清时期的青花瓷、颜色釉等，其中社长吴霭生贡献最大。他以自己全部家产作为投入，在研发和生产方面不惜工本，生产出新的品种以后，马上向全镇陶瓷生产者公开，供大家模仿，促进了景德镇陶瓷业的向前发展。"公姓吴，讳毓麟，霭生其字也。……于宣统年间来镇，纵观瓷厂，稍知窍，慨然解囊，创办合兴瓷庄。不惜工本，惟冀精良。……浮梁县长陈公仲亭仰其名，欲办瓷业研究社，访之公，公慨然引为己任，不辞劳苦，肩任社长，申明社规，条分缕释，于是瓷业美术研究社赖公成立矣。公之志愿，以国货挽回利权，尤冀普及全镇制瓷之术，发表于社，得其术而获利颇不乏人。景德民国以来，瓷业蒸蒸日上者，咸知公倡导之力也。"① 正当美术研究社蓬勃发展之际，1927 年，军阀刘宝提失败逃跑时经过景德镇，将美术研究社作品洗劫一空。随后，由于吴霭生去世，美术研究社群龙无首，再也难以组织像样的活动，促进瓷业生产工艺改良与技术发展的研究社宣告解散。

国民政府时期，由于社会环境相对安定，为了加强对艺术瓷研究与推广，成立瓷业改良机构的设想再次提出。"美术瓷研究部采用手工业中之良好特征者，加以新式之方法，会通并搜集手工业中优良之技师及陶瓷学者，集中人才，共同研究，以便我国工业之优美者不致失传，且能发扬光大，并研究各种釉料、陶瓷技术及学理，改进介绍给各厂商，以资仿效。"② 但这种设想缺乏类似于吴霭生这样实业家的投入，政府也无力顾及，大多数瓷业生产者更愿意使用别人成果，而不愿意将自己所拥有的技术与创作手法和大家共享，设立美术瓷研究部的设想大多难以实现。抗战时期，景德镇瓷业生产更加萧条。为了振兴瓷业，1943 年，吴仁敬等人组建中国陶瓷社，其目的为改良陶瓷原料制造方法，推广景德镇瓷业，培养技术工人，发展陶瓷教育等。③ 陶瓷社成立以后，对景德镇陶瓷生产状况进行调研，并邀请相关技术人员座谈，设立营销部推广景德镇瓷器，并到处举办展览推广景德镇的陶瓷艺术。此外，为了更有效地提升从业者素质，改良社会结构，促进景德镇瓷业发展。吴仁敬等人创办了《陶瓷半月刊》，宣传陶瓷知识与新型生产技术，并介绍新型瓷业生产理念和世界瓷业发展大的格局，对提升景德镇瓷业工人技术以及加深对陶瓷市场的了解，均有积极作用。但由于日本侵华时期，整个社会环境相对混乱，中国陶瓷社进行的改良也收效甚微。

近代以来，由于艺术瓷的勃兴，瓷画艺术创作群体在景德镇地位迅速提高。但由于瓷器生产的分工特色，很难有艺术家群体能够完全掌握所有

---

① 江西历史学会编：《景德镇制瓷业历史调查资料选辑》，内部刊物，1963 年，第 6 页。
② 黎浩亭：《景德镇陶瓷概况》，正中书局 1937 年版，第 167 页。
③ 《本社于七月二十八日正式成立，开始工作，起用图记除分别呈报》，1943 年 8 月 9 日，卷宗号：J004—001—001，景德镇市档案馆藏。

的技能。如同珠山八友一样，艺术家群体的通力合作才能实现共赢。为此，在中国陶瓷社的基础上，吴仁敬联合景德镇著名绘瓷艺术家创办了陶瓷画友联谊社，以期促进共同提高和瓷业发展。"除社长外，有会员共十三人。……这一群社友中，虽各有绘画之技能，而各人所擅长绘写之画，不为相类。如吴仁敬先生的长于绘画图案等，朱明先生的精于古佛寿星人物，王锡良先生的工于细彩写意人物，汪水平、邹国钧的精绘墨彩山水，余竹青、胡选、陈耕先生的彩色山水，汪景清先生的各种人物素描，王一凡、赵新民先生的花鸟，舒研青先生的寿桃牡丹，汪十泾的墨兰，邓肖禹的翎毛。"① 会员定期组织开会，并确定主题，大家共同交流，以期自我提升并带动景德镇艺术瓷的发展。

（二）新型调节模式与管理体系

传统瓷业生产体系下形成了部分行规，越来越不适应现代瓷业发展的需要，成为阻碍近代景德镇复兴的主要原因。在此局面下，改革传统的瓷业生产模式与废除行规也成为社会共识。如前所述，江西陶业管理局成立以后就采取了一系列措施加强对景德镇瓷业陋规的管理，并废除柴窑业主长期实施的"窑禁"，缩短窑身，以提升瓷器烧造的成功率。即便强势的都昌人依旧牢牢地控制着瓷窑烧造，但对官方主导的改革措施也无有效的应对策略，只好服从。类似于上述政府主导的策略还体现在瓷业生产的许多方面。第一，在各方冲突的相持不下危及生产的情况下，政府会出面保证瓷业生产的正常进行。瓷坯制作使用的釉果主要被瑶里各大姓氏垄断，每年开工前，在商会主持下，釉果供应商、坯房主和相关从业者共同商议该年釉果价格，且常年保持不变。但个别情况下，釉果供应商会抬高原料价格，让生产者难以接受，引发各方矛盾。但由于生产原料的垄断性，商会等在不过分损害坯房主利益情况下，多顺从压力，接受釉果供应商提出的价格。"民国十七年，因议价未得结果，厂商、釉果商各持断绝交易之主义，以致破裂。釉商将釉果装回。厂商初意相差之价甚微，釉商必不愿以此微小之数，徒劳往返。孰知釉商果真运回，而厂中积存不多，且急需应用，群起恐慌。厂商不得不自认失败，派人前往瑶里村采买。因此，釉

---

① 史清：《陶瓷画友联谊社的轮廓》，《陶瓷半月刊》1946 年 11 月 1 日第 3 版。

商则昂首局奇，任意把持垄断，价高及倍，厂商亦只得认贵购买。"[1]
1936年，瓷器贸易兴盛，釉果开采不及，釉果开采商坐地抬价，让瓷业
生产者难以接受，于是釉商中断对景德镇釉果的供应，引发了釉料短缺。
由于缺乏生产原料，瓷业生产陷入停顿状态，为了维持生产，政府派出警
察到瑶里押运数船釉果，景德镇瓷业生产停工的局面才得以避免。[2]第
二，政府强势介入是近代以来维系瓷业生产运营的通用方式，在政府调节
下，维持社会的稳定与瓷业生产常态进行。由于景德镇社会结构复杂，冲
突是景德镇常态，通常表现为行业冲突或者劳资冲突。传统解决方法是采
取罢工，或者由专门处理冲突的"街师傅"来负责调解，其方式多是各
方大吃一顿，或者要求增加工资。国民政府时期，加强对社会管理，将经
常组织罢工者斥为"野工"，并加以禁止。如果出现随意破坏生产的情
况，组织者就会受到惩罚。在解决冲突方面，也形成了由县党部主导、商
会负责、各方参加的调解模式。无论是劳资各方，遇到问题以后，均须以
行业组织名义向党部提出，邀请各方寻求解决方案。"以烧槎窑业谋生向
来习惯收使用钱，以作劳工工资。每烧一次共用劳工9人，不可缺
一。……所烧日期必须四昼夜，窑内瓷品方可成熟。每烧一次窑，共核算
得工资国币十九元二角，可怜劳工劳心劳力，所得工资非常微末，只可糊
口而已。讵以三窑会主席江雅声、王美兴等压迫窑工，每烧一次只给工资
国币十四元二角。……并同时私约禁窑，十日只烧一次，限制窑工生活，
苦不堪言，为此迫不得已，呈请钧部察核，恳乞制止奸商，救济劳动生
活。"[3]由官方主导的调解模式能够顾及各方利益，且能在关键时刻维持
生产，进而保证瓷器贸易顺利开展。

　　传统瓷业生产秩序的有效运营是建立在严密的行规与商业诚信基础之
上，但近代以来，传统模式社会控制力的减弱，也出现了新的状况。以瓷
业茭草业为例，部分茭草工经常在工作中偷工减料，并恶意破坏不给好处
瓷商的瓷器，诬以在运输中破损，带来损失。为了加强行业治理，避免各
方纠纷，1909年，浮梁县政府就汇色、茭草等工种长期存在的弊端订立
了瓷行、把庄、看色、茭草行业规范，明确相关责任，如果属于瓷庄在包

---

①　黎浩亭：《景德镇陶瓷概况》，正中书局1937年版，第145页。

②　同上书，第146页。

③　《钧部察核恳乞制止奸商救济劳工生活而维工困，实为公便谨》，1936年4月26日，卷
宗号：J004—052—001，景德镇市档案馆藏。

装和检查中出现问题，最终仍由其负责。"一、把庄经收客瓷之进出，责任綦重，不得贪图微利，徇私碍面，串通看色人等，在买瓷票内抽买客瓷，以致弊端迭出，客瓷往往不满实数，如违送究。一、看色经历客帐，务在明晰，汇集客瓷，必须一人一凳，不得减少人工，潦草塞责，致客瓷沿途破碎，难于出售，如违送究。一、茭草雇工人，亦每每在客买票内抽买客瓷，或稍有阻滞，则怒詈不堪，此后不准，如违坐罚，头目送究。"① 此外，茭草工包装瓷器的件数也是统税局征收税收的重要标准，因此，茭草也要按照税局标准数量进行包装，不能增减。"查数庄客因送来货物，皆不束缚，须令茭草工人用稻草束缚成支、成帮或打包置篮、装篓、装桶方便寄运，名茭瓷草。茭草工之茭草无论支帮包篓，皆须照税局茭草章程所订件数茭扎，不能增改。茭草章程之订件数系照器之种类。其不能定件者，各有例定体积数，分类甚多。"② 尽管看似属于瓷业生产非关键性因素，但仍然关乎瓷器贸易的顺利开展。类似于此的还包括窑柴的交易。窑柴是瓷业生产最为基本的因素，近代以来，柴窑烧造的兴起，其燃料需求量非常大。每年景德镇购买烧窑所需要松柴等占据景德镇购买原料价格的第一位，衰落期也达到一百多万元。"进口货物以烧窑所用松柴为第一，年二百九十余万担，约值一百五十万元。"③ 这份 1934 年的调查报告所反映的还不是景德镇瓷业生产全盛时期的窑柴需求状况。窑柴大量运输到景德镇以后，为了保证自身窑柴需要，烧窑业主会展开竞争，抬高价格，进而诱发冲突；此外，窑柴属于易燃物品，如果保护不慎，容易引起火灾，造成巨大损失，影响瓷业生产。明清时期，景德镇多次火灾大多是由窑柴保管不慎引起。为了规范各窑柴行的行业规范，保证瓷窑烧造窑柴供应，调解柴行和柴客之间的矛盾，1916 年，景德镇成立了保柴公所。公所运营采取委员制，由窑户、柴行和柴客各推举三人共同组成，窑户不直接和柴客进行交易，所有的交易均要通过柴行。如果柴行和柴客因为窑柴质量问题发生纠纷，交由公所来处理。保证上岸窑柴安全，防止火灾和被偷也是保柴公所的重要职能。此外，买卖双方会经常因为窑柴质量、价格等问题出现纠纷。为此，保柴公所专门对窑柴的长度、质量等进行明确规定，

---

① 《景德镇瓷业状况述要》，《中外经济周刊》1926 年第 172 期，第 19 页。
② 同上。
③ 《景德镇调查报告》，1934 年 7 月，卷宗号：G275—1—1797，上海市档案馆藏。

以保证各方利益。

窑柴运输到景德镇以后，由挑工负责将窑柴挑到窑房。在此过程中，挑工也会因为距离、窑柴质量与挑工价格问题出现争执。为了保证生产，保柴公所统一挑柴夹篮标准以及不同码头与柴窑距离的挑柴价格。夹篮由保柴公所统一提供，在长、宽、高等方面均有明确的规定，且在每年都在窑柴大量进入景德镇之前，对夹篮进行年检，防止挑工作弊情况的发生。此外，对挑工的筹码也进行了规定。筹码既是挑工工资结算的重要凭证，也是评判窑户购买窑柴数量的重要标准。为了更进一步加强规范，明确各方权利和义务，公所对筹码进行标识，并加公所烙印，以规范各方的行为。此外，传统意义上的柴行仅仅是中介机构，并不参与买卖。但面临一种情况就是窑柴到景德镇以后，由于一时难以销售完结，柴主长时间停留在景德镇，对瓷行和柴主来说，都是损失。为此，柴行进行改革，在窑柴到景德镇以后，可以根据实际情况，与窑柴供应者商定价格，柴行也可以自行购买，然后等到价格高的时候再出售，这种模式对双方来说都有好处。近代以来，柴行功能的转变，更趋于理性化，也更符合市场的需求。总之，窑柴公所成立和柴行运营模式的改变，对于调适各方利益，保证柴客、柴行和挑工各方权益，也保证景德镇窑户生产的需要，有着重要的意义。

（三）新式交通方式与瓷器运输体系的改变

传统景德镇瓷业运输模式是以昌江为核心的船运体系，以船帮为主导的运输模式保证了瓷器外运。但这种运输方式也遭遇了压力，尤其是近代以来，在新式运输模式冲击下，传统运输方式的劣势越来越明显。首先，船帮以地域为核心形成的运输体系缺乏相应的合作，不同的船只有明确的运营区域，不能到其他区域去。其次，受昌江等水系运输条件限制，瓷器运输难度大、风险高。从景德镇运输出去的瓷器要多处换船，造成瓷器破损。此外，景德镇昌江存在的运输问题也限制了瓷器的运输，由于长期生产中的废旧匣钵倾倒昌江之中，造成昌江水位升高，部分险滩确实难以整治。因此，改善景德镇交通运输体系一直是景德镇社会各界关注的核心。皖赣铁路修通以后，许多瓷器由景德镇运输到鹰潭，然后装车运送到全国各地，极大方便了景德镇瓷业运输，也在一定程度上打击了船帮的势力与影响力。

使用汽车运输原料和瓷器，减少船运所带来的各种不便，提高效率，也是景德镇瓷器运输的重要变化。以祁门瓷土运输为例，景祁公路修筑完成后，大量瓷土通过公路运输到景德镇，既省钱也省时。"祁门瓷土，向为制瓷重要原料，因由祁门运来景德镇，水路交通甚为不便，因此价格昂贵，现在公路修复，商人大量用汽车搬运来镇，时间迅速，且颇经济。"①

新型交通运输的发展为景德镇瓷业发展带来了新的契机，修路资金也成为困扰官方的主要问题。日本侵华期间，浙赣铁路与景祁公路等景德镇主要外通道路均受到一定的破坏。抗战胜利以后，浮梁县地方政府首先修筑景祁公路，并向银行贷款，以加快完成。"令饬速抢修景祁公路，限本年十月底通车等因奉此遵。经召集本县各有关机关组织筑路委员会在案。惟该路段路线桥涵工程浩大，需款孔急，兹为谋如限完成起见，曾于十月九日下午一时在本府会议厅召开第三次筑路委员会，讨论事项第三案组织桥梁工程队，经费需款一百三十余万元，日前急需应用，应如何筹措以应急需。案经议决：一，由县政府会同县参议会、县公有款产保管委员会、县商会会衔向本市各银行分别暂借以应急需；二，限两个月后由征收代役金项下偿还。"②

多样性交通工具的选择，也打破了原有瓷业运输的垄断模式，既降低了成本，引入了竞争机制，更有利于瓷业生产突破原有的约束机制，引领瓷业生产向更为理性的角度前进。同现代化消费理念相配套的景德镇社会体系有利于瓷业生产的良性发展。

四　新型社会网络视野下的展品与礼品

如果跳出传统景德镇社会瓷业生产体系，将近代景德镇社会置于近代社会发展的视野之下，通过博览会展品与政要礼品的瓷器或许能够映射出近代景德镇在传统——现代二元张力下所遇到的机遇及其在转变过程中所面临的一系列问题。面对复杂的现代化以及更为复杂的世界历史竞争形势，景德镇又是如何通过新旧之间的张力，维持瓷业生产，并保证各方利益。

---

① 《陶讯一束》，《陶瓷半月刊》1947 年 9 月 15 日第 3 版。
② 《为本县筑路委员会抢修景祁公路桥梁工程队需款孔急，经会议决议向本市各银行暂借等语，相应录案函请查照由》，1946 年 11 月 26 日，卷宗号：J005—022—001，景德镇市档案馆藏。

（一）博览会与景德镇瓷器展品

博览会是透视世界各国现代化程度最好的窗口与平台，也是各国展示实力、相互较力的场域。作为中国器物文化的杰出代表之一，景德镇瓷器也一直是国内外博览会上的"常客"。更为重要的是，官方与瓷器创作者均认为可以通过这一平台推销产品，实现经济利益。

真正意义上世界性的博览会是 1851 年伦敦万国博览会，但作为世界性大国，中国并无兴趣参与，更不会意识到这种炫奇性质的博览会是推动世界科技发展的重要推动力。1873 年，由海关总税务司英国人赫德负责筹备并作为中国官方代表参加的奥地利维也纳博览会，是中国第一次参与国际商品展示平台，但从选送的商品类型就能折射出中西对现代社会认知的差异。欧洲许多国家选送的都是代表当时最为先进的科技成果，而中国所选送的产品大多是传统意义上的手工业品和农业用品。根据赵祐志的整理统计：除了专门的博览会外，中国参加博览会产品，大致以江西的磁器、北京的景泰蓝、闽赣的茶叶、苏杭的丝绸、苏粤的绣货、广东的牙雕、福建的漆器等，其他则是古董、字画、玩物、桌椅、玉石、竹器居次。[①] 作为中国最为重要的出口商品，瓷器是中国参与博览会舞台上最为常见的器物，这也恰恰折射出近代中国在参与世界竞争舞台过程中的无奈。1876 年，李圭在参观费城博览会以后，经中国和美、日等国的产品进行对比，得出了"日本陈物，远甚中国"的结论。此后，这种声音一直存在于对近代中国认知之中，1903 年，参加日本大阪劝业博览会的张謇感慨中日之间的差距逐步被拉大。"劝业以开来，而此以彰往，若移中国博物院，差不倍耳。"[②] 但这一时期，许多有识之士已经意识到博览会是世界各国较力舞台，而中国如果要想在世界竞争中取得一席之地，必须进行商战，应更为积极地筹备参与国际博览会。1904 年，美国政府邀请中国参加美国圣路易斯博览会。为了更好地将中国瓷器向全世界推广，进行市场竞争，工部郎中苏锡第，刑部郎中汪守珍，刑部主事许世英、王善荃，内阁中书康特璋等组织成立瓷茶赛会公司，认为在中西贸易中，洋商

---

① 赵祐志：《跃上国际舞台——清季中国参加万国博览会之研究（1866—1911）》，《台湾师范大学历史学报》1997 年第 25 期，第 336 页。

② 曹从坡、杨桐主编：《张謇全集》第 6 卷，江苏古籍出版社 1994 年版，第 632 页。

控制中西贸易，在同西方商战过程中，应该以博览会为契机，提升中国商品地位。由于前期精心准备，瓷茶赛会公司在美国博览会上取得了可喜的成果。"吾华历次往欧美赴赛，辄止失败，独此次竟占优胜，为各国所推许，固由质地优美，实为近年来中国进步之所证也。"①

国外博览会的成功举办与巨大影响力，也引起了国内著名官商的关注与兴趣。1910年，中国举办了规模巨大的南洋劝业会。在这次展会上，江西瓷业公司的产品作为引领中国瓷业发展的代表，参加展会，并获得了多项大奖。而与此同时，熊希龄在湖南创办的新型瓷业公司，也参与展会，并取得了很大的成功。由于生产理念和发展模式的不同，江西和湖南瓷器在劝业会上也展开竞争，并就双方孰优孰劣问题展开争论。作为完全新型的瓷业公司，湖南瓷业生产者认为景德镇瓷器虽生产历史悠久，影响力深远，但依旧固守传统，并没有任何的新颖之处。"湖南磁器画美、胎良、式新、釉洁，合乎时尚乃适用乎。今日江西瓷器魄力雄厚，规矩整齐，偏于仿古，但适用于往日。"② 在湖南瓷业从业者看来，景德镇依然是传统瓷业工匠城市，缺乏进行生产技术和改良能力。"江西制造颜料以一班毫未研究化学之工人……仅凭工人之经验以致选料不精，配合失当且色种太耗，非金类掺和太多，画于磁面非堆垛不能成色，致失古代颜料之价值。"③ 面对这种指责，江西瓷业改革者指出湖南仅向日本学习，而江西瓷业公司不仅仅向日本学习，还向法国、德国等国家学习，且在学习中注重先进科学技术和自身特色的结合，无论是产品价格还是生产成本均比湖南低，产品式样和种类均超过湖南。"湖南购买日本颜料，聘请日本技师，专绘釉下花，一切仿日本制法，若能出货成本减亦未始非抵制外货之一道。惟外国颜料昂有十倍江西磁公司，向亦用之因成本过大不能多出货品。……江西瓷业公司附设陶业学堂所处印花器具，鄙人曾于会场教育馆见之矣。湖南磁有无印花器，鄙人未曾见。"④

不可否认的是，上述关于现代瓷业生产的争论，反映了近代景德镇瓷业生产中的问题，即偏重仿古，注重手工精细化生产，且越来越重视艺术

---

① 《观巴拿马赛会归客谈》，《中国实业杂志》1915年第6卷第12期，第28页。
② 《南洋劝业会研究会报告书部丙》，《中国早期博览会资料汇编》，全国图书馆文献缩微复制中心，2003年，第700页。
③ 同上书，第702页。
④ 同上书，第709页。

瓷创作。没有多大历史包袱、且有一定陶瓷文化积淀的湖南醴陵瓷业生产就不存在这种情况。但对于江西新型瓷业公司的生产者而言，追求现代化，践行大型瓷业生产理念，也是其孜孜追求的目标。以此为视角，去探究双方关于现代化的争论，即到底谁的现代化程度或者"西化"程度比较高，就比较容易理解。但问题是，在学习新式的过程中，产品的被接受度或者适应能力不再是双方思考的问题。新式与是否采取现代化生产模式已经外化为瓷器自身优劣的标准，也就是好和坏的简单二元划分。尽管笔者不想用后来者的观点去评判前人的努力，毕竟在当时艰难的历史背景中，追求现代化是中国唯一摆脱自身困境的便捷出路。但就景德镇瓷业生产而言，以市场为主导、以追求利益为原则的小型资本运作模式仍然是其核心要素。对许多欧美的瓷器爱好者而言，他们喜欢中国手工瓷器，而并不喜欢机器制造的批量化、画面工整划一的瓷器。这在某种程度上，是否意味着景德镇传统手工瓷业生产方式存在的合理性，尽管近代以来，这种瓷业生产模式一直遭受质疑。

为了推广国货，促进经济发展，国民政府时期发起了一系列运动，并举行各种展销会践行这一理念。景德镇瓷器也通过展览会推销出去，1936年，浙赣特产展销会上景德镇瓷器销售情况或许能够反映出近代中国消费心态。"浙省十余年来，虽没有大的内战，而人民购买力薄弱，也同样被波及了。由此他们对于便宜的瓷器，都争先恐后，欢迎极了。若是看到价目在十元以上的，便摇头咋舌，一笑而去。……式样方面，都注重融巧玲珑的，太笨重了的东西，便无人问津。彩饰方面，一般人都喜欢简单而带有美术性的色彩，若费工多，又使人看不出好的彩饰，也难博得顾主的欢心。"①

通过上面的论述，可以得出以下几个不同的观点。第一，近代以来，无论是欧美还是日本机器制瓷技术已经远远超过中国，其瓷器产品在世界市场上也更有竞争力。如果中国仍然沿着这一条路去走的话，能否走出一条类似于别国成功的路径呢？也就是说，近代景德镇进行的自我调适，是不是就是自己所走的适合自身发展的路？尽管我们很难从上述假设得出正确与否的结论，但仍如前所述，博览会作为近代科技和文化展示的舞台，为推动景德镇瓷器认知自我与寻求变化提供了良好的契

---

① 刘镇清：《赴杭参加特产展览以后》，《民众月刊》1936 年第 1 卷第 8 期，第 20 页。

机。手工艺术瓷仍然是社会高端人士需求的重点，无论是欧美还是中国。这种瓷器的特色是独特性、单一性与手工生产，而这恰恰是景德镇瓷业生产的专长。这也就是近代以来景德镇手工艺术瓷迅速崛起的原因。第二，瓷器消费群体的个性化与独特性。对于部分小众群体而言，高端艺术瓷是奢侈品，是需要个性与唯一性的。依据这一评判标准，瓷器就有自身的市场与需求，这也是近代以来，景德镇彩绘艺术群体迅速崛起的原因。但对于普通民众而言，昂贵的手工瓷器绝非购买的首选。尽管机器工业生产的日用瓷价格低，但需求量非常大，也是市场消费的主体。如何在精品瓷与手工生产瓷中寻求合理的发展路径，并和自身特色结合起来，是近代景德镇瓷业生产的重要方向。

（二）礼品瓷的风格

　　同参与世界竞争的展品不同，瓷器作为礼品在近代中国的文化寓意完全不一样，其最为典型的代表特征是追求质量的极致。尽管，我们也可以理解为作为奢侈品的瓷器并不能反映近代景德镇瓷器发展的全貌，但至少折射近代景德镇瓷业生产的一个层面。同作为商品和展品的所记述模式不同，作为中国礼物文化重要代表的瓷器，在生产中能够将传统中国纹饰、式样与新型艺术装饰手法结合起来，实现了瓷业生产技术传统与现代的融合，也恰恰体现了景德镇近代瓷业生产的情况。民国时期，许多显贵在景德镇聘请名家，以自己的堂号作为底款，定烧瓷器，著名的代表有袁世凯的居仁堂、曹锟的延庆楼、徐世昌的定远楼等。上述个人定烧瓷器由于身份特殊，从某种意义上而言，这些瓷器类似于景德镇烧造的精品瓷。袁世凯在景德镇定烧瓷器时候，专门派陶瓷专家郭葆昌督造，而曹锟定烧瓷器也派程凤翔监制。"景埠瓷器之名贵，中外咸知。其中细瓷等件，除外洋、香港销路外，吾国官场送礼置办者，为数亦甚众。去岁曹锟在景所办瓷器，已陆续制就运京。近复派程凤翔于三月二十九日由省来镇，采办细瓷多种。——闻程此来，须在景勾留五六月，守候定制各种细瓷。凡景埠著名瓷厂，均在选定之列。昨向施亦成瓷厂预购大号花瓶二十余支，价值两千余元。所制各瓷品，一律均书延庆楼制字样。连日正在物色样品，以便照造。"①

---

① 《曹锟派程凤翔办瓷》，《申报》1924 年 4 月 12 日第 10 版。

同书画作品一样，瓷器在中国传统文化中一直是重要的礼品。这不仅仅是瓷画家交结达官显贵的重要方式，也是提升自身地位和作品价格的必要途径。另外还存在大量作为朋友交情的重要表现形式。近代以来，由于文人画融入陶瓷艺术，在原有陈设瓷基础上，瓷板画等陶瓷艺术表现形式也日益受到各方关注。著名的陶瓷艺术家收入也比较高，进而形成了陶瓷生产优秀阶层。拥有这些瓷画家的作品，也成了各方追逐的目标。现存陶瓷艺术作品中，也保留着礼品风格。在著名陶瓷艺术家程意亭作品中，有"廿五年丙子元月模延锡相国大意以为学富县长德政。翥山程意亭写于景镇专署。"在程的另外一幅作品中，也有同样的含义。应景而作或者在礼尚往来中创作赠予朋友的作品，在近代陶瓷艺术创作中也比较常见。此外，代理人或者艺术品机构也是近代景德镇礼品瓷贸易的重要场所。南昌丽泽轩瓷庄是代理景德镇陶瓷名家的重要结构，从现存的关于王大凡瓷画价格来看，瓷画价格已经比较高。但由于这方面的材料还相对缺乏，笔者仅以袁世凯制造洪宪瓷和蒋介石督造、景德镇生产的国礼瓷的情况来说明作为礼品瓷的近代景德镇瓷器的装饰风格与产品类型，以期证明景德镇瓷器制作过程中的工艺和产品类型的变化（见图5—3）。

图5—3　部分礼品瓷底款

资料来源：公庆辉：《民国早期高层官僚的瓷器》，文物出版社2014年版，第92、106、162、222、198、52页。

　　1915 年，袁世凯在权力巩固以后，为日后称帝做准备，便委派著名陶瓷专家郭葆昌到江西，专门在景德镇生产袁世凯用瓷，后来这批瓷器被称为"洪宪瓷"。"任命郭葆昌为九江关监督。"[①] 郭葆昌到景德镇以后，便在湖北会馆监制瓷器生产。如果按照他被委任的时间来看，1915 年年初，郭葆昌便来到景德镇进行袁世凯称帝用瓷生产的准备。尽管没有过多的资料描述作为当时国家最高统治者袁世凯瓷器生产的详细流程，但有一点是可以肯定的，洪宪瓷制作将景德镇瓷业生产每个环节中最为优秀的人才集中起来，专门进行瓷器制作，并力图保证接近或者达到御窑瓷器的生产标准。从 1915 年 7 月 4 日，袁世凯批准的对景德镇商会奖励的奏折，可以推断出瓷器已经成功生产出来，至少成功生产出来一批。"批江西巡按使戚扬呈查明江西省城商团体育会有功地方并景德镇商会总协理功亦卓越并案请给奖励文。"[②] 1915 年，时任浮梁县县长的陈安正是戚扬同乡，集中各方力量进行瓷业生产，保证质量来完成任务应该是浮梁县政府和商会的核心任务。如前所述，尽管和以前的所有时代景德镇名家瓷器生产一样，在洪宪瓷器产品上，不可能出现匠人的名字，更不会记述生产的流程以及生产的模式。但可以肯定的是，传统手工生产模式是生产的基本条件。袁世凯称帝失败后，郭葆昌[③]不在江西任职，也不兼理瓷器生产，但其在不到两年时间里生产出来的大量洪宪瓷器在一定程度上体现了袁世凯个人的审美标准，也表达了传统中国瓷器绘画风格和中国人的审美标准。"入民国后，袁世凯在 1915 年窃国称帝，预备用洪宪作为他的年号。于1916 年曾将前清御窑厂改设为陶务监督署，派郭葆昌到景德镇来督烧御器，造瓷四万件，内有仿造珐琅彩瓷一百件，报销至一百四十万元。"[④]

　　洪宪瓷主要包括日用瓷和陈设瓷两个大类，从器型来看，基本上是中国传统的器型特征，较少或者根本没有新型的器型种类。从器物纹饰来看，也仍然是中国传统吉祥文化的延续与传承，并没有出现代表新型消费文化的纹饰式样。图 5—4（a）纹饰反映的是王羲之雪夜乘舟求访好友戴

　　① 汪亭奎、刘路生、马晓燕主编：《袁世凯全集》第 3 卷，河南大学出版社 2013 年版，第275 页。

　　② 同上书，第 29 页。

　　③ 郭葆昌（1867—1942 年），别号觯斋，河北省定县人，是著名陶瓷鉴赏家，曾任故宫博物院瓷器鉴定委员，著有《觯斋书画录》。1916 年前后，奉袁世凯之命到景德镇烧造洪宪瓷。

　　④ 江西省轻工业厅陶瓷研究所：《景德镇陶瓷史稿》，生活·读书·新知三联书店 1959 年版，第 305—306 页。

安道的故事，折射传统中国文人洒脱，也体现中国文化对友情独特的自我定义。图5—4（b）麻姑献寿也来自中国传统的民间传说，表达了中国人对善良的期盼与美好生活的追求。图5—4（c）的寓意是指日高升，多是文人和官员家中常见的摆设器物，寄希望无论是学业还是前途均能一帆风顺，根据目前笔者所见的洪宪瓷的器物特点，大多属于这种类型。也就是说，从器物的纹饰来看，中国传统纹饰装饰风格依然是洪宪瓷的主流，就目前存世的洪宪瓷来看，还没有出现类似时装瓷这样新型的器物类型。但从器物设计来说，已经明显看到新型瓷业生产技术的影响。首先，瓷器颜料多是进口的新粉料，色泽艳丽，对比分明，尤其是图5—4（a）的墨彩装饰，更是近代以来才引入的瓷器彩绘技术。其次，瓷器画面"留白"风格多是借鉴近代西式绘画风格，完全不同于康乾时期景德镇瓷器类型。这种瓷器装饰手法风格，与抗战胜利以后作为蒋介石要求景德镇烧制的国礼瓷有相似之处。

（a）墨彩雪中访友图　　　（b）粉彩麻姑献寿　　　（c）粉彩指日高升
　　　　灯笼瓶　　　　　　　　　橄榄瓶　　　　　　　　观音尊

图5—4　袁世凯洪宪瓷图

资料来源：公庆辉：《民国早期高层官僚的瓷器》，文物出版社2014年版，第127、159、203页。

1946年7月24日，在庐山度假的蒋介石专门会见了景德镇陶业学校校长汪璠，询问景德镇瓷业情况，以及提出抗战胜利以后，为友邦领导人制造礼品瓷，主要送给美国总统杜鲁门、驻华大使马歇尔等人。"主席对景德镇瓷业现况，备极关怀，谓国家欣逢胜利，应有名磁分送盟邦，以志庆典。此次名磁须仿乾隆时代作品之风格，磁质力求细薄，色调务须高雅。蒋主席并面谕汪校长从速与赣省府洽办，积极进行。"① 在蒋介石对景德镇能否烧造出类似前朝御窑精美瓷器疑问的时候，汪潘提出，只要不计成本，投入大量的人力和财力，景德镇肯定能制作出精美的瓷器。汪潘的回答也反映了长期以来景德镇瓷业生产中的现实。精品艺术瓷生产就要人力和物力的大量投入，景德镇也具备这样的能力。换句话说，在中国，也只有景德镇有这样的人才和生产能力。

国礼瓷生产具体由陶业学校负责，为此，浮梁县地方政府组织陶瓷学校教师潘庸秉、张志汤等人会同景德镇瓷业艺人进行设计研究，最后生产出来的瓷器精美，得到了各界认同。有意思的是，由于设计瓷器精美，陶业学校校长汪潘同江西省教育厅长周邦道携带礼品瓷大花瓶于第二年去拜访教育部长朱家骅，其夫人非常高兴。1947年年底，朱就同意批准陶业学校升格为江西省立陶业专科学校，是当时江西省唯一一个校址没设在南昌的专科学校。从其夫人特别喜欢大花瓶礼品瓷是否也可以推断出，大部分中国人仍然接受和喜欢中国传统纹饰？即便如此，新型瓷业生产原料并没有与传统的景德镇模式相抵牾，而是实现其融合。完成英国女王伊丽莎白结婚的礼品瓷是景德镇的重要任务，为了定制1947年英国女王的婚礼瓷，景德镇各方设计多种方案，最终以中国传统纹饰"双龙戏珠"为主体图案，并运用蝙蝠谐音中的五福图案来表达福寿绵长的吉祥寓意，其设计特征与风格完全是中国喜庆风俗。产品做好以后，首先运送到南京，得到了蒋介石和宋美龄的赞赏。随后，作为中国的国礼瓷被送往英国，并赢得了伊丽莎白的认可。"收到您和蒋介石总统特别为我们精心制作的结婚礼物，一套高贵华丽的中国瓷器餐具，我们俩人都特别高兴，恐怕只有中国才能生产出来。"② 尽管我们可以认为这是外交礼仪性质的回信，但该礼品瓷在经过半个多世纪以后，仅剩下部分汤盘、食盘和甜点盘，表明了英王室一直在使用这套瓷器，从另外一个角度也折射出英国女王对瓷器的喜爱。从留存的器物来看，器型也已经不再是中国传统的器物形制。图中

---

① 《景德镇制作胜利瓷》，《上海民国日报》1946年7月25日第3版。

② 《伊丽莎白公主给宋美龄的信》，转引自陈海澄《陶职承制英国女王婚礼瓷》，载政协景德镇文史委员会编《景德镇文史资料》第12辑，1996年，第25页。

作为日用器的茶壶是双耳造型，尽管装饰图案是中国传统纹饰，但装饰风格已大不相同。而右图中的瓷器更是典型的新式生活用具，包括茶具与餐具。但不同于西方机械制作瓷器的方法，整套瓷器均是手工完成。如果从这一视角出发，或许更能深入问题的本质。作为现代瓷业生产发端的著名国家之一，英国瓷器在世界近代瓷业生产史上有重要的地位和意义，但中国仍然能够以手工制造的礼品瓷器送给英国皇室，也表达了中国对瓷器生产的信心。尤其是在大家认为现代化生产压倒一切成为主流的情况下，景德镇的手工生产模式仍然有自身市场，且得到认可（见图5—5）。

（a）赠送英国女王的茶具　　　　　　　（b）赠送女王的餐具

图5—5　部分赠送英女王伊丽莎白礼品瓷图片

第六章

瓷业社会结构的承继与重构

　　1909 年，景德镇商务总会成立，标志着近代景德镇新型社会组织的出现。民国时期，尽管景德镇商会名字、组成人员经常变化，但其与地方政权的关系却没有变化，并在景德镇社会结构运营中扮演着重要的角色。以此为核心，形成了多重社会关系。但仔细探究还能发现，都昌人和徽州人一直在商会运作过程中发挥着重要的作用，也是商会中最具影响力的群体。尽管后期在政府支持下，来自杂帮的人员充任商会会长，但仍然需要和上述二者移民中的一个联合起来，否则就难以开展相关工作。这也意味着，近代以来，尽管出现了各种社会组织与新型的管理理念，但其社会形态本身并没有发生实质性的变化，只是以其他形式表现出来。对景德镇社会产生重要影响力的还是传统的行帮力量。

　　明清时期，由于瓷业繁荣，大量外来移民来到景德镇，以县府为基础建造了会馆，以维系同乡关系，帮助落难同乡。近代以来，由于瓷业衰退或者行帮地位变迁，部分地区移民不再是景德镇瓷业生产贸易的主要力量。以瓷器贸易为例，原本以苏州人和湖州人为主，但近代以来，湖北瓷商主导了景德镇瓷器贸易，全国旅景商会会长也由湖北人长期担任，类似此现象还比较多。这也就意味着，原本由同乡共有的公产交由部分人管理经营。但在此过程中，出现大量侵吞公产或者以维护公产名义满足自我私欲的情况。这种情况与先祖购置公产救济同乡、进行慈善的目标相左。这种情况在近代景德镇社会转型中绝非个案。尽管新出现的这些现象，并不影响景德镇瓷业生产关系，对整个社会结构也不会有太大的冲击。但近代转折时期出现的这些新的社会现象，也折射出在构筑新型社会法制理念过程中，近代景德镇社会既没有形成类似于西方的市场法治社会，也部分失去了传统中国商业社会的诚信与公心。

一　商会、行会与社会的转型和重构

（一）商会的成立与运行

清朝末年，在内外交困情况下，清政府进行了新政改革，1903年，设立商部，颁布《清商会简明章程》，重视商业和提升商人地位，允许成立商会组织。在此情况下，各地纷纷成立商会，开启了一个新的时代。1908年6月，在康达的力主下，景德镇也申请成立商务总会（见图6—1）。"前据景德镇职商吴简廷等禀请于景德镇设立商务总会，当即咨行江西巡抚查复。旋准江西巡抚复称：饬据农工商局查明，该镇设立总会，并无疑义，已饬速具章程咨部核办等因。"① 因为景德镇是商业重镇，根据清政府的商会章程，设立商务总会是符合相关文件的。因此，景德镇商会总会得到了相关部门的批准。1909年3月，景德镇召开了商务总会成立大会，标志着新型社会组织模式开始运营。"景德镇商务总会去年由吴简廷等发起禀请抚院暨农工商部奏明立案并举定总理康达，协理陈庚昌。日前，行开印礼各商号会员到会者一千余人。"② 根据当时景德镇商会的情况，会员名额以50人为限度，因此商会成立之初，会员共41人。其中，属于都昌帮的会员有14人，徽帮会员有15人，杂帮会员12人。商会总理由徽州人康达担任，协理陈庚昌为都昌人。这种商会按照区域分配的情况也表明了景德镇商会如果希望在社会发展中取得自身的地位，仍需要和各帮力量联合起来。这种情况在商会会员来源构成中也能够体现出来，如果要成为商会会员，就需先由各帮各业进行推荐，被代表公举者即为商会会员。这种根据社会影响的商会名额分配的制度，意味着只要在地域行帮选举中被大家推举出来的成员，就是商会会员。而如果要想成为商会会员，也必须经过各帮推荐，否则不可能入会。从这个视角来看，晚清景德镇商会更像一个各帮派联合的松散共同体。

---

① 吴少眉：《景德镇最早的商会》，载政协景德镇文史委员会编《景德镇文史资料》第1辑，1984年，第79页。
② 《景德镇商会成立》，《申报》1909年3月18日，第2张第3版。

图 6—1   景德镇总商会旧址

资料来源：冯林华主编：《千年窑火》，中国文史出版社 2004 年版，第 348 页。

商会成立的宗旨是研究陶业、讨论商学，以开通商智。商会会员可以调查各业商务、各户陶务，随时提出改良办法。商会定期召开会议，处理商业纠纷和各业钱债纠纷。在处理商会遇到的纠纷问题中，会员称商务总会总协理某某先生，自称某业商人某某，不得率用禀呈，以体现商人之间的平等。景德镇商务总会的成立，在某种程度上是因为康达与政府要员之间的关系。在交通不发达、瓷业相对落后的景德镇成立商务总会，实属不易。但商务总会的成立也遭到了其他社会组织的质疑和挑战，并指出商会成员徐凤钧扰乱景德镇市场，假公济私，要求政府对他调查。"景德镇地方居天下四大镇之一，近年因瓷业衰败，日形退步，颇有绅商发起应设商务总会，以期挽救者。据禀徐令孝泰任内曾经社会分会，卷查只据浮梁县于申复民政部咨查文内声叙景镇设有商会局一所等语。既有总分会名目，亦未核议章程，举定总理详情转咨商部立案。……究竟该镇或应设总会或设分会，何者为宜，革举徐凤钧有无冀揽事权假公济私情事，仰农工商矿局饬浮梁县会同景德镇同知确切查明，邀集阖镇商人按照定章，妥为筹议，克期禀办，总以能振兴商业，调和工党，使地方日臻繁荣为第一要义，不可稍存私见于其间也。"① 1908 年 10 月，奏请设立商务总会以后被人控告，以景德镇已经有商会局，根本没有设立商务总会的必要。其发起人的目的是假公济私，为了满足自身私利，盘剥商人。"景德镇商务总会被韩启太和等号十二家在抚辕控告徐凤钧搅权济私。兹查得该号东韩甘霖系本会会员，并未预闻其事，均由劣董何廷之反对商会，欲藉此以图破坏商会。"② 虽然通过开会的形式表明韩甘霖并未控告徐凤钧假公济私，是另有人所为，但商务总会成立已经引起了利益纠纷，且影响到已经存在的景德镇支应局的利益，在景德镇展开竞争也在情理之中。

上述的争论围绕景德镇已经有支应局，再次成立商会是否必要，是否已经违反相关法律等焦点问题展开。"查景德镇向无商会，惟有支应局一所，系劣董蔡邦隽即绣贤、何崇森等十余人盘踞其中，自称商会局董事，每年经收巡警局经费二万余洋，从无决算，侵占公款，实不可以数计。况平日百方苛索，视商人为鱼肉，合镇侧目，积愤填膺。"③ 支应局是清末各省为了增加税收，自行成立的非正式的财务机关，作为江西省税收的重要基地，在景德镇成立也是情理之中的事情。由于相关商人管理部门的缺乏，支应局就成为商人和政府沟通的中介，但商会的成立，势必影响其权力和影响力，这也意味着在复杂的政治形势中，晚清景德镇商会在运作中所遇到的困难和压力。面对来自支应局的挑战，商会也进行了反驳，指出在景德镇巡警经费使用中不合理，以后应该由商会决定是否收取相关费用，以维护商人利益。"景德镇巡警开办三四年，虚糜巨款，毫无成效。警勇定额三百名，实数仅一百四十名，专供婚嫁送葬，迎神接鬼而已。保安、卫生诸事从不过问。每年共苛敛商家经费二万七千金，立一支应局名目均为劣董蔡邦隽即绣贤、何廷之等少数人经营，账目自开办至今未曾报告过一次。现经该镇商会同人详禀各宪。兹由府委李直刺来镇查办。蔡情急雇写手十余人日夜赶造伪账，于十一月二十五日假新安会馆邀集各商核看。……当经公众查出弊端甚多，不肯承认。时君雨农爰代表众意谓此项警费均由徽、饶等三帮商家捐集，此账应交商会，俾三帮商人共同核算，以昭公允。"④ 从商会成立以后和支应局关于商人警捐的博弈更能透视在

① 《饬查景德镇应否设立总商会》，《申报》1908 年 9 月 28 日，第 3 张第 3 版。
② 《商务总会开特别会详志》，《申报》1908 年 10 月 5 日，第 3 张第 3 版。
③ 《颠倒是非》，《申报》1908 年 11 月 5 日，第 2 张第 3 版。
④ 《劣董侵吞警费》，《申报》1908 年 12 月 28 日，第 2 张第 3 版。

商会成立过程中二者的冲突。有意思的是，在这场利益博弈中，来自徽帮的钱庄、布业、南货业等不遗余力地支持商会成立，而在瓷业生产中具有主导地位的都帮窑业主态度比较模糊。

1911年，康达卸任景德镇商务总会总理一职后，由吴简廷继任，他一直任期到1920年。景德镇商务总会也根据民国政府相关规定，改称景德镇总商会。此后，由都昌人陈庚昌任商会会长。同前期相比，这一时期商会已经没有会员人数的限制，商会职能也发生了转变，还协助政府处理各种地方纠纷与行业冲突，负责地方政府的捐税和临时摊派，权力进一步扩大，已经不仅仅是前期单纯的联络有实力商人的组织。大革命时期，商会解散，成立了景德镇商民总会，由陈铭珍任主任委员。但随后大革命失败以后，商民总会也宣告结束。1930年，赣东北红军三次进入景德镇，原有的商会运作陷入停滞，出现了由都昌人王学乾组织的景德镇商会整理委员会和徽州人施维明组织的景德镇商会临时维持会，双方相持不下。但在景德镇局势稳定以后，重新恢复景德镇商会，并在1933年由施维明担任会长，一直持续到1944年，是任期最长的商会会长。商会的成立改变了传统景德镇瓷业中所形成的各种社会规范以及行业规则，尤其是在各方利益冲突的背景下，商会为了维持自身利益，其在社会中的主导地位会更为明显地体现出来。此外，徽州人在商会中的地位和影响力，也是景德镇社会阶层流动的表现。同其他移民相比，由于徽州人在景德镇社会中主要经营商业，也就是说，景德镇有产者大部分是徽州人。因此，商会的成立，让徽州商人的利益会得到保证，这也就是为什么徽州人长期支持商会运作的重要因素。这种情况从商会最初成立就能发现，第一任商会负责人康达是就是徽州人。此后徽州人施维明又长期担任商会会长。同徽州人相比，都昌人对商会的兴趣就不大（见表6—1）。

表6—1　　　　　　　　景德镇商会演变及历任主事表

任职时间	商会名称	职务	姓名	帮别
1909—1911年	景德镇商务总会	总理	康达	徽帮
1912—1920年	景德镇商务总会 景德镇总商会	会长	吴简廷	杂帮
1921—1924年	景德镇总商会	会长	陈庚昌	都帮

续表

任职时间	商会名称	职务	姓名	帮别
1925—1926 年	景德镇总商会	会长	张启东	徽帮
1926 年—1927 年 9 月	景德镇市商民总会	主任委员	陈铭珍	杂帮
1927 年 10 月—1929 年	景德镇商会	会长	吴安	徽帮
1930 年	景德镇商会	会长	陈庚昌	都帮
1931 年	景德镇商会临时维持会	会长	施维明	徽帮
1931 年	景德镇商会整理委员会	会长	王学乾	都帮
1932 年	景德镇商会	代理主席委员	吴安	徽帮
1933—1940 年	景德镇商会	主席委员	施维明	徽帮
1941—1944 年	浮梁县商会	理事长	施维明	徽帮
1945 年—1949 年 4 月	浮梁县商会	理事长	赖清	杂帮
1949 年 4 月	浮梁县商会	理事长	范一峰	杂帮

资料来源：陈海澄：《景德镇瓷录》，中国陶瓷出版社 2004 年版，第 220 页；《为制定人民团体调查表仰即遵照填报送部备查由》，1940 年 7 月 12 日，卷宗号：J001—086—010，景德镇市档案馆藏。

（二）行会、工会及社会功能

作为传统的瓷业手工业生产区域和移民城市，景德镇较早就有各种地缘组织和行业组织。如前所述，景德镇有会馆二十多个，且不算由于移民较少而无力建造会馆或者是几个临近的区县共用一个会馆的情况。此外，由于复杂的行业分工，不同的行业为了维系自身的利益，也组建了不同的行会。如同罗威廉在论述汉口行业组织发展一样，景德镇传统行会组织也是以职业类型和地缘关系组织起来的。就职业类型来看，景德镇社会组织包括窑帮，即从事瓷业生产的各种行业组织、商帮，从事瓷业贸易的各种组织、金融和百货等。其中，金融和百货行业为徽州人垄断，商帮仅在贸易交流层面与景德镇各方往来，较少参与具体的社会事务与地域冲突。相比较而言，窑帮各行业组织非常复杂，即便其是建立在同乡基础上，但由于利益不同，也会出现各种不同的行业组织，且名字各异。如烧柴窑的工人组织行会叫作童庆社，其名字来源是纪念清朝窑工风火神童宾，烧柴窑的窑工组建陶公社。满窑工人组织满窑店，柴窑和槎窑挛窑工人也不同，组建不同的行会组织。瓷坯制造的工人也非常多，为了保护各自的利益，也组建了多样化的行业组织。制作灰可器的组建庆合社、装小器工人组建合义社、脱胎业组建六义社、二白釉的永庆社、八九寸的福庆社、三搭头的集庆社、博古器的聚庆社等，买卖破损瓷器专门组建黄家洲店，也拥有很强的势力。窑业主也组建了自己的行会组织，槎窑窑业主组建的陶成窑、烧古器业组建的允成窑、柴窑的陶庆社和灰可器的裕成窑等。瓷商成立八帮公所，[①] 维系瓷业商人的权益。此外，景德镇水运船帮也以地域为基础，组建各种船帮组织，且一直延续下来。总体而言，清朝时期，由于各商业组织和瓷业多没有直接关系，也没有组建专门性的行会组织，基本上是按照地缘组建的会馆。

近代以来，为了适应新的社会需要，在政府支持下，部分行会进行了改组。尤其是1915年以后，上述行业组织纷纷改名，以生产类型作为名称。比如灰器的庆合社改为灰器工会，组织行业工人，进行瓷业生产。但前期这些行业组织多处于政府备案，自发组织状态，没有任何强制性的措施，行会组织内部新旧矛盾和冲突也比较大，行会的约束力也不是很强，也没有必要承担多大的义务。但也有部分行业社会组织控制力比较强，比如烧窑业和圆器业的行会组织。此外，负责社会矛盾与纠纷处理的是传统意义上的"街师傅"，即便不参加行业组织，如果有社会问题，均由这些人来调解与处理。尤其是罢工运动，任何工人均要参加，否则就会面临被其他同行业从业者的排挤。但1927年以后，在政府支持下，商会主导下，各行业均要求组建行业工会组织和商业组织。瓷窑窑业主和坯房主成立了三窑九会。瓷商团体也由于不同地区的瓷商加入成立了全国旅景瓷商联合会，后又改为全国旅景瓷商公会。这些以行业为基础的单一的行业组织和会馆这一复杂性的社会组织结合在一起，构成景德镇社会特色。不同于中国其他商业区域，景德镇的行会组织多是血缘、地缘组织。以瓷业生产为例，圆器业和烧窑业的人员组成均来自都昌，无论是工人还是老板。但多数瓷业罢工的情况均是同乡工人和老板之间。琢器业是一个复杂的行业，由于多是小本经营，人员来自不同的地区，成员组成也不固定，以抚州人和都昌人势力最大。由于景德镇移民较多，成员复杂。1940年，为了应对抗战，加强社会监管与提升政府控制力，以有利于抗战救国理念的推

---

① 八帮包括宁绍帮、关东帮、鄂城帮、桐城帮、苏湖帮、广东帮，其中宁绍帮包括宁波和绍兴两地，苏湖帮包括江苏的苏州和浙江的湖州两地，这几个地域的商人是清朝时期最有实力的瓷商。

行，浮梁地方政权应民国政府的要求，重新对公会组织进行登记与管理，要求从业者必须加入行业组织。"查本县第一期所进行整理之工会，均由本部派员督导，分期整理。第一期整理完竣者，经过改选者有灰可器、陶瓷管事业、脱胎饭贝业、二白釉业等四个职业工会。加以整理者有装大器业、柴窑业、灰可器、槎窑业、装小器业、泥水匠业六个职业工会。另行组织者有民船职业工会等共计十一个工会（见表6—2），并定于本月二十日假本部大礼堂进行宣誓典礼。"①

表6—2　　　　1940 年改组部分行会、工会组织与发展沿革基本情况表

团体名称	发展沿革	团体人数
浮梁装大器业职业工会	原为景德镇市装大器业职业工会，1920 年成立，1935 年经过改选	共 224 人，其中男性 224 人，女性 0 人
景德镇柴窑业职业工会	旧称童庆社，1926 年，改为窑厂工会，1936 年改为窑厂职业工会	共 47 人，其中男性 47 人，女性 0 人
景德镇可器业职业工会	1936 年 6 月成立	共 222 人，其中男性 196 人，女性 26 人
景德镇陶瓷管事业职业工会	1936 年 11 月成立	共 351 人，其中男性 351，女性 0 人
景德镇灰器业职业工会	原为庆合社，1926 年改为灰器工会，1935 年改称灰器业工会	共 620 人，其中男性 620 人，女性 0 人
景德镇槎窑业职业工会	原为窑工头组织陶公社，1930 年改为景德镇市槎窑职业工会	共 96 人，其中男性 96 人，女性 0 人
浮梁县民船船员工会		共 2940 人，其中男性 2940 人，女性 0 人
景德镇装小器职业工会	原为合义社，1926 年成立景德镇五府十八帮装小器工会，1928 年停止。1930 年改为景镇市五府十八帮装小器职业工会	共 180 人，其中男性 180 人，女性 0 人
景德镇脱胎饭贝业职业工会	原为六义社，1936 年改为景镇市脱胎饭贝职业工会	共 1417 人，其中男性 1417 人，女性 0 人

---

① 《为制定人民团体调查表仰即遵照填报送部备查由》，1940 年 7 月 12 日，卷宗号：J001—086—002，景德镇市档案馆藏。

续表

团体名称	发展沿革	团体人数
景德镇泥水匠职业工会	原为鲁庆社，1926 年改为泥水匠工会，后停止活动，1930 年再次成立	共 163 人，其中男性 163 人，女性 0 人
景德镇二白釉白器业职业工会	原为永庆社，1930 年改为现名	共 530 人，其中男性 530 人，女性 0 人
景德镇饰瓷业职业工会		共 618 人，其中男性 618 人，女性 0 人
景德镇烧炉业职业工会	1936 年成立	共 68 人，其中男性 68 人，女性 0 人
浮梁县茶业协会		共 54 人，其中男性 54 人，女性 0 人
浮梁县商会	1909 年成立景德镇总商会，1926 年改为景德镇总商会，共有 65 个同业公会	共 2644 人，其中男性 2644 人，女性 0 人
浮梁县吹乐器业职业工会		共 83 人，其中男性 83 人，女性 0 人
浮梁县脱胎画樟业职业工会	1926 年成立	共 108 人，其中男性 96 人，女性 12 人
浮梁县二白釉彩红业职业工会	1933 年成立	共 120 人，其中男性 62 人，女性 58 人
浮梁瓷像工业同业工会		共 66 人，其中男性 54 人，女性 12 人
景德镇烟业职业工会	1933 年成立	共 162 人，其中男性 162 人，女性 0 人
浮梁县琢器粉定业职业工会	1936 年 5 月成立，上届会员数 2300 余人	共 267 人，其中男性 258 人，女性 9 人
浮梁县烧柴窑业职业公会	1931 年 6 月成立	共 41 人，其中男性 41 人，女性 0 人
浮梁县烧槎窑业同业公会	1931 年 9 月成立	共 17 人，其中男性 17 人，女性 0 人
浮梁县灰器业同业公会	1933 年 9 月成立	共 58 人，其中男性 58 人，女性 0 人

续表

团体名称	发展沿革	团体人数
浮梁县脱胎饭贝工业同业公会	1933 年 8 月成立	共 217 人，其中男性 217 人，女性 0 人
浮梁县二白釉工业同业公会	1933 年 8 月成立	共 102 人，其中男性 102 人，女性 0 人
浮梁县镶牙业同业公会	1933 年 12 月成立	共 15 人，其中男性 15 人，女性 0 人
浮梁县可器工业同业公会	1931 年 8 月成立	共 24 人，其中男性 24 人，女性 0 人
浮梁县装四大器工业同业公会	1931 年 8 月成立	共 14 人，其中男性 14 人，女性 0 人
浮梁县总工会	1926 年成立，1930 年改组为工人联合会，后又组织总工会筹备委员会，共有 21 个团体组织	

资料来源：《本部关于整理工会情形、填具人民团体报告表的呈报和指导人民团体组织总报告表》，1940 年 7 月 12 日，卷宗号：J001—086—002，景德镇市档案馆藏。

对于政府而言，建立各种社会行业组织的目的是为了税收与社会控制的需要。如前所述，其组建的基础是基于地域、行业和职业三个类别。不同的社会组织在其功能上、成员组成上也有差异。大体而言，工会组织的目的多是联络工人，保障工人利益，以及救济失业工人、调解劳资纠纷等方面的内容。如景德镇可器职业工会的重要工作有三个：一是，健全组织；二是，调整工商团结和劳资纠纷；三是自谋本业福利。[①] 灰器职业工会的目标是组织工人消费合作社与设立失业工人介绍所。[②] 窑户和坯房老板的行业目标与追求也有自身明显的特色，更多的体现经济与商业功能，甚或为了迎合政府需要，以政治和国家需要为口号，践行社会理念。如烧窑业同业公会的目标是，集中同业意志与力量，以谋营业发展，增进公众

① 《为制定人民团体调查表仰即遵照填报送部备查由》，1940 年 7 月 12 日，卷宗号：J001—086—009，景德镇市档案馆藏。

② 同上。

利益并研究改良技术，扩充瓷器生产，增强抗战力量。① 大多数同业公会均是此目标，不外乎增加生产，促进工人生活和谋求行业福利等方面的内容。同各种职业工会与工人组织工人不同，景德镇的商帮有自身的利益追求，多是保证商人利益和减少税收等方面。而以地缘为基础建立的会馆，其功能更为复杂，包括联络同乡，设立学校，举行慈善，设立义渡，救济落难同乡等方面的内容。

（三）商帮、窑帮与复杂地缘纠葛

民国时期，商会在景德镇影响力非常大，如果仔细梳理上述商会改选经过，就能从这一主要机构利益博弈中探究地缘在复杂政治背景下与行业组织的交融与抗争。以 1930 年为界，商会会长就没有了都昌人，即便浮梁县党部书记余树芬是都昌人。如果景德镇相关口述史反映历史原貌的话，陈庚昌曾在红军三次进入景德镇的时候，采取了配合支持态度。即便这种观点存在争议，但至少可以证明都昌瓷业工人大量加入红军，并支持共产党的活动。且不说 1930 年以后，有数千都昌工人随红军离开景德镇、参加革命事业这样的事情。此外，都乐械斗期间，乐平人马德山组织农会和景德镇市党部、工人纠察队对抗就能证明此问题。而国民党在景德镇巩固自身统治以后，马德山一直是景德镇社会名流也能说明上述观点。从某种程度上讲，商会不仅仅是商业活动的舞台，更是各移民和行帮利益展示与博弈的舞台。如前所述，在红军三次进入景德镇以后，徽商利益受到了很大的伤害。在张启东等人支持下，施维明担任景德镇商会临时维持会会长，而都帮成立了以王学乾为首的景德镇商会整理委员会。而在 1931 年合并以后，一直由徽帮有影响力的人物担任商会会长，其在景德镇有很强的势力。由于都昌人大多数人是工人，而劳资矛盾是国民党关注的主要矛盾，因此，由徽帮主要人物担任商会会长既能保证税收需要，也与国民党政策契合。如果从这个角度就很容易理解为什么浮梁县政府不支持都帮。尽管浮梁县党部书记、都昌人余树芬一直希望通过改选，将徽帮施维明赶下台，但均没有成功。转换另外一个视角，可以更为明晰地表达这一观点，徽帮、乐平人等共同联合起来，压制都帮还是可能的。即便他们并没

---

① 《为制定人民团体调查表仰即遵照填报送部备查由》，1940 年 7 月 12 日，卷宗号：J001—086—009，景德镇市档案馆藏。

有举行什么开会表决、文案记录约定等，但那种心照不宣的可能性还是存在的。商会这一展示实力、彰显各帮在景德镇影响力最好的舞台，也是地缘各方争夺的焦点。

竞争，或者对抗不是社会发展的常态，为了各自利益相互妥协才是最基本的要素。这种情况每天都在上演，尤其是各商帮和船帮的竞争与合作。以船帮为例，近代以来，景德镇有船3000多只，船帮数量十多个，不同的船帮运输线路和运输种类均不一样，且船只的种类也不一样。这也就意味着在冲突中能够实现调适，维护各自利益。同样情况仍然存在于商帮运输中，根据民国二十六年统计，景德镇商帮共有二十六个，不同商帮瓷器销售区域也有着明确的分工，以湖北商人势力最强。为了更好地维护自身的利益，各商帮成立了全国旅景瓷商会公会，并通过和各地区的瓷业公会联系来维护瓷商的利益（见表6—3）。

表6—3　　　　　　　　　　　**景德镇瓷商各帮及瓷器运输区域**

帮名	籍贯	运销区域
天津帮	天津	天津
广帮	广东	两广、南洋与美国
关东帮	关东	东北三省
同信帮	湖北	汉口以上
同庆帮	湖北	长江上下游
黄麻帮	湖北	汉口以上
马口帮	湖北	汉口
三邑帮	湖北	芜湖、苏州
良子帮	湖北	芜湖、苏州
孝咸帮	湖北	芜湖、苏州
过山帮	杭州	浙江
湖南帮	湖南	湖南
河南帮	河南	河南
奉天帮	奉天	东三省
宁绍帮	浙江	上海、浙江
川湖帮	四川、苏州	四川、苏州
桐城帮	安徽	广东、新加坡

续表

帮名	籍贯	运销区域
丰西帮	江西丰城县	汉口以上
粮帮	北平	北平
扬州帮	扬州	扬州
金斗帮	安徽	安徽皖北河南
南昌帮	南昌	南昌
九江帮	九江	九江及长江上下游
内河帮	江西	本省各县
古南帮	都昌	南京、汉口
康山帮		长江上下游

资料来源：张斐然：《江西陶瓷沿革》，张研、孙燕京主编：《民国史料丛刊》（616 册），大象出版社 2009 年版，第 490—492 页。

近代以来，由于景德镇瓷器贸易衰落，有各地瓷业公会的支持，商帮在景德镇的影响力甚至会超越窑帮。如何维护自身利益，不仅仅是景德镇瓷商的诉求，也牵涉各地瓷器商人的利益。因此一旦发生矛盾，景德镇旅景瓷商公会就会得到全国各地瓷业公所的声援。1948 年，由于商会摊派问题引发了窑帮和商帮的冲突就是例证。抗战时期，由于景德镇各业陷入停滞，商帮担负了地方各种税负中的百分之十。但抗战胜利以后，由于各业复兴，全国旅景瓷商公会承担的比例降到百分之八。但在负担浮梁县出剿部队费用时，旅景商会会长张润芝提出商帮的负担应降为百分之七，引起了窑帮商会常务理事的不满，双方发生冲突。于是窑帮联合起来，对张润芝的瓷号禁售瓷器，激起所有瓷商对窑帮的抗议。随后，瓷商公会通电全国瓷号，停止汇款并暂停购买瓷器。"自抗战结束，迭再商请酌减，已减至百分之八如历来之标准。至本年七月廿日，浮梁县商会因派筹出剿部队副食费十八亿元，提出各业派数百分比，由常务理事会初读审查，瓷商一业仍尚列为百分之八，其时润芝以商会常务理事身份起立发言指陈瓷商公会应行再减之理由，请求常会修正为百分之七。因窑帮常务理事坚决反对遂致言语冲突。讵自此冲突之后，窑帮各领袖竟召集其同业，大事（注：原文如此，疑为大肆之误）宣传，指润芝为偏护瓷商，决议对润芝本庄复泰、润泰等号一致拒售，企图封锁，本会诸同人闻讯之后，念润芝因公受累，感抱不平，遂自动举行会员大会，决议全部暂定采买，以示抗议。"① 由于各地瓷商的声援，瓷器销售停滞，给窑帮带来巨大压力。同时，景德镇地方实力派代表人物，徽州人施维明、汪浮生，商会会长赖清，常务理事长范一峰等居中调解，促成事情圆满解决，并且将商会摊派降为百分之七，纠纷以瓷商公会占据优势而告结束。"咸以瓷器运销为地方经济命脉，一经停顿影响甚巨，因苦心孤诣，不避溽暑，极奔走劝告之劳，始即力劝瓷商自七月廿七日起，先行恢复采买，本会当向调人明白宣告此次争议之主题厥难派额，但能使瓷商之派额不加其他误会尚可解决。因之最后结果，仅由调解人登报解释误会，对于瓷商之派额仍得保持百分之七。"②

近代景德镇瓷业衰落，瓷器销售要更多地依靠瓷商推广，凸显出瓷商在景德镇社会地位的上升。为了维护自身利益，全国旅景瓷商公会经常联合各地的瓷业组织同各方交涉。1948 年，经过浮梁县政府与县参政会的讨论决定，自 9 月 1 日起，在浮梁设卡征收瓷器特种税，否则不能运输买卖。该举动引起了各地瓷商的抵制，并通电全国，声讨浮梁县政府不合理的政策，赢得了各地瓷商的支持。上海瓷业同业公会、汉口瓷业分会、南通瓷业公会、苏州瓷业公会、镇江瓷业同业公会、南京瓷业同业公会，吴县瓷业同业公会等纷纷致电旅景瓷商公会，支持其抗争到底。镇江瓷业公会就抗战以前，熊式辉曾经试图加征瓷税，引发全国性抗议，只好停止征收为例，证明该种税收的不合理性。而如今浮梁县再次死灰复燃、旧事重提，不仅危害瓷业生产，也无任何依据。"查抗战前，熊式辉主赣时，即有征收特捐之举，所以全国本业骚然，一致反抗，集中代表于首都，向中央各院部请愿，为非法之反抗，做正义之请求。……结果由中央指令取消特捐以迄于今。"③ 此外，在各地的声援中，许多地区瓷业同业公会表示，瓷业作为曾经大宗出口商品之一，近年来受到的冲击很大，已经不能和丝、麻、油等同日而语，不仅失去了国际市场，甚至国内市场也无法保持。而在瓷业复兴的关键时期，浮梁地方政府竟然要收取瓷器特捐税。来自全国各地的支持与声援也形成了一定的影响力，并针对浮梁地方政府决策中存在的不足提出异议。南京瓷商同业公会指出浮梁县强征特产税并没

---

① 《浮梁县全国旅景瓷商公会公函》，1948 年 8 月，卷宗号：4275—1—1965，上海市档案馆藏。
② 同上。
③ 《呈为江西景德镇全国旅景瓷商临时补助清剿捐局违法抗令设卡勒捐》，1948 年 9 月 5 日，卷宗号：G428—1—5，上海市档案馆藏。

有任何的理由与依据，就全国范围而言，瓷器属于土产，而不是特产。"查瓷器一项系属土产并非奢侈品，政府从无课征特税之明文，即全国各产瓷区亦无是项规定，显系巧立名目，苛捐杂税。而所谓特税由县参议会议决通过，交县府由税捐稽征所依法征收，未知所依何法。"① 来自全国各地景德镇瓷器销售的主要瓷商公会的声援，使得浮梁县地方政府压力很大。随后由于各方战事日益加紧，笔者并没有找到相关事件的最终结果。但从全国旅景总商会多次拒绝购买瓷器的做法中，或许可以透视出由于受到来自国外瓷器和其他日用品的冲击，近代景德镇瓷器在贸易日益衰落的情况下，带来的最为明显的一个变化就是作为全国范围内的瓷商网络，其在景德镇的影响力远远超过以前。

二　金融业、商业与近代社会文化

瓷器制造业是景德镇的核心行业，但其发展是以金融业为基础，因此，在江西，景德镇也是仅次于南昌的商业重镇。此外，由于是手工业移民城镇，农业生产并不发达，景德镇日常生活的产品多需要外来供给。因此以瓷业为中心，景德镇形成了包括金融业、饮食业、娱乐业等相配套的社会体系。近代以来，在国家追求现代化的历程中，新型经济运用模式的出现，以及政府希望通过加强对中国基层控制来实现其政治建设目标。在此大的历史背景下，景德镇经济、社会领域也出现了各种新的变化。

（一）近代金融业与瓷器贸易方式变革

景德镇是瓷业发达的工商业重镇，金融业也非常发达，一直以来，徽州人在景德镇金融业占据重要地位，景德镇大大小小的钱庄，全部为徽州人开设。清末民初，景德镇有钱庄一百多家。为了彰显信誉和承担义务，徽商钱庄按照福禄寿三个等级进行分类，福字号钱庄最具实力，资本在银圆十万以上。根据1926年的统计，景德镇共有四家这样实力的钱庄。"列入福字而甚著名者，闻仅有四家：一、大有恒；二、何广有；三、隆元；四、永生，各家之资本皆约有数十万元。"② 其中何广有钱庄是号称"三

---

① 《浮梁县全国旅景瓷商公会公函》，1948年8月，卷宗号：4275—1—1965，上海市档案馆藏。
② 《景德镇瓷业状况述要》，《中外经济旬刊》1926年第9卷第168期，第20页。

尊大佛"① 的著名徽商何志凌所开，他还开设了美孚洋油公司，实力雄厚。而隆元钱庄是由吴锡章开设，拥有资产 40 多万银圆，被当时列为四大金刚之一，经济实力非同一般。这类钱庄不仅在景德镇能够通存通兑，还能在上海、杭州、汉口等地进行汇兑，交易非常便捷。而禄、寿二类钱庄规模较小，各家所做生意以贴水兑换为限，不能与大埠通汇。根据民国时期的社会调查，1930 年以前，景德镇有五十多家钱庄。"在民国二十年左右，这儿的瓷业金融，完全操在徽帮的钱庄之手，计有钱庄五十余家。"② 钱庄仍然控制着景德镇的金融命脉。尽管由于景德镇工业发达，早在 1914 年，中国银行便在景德镇开展业务，但其政策仅限于发行纸币，并没有具体的金融策略，同钱庄多变的政策和较高的利率相比，银行的进驻并没有给景德镇金融业带来多大影响，也不为民众所熟知。而徽帮控制的钱庄倒是发展得很红火。但由于近代长期的战乱，尤其是方志敏率领红军三次进入景德镇，对徽州人经营钱庄和典当业冲击很大。1933 年，国民政府实行"废两改元"政策，银两持有者需要到中央银行、中国银行等银行兑换，最终实现了币值交易和兑换的统一。钱庄业生意逐渐衰落，银行业的业务才逐步开展起来，银行业开始在景德镇金融业中发挥重要作用。即便如此，徽州人在景德镇的社会控制力并没有削弱，许多钱庄纷纷投资地产或者其他贸易行业，或者自己组织银行，比如安徽省银行在浮梁设立分行就由徽商开设。

抗战以前，景德镇银行有中国银行、江西裕民银行和江西建设银行、安徽省银行、源源长银行等。抗战爆发以后，由于马当、彭泽先后失守，景德镇也成为抗战的前沿阵地，其他银行纷纷停业，但中国银行仍然在坚持，为维护景德镇金融业发展做出了一定的贡献。抗战胜利以后，按照国民政府相关银行法律，规定各市、县可以设立银行，作为地方政府经营与放款业务机构。在浮梁县县长计城的支持下，由时任商会会长赖清负责筹备成立浮梁县银行。1946 年春，浮梁县银行召开股东大会，推举计城为

---

①　1926 年，北伐刘宝提部队败退经过景德镇，以"借饷"名义向商会索要银圆，一说是 10 万元，一说是 100 万元。笔者根据当时史料，认为 10 万元比较可信。商会一时难以筹集如此多的银圆，召开会议，根据景德镇工商业界财富多寡来决定负担借款金融，列出一名单。按照财多寡分三个富等级，分别为三尊大佛、四大金刚和十八罗汉。尽管这一名单并非景德镇所有富商财富多寡的标志，但至少也是当时在景德镇窑业界和金融界各方实力的体现。

②　《景德镇金融近况》，《银行通讯》1947 年第 3 卷第 21 期，第 46 页。

董事长，县参议会参议长蔡树勋为副董事长，各帮董事共 10 人，并成立了银行监事会，由邵裕如、汪佩生和李昌寿等为监事。1947 年夏天，计城离职以后，由赖清任董事长。此外，景德镇还有几家国家银行和地方银行，在所有银行中，江西省银行的规模最大，人数最多，开设业务也比较广。景德镇银行业务多为存款、贷款、汇兑为主，但各家银行做法也不尽相同。"各行放款较活跃，其做法亦各不同，如交通银行、江西省行及源源长行，则利用南昌行揽做凭汇的头寸，调此买入沪汇，期间大多为一个月，利息连同手续费约合一角，因之获益较厚，一般瓷商人，亦乐意接受。中国银行以买押透支及办汇为主，其他安徽省银行及县银行则仅以承做少数贴现，利息均为七分。"[1]

　　由于近代瓷业生产衰落，金融业也因为各方原因陷入困境。大多数中小型坯房生产经营困难，为了应对压力和生产需要。外来庄客到景德镇定制瓷器以后，需要预付一定的押金，保证产瓷需要，市面上流通的除了银行发行的纸币外，还有各商行、钱庄、瓷商、发行的支条和春票。支条是钱庄与大的商行发行的购买货物或者兑现的凭条，为普通用纸、用毛笔写就，加盖发行机构印章。在支条到期之前可以凭此条购买商品如果兑换现金，则需要发行认息，俗称补水。由于发行单位不一，且没有现金保证，如果该发行商行一旦停业，支条就变成废纸一张，进而引发纠纷与械斗。1928 年以后，政府多次禁止，但效果并不好。支条是外地瓷商和坯户进行交易的重要方式，中间有时间差和利率差。尽管坯户和窑户不愿意采用这种交易方式，但由于缺少现金，也只得接受这种交易模式。"其交易方式，则旧诸运商（瓷客）以八百元之现金可购得三个月期之支条一千元。故运商将其所购瓷之资本汇到景德镇后，即购买支条，采办瓷器。厂商均苦于此种剥削，而厂商因营业不振，又不能不藉此以为周转。"[2] 春票是瓷商发行的信用凭证，最初是由于瓷商在年底资金周转困难，需要进货，以发行春票形式购买瓷器，等到第二年春天三四月份，用现金购回此类春票。

　　民国初期，发行春票已经是瓷商进行交易的手段。春票不像支条一样能够购买商品，但可以用来抵债。由于坯户年底要出清产品、结算工人工资，经济困苦，也只得接受春票。春票原本结算期间是第二年三四月份，

① 定寰：《景德镇金融近况》，《银行通讯》1947 年第 5 卷第 21 期，第 46 页。
② 黎浩亭：《景德镇陶瓷概况》，正中书局 1937 年版，第 3 页。

但许多厂商拖欠到六七月份结算已经算坚守信用的。如果遇到瓷商店号停业，春票就等于废纸。因此春票问题引发的纠纷也非常多，许多坯户因此牵连陷入破产。"厂商一至年底结束之时，因生意凋零，经济困苦，而各方之债务及工人工资均须还清结找。不得不将其产品忍气吞声、廉价售于运商，虽明知为春条交易，但为抵塞账款之计，亦不得不借此以救燃眉。"① 局势动荡和瓷业衰退，使得瓷器销售成了近代景德镇最为关键性的问题。同传统景德镇瓷业生产体系相比，瓷商群体的强势崛起，不仅引发了瓷业格局的变迁，对景德镇金融业也产生了一定的影响。

（二）商业、娱乐业与近代社会文化

同传统的区域性的政治中心不同，景德镇是移民性的手工业生产中心。如前所述，每年春节前后，大量瓷业工人回乡过年，城区人口减少三分之一。即便后来景德镇又成为第五行政区专署所在地，其瓷业移民文化依旧如此。如果从瓷业从业者的性别与知识程度来分析的话，也更能说明景德镇社会风俗与文化。1928 年，景德镇市区有人口 15.38 万人，其中男性有11.64 万人，女性有 3.74 万人，性别比例高达 311；1929 年，人口数量为14.54 万人，其中男性为 10.87 万人，女性为 3.67 万人，性别比例为 296；1936 年，景德镇总人数下降到 10.49 万人，其中男性为 7.38 万人，女性为3.11 万人，性别比例为 238；到了 1942 年景德镇人口统计为 7.63 万人，其中男性为 4.19 万人，女性为 3.44 万人，性别比例降到 122；抗战胜利后，景德镇人口有所回升，1948 年总人数为 8.84 万人。② 上述数据变化与景德镇瓷业生产繁荣程度、社会动荡以及自然灾害发生的时间成正比。而根据不同时期景德镇行业调查资料男女比例能够证实上述数字的合理性。根据《江西年鉴》，1924 年的时候，景德镇有人口 20 万人。而每次战争影响到景德镇瓷业发展，人口就会下降。尤其是日本侵华时期的 1942 年，由于瓷业外运路线被隔断，运输十分困难，且由于战争征用兵丁，景德镇人口数量不足 1928 年的一半。另外，每次人数减少，同女性人数减少相比，男性人数减少是最为明显的，而女性人数变化不大，一直为三万多人。这也证明了男性在景德镇瓷业手工业生产中占据绝对地位。根据 1940 年，浮梁县

---

① 黎浩亭：《景德镇陶瓷概况》，正中书局 1937 年版，第 4 页。
② 景德镇市地方志编纂委员会编：《景德镇市志》，中国文史出版社 1991 年版，第 84 页。

进行的手工业行会的登记数字显示，除了红店彩绘业等有少数女性以外，其他多数行业全部为男性。同样，依据上述统计数字，我们也可以证明，景德镇常住人口最多时期维持在七万左右。无论是人口数量达到二十万，还是减少到七万，这其中的主要变化是瓷业工人人口的变化。这种流动性的人口特色为景德镇社会文化变迁打上了独特的烙印。如果将男性作为理性和强硬的化身，女性作为感性和温和的代表，景德镇社会文化由于男性占据绝大多数而变得更为理性化和制度化。尽管存在传统的伦理关系和人情社会，但景德镇社会运作更多地考虑利益和实用。

首先，景德镇形成了以技术为主导的瓷业生产体系与社会结构。以瓷工工资而言，同九江相比，尽管景德镇工资不高，但工人生活条件优厚。"至于工人的生活，按九江经济调查，九江各业工人，每月工资，最高三十元，普通二十元，最低十元。……至于该镇瓷业工人，依上章所述，最高者除膳宿外，年得四十余元，最低者不过数十元而已。"① 尽管文中的论述对景德镇工资理解有偏驳之处，景德镇工人工资差别很大，部分工人的工资特别高，尤其是技术工人。"工资的大小也视工人等级的高下而不同，大约管火候的技师（烧窑的所有师傅——笔者注）每烧一窑可得二百元的报酬。画工平均起来一年也有数百元的收入，在画工当中几个有名画师做画的代价是比什么都大，甚至要几十块钱画一件器皿，每年收入最多的有二三千元。"② 与近代新型工业工人工资不同，景德镇工人采取包工制，即任何行业的老板和工人之间的关系除了现代意义上的劳资关系以外，更多的还是师徒模式。几乎所有的工人都能在景德镇找到自己的师傅，而工厂长期实行的生产方式是包吃住，不论生产与否，食宿一定要按时供应。同新型生产模式不同，景德镇许多行业有着明确的定工日期和辞工日期，不是特定的日期不能无故辞退工人，这也就意味着，工人有最基本的生活保障。对于许多人而言，景德镇的吸引力还在于通过同乡关系介绍而来的人，可以在复杂的分工体系中找到自己的位置，并通过自身努力，实现对财富和事业的追求。尽管景德镇有许多行规，但整个城市并不排外，任何人都可以来，也都能找到工作。对于十岁左右来景德镇依靠血缘关系找工作的幼工来说，能够通过努力，实现工

---

① 翁克康：《景德镇瓷业的组织及工人待遇情形》，《劳工月刊》1936年第5卷第5—6期，第9页。

② 素英：《江西景德镇的瓷器工人》，《东方杂志》1936年第3卷第7号，第107页。

资和地位的不断上升。在充满机遇的瓷业生产体系中，只要能够努力且把握好机会，也就能迅速富裕起来，这或许也是瓷业最大的魅力所在。从普通工人不断努力，成为资本和技术的顶尖人才，是景德镇赋予每个人的机会和梦想。只要你能把握，任何一个行业均是如此。与此同时，景德镇瓷业社会具有的优势还有自己只要通过努力在社会生产中站稳脚跟，就能把亲友带到景德镇，给他们提供机会，并通过这种模式赢得自己在所有亲友中的威望。这在当时的中国社会中，是用财富难以购买的声望与尊严。

瓷业生产繁荣时期的景德镇，男性在社会中占据压倒性优势，这对城市文化与控制来说既是优势，也有巨大的弊端。如果在生产和社会分工中出现不公正的情况，就会引发整个行业的罢工。而这种动辄就发起的"打派头"活动，在整个瓷业生态体系中，一个行业的停工会引发城市生产的停滞。而更大范围的停工会引发更为复杂的社会问题。可怕的是，在停工的背后，还有地缘与血缘复杂的关系模式，这种不断变动的千丝万缕的联系更加剧了整个社会体系的混乱与复杂性，进而造成更为难以处理的问题。不过，有趣的是，上述这些复杂的因素也恰恰成为景德镇社会运作体系的润滑剂。就坯户工人罢工而言，只要劳资双方没有触及对方的底线，就不会引发暴力冲突。就纠纷的原因来看，大多数是因为工人由于物价和消费水平提升引发的对生活待遇和工资不满意的情况，通过协商，或者通过外力调解，上述问题基本都能解决。对于瓷业从业者而言，并没有明显劳资冲突的界限，因为劳资双方能在一定条件下转化。即便近代以来，由于官方的介入，这种调解模式变得更为复杂。但就景德镇而言，任何一种力量，都难以打破原有的社会平衡。

在利益博弈中，各种神秘结社与会道门组织在景德镇非常流行。根据1949年的调查统计，景德镇共有各种帮派组织70多个。[①] 从帮派的名字

---

① 部分帮会名称为：一贯道、同善社、大刀会、大乘教、先天道、兄弟会、狮子会、福义社、松林社、九皇会、渡孤社、龙兰会、登高社、协义社、新茂社、合议社、姐妹社、义和社、包获会、扬泗会、复兴社、忠难会、合兴社、同义社、纠正社、云集社、天员社、竹叶会、二十五会、真君会、云霄会、亲义社、集义社、忠义会、集贤社、清华社、新北社、忠心社、永义社、德丰社、吉庆社、号兵、新新社、梁山好汉、云义社、景义社、徒弟会、五秀官社、公平社、文曲会、岳飞会、亲爱社、三义社、青义社、义同社、福德社、观音会、陶义社、庆义社、同新社、业林社、中元会、忠孝社、红灯会、友谊社、十三太保、一百零八将、金兰义祭社、松柏常青社、红枪会、青兰长春社、龙官新福社等。（资料来源：景德镇市地方志编纂委员会：《景德镇市志》，中国文史出版社1991年版，第183页。）

中也许可以得知其创建的基本理念是以中国传统忠义为核心将各方联络起来，对于长期离开家乡，在景德镇复杂的瓷业社会关系中生存的任何外籍人来说，加入帮会或许能给自己带来安全感，或者可以通过参加帮会组织打发无聊的时光。在这些帮会中，影响力最大的有一贯道、同善社、青帮、红帮和大刀会等。上述帮派人数都在千人以上，其中同善社和青帮人数都在 5000 人左右，这也就意味着两帮在景德镇地方社会事务中的巨大影响力。因此，在景德镇社会矛盾与社会关系中，甚至在政府对劳资双方调解或者开会过程中，帮派负责人就要有一席之地。1946 年，为了缓和劳资冲突，成立了浮梁县劳资评议委员会，其中委员冯少山既是都昌在景德镇有影响力的人物，又是红帮的头目。"评议委员：余甘霖、冯少山、高成、江承林、屠孝鸿，商会邹裕如、地方法院朱百为等。"① 大量普通从业者甚至在自己不了解的情况下，就在同乡或者同行介绍下就加入了帮会组织。当然，加入帮派组织的目的也非常明确，就是在自身利益遭遇伤害的情况下，能够找到帮助自己的途径来解决问题。

在所有冲突调解过程中，去酒楼吃喝是最为重要的先决条件，这种调解方式和冲突大小没有关系。比如路人撞坏了挑坯工的瓷坯，抑或是劳资双方违反了行规，在调解之前，各方均要到酒楼之中，邀请中人（打派头的街师傅或者帮派人士）进行调解，无论结果如何，被判输或者无礼一方至少要将此次吃饭的费用结清，并打爆竹以示赔礼道歉。否则，会有更为严厉的处罚措施。吃、喝是城市生存文化的前提条件与必备部分，许多人也愿意参与其中。在调解别人冲突中，既能实现温饱，又能提高声望，尤其是对那些不做工、整天忙于调解各方冲突的街师傅而言，这种生活状态是最好的。当然，乐于享受，沉溺在酒楼与其他娱乐场所中，也是这个移民城市的重要特征。无怪乎杜重远在对景德镇瓷业进行调研的时候指出："驻镇庄客和当地商人三天一小饮，五天一大筵，麻雀通宵，娼妓遍地，极人间之逸乐。"② 休闲娱乐城或许是景德镇城市文化的另外一个特色。有钱人打麻将、抽鸦片、嫖娼；没有钱的工人听说书、看戏构成了整个社会文化。大量没有家庭伦理规约的男人们在这里工作之余的所有生

---

① 《举办第五次劳资评断委员会议》，1946 年 11 月 21 日，卷宗号：J004—080—024，景德镇市档案馆藏。

② 杜重远：《景德镇瓷业调查记》，《农村复兴委员会会报》1934 年第 8 期第 2 卷，第 92 页。

活状态就是娱乐。

演戏和看戏既是窑工日常生活的最佳休闲方式，也是各方凝聚人心、展示实力的机会。每年春节过后，瓷业开工之前，各方移民均要在自己会馆商讨会务，选举负责人。会馆的收入，不但有会众的会费，也有富有同乡的捐赠。无论是同乡，还是同业，开会过程中必须有的环节就是演戏与宴请。演戏过程中，所有的市民均可以来免费观看，通常在三天左右，公开的演戏也是各方展示实力的体现。1926 年的都乐械斗在某种程度上也是长期矛盾的积累在失控社会背景下的极端反映。即便民国初期，浮梁县知事陈安禁戏以后，许多小戏班也在晚上偷偷演戏。这些小戏班人数不多，在坯房、窑房等地方就可以演戏。作为景德镇常见的娱乐方式，演戏根本就没有办法禁止。1927 年以后，演戏开禁以后，也就更成为移民窑工常见的休闲方式，许多坯工白天做完工以后，晚上就去看戏、赌博，尤其在瓷业经济繁荣时期更是如此。在困苦的生活中，每天过着灯火酒绿的日子，工人生活没有预算，多是上个月花费下个月的工资，上年消费下年的收入。这种工人生活模式，引发了各方重视。以至于在历次瓷业改革中，对于景德镇陋俗的改革是最受各方关注的事情。"可是景德镇的工人，烟、酒、嫖、赌，赚一个用一个，甚或赚到一个用两个，到了停工回家的时候，连川资也要找做窑户预支明年的工钱。"[1] 抗战胜利以后，景德镇贫富分化明显，但奢侈化的生活方式与享乐理念仍然在社会中存在并蔓延。"近十年来抗战、内争不安宁的局面，直接间接的摧毁了它，今天这个手工业区是交上了更凄惨的命运。……尽管常有菜色的老百姓一天天衰弱下去，郊外的小山头三层楼般紧凑的墓地里天天再添着不该死的人，和满山谷臭味熏天美白相印的婴尸。但在这闹哄哄的街心，百货店里永远是川流不息，衣着华丽的男女几家酒楼和二家低级趣的剧院，是成天的嘉宾满座，不漏一个空儿。麻雀干脆的声音到处响着，华灯初上的时光，街头巷尾伫立着三五成群粉面朱唇的神女，频频的秋放四注等候着出卖青春。"[2] 这段精彩的描述，是景德镇社会的真实写照。富有和贫穷混在狭窄的老城区中，每天在不断上演着生产的悲喜剧。整个城市，除了瓷器，

①　邹如圭：《景德镇工人所应改良的几点习惯》，《民众月刊》1936 年第 1 卷第 3 期，第 30 页。

②　项凡：《景德镇的瓷业》，《纵横天下》1947 年创刊号，第 8 页。

就只剩下娱乐。

吸食鸦片作为身份的象征，在景德镇也极为盛行。民国初年，官方曾有一段时间禁止吸食鸦片，但一直没办法禁绝，尤以富裕绘瓷艺术家为最。绘瓷过程中一边吸食鸦片一边工作，是风靡一时的生活方式。1928年以后，由于禁烟措施不如前期强烈，大部分社会名流均吸食鸦片。抗战之前，景德镇有烟馆270多家，吸食群体从达官贵人到普通民众无所不包。[①] 1940年以后，政府加强对烟毒的整治，许多烟馆转入地下。但仍然有地方实力派公开开设烟馆，尤其是驻扎在景德镇的川军，更是公开吸食和出售鸦片，地方政府无人敢问。禁烟政策在执行过程中要么阳奉阴违，要么选择性执法，对禁绝鸦片没有任何效果。不过抗战胜利以后，由于政府加强整治，且鸦片价格昂贵，吸食人数越来越少。赌博是资本社会的毒瘤，很难革除。民国时期，中国社会到处存在赌场，大量民众聚赌也是普遍的现象。但由于景德镇是移民社会，许多民众并没有固定的家庭，歇业以后，平常娱乐生活就是打麻将。无怪乎杜重远和许多改良者均认为景德镇大街小巷到处都是打麻将的声音。根据相关调研，景德镇平均每三户就有一副麻将，无论男女老少都打麻将。打麻将的级别并不是以地位、职业和男女为标准，而是以打麻将的筹码为标准，不同的筹码的人聚集在一起，彻夜赌博。除了麻将，景德镇赌博方式还有推牌九、打沙海、押宝、打货牌等。江西陶业管理局设立以后，认为赌博不仅容易引发纠纷、械斗，还影响白天上班时期的工作效率，也提出了禁绝措施。但由于地方官员，尤其是专署专员屠孝鸿和冯琦都喜欢赌博，因此很难禁绝。

娼妓在景德镇也是非常普遍的现象。民国初年，政府禁止私娼设立公娼以后，使娼妓合法化，更加剧了景德镇娼妓业的盛行，尤其是对景德镇这个男性占主导优势的城市。除此之外，还有所谓大量姘居和半开门的娼妓。因为大量富有瓷商长期驻留景德镇从事瓷业买卖，因此，会找长期或者短期姘居的女性，其日常开销由男子承担。由于这类女性姘居对象多是景德镇商业和瓷业名流，警察对这些人也不敢过问。到底景德镇有多少娼妓，包括私娼和姘居的女性？并没有具体的数字。但通过社会现象能够反映出这一群体大量出现对社会带来的负面影响。"假使有个外地初次旅行到本镇的人，他是稍稍留意观察一般社会情状的，本镇

---

① 景德镇市地方志编纂委员会：《景德镇市志》，中国文史出版社1991年版，第184页。

有个特殊的现象，定会使他触目而感觉到的，便是本镇的瞎子特多，你
在大街上或者小巷里，去兜个转身看，便可碰见不止一个。……我们若
一探首进到社会的里层瞥视，就不难找到本镇瞎子特别多产的原因。而
两性道德在本镇，因着社会经济的衰落，和社会腐恶风气的披靡之下，
堕落崩坏到那种程度，致令各种性病流行，并深入到家庭里面。试想，
在这种家庭里生出的孩子，那有不多残废，尤独多瞎子之理。"① 尽管生
活堕落并非导致瞎子多的唯一原因，但这一现象至少说明景德镇由于男
性多而引发了社会问题之一。

瓷业是 1949 年前景德镇唯一支柱性产业，而所有的衣食住行的供应
均是来自临近县市和农村的供给，并主要由徽帮经营。这些产业包括百货
业、米业、酱磨业、南货业、油盐业、棉布业、药业和医业等不同行业。
景德镇共有百货业十多家，由于长期和上海有瓷业贸易往来，其产品多从
上海进货，尤其是几家大型的百货业，比如罗元兴、曹春记等均是如此，
其中部分还有德国、英国和日本产品，这些店铺还经营西药。棉布业有大
小五十余家，共有从业人数七百多人。这些相关的行业保证了景德镇社会
正常运转，也是景德镇社会文化的组成部分。

三　公产争夺与瓷业社会结构变迁

景德镇是传统的瓷器生产区域，在常态化的发展中，不断有大量外
来移民进入景德镇，为了联络同乡，修建会馆和其他公益场所。20 世
纪初叶，由于瓷业生产和贸易的衰退，许多外来移民离开景德镇，造成
大量公产的闲置。此外，社会变革和现代化生产方式的引进，原有的社
会调解机制和生活方式被打破，传统商业合作模式中的诚信法则与伦理
观念的约束力在下降，地缘和血缘关系影响力也随之减弱。会馆和书院
等同乡公有财产就失去了原本的社会意义和公益使命。但公有财产作为
一个客观存在就产生了管理权问题，这也是传统社会模式在现代发展过
程中遇到的新问题。面对前辈们所有权并不清晰的公产，各方利益群体
以道德和乡情为外衣，展开了对公产的争夺。尽管笔者不能就此做出道
德判断，认为传统社会就是一种理想的士绅社会，而近代转型社会是满

---

① 丁剑侯：《保护我们的眼镜》，《民众月刊》1936 年第 1 卷第 7 期，第 2 页。

怀利益的"伪君子"或宣称以现代性为圭臬，而实现自我私利最大化的社会。但近代以来，景德镇所出现的公产纠纷，基本上是以公权的名义来满足私利。典型代表有安徽太平同乡同仁局租赁纠纷和景德镇苏湖会馆的财产纠纷。

（一）同仁局公产纠纷与社会变革

清光绪年间，旅居景德镇的安徽太平人李苹山为了救济落难同乡，捐资设立了辅仁会，成为旅景太平人精神依托。随着其他太平同乡资金注入，公产不断扩大，辅仁会财产包括分散在景德镇的十处房产和在昌江社会义渡的船只。"本会为太平同乡李苹山在光绪十一年捐资倡设，其目的为遇景德镇山洪暴涨时从事拯救生命之公益。"[1] 近代以来，由于局势动荡、社会变迁，传统社会公益和慈善事业在诸方面均发生了明显的变化，加之由于瓷业渐衰，移民纷纷返乡，不再从事和瓷业生产相关产业，原有慈善意义的公有财产由同乡负责管理，公有财产以出租形式租借给其他人进行商业生产，这就意味着从事财产管理者的同乡有了以权谋私的空间。围绕公有财产管理权问题承租人和管理者内部展开了激烈的争斗，而这种争斗和先辈从事慈善事业的初衷越来越背离。公有财产的管理问题不仅仅没有出现让后人得利的情况，反而在现代语境下考验传统社会"善治"模式。

抗战胜利后，社会环境相对安定，经济复苏致景德镇各业也渐次活跃起来，此时公产租赁问题变得更为敏感与棘手。1948年，宛陵同仁局公有财产负责人王惟之将承租同仁局的罗恒隆告上法院，提出要将房屋收回，供救济落难同乡，维持生计之用。"上年秋，故乡遭匪，蹂躏乡人，扶老携幼，亡命来浮者日众。原告以同乡流离抵镇，举目无亲，谋生乏术，经会议决定收回中山路第八九六号店屋交由全体难胞合作经营商业以维生计。"[2] 同仁局是太平同乡公有财产，管理人为了同乡救济同乡，将其收回也在情理之中。且王惟之负责同乡公有财产的管理，由他代表收回租赁的房屋也是正当权益的反映。此外，王惟之也指出，罗恒隆已经有一

---

① 《李之明与叶芳林终止租赁返还店屋案的卷宗》，1949年3月23日，卷宗号：J021—023—002，景德镇市档案馆藏。

② 《罗恒隆返还店屋案的卷宗》，1949年1月6日，卷宗号：J021—016—003，景德镇市档案馆藏。

年的房屋租金并没有交。"被告自去年下季到现在未交租金。"① 但针对王在诉讼书中指出的自己拖欠租金和供同乡之中的理由,罗恒隆在应诉中指出,自己租赁中山路店铺已经有十余年,先后经太平人汤有光、李文光负责租赁事宜,且自己并不拖欠租金。由于长期在此地经营,罗恒隆提出很难寻找更为合适的地理位置。在针对太平人王惟之以维护同乡利益为由而收回房屋的理由,他指出这仅仅是借口,尽管太平同乡曾来景德镇避难,但早已返乡,并没有滞留景德镇,也就谈不上同乡需要生产房屋维持生计问题。罗认为王惟之收回房屋的真正目的是将房屋再租赁给其他人。"查皖属太平流离同乡,早已返回原籍去矣。至谓三十六年秋故乡遭匪蹂躏,举目无亲之老幼,经会议决定交上开店屋予难胞,合作经营一节纯属虚构,且时间也已过去,自不能任由该王惟之诉请迁让返还。"② 罗隆恒进而指出,同仁局公产有十多处,在自己承租附近也有好几栋,其他房屋不收回,仅收回自己的房屋,肯定蕴含不可告人的目的。"查该店屋系同仁局公产,该局拥有房屋十余栋,即中山路附近就有数栋之多,左右上下不予收回,先专收回本店屋,其中鬼祟不言而喻。"③

是否承租问题本身是非常简单的民事问题,即使在传统社会中,这些可能通过双方协商或者中人调解就能解决。但在原被告双方的争辩中,发现问题并没有如此简单,且案件牵涉几个关键性人物,同仁局代表王惟之,共有财产原管理人李文光、汤有光等,后来还牵涉太平同乡会。在后来庭审辩论中,作为公产管理人李文光的观点明显有利于承租人罗隆恒。"(法院推事)问:罗恒隆住的房子是那个的?(李文光)答:是太平县同仁局的公产。问:这所房子是你同乡要收回自用吗? 答,不要用的,王惟之也没告诉我要用。"④ 同时在关于租金问题,李文光的回答是租金已经交给自己,且由自己转交给了王惟之。李文光在法院问询过程中的回答对同仁局的上诉书是非常不利的。但问题是,同样作为同乡共有财产管理人王惟之和李文光为什么会出现如此大的分歧,我们不得而知。但二人的矛盾反映出两个明显的问题:第一,财产管理问题相对混乱,是否缴纳租

---

　　① 《罗恒隆返还店屋案的卷宗》,1949 年 1 月 6 日,卷宗号:J021—016—003,景德镇市档案馆藏。

　　② 同上。

　　③ 同上。

　　④ 同上。

金，无论交给谁，肯定有详细的账目，二人在法庭上的表达均是空口无凭，让法院难以判断，同样财产管理问题是否也存在于其他承租的房屋问题上也很难说清楚。第二，谁真正拥有同乡财产的管理权，是王惟之还是李文光。罗认为将财产租赁给自己的李文光也有管理的权利，而王惟之认为同乡李文光并没有管理权。在法院问讯过程中，李文光认为他本人管理同乡的地契，而王惟之管理租金，他已经将罗恒隆号租金交给了王惟之，认为罗并不欠租金，所以并没有任何理由将房屋交给王惟之。针对管理权的问题，王惟之请前任财产管理人汤有光和焦尔寿证明王惟之拥有财产的管理权，而李文光仅有管理公产地契的职责，并没有参与财产的管理权。"本县同仁救生局管理人系经民国三十二年推举王惟之充任以迄于今，关于该局一切进行事宜经商决后即交该管理人全权处理，理合函呈。"① 如果汤有光等人的证明可信的话，关于管理权问题已经明晰，王惟之有公产管理权利，这也就意味着针对诉讼王惟之是合法的。如果这一问题解决的话，案件的关键因素就是王惟之提出的，收回出租的房屋到底是为了同乡利益还是私利问题。针对这一关键问题，罗隆恒请到太平同乡会的理事长李之明和常务监事李鼎芬来证明房屋收回并非同乡所用，而是王惟之自己要用。"查本县同乡王惟之自认为本县同仁救生局会产管理人并未经本会推举，至本县难民请求居住会产一节，本会亦无所悉相应函请，查照为荷。"② 太平同乡会的证据作为重要证据，对王惟之非常不利。面对来自太平同乡会的责难，王惟之以同仁局是太平先贤设立的慈善机构，是全县旅景人士共有，按照旧例，有前任管理者推举，且前任汤有光移交时候正值抗战时期的 1941 年，因此由王负责。太平同乡会成立于 1946 年，一个成立晚的同乡会对同仁局并没有资格和权利干涉同乡慈善机构同仁局的事务。但针对房屋收回问题是为了落难同乡还是私利，王本人并没有进行辩解。

简单的房屋是否出租问题牵涉出太平同乡会内部复杂的矛盾斗争，王惟之的管理权利得到了管理同仁局前任汤有光等人支持，但和整个太平同乡会管理层发生了矛盾。房屋租赁问题折射出太平同乡会内部由于巨大利益所产生的利益冲突问题。

如果罗案中显现的矛盾无法窥视太平同乡会内部矛盾争斗的话，另外一件房屋租赁纠纷就使个中缘由更为明晰。1948 年，同仁局再次上诉到法院，要求收回租赁给叶芳林的房子作为公用。有意思的是，根据案件卷宗时间记载，罗案起止时间为 1948 年 11 月 11 日到 1949 年 2 月 27 日；而叶案起止时间为 1949 年 3 月 23 日到 1949 年 4 月 26 日。罗案中，同仁局的代理人是王惟之，而到了叶案时期，同仁局代理人已经变成了太平同乡会的理事长李子明。虽然罗案最终并没有看到法院的判决，但从下一个案件代理人的转变就能证明同仁局负责人王惟之在和同乡利益争斗中失利，而太平同乡会也接管了同仁局的管理权。只不过同罗案相似的是，叶案依然围绕公有财产使用的问题展开，且范围进一步扩大。

1949 年，同仁局上诉法院要求收回租赁给叶芳林作为药店的店铺，其理由是同仁局会众集会没有共同会所，给会务开展带来诸多不便，但叶拒绝退租，因此上诉到法院。"今以会无定址，会众集合无所，不但会务进行诸多不便，即唯一救生之义亦难尽善缘，决定将被告承租店屋收回，以充会址，当推陈其祥、董焕章、李鼎芬、李文光等先后通知被告迁让……将原店屋返还原告。乃迄今数月，被告竟置自购店屋不迁入居住，仍盘踞原告店屋中，百般劝导均置若罔闻，似此故意拖延。"[1] 如同前案，作为民事诉讼案件，只要理由充分，解决起来非常简单。但在被告应诉书中，针对原告的诉求，被告给予了有力的批驳，认为原告有数十栋房屋，为什么要收回自己租用的房屋。在此问题基础上，针对公用问题，被告抗辩——同仁局从成立至今，一直没有办公的场所，为什么到现在才第一次提出需要慈善办公的场所。此外，被告进一步指出自己租用的房屋更适合经商不适合办公，那么多房屋为什么要舍近求远收回自己租赁的房屋，况且从来没有会馆机构在地理位置相比偏僻位置设立机构，如果真要设立救济生命公所，应该在昌江河边，收回租屋分明是有私心。在前述基础上，叶芳林明确指出，同仁局房屋收回的实际目的并非公用，而是转租给太平人胡士莹私用。如果是这种情况，同样私用，原承租者就有继续租赁的优先权。"被告承租之建筑仅合于商店营业，不适于会址办公。……查会址

---

[1] 《李之明与叶芳林终止租赁返还店屋案的卷宗》，1949 年 3 月 29 日，卷宗号：J021—023—006，景德镇市档案馆藏。

无定始于创设之光绪十一年。……会址宜选择近昌江河干或中山路之房屋或店屋则收事半功倍之效而达尽善尽美之愿。……但当本年正月廿八日（注：该日为公历 1949 年 2 月 25 日），被告邀请陈其祥议租时提及胡士莹系太平同乡，他要承租，他若不租，一定由你居住营业，言尤在耳。"①

案件的关键是收回房屋是将其用于慈善事业的公所，还是转租给同乡。面对被告的反驳，原告坚持房屋用于公有事业，根本没有提出将房屋租给同乡使用的说法。为此原告将同仁局在 1949 年 2 月 8 日的会议记录作为佐证：会议记录证明在被告宴请之前，同仁局已经决定将房屋收回用为公用，因此不存在将房屋租给其他人使用的说法。"确定本会会址案：决议将本会会产坐落十八桥现开庆馀堂号房屋全部收回为会址，以便办公并推陈其祥、李鼎芬、李文光、董焕章四人在分别前往交涉收回。"② 案件的核心问题是太平人陈其祥有无说过类似将房屋租给同乡使用的说法。在法院问询中，陈其祥否认自己说过类似的话，并请出证人李鼎芬、李文光等人证明并没有说过这样的话，陈本人也向法院出具书面证明，自己并没有说过要租给同乡的话。但这几个人均作为宛陵同仁局的委员作证有多大的可信度是法院关注的问题。面对来自同仁局的否认，叶芳林指出因为出租的问题，自己曾经去拜访过要租房屋的胡士莹，并指出胡曾经说过坚持要租房屋，叶芳林提出什么条件都不答应。"又有请客单为凭，并未说收回为会址之事，都说胡士荣（原文如此，疑与胡士莹为同一人）要租，第二次请客曾经吴菊芳往胡士荣家请求打消租意，胡士荣说一万担米也不能让被告租。"③ 叶的代理律师进一步指出，陈其祥向法院递交的证明是由胡士荣儿子胡日章代递给法院的，而陈其祥自己也是有孩子家人，为什么要由胡士荣儿子代为递交呢？这也能证明胡士荣作为陈其祥同乡，在租赁问题上无法脱离干系。

为了证实自己的理由和判断，叶芳林将自己两次邀请的客人名单交给法院，并证明陈其祥说过类似要把房子出租给胡士荣。叶的证人有安徽黟县人罗来鹤、吴菊芳、安徽婺源人施维明等人。在面对法院问询的时候，法庭上证人均表达了陈其祥确实说过要将房屋租给同乡的说法。"（法院推事）问：三月七日，叶芳林又请客，你到了场吗？（吴菊芳）答：我也

①　《李之明与叶芳林终止租赁返还店屋案的卷宗》，1949 年 3 月 29 日，卷宗号：J021—023—006，景德镇市档案馆藏。

②　同上。

③　同上。

到了。问：叶芳林连请两次客为什么事？答：他请我们向辅仁会要求继续承租？问：辅仁会到了几个人呢？答：那天请客，辅仁会到了陈其祥、李之明等，被告向他们要求继续承租，当时陈其祥说他的同乡胡士荣要租。如果胡士荣不租，就让叶芳林租，这些话是早五六天就说了。所以叶芳林早几天要我到胡士荣家去请胡士荣不要租，胡士荣说就是一万担米也不租。"[①] 吴菊芳、施维明等人均是景德镇商界名人，尤其施维明曾长期担任景德镇商会会长，在政商两界均有很深影响力。而同仁局方面的证人也是社会名流，同样是名流的证言，让法院陷入两难境地。但如果跳出案件本身，或许更能清晰地看出案件的关键：叶芳林是安徽黟县人，与吴、罗等均是同乡，而施维明是婺源人，也属于徽州一府六县之人。但安徽太平县属于宣城府，并非徽州在景德镇从事生产经营者同乡范围。在房屋租赁问题中，肯定有一方作伪证，但这已经不是问题的关键。问题的核心在于面对利益争斗的时候，作为景德镇商业活动中的头面人物纷纷出来作证，且在代表同乡作证过程中采取了截然不同的观点。为了各自乡谊，而背弃法律，而这个乡谊，最后简化为自我的私利。基于上述案件不难发现，近代景德镇社会变迁中存在的问题。一方面，新式社会管理模式的出现，比如在案件处理过程中，法院与职业律师的均是新型社会力量的代表。但是传统的力量并没有失去自己的作用，只是换了一种表现形式而已。

（二）苏湖会馆之争背后的历史与现实

如果徽州同乡内部与各方之间利益争斗不能折射整个近代景德镇巨大变迁历史的话，苏湖会馆争斗背后各方不断寻求法律与道德高地，甚至不惜动用各种关系与权力，以实现自我的追求，其过程更为复杂，结果也出乎各方预料。以苏州和湖州籍在景德镇商人争斗为中心，牵涉各方，甚或跨代角力，在某种程度上，折射出瓷商群体变化背后的近代景德镇社会运营模式的变迁。

如前所述，景德镇会馆由以相邻地区同乡共同建立，苏湖会馆的模式就是如此，由在景德镇的苏州和湖州瓷商共同建造。清康熙时期，是苏湖瓷商辉煌的起点，会馆也是在这个时期修建的。但清朝末年，由于在苏湖

---

① 《李之明与叶芳林终止租赁返还店屋案的卷宗》，1949 年 3 月 29 日，卷宗号：J021—023—006，景德镇市档案馆藏。

会馆扩建过程中，和洲店的都昌工人发生纠纷，引发冲突，最后苏湖会馆输掉官司。受此影响，苏湖瓷商在景德镇数量大为减少，且因为上海在近代的迅速崛起，瓷器销售主要流向上海地区。苏湖会馆作为庇护同乡以及提供便利和联络乡谊的目的已经大为削减，但留下的大量公产就成为共同管理者觊觎目标。民国以来，苏州和湖州瓷商后裔就苏湖会馆的管理权与财产所有权展开了三次大规模的争斗与诉讼。

　　第一次争斗发生在民国初年，因为负责管理苏湖会馆事务的湖州商人章端甫忙于自己的生意，就将管理权交给了妻侄吴承业。由于管理过程中并没有明确的监管体系，吴私下侵吞部分书院公产收入，甚至将部分公产典当出售。1915 年，侵吞事件被发现后，湖州同乡钱汉章等提出将公产进行清查，结果发现财产流失严重。在此情况下，章端甫被撤管理职务，吴承业也被驱逐出景德镇。第一次纠纷和争斗是湖州商人内部由于公产问题而出现的激烈分歧，取得胜利的钱汉章、朱祥生等人掌握了对公产的管理权。但有意思的是，以正义为名的钱汉章、朱祥生等人做着和吴承业一样的事情，侵吞财产租赁的租金和将财产变卖，而这种举动就引发了同样拥有管理权的苏州商人的不满。第二次争斗发生在 1926 年，苏州瓷商将湖州瓷商推上被告席。面对湖州瓷商侵吞公产的事实，苏州瓷商潘绩臣和高子兰等人以侵吞书院公产为理由，将湖州商人钱汉章等送上被告席，向浮梁县法院提出诉讼，由于案情复杂，牵涉各方人数众多，一直到 1929 年，经过江西省高院审判，苏州商人败诉。而败诉的理由是湖州商人钱汉章等没有侵吞公产，而是他们找到并出示了书院历年来捐赠记录，其中钱汉章等人的先祖不仅是瓷商，而且为书院的建造做出了巨大贡献。相反，现在苏州瓷商潘绩臣只是最近在景德镇瓷商，他们并没有对书院及其他公产有任何贡献，也没有相关资料证明其先祖对会馆建设有什么贡献。[①] 也就是说，如果你本身并没有什么贡献，也就没有资格去干涉会馆内部事务。对于苏州瓷商来说，原以为稳超胜券的事情最后的结果并非自己所预想的。但值得考究的是，案件的审理并未把围绕湖州商人钱汉章是否侵吞公产作为焦点，而是转向双方苏州瓷商潘绩臣等人是否具有管理资格。这种情况的出现折射出了近代景德镇的社会现实，即大量瓷商由于各种原因

---

　　① 《江西浮梁地方法院检察官起诉书》，1946 年 7 月，卷宗号：J018—07—12975，江西省档案馆藏。

不再从事瓷业贸易。同样可以推断，尽管瓷业生产经营成本比较低，但在生产规模扩大的情况下，利润仍然非常高。这对许多人来说，是进退自如的事情。如果生产衰落，主动退出。生产和贸易的主体变迁特别大，以瓷商为例，清朝中期以来的瓷商主导是苏湖瓷商。但近代以来，湖北瓷商在景德镇势力非常强。从这个视角去探究案情，也就可以理解，为什么苏州瓷商拿不出对自己有利的证据。但案件到此并没有结束，双方的争斗仍然在持续。第三次争斗发生在抗战胜利以后，苏州瓷商迎来了再次反击的机会。1946 年，苏州人姚虞和张达来到浮梁，分别担任浮梁县长和公安局长。瓷商潘绩臣的儿子潘文伯利用同乡关系，再次收集整理证据，将钱汉章等人再次送上法庭，经过苏州籍官商的共同努力，最终找到了钱等人侵吞公有财产的关键证据。经过断续二十余年的努力，苏州商人最终取得了苏湖会馆财产的监管权。但钱汉章等人并没有束手就擒，在宣判缓期一年执行后，钱汉章逃往上海，通过其与湖州政商大佬陈其采的关系，请时任司法部长的谢冠生亲自过问财产争夺案。① 案件再次出现翻转的可能，在司法部的压力之下，江西省高等法院在案件再次审理时认为，尽管苏州人姚虞、张达等人以同乡关系参与案件审理有失公允，但湖州籍商人钱汉章等侵吞公产事实确凿，案件审理并没有任何问题。此外，针对苏州商人潘文伯等有无管理权的问题，法院认为尽管潘文伯等瓷商或者是他们的先祖并没有对共有财产做出直接的贡献，但在苏州籍原有商人后裔不再从事瓷业贸易的情况下，在景苏州瓷商仍然有共有财产的管理权，案件再次回到了双方纠纷的原点。

　　从某种意义上来看，最后一次案件审理最终回到了财产纠纷的常规道路上来，作为近代景德镇纠纷的典型个案，苏湖会馆纠纷持续时间更长，且由于独特的历史背景，苏湖会馆的法律纠纷处理更为麻烦。但类似于这样的纠纷在景德镇长期存在，先辈试图通过努力实现乡情的联合以及维护利益最大化。但近代以来，后辈仅仅将自我的利益最大化，乡情作为一种工具，或者是道德的制高点，仅仅在维护自身利益的时候才会出现，也才会受到重视。无论是在徽商内部，或者更为广泛的苏、湖瓷商内部均存在这种情况。跳出公产纠纷难以解决的问题，将这些普通的民事诉讼案件置于瓷业名镇景德镇

---

① 龚汝富：《乡土之谊：民国时期共有财产诉讼的另类解读——以景德镇苏湖书院产业侵占案为例》，《比较法研究》2011 年第 6 期，第 49 页。

在现代语境中艰难的转型，我们或许更能探究问题的实质。

首先，传统生产模式和社会文化影响力下降，传统社会影响力式微。1903 年，江西省巡抚奏请设立新型瓷业公司，开始以机器和新型生产模式为主导的景德镇瓷业生产时代。虽然，以手工生产为核心的传统模式仍然是生产的主流，但新型模式改变了从业者的认知理念和行业稳定结构。简洁的生产方式、新式装饰风格和整洁包装模式已经得到大家认可，这些均冲击着景德镇社会发展理念，且日益影响社会变迁。以瓷业生产为例，原本在瓷器生产中居于核心地位的挛窑和烧窑业由于新型窑炉技术的引进不仅丧失了自身的地位，甚至丧失了生存的机会。此外，同明清时期景德镇瓷器生产和贸易辉煌期相比，近代以来，景德镇瓷器不仅失去了国际市场，国内市场也被欧洲和日本瓷器蚕食，景德镇瓷器发展处于极其困难时期。这种困难让原本从事瓷器生产和贸易的移民回到原籍或者从事其他行业，这也使得社会规则失去了应有的控制力和影响力。其次，新型社会和法律体系挑战原来中国社会体系，同乡关系由于利益纷争而变得更加脆弱。以财富为主导的社会观念开始成为社会发展的主流。社会发展中的评判标准不再是道德，而是现实需要；许多商人不再拘泥传统伦理观念的束缚，而是寻找新的标准来应对和解决问题。而恰恰正是这个时候，民国法律体系开始完善并形成，并挑战中国原有的社会体系。自清末新政以来，法制观念迅速在中国形成，到了民国时期，以法治国成为许多人追求的目标，逐步完善的法制体系在民众生产中影响力日益增加。转型期复杂的景德镇社会体系正好吻合这一需要，大量民事诉讼开始牵涉旅景的公产。在各方利益纠葛博弈中，以法律维护权益寻求私利成为各方的本质目的。

总之，在向现代社会转型过程中，诸如太平县同仁局和苏湖会馆公产管理中所产生的纠纷在景德镇这个移民手工业城市还非常多，在民国整个中国社会更是不胜枚举。由于公产管理和使用问题所产生的同乡管理层和承租人等复杂的纠纷已经背离了先祖社会公产进行慈善、救济社会的本真。更为可悲的是，这些纠纷均是以为了维护公共利益为理由来满足个人的私利，这一理念虽然从制度和证据上和现代法制相吻合，从法律的角度也无可厚非。但这种做法是与现代社会满足人群发展的最终目标是南辕北辙。从传统向现代社会转型过程中，由于制度建设而产生了各种规避手法远远没有终止，且影响到现代人的思维模式与处世风格。

结　语

周旋与调适

一　稳定产业模式与社会结构的统一性

关于现代化的讨论是近代中国最具魅力的议题，不论其表达方式为"近代化""工业化""机械化""西化""洋化"等诸端，其核心思想均是"他化"。但什么是现代化？学习何种模式的现代化？欧洲、美国或是日本均有自身不同成功的模式。近代以来，对于中国改革者而言，面对复杂多样的现代化理论，采取何种模式的理论，改革者并不清晰。这也就意味着，如果改革理念停留在理论设想层面还没有问题，一旦试图在社会中实践就会步履维艰。比多样化的现代化理论更为复杂的是中国多重社会现实。"中国社会的状态，简直是将几十个世纪缩在一时：自油松片以至电灯，自独轮车以至飞机，自镖枪以至机关炮，自不许'妄谈法理'以至护法，自'食肉寝皮'的吃人思想以至人道主义，自迎尸拜蛇以至美育代宗教，都摩肩挨背的存在。"① 在近代剧烈变动的时代里，中国有双重乃至多重的生活方式与文化信仰。在复杂社会关系与利益博弈中，无论是改革者还是保守者，均能找到与自身利益相吻合的理论。这也就意味着，在近代多舛的历史背景下，单纯以一种改革理念来解决中国不同区域面临的问题，势必会因为产业特色的差异与区域发展情况的不同而抵消改革的成效。

近代以来，发达国家先进的生产技术和精良的产品给国人留下了深刻的印象，也让中国人意识到，要想实现富强，必须学习"诸国富强之

---

① 鲁迅：《热风·随感录五十四》，《鲁迅全集》（第1卷），人民文学出版社1982年版，第344—345页。

术"，发展实业。不可否认的是，近代以来的工业化改革与实践，在棉纺织业、缫丝业、煤炭和钢铁业等行业取得了巨大的成功，促进了中国经济发展。但细加探究，这些行业多属于技术含量低、产品高度同质化的工业行业。不同于上述产业的发展类型，制瓷业工序复杂，技术含量高，产品种类复杂。瓷器产品既有工业化生产的日用瓷和工业瓷的种类，也有个性化、单一性精品瓷的类别。就景德镇而言，在长期的瓷业生产中形成的产业模式和分工特色有其合理性，也能在现代化的生活中找到其生存路径。具体而论，无论是产业模式、组织形式、生产资本、生活习俗等方面，景德镇传统模式均与现代性生产理念有巨大的差异。而以瓷业生产为核心，所形成的稳定的社会结构，既与景德镇地区特色有关系，也符合制瓷业的特点。因此，在巨大的社会惯习影响下，景德镇手工业发展模式依旧保持着稳定的社会结构。这也就意味着，近代以来景德镇制瓷业改革所面临的困境更加复杂，也难以处理。

明清时期，由于瓷器贸易繁盛，景德镇制瓷业生产形成了以行业分工、产品类别为基础的手工流水线生产体系，不同的生产工序就是一个加工厂。这种生产模式的优势是，在制瓷业匠人文化程度不高的情况下，通过相互合作，能够保证瓷器质量和发挥生产效率，实现产品质量的最优化，进而在竞争中保持优势。以瓷器彩绘业为例，绘制花鸟的一生仅绘制花鸟，画山水图案的也只画山水，更为夸张的是，许多彩绘工人一生仅绘制鸟的一根羽毛。这也就意味着，任何个体或者工厂都没有办法掌握所有的瓷器制作技术与烧造工艺。这种基于利益共享原则的产业分工模式既能维护各方利益，也能防止由于垄断而引发技术创新的停滞。如果将景德镇瓷业社会作为一个巨大的、各方密切联系的场域来分析，在长期的分工合作中，景德镇以瓷业生产为核心，形成了一套持续不断的、严密的社会系统。在这一系统中，不仅个体，甚至整个社会都已经接受长期以来所形成的固定的社会法则。如果跳出景德镇，在现代化语境中，探究新型瓷业公司的发展，可以更为明晰地感知景德镇瓷业生产模式。根据1932年全国陶瓷生产情况的调查，景德镇仅有5家新型瓷业公司，① 但有156家脱胎器工厂，135户二白釉工厂，53户四大器工厂，18户四小器工厂，58户

---

① 新式公司的名称分别为江西瓷业公司、国华瓷厂、天佑华公司、天宝华公司、新华公司，1934年又增加到8个以公司命名的瓷厂，但规模均比较小。

饭贝工厂，119户灰可器工厂，63户渣器工厂，36户古器工厂，2户满尺工厂，15户七五寸工厂，11户酒令盅工厂，71户大件工厂，298户粉定工厂，194户雕削工厂，16户古坛工厂，35户官盖工厂，16户滑石工厂，13户淡描工厂，142户针匙工厂，12户汤匙工厂，7户博古器和6户灯盏。[①] 从数量和名称来看，以产品类型和单一生产模式为特色的工厂占据了景德镇瓷业工厂数量的绝大多数。同其他产瓷区的生产相比，景德镇制瓷业社会体系特色就有明确的区分。近代以来，中国其他陶瓷产区也开始发展，但大多以新型瓷业公司的形式体现出来。例如四川有9个新型瓷业公司，河南有9个新型瓷业公司，广东有3个新型瓷业公司，江苏有3个新型瓷业公司，福建有3个新型瓷业公司等。[②] 同景德镇相比，这些地方并没有以生产工序和产品类型命名的工厂。造成这种差异的重要原因是其他瓷业区生产曾经中断，这些产瓷区并没有形成类似于景德镇瓷业生产这种精细化的瓷业生产体系。换言之，近代景德镇瓷业生产体系与长时段的制瓷业传统有密切关系。

与景德镇瓷业生产体系相配套的是生活模式的精细化。这种以中国传统社会人情、互惠原则为基础的社会分工与行业调节模式尽管不是基于理性的利益最大化原则，但有积极性一面。在这一社会体系中，制度是规范和调解各方利益最根本的依据，景德镇社会精细到连每顿饭吃什么都要规定。"听说工人们某月吃韭菜，某日吃豆芽，都视为大经大典的成文法。"[③] 貌似非常顽固的做法，与景德镇瓷业社会文化相吻合。由于采取包工制，工人膳食由工厂主负责，将每顿饭的标准经过磋商后规定下来，可以有效地避免一些不必要的纠纷。

就外化瓷业生产形式而论，从欧洲发端的现代瓷业生产模式，和景德镇精细化的分工模式有类似之处，均是按照不同工序分工合作，完成瓷器生产。不同的是，现代化生产模式是采取机械化生产模式，其分工模式是工厂内部分工，即由统一的管理者根据生产需要进行分工，是以个体企业主的利润最大化为原则进行生产。而景德镇瓷业生产是按照工序分工，整个城市就是一个巨大的工厂。诚然，这种模式会因为不同利益者需求的差

---

① 《中国陶瓷工业调查》，《工商半月刊》1932年第4卷第2期，第8—18页。
② 同上书，第8—10页。
③ 杜重远：《日暮途穷的景德镇》，《新生》1934年第1卷第34期，第665页。

异而出现冲突，但基于利益共享原则，常态的社会背景下，大家也能很好地配合。此外，不同于新式机器生产，景德镇制瓷业完全依靠人工，是劳动密集型产业类型。这种生产方式为大量劳动力提供了就业机会，维持社会稳定。而一旦采取机器大工业生产模式，势必带来大量从业者的失业，不仅危及从业者的生活，也影响到社会稳定。这也是近代以来，新型生产模式在景德镇遭遇阻力的重要因素。就生产资金对比而言，近代大型机械化工厂的投资是动辄几十万元，对生产资本要求非常高。以江西瓷业公司为例，其招募股金计划是四十万元，实际招收二十万元。此后，历次改革的设计者所需资金多过万元，或者是几十万元。同这种投资相比，景德镇瓷业生产者多是小本经营，瓷业生产门槛比较低，投资非常少。"窑帮，即窑户工人也。窑户经济窘迫者居多，资本自数十元至数百元不等范围，稍大者，全仗钱庄之周转。"[①] 高额的投资成本和生产模式的差异，也是阻碍现代化制瓷理念在景德镇推行的重要因素。

不同于近代改革者振兴实业、实现国家富强的目标，传统景德镇制瓷业匠人判断改革的成效非常简单实用，就是养家糊口和光宗耀祖。追求目标的差异也意味着普通工匠判断改革的标准非常简单，即是否满足自身利益。对他们而言，振兴景德镇这种宏大高远的目标是那样遥不可及，或许也从未思考过这样的问题。如上所述，他们追求的生活甚或是天天看戏、打麻将、抽鸦片等。以杜重远的改革为例，为了普及文化知识，吸引民众参与瓷业改良，其采取的模式是演讲之后表演节目，但对许多瓷业工人来说，只有文艺节目才具有吸引力。许多人每天带着孩子去领票的目的并非为了听关于科学的演讲，而是看各种有趣的武术表演。在改革者不伤害他们利益的情况下，他们是旁观者；在伤害他们利益的时候，他们会利用改革的路径来对付改革，成为改革的对立面。换句话说，制瓷业匠人或许并不真正关心改革的成效。无论是街道整洁还是地方执政者变化，和他们并无太大关系。因为无论发生多大的变化，他们每天依旧要在低矮昏暗的坯房里进行瓷业生产，都要和泥土打交道。也就是说，景德镇制瓷业工匠需要的不是什么最先进的改革理念，而是最为实用的实现改善瓷业生产技术的方法。如同蒙文通就近代中国学术的精彩论述一样，瓷业现代化不在于

---

① 张承椿：《景德镇瓷业之概况及今后发展计划》，《商业杂志》1930 年第 5 卷第 3 期，第 7 页。

其理论多么精彩，而在于其是否真正对景德镇发展有促进作用。"衡论学术，应该着眼于那一时代为什么某种学术得势，原因在哪里？起了什么作用？这才是重要的。"① 如果按照这一视角来看，在近代中国发展历史背景下，改革者一直没有找寻到最适合景德镇瓷业发展模式的方法，也无法进行有效的改革。

改革者自身存在的问题以及新型机械化生产体系在景德镇遭遇的困境，也消减了改革的成效，进而再次证明了景德镇传统瓷业生产体系的合理性。在历次改革过程中，景德镇瓷业改良群体过分强调工业化生产体系的优势，忽视或无视现代化生产模式的弊端，是造成改革成效不佳的关键因素。但为了自身利益，改革者多将失败归因于景德镇生产体系的顽固性，不愿意承认原有瓷业生产模式的有效性，而是不断变换方式推行现代化改革理念。就具体的改良目标而言，所有改革者均无法找到一套完整的改革模式适合景德镇的近代瓷业生产。因此，改革出现了"橘生淮南则为橘，生于淮北则为枳"的状况。就新型公司生产而言，欧洲现代机械化生产体系已经成熟，能够保证瓷器烧造质量和成品率，而开始学习西方的景德镇新型公司很难做到这一点。仍以江西瓷业公司为例，其生产的新式瓷器次品率较高，难以和传统的景德镇瓷器质量相抗衡，现代生产的优势并没有体现出来，自然无法吸引其他从业者模仿和追随。改革者在推行现代化理念过程中，多强调瓷业发展的共性，忽视景德镇社会模式的独特性，也影响到改革成效。在不熟悉景德镇瓷业生产的情况下，改良群体仓促提出各种新的生产模式，但在推行过程中，发现与实际并不吻合，进而废除新的制度，回到原有的模式。以江西陶业管理局窑业改革为例，改革前柴窑满窑工人为三人，后改为两人，但在实际工作中发现两个人非常辛苦，难以承受工作压力，又改回三人。这种朝令夕改的改革举措无疑对改革者的威信带来影响。我们不敢武断地认为这样的做法是因为改革之前没有经过仔细调研，但至少可以证明改革者对相关问题思考不成熟，这种情况在改革过程中比比皆是。从某种程度上讲，不以景德镇瓷业生产的实际情况为出发点，而以自我为核心的改革实践，势必会引发景德镇各界的不满。诚然，在现代化强势话语体系下，传统瓷业匠人并没有表达的机会和

---

① 蒙文通：《治学杂语》，生活·读书·新知三联书店1993年版，第17页；转引自罗志田《近代中国史学十论》，复旦大学出版社2003年版，第5页。

反抗的能力，但仍有应对之法。恰如詹姆斯·C.斯科特对马来西亚农民反抗的精彩论述那样，日常生活中相对弱势群体会经常偷懒、装糊涂、偷盗、装傻卖呆、诽谤、纵火、暗中破坏等，景德镇制瓷业工人也存在类似的情况。① 当改革伤害他们利益的时候，为了保证自身利益，制瓷业工人和工厂主会采用那种心照不宣的理解和非正式的途径抵制政府和改革者推行的改良主张，消减其影响力，达到维护传统体系的目的。此外，为了达到改革目标，近代景德镇改良群体过分强调景德镇瓷业落后的一面，无视其在近代手工艺术瓷方面的成就，无法将其新型瓷业生产模式与景德镇优势结合起来，这不仅让景德镇瓷业生产者无法接受，也无法发挥其现代化理念的优势。"世人多谓景德镇陶工之技能，自清末以来大有退步，制品低劣，此实非深入观察真相之言。观于景德镇烧成瓷器，1910 年比利时万国博览会，1911 年法国万国博览会，1914 年日本大正博览会，1915 年美国巴拿马博览会，均得一等大金牌将可以证明。"②

如果生产和技术层面的改革还可以量化的话，属于文化层面的改变就更难以应对和处理。恰如杨念群对民间医疗社会史论述那样，景德镇瓷业社会体系也有"实"与"虚"之分。③ "实"的存在就是瓷业生产分工中的材料与技术，而"虚"的成分是在长期分工合作中形成的文化。如果说景德镇瓷业中的技术可以通过强力强行推广取得效果的话，但如何改变长期以来所形成的文化并无可以遵循的模式。如同技术一样，改革者先入为主的看法将传统瓷业群体推向了社会改良的对立面，进而使他们对改革的措施抵触，采取不合作的态度。在改革者看来，景德镇是一个保守、顽固、落后的地方。"景镇生活承唐宋的旧规，袭富贵之余荫，一切私生活多趋于浪漫。就物质生活而言，无论衣、食、住、行、用、玩，莫不牢守旧规，毫无改进的趋势；就非物质生活而言，举凡言语、举动、礼节、仪式等，虽具有东方文化的特别模式，亦不免带有封建宗法的彩色（原文如此，笔者认为应为色彩）。"④ 如同其他领域的改良一样，近代景德镇瓷

---

① ［美］詹姆斯·C.斯科特著，郑广怀、张敏、何江穗译：《弱者的武器》，凤凰出版传媒集团 2011 年版，第 2—3 页。

② ［日］上田恭辅：《支那陶瓷之手引》，转引自江西省轻工业厅陶瓷研究所编《景德镇陶瓷史稿》，生活·读书·新知三联书店 1959 年版，第 312 页。

③ 杨念群：《昨日之我与今日之我》，北京师范大学出版社 2005 年版，第 54—55 页。

④ 双林：《改良景德镇社会生活的意见》，《民众月刊》1936 年第 1 卷第 1 期，第 6 页。

业改革者以现代知识分子的理性来看传统社会文化,以强势的姿态出现在民众面前。在此过程中,普通从业者的利益需求与个体欲望很少被考虑。这种预设的改造与被改造者的地位在最初的改革设计阶段就出现了问题。在历次改革中,改革者对景德镇社会论述中,认为景德镇瓷业匠人几乎没有任何知识,都是无知的来自周边乡村的农民。"尽管中国是造纸术的家乡,但是景德镇却没有报纸,没有,一份也没有,周报也好,日报也好,通通没有。"① 一直到 20 世纪 20 年代,景德镇还没有报纸。这种现象让已经进入现代社会的美国人和新型知识分子难以理解。但如果从瓷业匠人的角度去看,这一问题非常简单。因为对于那些没有任何文化知识的匠人来说,报纸根本没有存在的必要。他们不认识字,也不需要认识字,他们的生产技术是通过师徒传承的模式习得的。即便你拥有知识,也不见得瓷业生产的技术好。技术才是手工业发展的核心要素,即便掌握再多的理论知识,也很难将这项工作做好。

如上所述,景德镇瓷业手工业生产有行业特色,也有区位特点。在长期的分工合作中,景德镇形成了稳定的瓷业生产体系和社会结构。作为单一型瓷业手工业城镇,景德镇瓷业生产模式与瓷器产品特色有关系,也与移民文化的体系相符。近代以来,瓷业改良者试图以先进的生产技术与社会管理模式取代固有的生产体系,建立现代化的生产模式,以达到振兴瓷业的目标。但在多难的历史背景下,改革者忽视或无视景德镇模式的合理性,也无法找到更为有效且实用的方法取代原有的模式。因此,改革无法取得满意的效果,传统制瓷业生产体系以及与之相配套的社会结构依旧主导着景德镇瓷业发展。

二 社会变革中的顺从与反抗

景德镇是传统瓷业手工业中心,以瓷器制作为主导,形成了包括生产、生活与社会调节体系、行业信仰等一整套的行业规范。如前所述,近代景德镇变革是以科学体系为主导而形成的一套完善的社会体系,包括政治、基层社会组织和社会管理体系。即便如同笔者论述那样,在传统景德

---

① [美]威廉·卓别林:《景德镇——最古老的世界瓷器中心》,《美国国家地理杂志》1920 年,《彼岸观点》,中国对外翻译出版公司 2003 年版,第 220 页。

镇社会模式中，存在以御窑为中心的官方生产体系和以市场为主导的民窑生产模式。但近代以来，伴随着新式文化的强势影响力，御窑生产模式陷入困境。御窑品牌蕴含的隐形价值被各方觊觎，也成为大家追求自身利益最大的导向。这主要体现在两个方面：首先，江西地方政府一直希望通过建立新式瓷业公司来传承和延续景德镇瓷业的辉煌，尽管在后期实施过程中遇到诸多挑战，但江西地方政府从未放弃对这一目标的追求。其次，民国政要和富商也期望通过在景德镇制作礼品瓷和日用瓷，来体现自身的地位和影响力。而在新型模式的冲击下，传统手工精品瓷生产模式依旧有自身的空间，这种二元悖论式的困境为景德镇产业发展带来压力，也提供了机遇。

受现代产业发展模式的巨大冲击，传统瓷业模式遭遇到巨大的挑战。近代以来，改革力量在官方支持下，不遗余力地推动瓷业现代化改革。而这种对传统瓷业生产者带来影响力的模式在景德镇遭遇各方较为激烈的反抗。笔者在前面的章节中已经论述，近代瓷业生产模式从练泥到烧造均采取机械化生产体系。尽管这种模式在景德镇实践并没有取得有效性成功。但在对其宣传中，改革派坚信传统产业模式无法适应新式模式的挑战，也终将被取代。这些举动势必引起传统产业生产者的恐慌，在笔者对景德镇商会档案资料整理过程中，发现了许多这方面的个案。在此处，笔者仅叙述部分案例来分析传统与现代之间的复杂互动关系。杜重远在景德镇改革的目标是废除传统瓷业生产中各种陋规与旧俗，诸如取消窑禁、取消限制装坯等，其目标是为了促进生产效率提升。但改革已经对传统瓷业生产利益带来影响，传统瓷业从业人员会采取各自的方式进行抵抗。由于杜重远前期的改革受到江西省政府的支持，没有政治上优势的传统生产者依托其在生产中所拥有的地位，会采取消极生产模式来对抗这种利益的冲突。而一旦时机成熟，他们也会采取直接方式维护自身利益。在杜重远受"新生事件"影响后，饶华阶等人负责改革过程中，原本保持沉默的传统生产者开始对所有改革进行抵制，新型生产模式难以为继。甚或连杜重远都认为景德镇瓷业已经陷入绝症，难以恢复。"景德瓷业，病患已深，益以年来，各方经济恐慌，几成不治之症。"① 在以实现自身利益为核心的理

① 杜重远：《给饶华阶的复信》，《杜重远与景德镇》，载政协景德镇文史委员会编《景德镇文史资料》第 5 辑，第 144 页。

念下，瓷业从业人员并非对所有的改革都抵制。在满足自身利益的情况下，传统瓷业生产者也会积极融入其中。在笔者看到的一份政府进行瓷业运输改革的档案中，几乎所有的瓷行均签订协议，同意由政府担保通过铁路将景德镇瓷器运输到上海和江浙等地。换言之，在对改革进行抵制或欢迎的选择中，其决定性的要素是改革是否满足了自身的利益。

与瓷业生产体系吻合的是一整套社会规则与运营体系，包括会馆、行业制度与社会调节模式。如同罗威廉对汉口的研究一样，景德镇也是开放、自治能力非常强的社会，各行各业均在社会管理中扮演着非常重要的角色。① 在社会调节模式之中，以逐利为核心，形成了劳资双方、不同行业之间的相互依存、相互牵制的发展模式。这样的个案非常多，笔者在前面章节中多有论述，在此仅以传统社会调节者"街师傅"身份转化为个案进行分析。由于几百年的瓷业生产，不同工种的工人能够完成多少工作量，劳资双方均非常清楚。因此，在生产与生活中将具体的数量固定，任何一方试图突破这种局限，势必会引起各方的不满与抵制。在传统的社会矛盾调解机制中，"街师傅"扮演着重要的角色。如何对街师傅这一角色进行定位，笔者曾经向许多老瓷工请教，但大家都难以给出确切的答案。在笔者看来，"街师傅"的身份既不同于传统的士绅，也与近代的流氓有别，是介于二者之间的一种身份。其组成成员也比较复杂，既有行业生产者，又有帮会人员。但有一种是可以确定的，就是街师傅在景德镇传统社会体系中起着关键性作用。他们的身影出现在社会的任何角落。劳资双方矛盾调停、行规修定与社会冲突，均需要街师傅的调解。但近代以来，随着法制和社会治理模式的完善，街师傅在社会管理中的作用越来越小。同被社会抛弃相比，在近代多变的历史背景下，类似"街师傅"这样的人物会出现两种选择：一种是因为自身巨大影响力，同政府合作，继续在社会秩序维护中扮演自身重要角色。根据景德镇市档案局所藏相关卷宗，在劳资冲突调解中，景德镇帮会头目也均在其中。另一种是将自己隐藏起来，在现实社会中，针对官方不利于自身的举措，以"打派头"形式直接抵抗，维护自身利益。民国三十三年，浮梁红店瓷业公会增加工资问题，引起了工人不满。为此，瓷业工人聚会抗议。"浮梁县政府召集双方

---

① ［美］罗威廉：《汉口：一个中国城市的商业和社会（1796—1889）》，江溶、鲁西奇译，中国人民大学出版社 2005 年版。

调整照原工资加九，双方均经遵奉在案。据料邓子珍、江德全等因贪图收取工人派头费每人四十一元，即想出反宣传办法，声言要照窑帮工人仲裁案加十分之十，不惜倡乱以遂其从中敛财之欲望。日昨黄昏时，竟纠集工人多人，形势汹涌，公然上街，沿户压迫善良工人，不准工作，并声言如不遵从者，格杀勿论。"① 尽管民国时期，社会规范建设已经比较完备，但仍有从业者在维护自身利益的局势下，冒着巨大风险采取暴力抵抗的方式。

上述同样情况也存在于近代瓷业生产体系之中，新式生产体系引入并没有给景德镇瓷业生产者带来多大的冲击与压力。相反，却因为学习新式生产理念的从业者无法在瓷业生产体系中寻求到自身的地位而引发各方对新型理念的质疑。这种情况在景德镇近代社会转型过程中比比皆是。即便在现实生活中，长期在传统体系下生长的瓷业工人，无法适应各种新的理念与追求。但不可否认的是，在以自我利益为核心思想主导下，他们会小心翼翼地采取各种举措来保证自身的权益，即便这种权益是以牺牲已经构建的生活方式与社会模式为代价，但毕竟生存是首要的。

三　激荡、冲突与融合

无论传统瓷业生产模式存在多大的惯习与合理性，但近代景德镇瓷器贸易的衰退是不争的事实。换言之，近代景德镇瓷业模式在同西式主导的机械化日用瓷生产竞争中已经处于劣势，域外大量瓷器产品涌入中国市场也在挑战景德镇瓷都的地位。改变落后的局面、实现制瓷业的复兴已经成为各方共识。在此背景下，如何吸收新型模式的合理性，完善瓷业生产体系，振兴瓷业，也是景德镇制瓷业匠人需要解决的问题。而在社会转型中，官方力量、新型生产技术、新式交通工具、管理模式等的变迁也影响着景德镇的瓷业贸易模式。在传承基础上，景德镇瓷业生产体系也在悄然发生着改变。具体而言，主要体现在以下几个层面：

首先，官方主导了景德镇的社会改良，改变了传统设置的调节机制与

---

① 《为邓之珍等贪图抽收派头费，纠集多人沿户压迫善良工人罢工，并扯毁本会，奉令遵守仲裁案抄发通知单，藐视法令，妨害秩序请求拘案，严令制止法办，以维治安由》，卷宗号J004—075—009，景德镇市档案馆藏。

社会运营模式。作为传统瓷业手工业城镇，在地缘和业缘组织的基础上，景德镇形成了稳定的自治社会结构。传统社会精英主导着景德镇的社会发展，尤其是"街师傅"。每次遇到行业纠纷或者利益冲突，"街师傅"就会出面，处理的方式包括赔礼道歉、请吃饭和打爆竹等。这种调节模式弊端也非常明显，但冲突各方慑于压力，只得接受。在某些情况下，"街师傅"不仅充当调停者角色，还担任冲突的引领者。近代以来，各种新的社会现象的出现，对原有的社会调节模式提出了挑战，在没有传统可循的情况下，各方均无能为力。景德镇成为浮梁政治中心以后，官方主导调节就有了必要性和可能性。面对大的社会冲突局面，政府以中立的调解者身份出现，主导了近代景德镇社会发展，将冲突控制在有限的范围内，不至于发生大规模的械斗或者罢工事件。尽管政府无法解决所有问题，也无力改变社会产业格局，但仍在一定程度上优化了社会结构，将传统社会中的各种陋规置于相对稳固的管控之中。近代以来，大的社会问题或者城市的改造，也超出了原有社会体系管理者的能力，需要政府参与。以城区改造和社会习俗改变为例，历届地方政府对街道整理、昌江水道的清淤，均对瓷业运输有促进作用。而政府对社会习俗的治理也为景德镇发展带来新气象。由于是瓷业手工业城市，男性比例非常高，赌博、娼妓、吸食鸦片是景德镇社会生活的重要组成部分。再加之工作环境恶劣，民众身体状况普遍不好。在历任政府的强制下，这些现象也受到遏制，社会风俗也逐步进入到良性状态。

其次，新型社会组织和瓷业改良群体的出现，改变了景德镇的瓷业生产体系，造成了瓷业从业者地位变迁。传统景德镇瓷业结构中的社会组织多是为了地域和行业利益，较少考虑景德镇瓷业和社会发展的整体利益，处于相互牵制状态。清末，商会的成立，形成了以商会为核心的景德镇社会调解模式，并在景德镇社会关系中发挥了重要作用。尽管类似于商会的社会组织依旧无法完全跳出传统的约束，形成全新的社会理念。但不可否认的是，商会主导了景德镇的手工业和商业的运营，各方的利益需求均要在商会规则接受的范围内调整。此外，对景德镇瓷业发展影响尤为重要的是，新式瓷业改良结构的设立。如前所述，传统景德镇瓷业运作体系中，技术保密是核心要素。但从瓷业美术研究社到中国陶瓷社，其核心目的是为了实现景德镇瓷业的繁荣与复兴，打破了狭隘个人利益的限制，促进了景德镇绘瓷技术的提高和新式理念的传播。在这些新型的社会组织中，拥有知识的从业者居于主导地位，提升了他们的影响力。

再次，新型饰瓷技术的引入，优化了景德镇产业结构，提升了生产效率，也引发了瓷业从业者地位变化以及话语权的更替，主要表现在新型原料和燃料、新的装饰手法以及新式产品的出现等方面。在燃料方面，松柴是景德镇瓷窑的主要燃料，但由于需求量大，民国时期，景德镇窑柴供应圈越来越远，在瓷器烧造繁盛年份，经常因为燃料问题引发生产危机。煤窑的出现，能够一定程度上缓解松柴缺失而引发的生产问题。尽管一直到1949年，柴窑仍是景德镇的重要窑炉。但新式窑炉的出现，为景德镇瓷器烧造提供了发展契机。20世纪60年代以后，煤窑成为景德镇瓷窑烧造的重要模式，柴窑逐步退出了历史舞台。尽管这是后来发生的事情，但近代改良者主导的窑炉改革打下了基础，也证明了瓷窑烧造模式改革的必要性。在绘瓷原料方面，欧美价格低廉、使用便捷的原料受到景德镇从业者的追捧与肯定。"惟绘画所需之重要原料，如美国出品之墨鹤牌金水等市面甚感缺乏，我国出产有无替代物品，对于改良瓷器实多困难之处，近闻上海可以申请。……该项金水系为彩绘着色之用，并非奢侈品类，系用纸箱装运，计长十三寸半，高八寸，宽十一寸。"① 在饰瓷技术方面，贴花和刷花工艺等相对便捷的饰瓷方法逐步被接受，并演变为景德镇瓷业饰瓷门类之一。上述的这些改变也引发了从业者地位的变化，部分对瓷业生产技术不熟悉的工人也可以加入到瓷器制作之中，且收入可观。此外，市场需求的变化也在一定程度上影响了景德镇的瓷业生产。由于新型日用瓷和艺术彩绘瓷受到市场追捧，原有以都昌人为主导的圆器业生产受到冲击，进而影响到都昌人在景德镇的地位，削减其社会控制力，而从事彩绘业的瓷业生产者地位上升，也带来了他们在景德镇话语权的提升。在生产技术方面，近代以来，在新式瓷业生产公司和陶瓷教育机构的引领下，新型瓷业生产技术引入景德镇。尽管瓷业从业者不懂现代生产技术，无法从事技术水平高的机械化操作。但那些投资小、技术水平低、见效快的技术迅速被生产者采用，在促进景德镇瓷业发展转型的基础上，也优化了景德镇的生产模式与产业结构，贴花和印花技术的广泛使用就是例证。

最后，新式交通工具和现代金融模式出现，为景德镇瓷业发展注入了

---

① 《为提倡改良国瓷鼓励出口贸易转恳准予购买绘瓷重要原料美国金水等输入证并准结清外汇由》，1934年10月3日，卷宗号：S428—1—3，上海市档案馆藏。

新的理念。以交通运输业为例，汽车、火车的出现也改变了原有的瓷业运输模式与运输路线。明清时期，景德镇瓷器均通过昌江转运赣江，然后运输到广州，形成世界性的贸易圈。但近代以来，由于出口瓷下降，大多瓷器产品多经过鄱阳湖转运到上海，进而形成全国性销售网络，上海在景德镇瓷器贸易中的地位上升。如上所述，同汽车、火车运输相比，水路运输要受到自然条件的限制，运输时间长，不利于瓷器贸易。国民政府时期，公路和铁路运输的迅速发展，对景德镇船帮产生了巨大的冲击，也造成这一群体的衰落。银行的出现与营业模式的逐步规范，对景德镇瓷器生产带来影响。即便，我们承认传统的力量不可能消失，但至少让许多原本对景德镇瓷业社会产生重要影响的陋规由公开转化为"隐形"状态。

总体而言，长期形成的瓷业弹性生产形态在近代发展过程中，在受到外力冲击下，瓷业从业人员吸收了现代生产技术的合理性因素，实现了有限性融合，优化了景德镇瓷业产业结构。在现代消费理念下，中国传统的器物装饰风格不再受欢迎，而学习西式的装饰风格就能够推动瓷器贸易增长。"近来磁器之制造，颇知改良，花样翻新，有目共睹，此项营业遂大发达，多三万九千二百八十四担。"[①] 上述数据仅仅统计了通过九江关出口瓷器的增加量，还不包括其他地区出口的数量。从这个视角去探究，可能更容易理解近代景德镇艺术瓷兴起的原因。因为景德镇是市场主导的外向型专业市镇，在某种产品受欢迎的时候，市场上马上会出现大量的此类产品。以民国初年为例，仿古瓷受到社会追捧，生产者就会加紧生产仿古瓷。"考察近来习尚多喜古式磁器，即以本埠而论，肆中所罗列暨江干就地摊货以淡金为饰者，触目皆是。"[②] 当然，我们可以从不同的视角去看待此问题，这种现象在某种程度上也意味着市场混乱，大量复制性产品进入市场，会造成产品价格降低，而缩小利润空间。但这也恰恰符合景德镇产业模式特色，因为生产资本少，单个瓷业生产者并没有大批量生产能力，当某种产品市场饱和时候，从业者也会迅速转向，不至于产生巨大的损失。

不同于近代中国其他手工业发展模式，景德镇瓷业生产传统与现代的

① 《中华民国四年九江口华洋贸易情形论略》，载中国第二历史档案馆编《中国旧海关史料》（69），京华出版社2001年版，第618页。
② 《光绪三十四年九江口华洋贸易情形论略》，载中国第二历史档案馆编《中国旧海关史料》（48），京华出版社2001年版，第278页。

有限性融合并没有从根本上改变景德镇固有的瓷业生产体系，只是让这一结构进一步优化。近代以来，官方和社会精英主导的社会改良运动在某种程度上是景德镇传统模式的补充，使其更合理化，小型、手工、精细化的分工模式依然是景德镇瓷业生产模式，并没有被新式的具有垄断特色的机器大生产所取代。不同的是，分工内部的不同生产者地位的变化。如前所述，彩绘艺术瓷生产者地位的上升与日用瓷生产者地位的下降，仅是市场导向的作用。一旦市场出现新的变化，不同生产者的地位仍然会发生变化。此外，在近代景德镇瓷业改变的过程中，起主导作用的并非以现代化为圭臬的改良群体，而是瓷业生产者自身。也就是说，如果某种方式或技术能节省时间，提高生产效率，就会被从业者采用。而如果这种生产模式不能实现自身利益最大化，即便官方或者改革者依靠强势力量进行推动，效果也不明显。

探究近半个世纪的景德镇制瓷业改良，既有利于更深刻地把握近代中国现代化的困境与压力，又有利于认知在复杂利益主体不同需求的背景下社会改良的难度。不可否认，就发展目标而言，振兴景德镇瓷业是各方共同的目标。但在实际运作过程中，改革者过分倚重现代化的理论，忽视了传统瓷业生产体系的合理性，不仅削减改革的成效，也影响改革的推行。相反，制瓷业从业者采取相对实用的方式，在近代景德镇转型过程中的效果明显，符合景德镇产业特色。对景德镇瓷业现代化的探究，既有助于深入了解改革的复杂性，也促使我们更清晰地认识现代化的有限性。

附　　录

附录1　近代景德镇社会大事记

1. 光绪二十九年（1903年），江西巡抚柯逢时奏请官办景德镇瓷业公司。

2. 光绪二十九年（1903年），工部郎中苏锡第、刑部郎中汪守珍、刑部主事许世英、王善荃、内阁中书康特璋等组织成立瓷茶赛会公司，运送景德镇瓷器参加美国圣路易斯博览会。

3. 宣统元年（1909年）三月，清政府农工商部对成立景德镇瓷业公司核准立案，其性质为官督商办。

4. 宣统元年（1909年），成立景德镇商务总会，康特璋任第一任商会总理。

5. 宣统二年（1910年）正式成立江西瓷业公司，性质为商办。设本厂与分厂二处，本厂在景德镇，分厂设在鄱阳。

6. 1910年在南京举办南洋劝业会，江西瓷业公司获得多项奖励，景德镇艺术瓷也得到认可，并受各方推崇。

7. 1915年2月18日，江西瓷业公司开办以来，普通产品花样翻新，县署特颁"艺精埏埴"匾额勉励。

8. 1915年巴拿马博览会，江西瓷业公司、江西省出品协会选送瓷器获得一等大奖章荣誉，这也是国内选送瓷器所获得的仅有的两个一等大奖章。

9. 1916年，浮梁县知事陈安呈请将浮梁衙署迁移到景德镇，以期加强对景德镇瓷业和社会管理。

10. 1916年，江西省乙种工业学校（省立甲种工业学校分校）在景德镇御窑厂旧址成立。

11. 1916 年，袁世凯委派庶务司长郭葆昌为九江关监督、景德镇陶务署监督，来镇烧造洪宪御用瓷器。

12. 1920 年，景德镇瓷业圆器工人开展打熟米饭派头的罢工，持续三个多月，迫使老板答应工人的要求。

13. 1924 年，江西省警务处在景德镇成立警察局，局址设在龙珠阁。

14. 1926 年 11 月，国民革命军独立第二师师长贺耀祖率部进入景德镇，并委派舒兆熊为浮梁县县长。

15. 1927 年初，景德镇建市，成立市行政公署。5 月，成立景德镇市委会，由向义担任市委书记。

16. 1927 年 6 月 12 日，都（都昌）乐（乐平）大械斗，双方毁房百余栋，死伤数百人。随后，景德镇市总工会被迫解散，工人纠察队被解除武装。

17. 1929 年 1 月，江西省建设厅于景德镇设立陶务局，办理关于江西瓷业的指导及改革事项。

18. 1929 年 4 月 16 日，派人将江西省政府在景德镇定做孙中山总理亲笔书写建国大纲瓷板 16 块送到北京，悬挂总理灵柩。

19. 1926 年，数万瓷业参加"雄黄酒罢工运动"，改善端午节酒菜，持续一个多月，得到外地工人和近郊农民的支持。

20. 1930 年 7 月 6 日，方志敏率部队第一次进入景德镇，随后在 9 月 8 日、10 月 2 日，再次、第三次进入景德镇，史称红军三次进入景德镇。

21. 1933 年 2 月 23 日，江西瓷业改进成立，设在江西瓷业公司内，下设总务部，以总理庶务；调查部，以调查瓷业状况；研究部，以研究改进瓷业方法；试验部以实施改进瓷业制造；推广部，以推销瓷器于国内外。

22. 1934 年，江西陶业管理局设立于景德镇，直属省政府受省建设厅指导，局长杜重远。

23. 1934 年，《陶业日报》创办发行。

24. 1935 年，陶业管理局局长杜重远，发布取消窑禁布告。

25. 1937 年，陶瓷脱胎业工人发起罢工，后来二白釉工人和其他工人也发起罢工运动。

26. 1939 年，景德镇瓷器运输处成立，以谋非常时期的瓷器运输。

27. 1939 年 11 月，日军飞机多次轰炸景德镇，花园弄、陶王庙一带的民房窑房、坯房被炸毁。

28. 1945 年，《陶瓷半月刊》创刊，出版近百期。

29. 1945 年底，省立陶业专科学校筹备成立。

30. 1946 年，蒋介石接见汪璠，提出将旧时御窑改为国营瓷窑，进行瓷器生产模式的改良。

31. 1949 年 4 月 29 日，中国共产党军队进入景德镇，开启了景德镇社会与瓷器生产新的时代。

附录 2　景德镇行业组织和地域组织

1. 白土行，是经营瓷土的中介机构，各地瓷土运输到景德镇以后，均由白土行经营。其经营模式包括两种：一种是代为经营，即瓷土经营商将瓷土放在白土行经营，收取 2%—3% 的手续费；另一种是自行收购，盈亏自负。

2. 船行，景德镇昌江是瓷业原料和成品运输的重要通道，辉煌时期景德镇有各种船只 3000 多只，水上运输由船行、船帮控制。清初，主要有鄱阳、祁门、浮梁、都昌四帮。1931 年，成立船行商业同业公会，共有船帮 12 个，船 3250 只，各种原料、燃料和瓷器运输，必须经过船行才能运输。

3. 瓷行，专门为瓷商采购瓷器的行业组织，与景德镇瓷业生产规模化和精细化有密切关系。开设瓷行者多为对景德镇瓷器熟悉的商人，其目的是为同乡购买瓷器提供便利，由于景德镇没有旅馆，外来瓷商来到景德镇购买瓷器，一是不熟悉瓷器买卖，二是无法居住。瓷行会为瓷商提供选瓷到运输的"一条龙"服务，但瓷商要付给瓷行 2%—3% 的佣金。1949年以前，景德镇有瓷行 100 多家。与瓷行同样存在的还有瓷庄，但瓷庄是经营规模较大瓷商专门设立，为其供货。

4. 都帮、徽帮和杂帮，是按照地缘将景德镇移民划分为不同的组织。清末民初时期，大量外来移民在景德镇从事瓷业生产和商业贸易，政府为了征税方便，按照财力多寡，将景德镇分为三帮。都帮，是指在景德镇从事瓷业生产的都昌人，其势力非常大。有"十里长街半窑户，赢他随路唤都昌"的说法。徽帮是指在景德镇从事金融业和商业，包括黟县、歙县、休宁、祁门、绩溪、婺源等地的移民。杂帮并不是一个地域名字，而是其他在景德镇从事瓷业移民的总称，主要包括饶州府、抚州、南昌等府县的民众，尤其以抚州、乐平、鄱阳等地民众势力为大。

5. 全国旅景瓷商公会，是民国时期景德镇各地瓷商联合会，1920 年成立全国旅景瓷商联合会，后来改此名。瓷商群体是景德镇瓷器买卖的关键性要素。明末清初，以宁波、绍兴、关东和广东势力最强。民国时期，全国各地瓷商来景德镇进行瓷业贸易，为了应对这种局面，成为全国性的瓷商组织。其中，以湖北瓷商势力最大，包括同信帮、麻城、黄陂、孝感、鄂城等，成为景德镇瓷业销售和买卖的主体。根据 1929 年统计，景德镇共有 26 个瓷商行帮。

6. 三窑九会，是景德镇烧窑业和圆器业老板行会团体的总称，并不是一个行业组织的名称。三窑是指烧槎窑的陶成窑、烧古器的允成窑、烧灰可器的裕成窑；九会为四大器的同庆社、四小器的义庆社、二白釉的永庆社、脱胎器的玉庆社、满尺盘的福庆社、七五寸的吉庆社、饭贝器的合庆社、博古器的喻庆社、冬小器的集庆社。这些行会是景德镇势力最大的社会组织总称，其负责人包括值年、副值年和头首若干，任职期限为一年，不得连选连任。三窑九会起源于明朝末年，一直延续下来，到了1926 年，改为同业公会。1930 年，江西省建设厅就社会行业组织进行改革，景德镇瓷业组织成为同业团体。

7. 五府十八帮，是指装小器的工人行帮组织。五府是指南昌、南康、饶州、九江、福州府。十八帮就是根据行业划分的帮组，主要包括湖口帮、星子帮、抚州帮、南昌帮、鄱阳帮、都昌帮等。其中，都昌帮人数最多，势力最大，又分为初十、初十一、初十二等帮。总行会的功能是负责对行会内部行业工人进行约束，收徒等。

8. 窑柴行，经营窑柴的中介机构。明清时期，由于瓷器规模化生产，大量窑柴运送到景德镇，由窑柴行负责招待各种费用，窑柴行并不参与交易，从中提取佣金。但窑柴很难一时出售，对于柴行和窑柴主来说，都是负担。为此，民国时期，窑柴行开始参与窑柴买卖，主要由都昌、抚州和南昌、临江、祁门等各帮经营，其中以都帮和抚帮势力最强。1930 年，成立窑柴行业同业公会，一直由抚帮人担任理事长。

9. 洲店，专门收购破损瓷器进行修补加工后再出售的店铺，因为大部分店铺均集中在黄家洲地区而得名。景德镇瓷器挑选通常按照四色五级来分类，包括青货、正色、次色、脚货、炭山，其中最后一等炭山为次品瓷，是不能计数上架出售的，通常由洲店收购后加工配套专门出售。因为洲店大多数是穷苦都昌人，且多有习武传统，是景德镇行帮中比较彪悍的群体，因此势力也非常大。洲店的行会组织为洲店帮，民国时期改为黄家洲瓷业公司，北伐时期又改为黄家洲瓷器店同业公会。后来因为部分洲店经营有方，富裕起来以后购买店铺进行固定经营，不再提篮或者临时摆摊，尽管属于洲店，但不再购买废品瓷器，专门购买上等级瓷器绘制简单图案，进行出售，因此后来又分为上洲店和下洲店。上洲店专门经营等级瓷，下洲店仍然从事次品瓷的买卖。

附录 3　景德镇制瓷原料、燃料及行业术语

1. 玻璃白，一种含有铅、硅、砷元素的画料，是粉彩绘制中不可缺少的原料。

2. 槎柴，烧造粗瓷的原料，为周边山上的狼箕草、小灌木和松柴树枝，其来源广泛，多有周边民众在农闲时候，到山上砍伐后用船或者车运送到景德镇。槎柴砍过以后，用细藤条捆成小把。民国保柴公所成立以后，规定每把重量不得低于 1.5 市斤，不得高于 2 市斤，计量方法通常用把来计算钱数。

3. 不（音 dun）子，制作瓷坯用的一种石质原料，其成分主要为石英、长石、绢云母和高岭石，并含有少量蒙石等矿物质原料。瓷石具有低可塑性、干燥强度大、收缩率高、焙烧后呈白色等特性。景德镇制作瓷不的区域主要有浮梁、三宝蓬、寿溪、余干、祁门等地。因为不子是经过水碓加工后呈块状瓷石，也有人认为不子就是指砖状的瓷石块，包括瓷石、高岭土和釉果。

4. 高岭土，制作瓷坯的另外一种原料，富含高岭石、地开石、珍珠石等原料，因德国地质学家李希霍芬将生产地景德镇高岭山而得名。因为高岭土质坚硬，和瓷石混合生产瓷坯能够保证瓷坯的硬度。因此，在瓷坯制作中，瓷石被比作肌肉，高岭土被比作筋骨。景德镇生产瓷坯的高岭土主要有明砂高岭、星子高岭、抚州高岭和大洲高岭等。

5. 窑柴，烧窑的专用燃料，特指松柴。由于近代以来细瓷的需求量比较大，因此烧造细瓷松柴需求量非常大，形成了专业性的生产利益链。

民国时期，保柴公所规定窑柴长度不得长于 24 厘米，短不得少于 22 厘米，并根据质量分为天字号、地字号和鹿子三种类型。窑柴的运输有两种方式：一种是水放，就是在河道上游将窑柴顺流而下，下游用关栅拦好；另一种是用船运或者车运。由于水放的窑柴经过浸泡，耐烧且不会爆发火星、损害瓷器，因此价格较高。

6. 釉灰，瓷坯的配釉原料，就是将开采的石灰石用狼箕草为燃料放置在周围烧造，直至烧成熟石灰，配合一定的釉果做成真正的瓷坯釉。景德镇烧造釉灰的时代久远，在宋朝蒋祈的《陶记》中就有炼制釉灰的记载。"攸山、山槎灰之制釉者取之，而制之法，则石垩炼成，杂以槎叶、木柿火而毁之，必剂以岭背釉泥而后可用。"近代以来，洋式釉料进入景德镇，但传统制作釉灰的方法一直存在。

7. 釉果，制作用于瓷坯表面釉料的瓷石，具有较瓷坯瓷石温度低，透明度高的优点。景德镇瓷器制作最为著名的釉果为瑶里釉果，具有白如玉的效果。

8. 珠明料，也称为朱明或朱明料，绘制青花的原料，在云南、江西、福建等地均有生产。有说法为最初的青花料来自于中东地区的苏麻离青，后来出现国产的青花料，主要是含有钴与二氧化锰的矿物质。因为钴烧造后呈现出蓝色。近代以来，景德镇所用青料主要是江西和云南的珠明料。

附录4　景德镇制坯业行业术语和产品类型

1. 博古，专门生产各种异型碗盘，比如椭圆、菱形、六角、八角等器形，主要产品有大盘、果盒、果碗等。

2. 补水，瓷坯施釉烧造之前，坯体有灰尘、有空隙，需要用毛笔蘸水将瓷坯修正干净，叫补水。

3. 大件，瓷器中最大的器物如大瓶、大缸和大盘等。

4. 淡描，使用青花料的一种粗瓷工艺，通常是写意性的图案，主要品种有大小香炉、三脚檀香炉、蜡烛台、清油灯、药罐等。

5. 雕塑，是景德镇最古老瓷器生产门类，包括圆雕、捏雕、镂雕、浮雕和雕刻等手法和门类，主要产品有人物和动物雕塑。明清时期，成功制作出大型雕塑佛像，并演变为景德镇最为重要的雕塑门类。

6. 雕镶，又名雕削、镶器。在景德镇传统生产模式中，是属于琢器类型，但近代以来，该行业迅速发展，也被认为和圆器、琢器相并列的行业，主要产品种类有瓷板、鱼盘以及除圆器以外各种形状的花瓶、花钵等行业。

7. 电瓷，民国时期生产的新的产品类型，最初由江西瓷业公司生产电线线路的各种夹板、先令、电瓷头、避雷器等新型瓷器类型。

8. 二白釉，是细瓷品种，但其质量不如脱胎器，因瓷器内外均施白釉而得名。其系列产品盘类有二寸半、三寸、五寸、七寸、八寸和九寸。碗类有汤饭、工碗、四大碗、三大碗、二大碗和顶碗等。

9. 饭贝，主要生产有盖子的茶碗，也被称为盖碗。

10. 粉定，原出品于河北保定曲阳县定窑，叫作北定。南宋以后，尤其是明朝时期，就在景德镇仿制，因其所造瓷器洁白光润，釉面色如粉玉，因此习惯上称为粉定。所造主要品种有：坛、花钵、茶壶、花瓶、文具等。

11. 官盖，有盖子的茶碗，有形如莲子的莲子官盖，有如罗汉肚的汉官盖，有直桶样式的桶官盖。底部有的配底托，因为这种茶杯只有官员或者有钱人使用，因此称为官盖。但这种茶碗在盖子和茶杯之间容易积茶垢。到了民国时期，圆器行业生产出饭贝，且不积茶垢，因此抢去了官盖大部分市场。后来，从欧洲和日本传入新式带盖、加柄的茶杯。抗战以后，这种器物逐渐消失。

12. 滑石，因器物做工精细、釉面嫩白，像滑石一样而得名。主要产品种类有婚嫁喜庆用瓷，比如胭脂盒、化妆盒等。

13. 灰可器，也被称为渣胎碗，包括灰器、可器两种类型，以下等瓷土为原料制作。灰器因瓷器上灰釉多而得名，可器因为掺渣，质量更差，产品多销往农村地区。

14. 满尺盘，是指尺寸在七寸以上的粗瓷大盘子，因十寸为一尺而得名，因为瓷盘上绘有鲤鱼纹饰，也被称为鲤鱼盘，产品为粗瓷。近代以来，由于脱胎业盘类样式新颖，生产此类产品者逐渐减少，到了抗战以后，已经无人从事此业。

15. 描坛，也称古坛，专门生产喜字坛、食用油壶等产品。

16. 坯，也叫瓷坯、坯胎，是瓷泥经过陶车或者手工成型后，经过晾晒的坯体。按其是否施釉分为素坯和釉坯，按其是否烧造分为素烧坯和生坯。

17. 剐坯，俗称挖足，拉坯成型后，为了晾晒等工序需要，瓷坯底部有实瓷泥。在瓷坯烧造之前，需要用坯刀挖空成型，叫剐坯。

18. 利坯，成型坯体厚薄不平，规格不一，因此需要经过旋削才能使其厚薄适度，表里一致。

19. 刹合坯，在修正好的瓷坯上施釉，这一过程叫作刹合坯，是瓷坯工序最繁杂的一道工序。首先，用水笔将瓷坯内的灰尘拂拭干净，随后用手握住坯底部，将坯体内部进行荡釉，然后对坯体外部进行蘸釉，再根据瓷坯特色进行打箍与合釉。

20. 修坯，用坯刀将坯胎进行修正，第一次叫头道，第二次叫两道。

21. 印坯，坯体成型后，由于手工制作规格不一，需要将坯体放置于统一规格的模型套上印压，用手或者木巴掌进行拍打，使坯体均匀规整，也俗称"拍死人头"。

22. 四大器是鲜花器、冬青器、庆莲器和正德器的总称，其产品多为二大碗、三大碗和正碗等。鲜花器因瓷器外壁绘制缠枝纹鲜花而得名；冬青器因瓷器外釉呈冬瓜皮一样的青色而得名；庆莲器，也叫磬口器，因其造型类似古代的磬，器形特征为喇叭口、大肚，器物内外绘制青花缠枝莲纹；正德器，起源于明朝正德年间烧造的瓷碗，也被称为宫碗，器形特征为喇叭口、肚子大，呈倒尖形状，多为白胎。

23. 四小器，是和四大器造型一样的小件产品，因为景德镇瓷业从业者习惯将器物呈喇叭形的口沿称为发口，因此又名小发器。

24. 脱胎业，生产细瓷的行业，因为瓷胎经过精心修削后，经过高温烧造，几乎看不到泥面，因此称为脱胎。脱胎业种类包括双造脱胎、青花脱胎、常白釉脱胎、玲珑脱胎和酒令盅脱胎等。

25. 圆器，形状为圆形的瓷坯。在景德镇将一次拉坯成型的瓷坯统称为圆器，其种类主要指碗、盘、盅、碟等日用器种类，但以不同样式的瓷坯形成圆器业生产的不同行业门类，包括脱胎业、二白釉业、四大器业、四小器业、饭贝业、灰可器业、古器业、满尺业、七五寸业和官古令盅等。

26. 注浆，近代学习日本制坯方法，就是将原料泥浆注入石膏模型之中，制成瓷坯。

27. 琢器，广义上的琢器是指瓷坯制作中不能一次成型的器物，圆器不能制造的，统称为琢器。比如汤匙、带柄茶碗、茶壶、人物、多角形瓷器、镶器等。其产品类型主要有大件、粉定器、雕削、古坛、淡描、针匙、汤匙、博古器、灯盏、滑石等。

28. 针匙，也称汤匙，专门生产盛汤的器具。

附录5　烧窑业及其相关行业术语

1. 槎窑，由葫芦窑演变而来，因其所烧燃料为槎柴，故名槎窑，又因其窑身像半个蛋壳覆在地面上，也被称为蛋壳窑。该窑形成时间为明代，从明至清朝中期，是该种烧造技术的黄金时期。民国初年，槎窑有30余座，后来由于产品销路萎缩，数量也逐渐减少，到20世纪60年代，彻底退出历史舞台。

2. 柴窑，因以松柴为燃料而得名，又因其是景德镇独有的窑炉模式，也被称为景德镇窑、镇窑。镇窑的出现，是景德镇瓷器烧造从粗瓷到细瓷转变的代表，清末民初，景德镇共有柴窑一百余座，达到了鼎盛时期。其结构包括窑屋、窑室、窑墡、窑囱等组成。

3. 煤窑，民国时期，江西瓷业公司学习日本窑炉烧造技术，最初由邹如圭设计，但经过烧造并没有成功。1929年，陶务局在景德镇成立，局长张浩聘请日本技术设计煤窑炉进行生产，但仍然不成功，直到1949年，煤窑烧造在景德镇并没有成功。但作为一种新的窑炉，近代在景德镇已经出现。

4. 把庄师傅，柴窑和槎窑烧造的技术核心和权威，也是全窑生产技术总指挥，从满窑到开窑，均由其总负责，在景德镇瓷窑烧造中，地位非常高。在烧窑过程中，负责测看窑温及根据窑温变化指导烧窑变化。传统景德镇窑炉生产并没有现代温控技术，因此瓷窑烧造成功与否，全靠把庄师傅的眼力与技术。

5. 雇工模式，柴窑雇用烧窑工人，窑户仅需要雇用把庄师傅，其余各脚人员由把庄师傅负责雇用。窑户解雇人员，也只能解雇把庄师傅，不能解雇其他各脚人员。槎窑雇用人员不同于柴窑，但需要由把庄师傅引见，如果需要解雇的时候，窑户要请把庄师傅到酒楼吃一顿，说下解雇原因，便可解雇。

6. 马咬砖，柴窑窑户解雇把庄师傅的方法，由于把庄师傅在景德镇柴窑烧造中是技术权威，窑户如果解雇把庄师傅，不能当面告知。如果窑户决定解雇把庄师傅，只需要将架表工放置上层匣钵的工具三脚马放到窑砖上面，俗称马咬砖。窑工如果看到以后就会马上告诉把庄师傅，把庄就领会窑户老板意图，主动向窑户提出辞职，结清工资，然后带着所有窑工离开，也叫"一条龙进，一条龙出。"

7. 满窑，装窑的俗称，也叫码窑。满窑的方法是将装好瓷坯的匣钵，按照不同的烧成要求，分别放在窑室的不同区位，并在各根匣钵之间预留出适当的空隙，使之成为火路。因为匣钵和瓷坯比较重，安放高处匣钵需要臂力，且又快又准，不能移动匣钵，否则会因摩擦产生匣碎屑落到瓷坯上，形成黑点，造成损失，因此技术和体力要求均非常高。满窑工的组织称为满窑店，按照进店时间早晚排序和等级。

8. 挛窑，系指专指为槎窑、柴窑砌窑的专业，是景德镇瓷窑行业中关键性的技术行业。该行业是一种技术行业，仅靠口耳相传，且传男不传女。最初，景德镇挛窑专门是挛槎窑，为浮梁魏姓人垄断。但清朝中期，都昌余姓跟随魏姓补窑，在长期的学习中，逐渐摸索出挛窑技术。清朝中期出现柴窑以后，由于都昌人势力大，冯姓人修筑窑炉就请都昌余姓人，魏姓人也没有办法。此后，就形成了都昌余姓挛柴窑，浮梁魏姓挛槎窑。民国时期，柴窑兴盛，魏姓挛窑技术就衰落下去。

9. 四爪一股，挛窑时期技术等级分工模式和经济收入分配依据。由于挛窑业要求技术高，且收入高，因此学习时间比较漫长，每三年升一爪。学徒工仅能从事搭泥巴、压砖等工种，三年满师后，升为一爪，能够砌窑炉前面部分的脚蓬到大肚部位。六年后，升为二爪，砌大肚以后的脚蓬。九年后，升为三爪，能够砌正蓬，这时候，才是一个中等的挛窑师傅。十二年后，升为四爪，也叫半股，成为砌正蓬的主要师傅。十五年后升到一股，成为挛窑技术权威。工资模式也按照此类分配方法，挛窑所有收入也按照等级模式分配。一个一股师傅每年收入为100余石大米，相当于中等窑炉收入。

附录6　景德镇瓷窑烧做辅助行业及其行规

1. 车盘店，专门生产圆器、琢器和匣钵制作的陶车的店铺，不同的行业有不同的车盘要求。就车盘大小而言，生产琢器的车盘速度慢，因此比较大，而雕塑和镶器的车盘比较小。车盘有干湿之分，湿车是指制作车盘的樟木和杉木必须是全湿木头，主要用于做坯、做匣钵；干车盘用于利坯、剐坯，制匣和修模等用。

2. 毛笔店，生产瓷用毛笔的店铺，这种笔不同于在纸上写字和绘画的比。就大的类型分，瓷用毛笔分为水笔、画坯笔和画瓷笔等。水笔包括补水笔、邋釉笔、搽釉笔、扫灰笔等；画坯笔包括混水笔、写画笔、调料笔、中羊毫、小羊毫和车箍笔等；画瓷笔包括彩笔、填笔、羊毫笔和扁笔等。

3. 篾匠店，专门制作瓷用专用篾的店铺，包括瓷器篮、装坯篮、瓷用竹篾等。

4. 坯刀店，专门为圆器、琢器二业锻造利坯刀和剐坯刀的店铺，全部由江西高安人经营。圆器坯刀店有明确的行规，如果圆器做坯户开业，坯刀店老板包红包上门道贺，实际相当于买生意。如果做坯户确定坯刀户，永远不能更改，只要该店招牌不换，甚至可以传给子孙后代。琢器坯刀仅有利坯刀，没有剐坯刀，但利坯刀种类繁多，要求标准高。但琢器做窑户并没有特定坯刀店限制，需要的时候，就到坯刀店锻造付钱。

5. 筛箩店，专门制作淘洗泥料和釉料筛箩的店铺，分为马尾筛和铜丝筛两种。

6. 匣钵，是瓷器烧造过程中盛放瓷坯的容器，经营制作匣钵的行业称为匣钵业，全部为乐平人垄断。匣钵由耐火材料制成，其作用为防止瓷坯与窑户之间接触，避免污染，提高装窑密度和窑炉利用率，同时使制品相互隔离，防止黏结在一起。景德镇匣钵业分为大器匣钵和小器匣钵两类。大器匣钵为圆形，上大下小，每个匣钵盛放一个瓷坯，主要放置二白釉、四大器等业所制作盘、碗等。小器匣钵上下一样大小，有圆形、方形等类型，一个匣钵内可以放置数十个瓷坯。

7. 匣钵业行规，景德镇制坯户，都不能生产匣钵，要从制作匣钵者购头。制匣户首先将自家匣钵给做坯户试用满意后，订制为期一年的合同，俗称宾主制度。在这期间，做坯户和窑户不得另向其他匣钵业主购买匣钵，即便是不满意也要一年满为止。如果宾主匣钵生产业主不能满足需要，可以介绍卖主向别的匣钵主购买，但不得自行购买，否则会受到行帮干涉与行规处罚。

8. 修模店，圆器制坯需要模子，因此如果想要做成好的瓷坯，就要定期修做模子，形成了固定的修造技术和行业组织。模子有做、修两行。

做模子以田土为原料，掺和一定细沙而成。修模分为开新模和修旧模两种，其技术核心为掌握不同瓷坯的干湿收缩率，由于技术含量高且处于行业垄断，因此收入也比较高。

附录7　红店行业分工及其艺术品类

1. 斗彩，也称加彩或者填彩，兴盛于明成化年间，其重要特征是将青花装饰方式和其他彩瓷装饰方式结合起来。装饰方法为首先一青花料在瓷坯上绘制花纹轮廓线，烧制成瓷后加彩，因为涉及二次加彩，要注意烧造瓷坯的收缩比例，因此烧造难度比较大，主要是精品艺术瓷。

2. 粉彩，在古彩基础上发展而来，吸收国画装饰风格，清康熙时技术成熟。其装饰手法为用画笔勾画出轮廓后填上一层玻璃白，再用各种色料进行绘制，因线条纤细、色彩丰富、色调淡雅、更适合中国文人审美眼光而备受欢迎。

3. 古彩，也称五彩，以大明五彩和康熙五彩为著，因用红、黄、蓝、绿、紫五色而得名。其装饰手法为单线平涂，即用各种简练而刚劲的线条勾勒出轮廓，然后再线框内部分阴阳地平涂颜料，形成色彩鲜明的对比。其内容多为花鸟、人物、历史典故等。

4. 新彩，又名洋彩，近代由国外传入而发展起来的彩绘装饰手法。其装饰手法是在绘画时并不用勾线，不用玻璃白填色，直接用色料进行绘制。装饰图案也多为西洋人物、西洋风景等。同传统的中国彩绘装饰相比，新彩原料是从外国进口的化学原料，使用方便，操作简单，用油调的料叫油料，用水调的料叫水料。

5. 红店，明朝以后出现的专门在瓷胎上进行彩绘行业，即生产精品陈设瓷或艺术瓷加工行业。近代以来，由于景德镇日用瓷生产的衰落，艺术瓷生产兴起，红店成为景德镇最受欢迎的行业之一，其社会地位和收入均比较高。按照加工产品的不同，红店业分为三个类别：一是专门绘制高档瓷胎，画工技术超群的美术彩绘业，这一群体不仅仅是景德镇艺术瓷经营，在全国范围内都有影响力，归属于陶瓷行业艺术家群体。二是在中低档瓷胎上绘制写意画、贴画或者刷花群体。三是简单在瓷胎上装饰各种彩绘纹饰的群体。

6. 画工，即在瓷胎上从事绘画的瓷业从业者。由于景德镇瓷业分工非常细，因此画工不会去学习所有的绘画门类，而是专攻一项，比如花鸟、山水、人物等，甚至有专门画某一精细部位，比如专画花鸟的花蕊或者羽毛等。

7. 刷花，清末从日本传入的装饰工艺，有规格统一、制作简单、使用方便等特点，成为近代景德镇最为重要的瓷器装饰方法之一。

8. 填工，专门在画好线条瓷坯上填色的人员，其工作职责是在画工画好各种线条后，填上玻璃白，再用颜色洗染出明暗面。红店老板授徒，先学填，再学画。如果画功不行，以后就专业填色。

9. 贴花，该工艺也是从日本传入，最初画纸也是从日本进口，民国时期，上海开始有生产陶瓷画纸的厂家。画纸分边花和朵花两类，边花是沿瓷坯口沿粘贴连成图案状画纸，朵花是独立成型，贴在器物上的画纸。

10. 颜料店，专门经营各种颜料的店铺，分为进口颜料和国产颜料两种，经营国产颜料的店铺能够配制各种釉料，进行出售。

附录 8　景德镇制瓷业行业俗语与习俗

1. 变工节，每年农历七月十日为瓷业工人请进、辞退和结算半年工资的日子。工厂放假三天，各方均可以提出辞请。放假以后，各自回到工作岗位上，老板也不能辞退工人，一直到农历十月二十六日的人工节。老板要请所有的工人到酒楼吃饭谈明年的计划，如果对某人表示感谢，就意味着辞退，工人如果不愿意在此处工作，也可以申领结算工资。如果双方均同意留下，工人则要向老板预支一些工资，每借8元，来年要还10元，叫扯八中。

2. 打派头，就是从业人员的罢工的俗称，由专门街师傅负责。如果街师傅对工人收入和待遇不满意，就会秘密商量，是否行业罢工。如果决定罢工，就趁夜黑向各坯房投掷鸡毛等信物，工人看到以后，必须停工，否则就会遭遇瓷坯被打破、工人被打的情况。窑户看到以后，就四处打听，请客赔礼增加工资以求了事。但也会出现全行业大规模的打派头斗争，在罢工期间，任何人不得躲在厂内外做工。在此期间，窑户还要负责工人的食宿，但不负责工资。

3. 打闲，就是私自为窑户老板做私事的意思。工人行帮规定，任何人不得为老板做私事，即不得打闲，如果被发现，就要受到行帮处理。如果该窑户是某人师傅，在学徒期间可以为老板做事，出师以后也绝对不能做事。

4. 街师傅，不同行业的行规制定者和执行者，通常是帮会中人员或者势力比较强的行帮中的人员，这些人员通常不工作，较多具有流氓无产者身份。如果遇到工人之间或者劳资之间出现争执，就请街师傅评判，被认定输一方要请客吃饭，且打爆竹赔礼道歉。杜重远瓷业改革，废止街师傅，但后者私下仍然在景德镇社会调节中扮演重要角色。

5. 开红禁、开黑禁，装小器工人每隔二十年才能开禁收徒，开禁时，将坯篮用红颜色涂染，然后挑红篮过街，燃放爆竹，并吹号奏乐，宣扬带徒弟，叫开红禁。开黑禁是指在瓷业繁荣时候，由于从业人员不够用，行会决定临时授徒，新进人员应将坯篮涂成黑色，挑黑篮过街，如果没人反对，就表示通过，如果有人反对，就不能授徒。

6. 砍草鞋，就是将某人驱逐出景德镇，永远不能到镇谋生。瓷业生产者的行规规定，不能拿坯房中的任何东西，包括废料或者釉果粉。如果违反，就要受到行帮处罚，对于偷盗特别严重者将被驱逐出景德镇。

7. 挑坯工的权利，御窑厂瓷坯官搭民烧以后，挑坯工进窑，在挑担上插两面黄旗，以告示行人让道和显示特权，逐渐形成了一种行业规范。近代以来，街上行人遇到挑坯工多要让道，如果发生碰坏瓷坯情况，挑坯工首先用衣服将碰坏瓷坯包好，然后将碰撞之人带到附近茶楼，邀请作坊师傅、领头师傅和本帮街师傅请来喝茶评理，如果当事人态度诚恳，赔付师傅，结清茶钱就此了事。如果当事人拒不认错，则要带到酒楼，点菜喝酒，赔礼道歉。

8. 写字簿，无论是任何行业的从业者开业，均要向各自行帮，后来改为同业公会缴纳入会费，还要到"五府十八帮"工人组织街师傅帮贡地点缴纳写字簿费用，并领取一本盖有该帮木质长印章的账簿，即所谓"车簿"。上面记载老板所使用的招牌名称，经营项目，生产能力，使用何帮装坯、用何街师傅，特别请用工人的帮属。开业后，不得任意更换雇请工人，但工人可以更换雇主，就是景德镇所谓的"窑户不能卖工人，工人可以卖窑户"。

9. 行色戏，景德镇瓷业生产有众多行规，俗称行色，演戏是行色的展示形式一种。演戏期间，各帮从家乡请来不同的戏班，在会馆中进行展演，以期笼络乡情。演戏的日期和次序有严格规定，每年夏历三月十五日，首先由生产下器匣钵业进行首演，其次是生产窑砖行业，再次烧窑业，此后才是各帮会馆展演。

附录9　近代景德镇各业别从业人数表

业别	户数（户）		工人数（人）			备考
	坯厂	工厂	坯厂	成瓷工厂	共计	
脱胎	312	261	4633	1307	5940	附饭贝业
四大器	42	128	704	265	969	
四小器	39	38	174	472	646	
二白釉	148	51	1763	1317	3080	
可器	37	25	353	117	470	
灰器	97	111	1023	564	1587	
古器	16	18	123	222	345	
柴窑	79	21	1752	381	2134	
槎窑	18		514		514	
雕削	168		513		513	
针匙	141		489		489	
琢器官淡滑	48		350		350	
琢器粉定	367		2588		2588	
琢器大件	59		452		452	
图画红店	784		3096	87	3883	
琢器古器	15		187		187	
汤匙	9		51		51	
大器匣	55		278		278	
小器匣	81		208		208	
烤红炉	108		191		191	
瓷行汇色	77		249		249	
瓷行把庄	89		201		201	
瓷行络	27		147		147	
黄家上洲	19		20		20	
黄家下洲	267		521		521	
芨草	97		426		426	
行彩职业	32		47		47	
瓷业公司	8		100		100	以上十一行及瓷业附属业
合计	3802		25886			

注释：本表数字系根据1934年8月调查统计，业别名称根据实际景德镇瓷业生产称谓有所不同，在制作表格中，笔者有所调整。表格中槎窑后面统计工厂和人数因为并没有烧、做人数区分，因此采取一种记述方式。合计统计数字为笔者核算后数据，原文疑有误。

资料来源：《军政旬刊》1934年第5卷第33—34期合刊，第201—203页。

附录 10 近代景德镇瓷器生产、贸易路线图

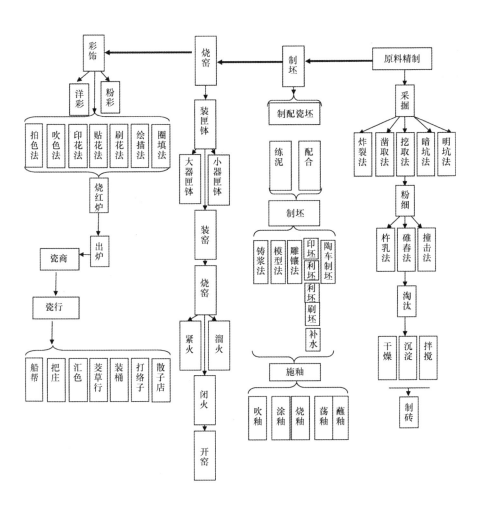

资料来源：《中国建设》1930年第16卷第2期，第54—55页。注：笔者根据不同的工序，将相关内容有所增加。根据景德镇瓷业分工特色，每一个工序均有不同的从业者，有严密的分工合作，且组成各自的行业组织。

附录 11　景德镇会馆

会馆名称	别名	初建时间	所属地域
都昌会馆	古南书院	明初初建，1929 年重修	江西省都昌县
徽州会馆	新安书院	清道光年间	安徽省徽州府
婺源会馆	紫阳书院	清末期	安徽省婺源县
祁门会馆		1926 年修建	安徽省祁门县
宁国会馆	宛陵书院	清中期	安徽省宁国县
石埭会馆	广阳公所	清中期	安徽省石埭县
青阳会馆	蓉城书院	清中期	安徽省青阳县
南昌会馆	洪都书院	清前期	江西省南昌府
丰新会馆	新芙书院	清中期	江西省奉新县
丰城会馆		1930 年	江西省丰城县
饶州会馆	芝阳书院	清早期	江西省饶州府
浮梁公所		1916 年	江西省浮梁县
建昌会馆		清中期	江西省建昌府
瑞州会馆	筠阳书院	清中期	江西省瑞州府
临江会馆	章山书院	清中期	江西省临江府
抚州会馆	昭武书院	清前期	江西省抚州府
吉安会馆	鹭州书院	清前期	江西省吉安府
湖口会馆		清末期	江西省湖口县
苏湖会馆	苏湖书院	清乾隆年间	江苏省苏州府、浙江省湖州府
广肇会馆	岭南书院	清前期	广东省广州府、肇庆府
宁波会馆	宁波书院	清前期	浙江省宁波府、绍兴府
湖北会馆	湖北书院	清道光年间、咸丰年间重修	湖北省
湖南会馆	湖南书院	清前期	湖南省
山西会馆		清前期	山西省
福建会馆	天后宫	清乾隆年间	福建省

参考文献

未刊档案资料

财政部江西区国税管理局，江西省档案馆藏档案，全宗号 J026.

江西省保安司令部，江西省档案馆藏档案，全宗号 J032。

江西省建设厅，江西省档案馆藏档案，全宗号 J045。

江西省银行等金融机构全宗汇集，江西省档案馆藏档案，全宗号 J025。

浮梁县政府，景德镇市档案馆藏档案，全宗号 J003。

浮梁乡镇公所，景德镇市档案馆藏档案，全宗号 J016。

浮梁县银行业公会，景德镇市档案馆藏档案，全宗号 J005。

浮梁地方法院，景德镇市档案馆藏档案，全宗号 J021。

景德镇交通银行，景德镇市档案馆藏档案，全宗号 J011。

景德镇商会，景德镇市档案馆藏档案，全宗号 J004。

景德镇中国银行，景德镇市档案馆藏档案，全宗号 J010。

江西省立陶专学校，景德镇市档案馆藏档案，全宗号 J023。

中国国民党浮梁县党部，景德镇市档案馆藏档案，全宗号 J001。

中国农业银行浮梁办事处，景德镇市档案馆藏档案，全宗号 J012。

九江市档案馆藏档案，全宗号，1010。

上海市档案馆藏档案，全宗号，G117。

上海市档案馆藏档案，全宗号，S428。

上海市档案馆藏档案，全宗号，4275。

上饶市档案馆藏档案，全宗号，1041。

报纸杂志

《江西民国日报》。

《江西工商报》。

《商务官报》。

《台湾日日新报》。

《申报》。

《时报》。

《天津大公报》。

《天津益世报》

《中央日报》。

《东方杂志》。

《工商半月刊》。

江西省政府建设厅：《江西经济建设》。

江西省建设厅：《江西省建设三年计划》。

江西省政府工商管理处：《工商通讯》。

江西省政府经济委员会：《江西省政府经济委员会丛刊》。

江西省政府秘书处统计室：《江西经济旬刊》。

江西省政府统计室：《江西统计》。

江西省银行经济研究室：《经建季刊》。

江西省政府统计室：《江西经济丛刊》。

《江西建设公报》，1929 年。

《江西工业试验所》，1932 年。

江西省建设厅：《江西建设汇刊》，1930 年。

江西省政府经济委员会：《江西经济问题》，1934 年。

刘治乾：《江西年鉴》，1936 年。

江西省秘书处：《江西工业之改进》，1937 年。

江西省秘书处统计室：《江西特种物品运销统计》，1935 年。

江西省政府经济委员会：《江西之金融》，1933 年。

江西省秘书处统计室：《民国二十三年江西进出口贸易统计》，1935 年。

《江西省立陶业学校校刊》，南昌印记印刷所，1930 年，江西省图书馆藏。

《江西建设公报》，1929 年。

《江西建设汇刊》，1930 年。

《军政旬刊》，1934 年。

《美国国家地理中国纪实》，1920 年。

《民众月刊》，1936 年，中国国家图书馆藏。

《清华学报》，1915 年。

《商业月报》，1930 年。

《陶瓷半月刊》，1946 年，中国国家图书馆藏。

《银行周报》，1935 年。

《宇宙旬刊》，1935 年。

《中华民国政府公报》，1919 年。

《中华邮工》，1935 年。

《中外经济周刊》，1926 年。

辞书和资料汇编

曹从坡、杨桐主编：《张謇全集》，江苏古籍出版社 1994 年版。

景德镇市政协编：《景德镇文史资料》，景德镇政协文史委员会编，1995 年。

江西省历史学会景德镇制瓷业历史调查组：《景德镇制瓷业历史调查资料选辑》，内部刊物，1963 年版。

梁宪华、翁连溪编著：《中国地方志中的陶瓷史料》，学苑出版社 2008 年版。

刘明逵、唐玉良主编：《中国近代工人阶级和工人运动》，中共中央党校出版社 2002 年版。

骆宝善、刘路生主编：《袁世凯全集》，河南大学出版社 2013 年版。

彭泽益主编：《中国近代手工业史资料》，生活·读书·新知三联书店1957 年版。

汪敬虞编：《中国近代工业史资料》，中华书局 1962 年版。

熊寥、熊微：《中国陶瓷古籍集成》，上海文化出版社 2006 年版。

徐友春：《民国人物大辞典》，河北人民出版社 1991 年版。

郑乃章编：《景德镇新安书院契录》，江西人民出版社 2012 年版。

中国第一历史档案馆编：《光绪朝朱批奏折》，中华书局 1996 年版。

中国第二历史档案馆编：《清末旧海关史料》，京华出版社 2001 年版。

中国第一历史档案馆编：《清国万国博览会档案》，广陵书社 2007 年版。

中国陶瓷全集编辑委员会编：《中国陶瓷全集》，上海美术出版社 2000 年版。

中国图书馆文献微缩复制中心：《中国古代陶瓷文献辑录》，国家图书馆
　　出版社 2003 年版。

中国图书馆文献微缩复制中心：《中国早期博览会资料汇编》，2003 年。

周秋光编：《熊希龄集》，湖南出版社 1996 年版。

民国瓷器和景德镇区域研究著作

陈海澄编：《景德镇瓷录》，《中国陶瓷》杂志社印行，2004 年。

陈雨前、郑乃章、李兴华著：《景德镇陶瓷文化概论》，江西高校出版社
　　2004 年版。

都昌县政协文史资料研究委员会：《都昌人与景德镇》，1991 年。

方复：《景德镇陶瓷古彩装饰》，江西高校出版社 2004 年版。

方李莉：《景德镇民窑》，人民美术出版社 2002 年版。

方李莉：《中国陶瓷史》，齐鲁书社 2013 年版。

冯先铭主编：《中国陶瓷》，上海古籍出版社 1997 年版。

郜景苏：《陶人新语》，江西人民出版社 2004 年版。

公庆辉编著：《民国早期高层官僚的瓷器》，文物出版社 2014 年版。

胡作恒主编：《景德镇市交通志》，上海社会科学院出版社出版发行 1991
　　年版。

黄炎培：《教育考察日记》（第 1 辑），商务印书馆 1914 年版。

江思清：《景德镇瓷业史》，中华书局 1936 年版。

江思清：《解放前的景德镇陶工运动》，景德镇人民出版社 1959 年版。

江西省建设厅编：《江西陶瓷沿革》，启智书局 1930 年版。

江西省轻工业厅陶瓷研究所编：《景德镇陶瓷史稿》，生活·读书·新知
　　三联书店 1959 年版。

景德镇市地方志编纂委员会：《景德镇市志略》，汉语大词典出版社 1989
　　年版。

景德镇市地方志编纂委员会：《瓷业志》，方志出版社 2004 年版。

景德镇市政协文史资料研究委员会：《景德镇文史资料》（第 1—14 辑）。

景德镇地名办公室编印：《景德镇地名丛书》，江西画报社 1988 年版。

景德镇市地方志编纂委员会：《景德镇市志》，中国文史出版社 1991
　　年版。

赖大益：《江西瓷业公司晚清民国瓷器》，江西美术出版社 2012 年版。

黎浩亭：《景德镇陶瓷概况》，正中书局印行 1937 年版。

李文跃：《景德镇粉彩瓷绘艺术》，江西高校出版社 2004 年版。

轻工业部陶瓷工业研究所编著：《中国的瓷器》（修订版），轻工业出版社
　　1983 年版。

邱国珍：《景德镇瓷俗》，江西高校出版社 1994 年版。

施坤顺主编：《中国共产党景德镇历史大事记》，新华出版社 2001 年版。

汪宗达：《现代景德镇陶瓷经济史》，中国古籍出版社 1994 年版。

吴仁敬、辛安潮：《中国陶瓷史》，商务印书馆 1936 年版。

吴希白：《江西之瓷业》，江西省政府秘书处统计室 1935 年版。

熊寥：《中国古陶瓷研究中若干悬案的新证》，上海三联书店 2008 年版。

向焯：《景德镇陶业纪事》，汉熙印刷所景德镇开智印刷局 1920 年版。

杨永峰：《景德镇陶瓷古今谈》，中国文史出版社 1997 年版。

余家栋：《江西陶瓷史》，河南大学出版社 1997 年版。

余祖球、梁爱莲：《景德镇传统陶瓷雕塑》，江西高校出版社 2004 年版。

祝桂洪编著：《景德镇陶瓷传统工艺》，江西高校出版社 2004 年版。

张斐然：《江西陶瓷沿革》，张研、孙燕京主编：《民国史料丛刊》（616
　　册），大象出版社 2009 年版。

中共景德镇市委宣传部：《中国瓷都景德镇》，国际电视出版社 2003
　　年版。

中国硅酸盐学会编：《中国陶瓷史》，文物出版社 1982 年版。

郑云云：《千年窑火》，江西人民出版社 2007 年版。

周銮书：《景德镇史话》，上海人民出版社 1989 年版。

周荣林编著：《景德镇陶瓷习俗》，江西高校出版社 2004 年版。

外文著作

愛知縣商品陳列館編撰：《大正元年十月開催第二回商品研究会对支那貿
　　易参考品目録》，1912 年。

平瀬巳之吉：《近代支那經濟史》，中央公論社，1942 年。

農商務省商工局編：《支那景德鎮磁器並ニ英国陶器製造ニ関スル報告》，
　　農商務省商工局，1914 年。

農商務省商工局編：《清国窑業調査報告書》，農商務省商工局，1908 年。

商工省貿易局編：《海外品ノ中国市場進出状況》，商工省貿易局，

1933 年。

商工省商务局编:《内外市场二於ケル本邦輸出陶磁器取引状況》,日本商工会议所,1930 年。

小林太市郎:《中国陶瓷见闻录》(8),淡交社,1974 年。

Beurdeley, *Porcelain of the East India Companies*, Barrie and Rockliff, 1962.

Chintehchen and its Rive, The North-China Herald, February 17, 1927.

C. J. A. Jorg, *Porcelain and the Dutch China Trade*, Martinus Nijhoff the Hague, 1982.

Frank. J. Cosentino, *The Boehm Journey to Ching-te-chen China Birthplace of Porcelain*, Edward Marshall Boehm, Inc., Trenton, New Jersey 08638, 1978.

Hwrbert, Peter and Nancy Schiffer, *Chinese Export Porcelain*, Schiffer Publishing Limited, Exton, Pennsylvnia, 1975.

John Goldsmith Phillips, *China Trade Porcelain*, Phaidon Press, Ltd, London, 1954.

Robert Tichane, *Ching-te-chen: Views of a Porcelain City*, The New York State Institute for Glaze Research 511 North Hamilton Street, 1983.

Rose Kerr, Luisa E. Mengoni, *Chinese Export Ceramics*, V&Aa Publishing, 2011.

中文著作和译著

[英] E. P. 汤普森:《英国工人阶级的形成》,钱乘旦等译,译林出版社 2013 年版。

[法] 埃马纽埃尔·勒华拉杜里:《蒙塔尤》,许明龙、马胜利译,商务印书馆 1997 年版。

[美] 鲍德威:《中国的城市变迁 1890—1949 年山东济南的政治与发展》,张汉等译,北京大学出版社 2010 年版。

[美] 戴维·斯沃茨:《文化与权力——布尔迪厄的社会学》,陶东风译,上海世纪出版集团 2012 年版。

董玥主编:《走出区域研究——西方中国近代史论集粹》,社会科学文献出版社 2013 年版。

段本洛、张圻福:《苏州手工业史》,江苏古籍出版社 1986 年版。

克利福德·吉尔兹：《文化的阐释》，韩莉译，译林出版社 1999 年版。

李长莉：《近代中国社会文化变迁录》，浙江人民出版社 1998 年版。

李长莉：《中国人的生活方式：从传统到近代》，四川人民出版社 2008 年版。

［美］林·亨特：《法国革命中的家庭罗曼史》，郑明萱、陈瑛译，商务印书馆 2008 年版。

［美］刘易斯·芒福德：《城市发展史》，宋俊岭、倪义忠译，中国建筑工业出版社 2005 年版。

［美］罗威廉：《汉口：一个中国城市的商业和社会（1796—1889）》，鲁西奇、罗杜芳译，中国人民大学出版社 2005 年版。

［美］罗威廉：《汉口：一个中国城市的冲突和社区（1796—1895）》，鲁西奇、罗杜芳译，中国人民大学出版社 2008 年版。

［美］罗威廉：《红雨：一个中国县七百年的暴力史》，李里峰等译，中国人民大学出版社 2014 年版。

罗志田：《裂变中的传承：20 世纪前期的中国文化与学术》，中华书局 2003 年版。

孟悦、罗钢：《物质文化读本》，北京大学出版社 2008 年版。

［美］娜塔莉·泽蒙·戴维斯：《马丁·盖尔归来》，刘永华译，北京大学出版社 2009 年版。

［英］帕特里克·贝尔特、［葡］菲利佩·卡雷拉·达·席尔瓦：《二十世纪以来的社会理论》，瞿铁鹏译，商务印书馆 2014 年版。

彭南生：《中间经济：传统与现代之间的中国近代手工业（1840—1936）》，高等教育出版社 2002 年版。

彭南生：《半工业化：近代中国乡村手工业的发展与社会变迁》，中华书局 2007 年版。

［英］彼得·伯克：《什么是文化史》，李霄翔、李鲁译，北京大学出版社 2007 年版。

［英］彼得·伯克：《图像证史》，杨豫译，北京大学出版社 2008 年版。

［美］施坚雅主编：《中华帝国晚期的城市》，叶光庭等译，中华书局 2000 年版。

王笛：《街头文化——成都公共空间、下层民众与地方政治（1870—1930）》，李德英、谢继华、邓丽译，商务印书馆 2013 年版。

王笛著译:《茶馆:成都的公共生活和微观世界(1900—1950)》,社会科学文献出版社 2010 年版。

王翔:《中国资本主义的命运——苏州丝织业账房发展史论》,江苏教育出版社 1992 年版。

徐新吾:《近代江南丝织工业史》,上海人民出版社 1991 年版。

徐新吾:《江南土布史》,上海社会科学院出版社 1992 年版。

徐新吾、黄汉民主编:《上海近代工业史》,上海社会科学院出版社 1998 年版。

[美] 杨美惠:《礼物、关系学与国家》,赵旭东、孙岷译,江苏人民出版社 2009 年版。

杨念群:《杨念群自选集》,广西师范大学出版社 2000 年版。

[美] 詹姆斯·C. 斯科特:《弱者的武器》,郑广怀、张敏、何江穗译,凤凰出版传媒集团 2011 年版。

张学军、张莉红:《四川近代工业史》,四川人民出版社 1990 年版。

[美] 周绍明:《书籍的社会史》,何朝晖译,北京大学出版社 2009 年版。

学术论文

曹国庆、萧放:《景德镇考察记》,《中国社会经济史研究》1988 年第 2 期。

范金民:《明清地域商人与江南市镇经济》,《中国社会经济史研究》2003 年第 4 期。

范瑛:《近代中国传统手工业城市衰落略论——以景德镇为例》,《四川师范大学学报》(社会科学版)2007 年第 4 期。

冯先铭:《三十年我国陶瓷考古的收获》,《故宫博物院院刊》1980 年第 1 期。

郭震旦:《重建史学的宏大叙事》,《近代史研究》2012 年第 9 期。

李兴华:《移民与景德镇瓷业神灵信仰研究》,《陶瓷学报》2014 年第 4 期。

梁淼泰:《景德镇历史概述——唐、清前期》,《历史教学》1983 年第 4 期。

刘长兵:《海外贸易影响下的景德镇瓷业》,《南方文物》2005 年第 3 期。

罗苏文:《景德镇:中国瓷业的近代印迹》,《史林》2007 年第 1 期。

彭南生：《论近代手工业与机器工业的互补关系》，《中国经济史研究》
　　1999 年第 2 期。

彭南生：《中间经济：近代手工业经济地位与作用的新阐释》，《近代中
　　国》2001 年第 11 期。

彭南生：《传统工业的发展与中国近代工业化的道路选择》，《华中师范大
　　学学报》（人文社会科学版）2002 年第 2 期。

彭南生：《论近代中国行会组织制度功能的转化》，《江苏社会科学》2004
　　年第 5 期。

彭南生：《论近代中国乡村手工业的三种形态》，《华中师范大学学报》
　　（人文社会科学版）2007 年第 1 期。

孙锦泉：《华瓷西传对欧洲的影响》，《四川大学学报》（哲学社会科学
　　版）2001 年第 3 期。

孙锦泉：《清代欧人对中国瓷器的订购和销售》，《西南民族大学学报》
　　（人文社会科学版）2012 年第 12 期。

万明：《明代青花瓷的展开：以时空为视点》，《历史研究》2012 年第
　　5 期。

王清华：《景德镇地名传闻》，《景德镇陶瓷》2005 年第 3 期。

王翔：《近代中国手工业行会的演变》，《历史研究》1998 年第 4 期。

王翔：《近代中国棉纺织手工业的再考察》，《琼州大学学报》（社会科学
　　版）1998 年第 4 期。

王小军：《景德镇制瓷业行业神崇拜研究》，《江西社会科学》2004 年第
　　12 期。

吴慧：《会馆、公所、行会：清代商人组织演变述要》，《中国经济史研
　　究》1999 年第 3 期。

项坤鹏：《由柯逢时〈开办江西瓷器公司折〉引发的思考》，《中国国家博
　　物馆馆刊》2012 年第 4 期。

于芳：《景德镇瓷业行规礼俗的文化内涵》，《中国陶瓷》2010 年第 1 期。

余家栋、余江安：《从窑藏和沉船瓷器看景德镇瓷器外销兴旺的历史背
　　景》，《南方文物》2005 年第 3 期。

章开沅：《重视细节，拒绝碎片化》，《近代史研究》2012 年第 7 期。

赵明璟：《景德镇明代民窑青花瓷器》，《南方文物》1996 年第 2 期。

朱海斌：《景德镇城区方言与陶瓷业》，《中国社会经济史研究》2000 年

第 4 期。

朱顺龙、刘守柔:《明清景德镇瓷业用工初考》,《文物春秋》2003 年第 2 期。

刘朝晖:《明清以来景德镇的瓷业与社会控制》,博士学位论文,复旦大学,2005 年。

吴秀梅:《民国景德镇制瓷业研究》,博士学位论文,苏州大学,2009 年。

肖丰:《器型、纹饰与晚明社会生活——以景德镇为中心的考察》,博士学位论文,华中师范大学,2007 年。

张繁文:《高剑父绘画艺术及其折衷思想研究》,博士学位论文,上海大学,2010 年。

张绪:《民国时期湖南手工业研究》,博士学位论文,武汉大学,2010 年。

冯青怡:《清至民国时期都昌帮与景德镇瓷业》,硕士学位论文,南昌大学,2007 年。

胡小红:《杜重远与景德镇瓷业改革》,硕士学位论文,南昌大学,2005 年。

靳海彬:《中国近代海关瓷器进出口贸易研究 (1868—1936)》,硕士学位论文,河北师范大学,2006 年。

苏永明:《行帮与景德镇社会变迁》,硕士学位论文,南昌大学,2005 年。

索　引

Z

后　　记

　　伴随着学术研究全球化时代的来临，作为早期全球化代表城市的景德镇也逐步进入国际学术研究的视野，日益引起了海内外学界的关注。在忐忑中，我将近几年研究的《近代景德镇瓷业社会的多维冲突和秩序重构（1903—1949）》付梓出版，深知有很大的提升空间和扩展领域，且限于学识有限，必定存在诸多缺陷。以极大勇气将此书出版，一方面，展示近年来自己研究中的一些思考；另一方面，在向海内外大家请教的同时，敦促自己未来更加努力，不断深入了解景德镇。此外，对我而言，这篇后记更多的还是要表达感激。

　　与景德镇结缘，对我来说是一个奇妙的经历，时至今日都难以想象。但一经深入了解，便知这个城市的无穷魅力和吸引力。对于一个城市吸引力而言，最为宝贵的就是她的历史和文化。从这个角度，景德镇无疑是最佳的选项之一。的确，我认为她也配得上人们的赞誉。一千余年持续不断的手工业生产历史，丰富的瓷业文化遗存，悠久的匠人生活方式的城市积淀，均是这个城市的鲜明的符号。换句文艺点的话说，其他城市孜孜不倦追求的高贵，她却天生拥有。在论著写作过程中，当夜深人静，我总是会站在阳台上遥望对面的湖田重山，想象曾经的"万杵之声殷地，火光烛天"的辉煌。过去的几年里，我一直思索是什么独特的因素让这座城市历经千年依旧魅力无穷。在论文写作中，最大的困境是如何在长时段中按照人类自我的观点分清楚不同时期的瓷业分工与行业合作；认知在政治变革和经济衰退背景下，城市发展中有没有永恒不变的因素来维持其发展。恰似冥冥中对这座城市命运的安排。即便我也认为自己很努力地去做，但现在提交的答案自己仍不满意。如果有可能，我还会继续努力。

　　对诸位师友的感激绝非矫情。华中师范大学近代史研究所是引我进入历史学领域的关键学术机构。我的两位导师刘伟老师、田彤老师对于愚钝的我保持耐心，经常教导。从学的过程，既让我深刻领会二位老师渊博的学识，更教会我感恩与尊重。在我认为的漫长的求学过程中，彭南生教授、何卓恩教授、许小青教授、徐炳三老师等在论文主题等方面给予了指导和帮助。此外，还有诸多优秀学者的学术讲座也对我启发甚深。但对我来说惶恐的是，这份答卷是否合格。

感谢景德镇陶瓷大学李兴华教授，硕士毕业参加工作以后，在高校学术研究的氛围中，我仍然充满困惑与不解，是李老师将我带向景德镇陶瓷文化研究的领域。从资料查找、实地调研和口述史的访谈，李老师均悉心指导与提携，把我从陶瓷文化和区域文化的门外汉引入美妙的物质文化世界。在过去近十年的时间里，我多次和李老师进行交流，许多观点连我都分不清楚到底是谁提出来的，李老师也一直大度地包容我在写作中使用他的观点。

中国艺术研究院的方李莉研究员对我的学术研究帮助极大，也是非常值得感谢的师长。作为艺术人类学和景德镇区域文化研究的权威，无论是宏观理论指导还是微观个案分析，方老师均能提供全方位的指导。在对我多次的指导中，也让我更为深刻地认知景德镇区域文化研究的魅力。

此外，诸多师长的帮助也必须提及，景德镇陶瓷大学的肖绚教授、王伦副教授、陈宁博士、邢鹏老师、吴艳老师，内蒙古艺术研究院的徐英教授，清华大学美术学院的王晓松博士，同窗好友王志勇、张晓东、张勇等均在我的研究中给予了点拨与帮助。特别感谢中国社会科学出版社的孙萍博士为本书出版付出的辛苦。尽管许多师友的帮助无法一一描述，但我会铭记于心。我还要特别感谢刘红娜，作为同窗、好友和人生的另一半，几乎我每一个奇怪的想法，她都是记录者和修订者。在每天的交流中，既让我感知生活的包容，又能促使我更理性、全面地思考自己关注的问题。

李松杰

2017 年 11 月